這個世界的18個謎

許榮哲・林佳儀
王怡芬・簡君玲 編著

魯迅
拓拔斯・塔瑪匹瑪
袁哲生
芥川龍之介
張愛玲
契訶夫
駱以軍
李昂
朱西甯
朱天心
袁瓊瓊
郭箏
龍瑛宗
余華
黃春明
白先勇
賴和
王文興

南一書局

這個世界的18個謎——十八堂經典小說課
作　者　王怡芬、林佳儀、許榮哲、簡君玲
編　輯　張雅筑、洪菽敏
美術設計　南一美編組
發行人　蘇建中
出　版　南一書局企業股份有限公司
地　址　臺南市東區北門路一段76號
發行所　702-68臺南市南區新信路22號（安平工業區）
電　話　06-2221215・傳真：06-2244639
南e網網址　http://www.nani.com.tw
客戶服務信箱　stext@mail.nani.com.tw
出版日期　二〇一二年六月初版
法律顧問　北辰著作權事務所蕭雄淋律師

關於這個世界的18個謎——許榮哲

小說家馬奎斯說：每篇好小說都是這個世界的一個謎！

這句話非常漂亮，漂亮到讀者忘了追問：為什麼好小說是「謎」？漂亮到我們直接把它拿來當作書名，「這個世界的18個謎」顧名思義就是這是一本收錄了十八篇好小說的選集。

不過，且讓我們花一點時間來「推敲」一下這句漂亮的話。

根據教育部國語辭典的解釋，「謎」就是「令人難以明白、理解的事理」，所以好小說就是令人難以理解的小說？

嗯……我的個人習慣是，如果問題一時無解，那麼就到問題的外圍繞個幾圈，再回來。

我喜歡把好小說比喻成「石滬」，它是一種以石塊築成的圍堤，利用海水的潮汐漲落來捕捉魚兒。我所見過最美的石滬在澎湖七美，它以一種雙心的構造，讓魚兒容易進來，不容易出去。

好小說就像石滬一樣，會自動開啟一個機關，把進來的讀者困住。被困住的讀者為了脫身，於是不斷地反覆琢磨、思索。正因為如此，讀者才有可能打開一扇隱藏的門，看見一個超越現實表面的世界。

石滬，因為困住，所以思索，一種類似謎的概念。

除了石滬之外，我個人還喜歡另一種說法：「好小說是文學，一般的小說則是故事。」兩者的差別在於，故事是一對一，說A就是A，說B就是B；但文學卻是一對多，說A不只A，還同時指涉了B、C……。文學擁有這種包含所描述的事物之外，又向外輻射出更多事物的特質，所以文學往往陳述現實，但卻大於現實。

文學，用水面上看得見的1／8冰山（謎題），指向水面下看不見的7／8冰山（謎底），一種類似謎的概念。

好小說是石滬，也是大於現實的文學，而它們通通指向了「謎」。

「每篇好小說都是這個世界的一個謎！」小說家馬奎斯不只說得漂亮，而且說得對極了。

如何讀小說

許榮哲

小說分成三種。

第一種小說是自問自答，你只需要張大眼睛看就行了。第二種小說只提供問題，你必須自己去尋找答案。第三種小說，連問題都沒有，你得先自問，然後再試著尋找解答。

相信我，依各位的智商，前兩種小說肯定難不倒你，所以我們直接切入第三種。這本選集裡收錄的小說，大都屬於這一類：沒有問題，更沒有答案。

這類小說像蛋，沒有入口，所以不知從何進入。既然沒有入口，我們就拿起針，自己創造入口，找出問題。

如何找到問題，我個人的關鍵詞是「擾動」。

閱讀小說時，讀者的情緒絕不會是一條水平的直線，它必然會隨著故事情節，而高高低低的起伏。當你感覺到情緒波動時，那裡肯定藏著「東西」。所以你得停下腳步，正視那個擾動，並提出問題，然後像剝洋蔥一樣，一層一層地剝開，看看那個讓你波動的核心究竟是什麼？

舉一篇相對比較容易理解的小說為例，大陸作家張翎的中篇小說餘震（後改編成電影唐山大地震）有個重要的橋段如下：

唐山大地震時，水泥板的兩頭分別壓住了兩姊弟，撬了這頭，就垮了那一頭，二個只能活一個。救難人員要母親抉擇，二選一，先救弟弟？還是先救姊姊？母親痛哭，遲遲無法抉擇。確實，對一個母親而言，這實在太殘忍了，但救難人員說，再不抉擇，兩個都會死。

我們暫時先在這裡打住，因為擾動來了。

母親為何痛苦掙扎？

答案不難，原因是「兩難」，不過不是天平兩端一樣重的那種兩難，而且是「連動式的兩難」，選了A，B就得死！反之亦然。選擇已經是一種傷害，選擇之後，傷害更巨大。

故事繼續往下走，母親最後還是做了選擇，沉默許久之後，她開口：「小……達。」姊姊親耳聽見母親選擇了弟弟。對當時還是個孩子的姊姊而言，某種程度上，母親的「救弟弟」等同於「殺姊姊」。但意外發生了，姊姊並沒有死。

這時，擾動又來了。

為何此處令所有讀者倒吸一口冷氣？

因為，這裡故意違反了「姊姊會死」的初始設定，因而造成情節上的巨大衝擊。親耳聽到母親放棄自己的姊姊奇蹟似地活了下來，活下來的她將永遠帶著「我被母親殺了」這樣的怨恨活著，並從而展開母女之間歉疚與怨恨難解的糾葛情節。

以上是大部分的人在閱讀的過程中都會有的情緒波動，所以你一定可以問出問題，差別只在於每個人的解答不同。

自問自答的過程中，如果讀者夠敏銳，就會延伸出各式各樣額外的問題，因而發現更多的祕密。舉個例，小說裡的母親說的是「小達」，但在電影裡，母親說的卻是「弟弟」。按理說，這兩種說法是一致的，因為兩者指向同一個人。然而實際上，這兩者天差地別，小達指涉的是一個人，但弟弟則牽涉到性別（男），以及年紀（弱、小）。

繼續往下追問，如果母親說的是：⑴救弟弟，⑵救小的，⑶救男的，⑷救方達，這四者之間有何差異？

看似相同的四個選擇，實則透露了母親心底不能說的祕密。

最後，我們可以把問題扣回到書名：小說為何不叫唐山大地震，而叫餘震？

對劫後餘生的姊姊而言，她生命中真正的大地震並不是唐山大地震，而是母親的選擇。只要姊姊還活著，心中那股永遠無法原諒母親的怨恨，就會形成她人生的餘震，一生永遠不斷，這才是這篇小說最重要的核心。

愛因斯坦說：「一個好的問題往往比答案更重要。」

這句話有道理，但對文學未必適用，因為文學沒有統一的標準答案，每個壞問題的背後，都可能藏著一個或者數個好答案。

所以千萬不要被好問題限制住了，只要勇於拋出問題，不管是好問題還是壞問題，它都有可能帶著你一步一步逼近小說的謎底。

小人物有苦難言之謎

時代・衝突，人生還有更多謎

小說發展概述

許榮哲

西元一六〇五年，西班牙的塞萬提斯寫下這麼一段開場白：「曼查有個地方，地名就不用提了，不久前住著一位貴族。他那類貴族，矛架上有一支長矛，還有一面皮盾、一匹瘦馬和一隻獵兔狗……」

看似不起眼的開場，帶出了一個瘋瘋癲癲的怪騎士——唐吉訶德。故事裡，他一下子大戰風車、一下子大戰羊群……幹盡傻事；但故事外，這位騎士卻為我們開啟了現代小說的序幕。它是公認的世界第一部現代小說，書名就叫唐吉訶德。

隨後的四百多年間，一個又一個閃亮的名字，接力寫下一部又一部的經典小說，劃亮了那個被宗教、政治、經濟搞得烏煙瘴氣的黑暗時代。

然而遲至西元一九一八年，唐吉訶德誕生了三百多年後，中國才有了第一部現代白話文小說，魯迅狂人日記。

「這個世界的18個謎」這本選集裡，一共收錄了十八篇短篇小說，雖然名曰「世界」，然而實際上，大抵還是以臺灣的短篇小說為主（另有兩篇西洋小說、三篇中國小說），因此底下的小說發展概述，我們將把焦點擺在臺灣身上。

首先，我們先對「小說」下一個定義，我個人最喜歡的說法是「fiction」，意思是小說，但同時也是虛構。小說是它的名字，虛構是它的精神。

雖然小說的精神是虛構，看似百分百的自主、完全不受任何拘束，但在小說書寫的過程中，必然跟許多東西糾纏不清，尤其是創作當下的時空背景。例如塞萬提斯唐吉訶德、魯迅狂人日記，一個反諷了當時流行的騎士傳奇小說，另一個則批判了中國幾千年禮教吃人的封建傳統。

因此，雖然每篇小說都有其獨立性，我們仍把它們放在臺灣小說發展的大脈絡底下，未必精準，但仍可從中窺出個梗概。

一九二二年，在新文學運動的催生下，臺灣誕生了第一篇中文白話小說，署名「鷗」（作者不詳）的可怕的沉默。短短不到一百年的時間，臺灣小說的發展便有了驚人的成果。底下，將臺灣小說的發展做個簡單的分期，並將這本書選入的小說，標誌其後。

日治時代臺灣新文學的發展

1. 萌芽期：一九二〇～一九二三年。
2. 發展期：一九二四～一九三二年，如賴和惹事。
3. 蓬勃期：一九三三～一九三七年。

4. 抗戰暨光復前後：一九三八～一九四九年。

戰後臺灣新文學的發展

1. 戰後初期：一九四五～一九四九年，如龍瑛宗植有木瓜樹的小鎮。
2. 反共戰鬥文藝時期：一九五〇～一九六〇年，如朱西甯鐵漿。
3. 西化時期：一九五六～一九七〇年，如王文興日記、最快樂的事，李昂花季。
4. 西化之反省期：一九六六～一九七九年，如黃春明兒子的大玩偶。
5. 關顧現實的民族文學時期：一九七二～一九八五年，如白先勇遊園驚夢，袁瓊瓊自己的天空，郭箏彈子王。
6. 眾聲喧嘩、百家爭鳴的當代：一九八三年以後，如朱天心想我眷村的兄弟們，拓拔斯・塔瑪匹瑪最後的獵人，袁哲生送行，駱以軍降生十二星座。

青春成長之謎

01 彈子王

郭箏

詹宏志：「郭箏小說中的角色，一方面是男性中心的，一方面則是嘲弄世俗價值。」

彈子①房一開門，阿木就來了。

他一直走向最裡面的檯子。每天打烊前，他都把那根最稱手的桿子藏在底下，次日清晨再狗挖骨頭似的將那寶貝挖出來。

然後他把球擺得端端正正的，手掌、桿頭都細細抹上粉，活像一個即將料理滿漢大餐的大師傅。

他彎下身，伏在球檯上，伏得很低，彷彿他是用他那雙唯有此刻才會爆出火花的眼睛去撞球，而不是用桿子。他打球從來不用力，不像那些非把球撞得噼啪亂響才過癮的傢伙。球都是他的孩子，他用輕柔無比的手，把他們一一送進搖籃。

我常想，阿木如果死了，這些球一定都會哭成一顆顆眼淚形狀的東西，不規則的滿檯打滾撒賴，呼天搶地，而別人再也無法把它們打進洞裡去了。

阿木每天必在這兒早自修一個鐘頭以上，然後他或許會跑下山坡，去學校上課，或許不去。反正不管他上不上課，中午休息時，我和猴子他們幾個一定會繞過軍營，爬上土坡半中腰，在那陰森森的磚頭屋子裡和阿木展開會戰，讓他把我們當豬玀②一樣的宰。

下午兩節課，阿木多半會上，規矩兮兮的坐在教室裡打盹兒，養精神，以便放學後可以一直用功到彈子房打烊。

我們始終有點搞不清楚，阿木為何會瘋成這副德性。剛跨入「信興工專」大門的時候，他甚至不曉得彈子是圓還是方的。我們初次教他架桿，真是一段難以磨滅的記憶，弄得大家都暴跳如雷，當時任誰也沒想到，這麼笨的傢伙有朝一日竟會變得這麼厲害。

如果撇開彈子不談，像他這種人，世上再多一個就已嫌很多，再少一萬個卻不嫌少——直到如今我們都還這麼認為，尤其我更覺得如此，因為阿木簡直是我的累贅。

我真不明白自己怎會背上這樣奇怪的包袱，奇怪得好像我患了什麼見不得人的毛病，因而我每次看到他那張小媳婦一般的臉，就禁不住火冒三丈。

「明星商專」的那個騷馬子咪咪講得不無道理：「我每次看見他，就想起垃圾桶。」其實，說他猥瑣嘛，稍微過分了點，說他邋遢嘛，倒也不盡然，反正他就是讓人覺得不乾不淨、不像個玩意兒。

①彈子　撞球的別名。
②豬玀　豬奴，罵人的話。

他右頰生了塊豬頭皮，雜亂的植著些硬鬃，眼睛非常類似一對走了筆的三角，銳角永遠黏答答的往下垂，嘴唇則如同一根兩端被人拗斷了的木棍，一逕彎彎的淌著苦汁。有時我們正興高采烈的講著笑話，但一發現他在旁邊，再濃厚的笑意也鐵定消失得無影無蹤。

阿木就是這麼個殺風景的東西。認識他，真是我一輩子的不幸。

那天我費了好大的勁兒，強迫自己去參加「信興工專」的新生訓練。雖已事隔十幾年，但我仍然很清楚的記得，當我一眼瞧見那個建著公墓也似大牌坊的校門，就很不替自己終於矇上了一所學校而感到高興。

初二那年，班導師把我叫起來，指著我的鼻子說：「你！你是個海狗丸都醫不好的壞胚子！」而我當場放了個響屁，同時預測到自己將來的求學歷程。所以我那天走進「信興工專」新生群中，觸眼盡是二五八萬的時候，一點也不覺得驚訝。

一個菜頭菜腦的教官叫我們依高矮順序排隊，換來一陣「排他媽的隊」，他居然也安之若素③。

等到每人都被派上了另一個番號，坐進教室之後，便開始各自編造以往的英雄事蹟。其實誰不明白這都只是鬼打架？但大家依舊編得很起勁。

我和前排的小王、猴子沒兩下就混熟了，然後我才發覺坐在我右手邊的傢伙一直都沒吭聲兒。

我轉過頭去看他，他也楞瞪瞪的看著我，臉上滿布下垂的線條。

我越瞄他，心裡就越不舒坦，尤其他居然還穿著國中制服，真菜得叫人忍耐不住，所以我就拱拱他，說：「喂，你換個位子。」語調還算滿客氣的。

他彷彿吃了一驚，眼角稍稍向上一揚，用那混濁得如同泥漿一般的聲音申訴道：「老師叫我坐這裡的啊？」

嘿，小子，我開始有點冒火了。老師大還是我大？我說：「哦，老輸哦？」

猴子他們都笑了，阿木這傢伙卻偏看不出我笑容裡的惡意，反倒理直氣壯起來：「對，老師啊！」

我點了一下頭，不再理他，直等到下課鈴響，我才對他招招手。「你出來。」

他蠢裡蠢氣的跟著我走到大禮堂後面。我問他：「你混哪裡的？」

他似乎覺得有點不對，吞吞吐吐的說：「老師……」

我起手就給了他一個大巴掌。「小子，該學點新規矩了。」

他退開兩步，居然摀著臉哭起來，這下可叫我窩囊透了，竟打了一個會哭的王八蛋。

我說：「喂喂喂，哭他媽的哭？」

他還是哭個不停，好像一隻豬在擤鼻涕。我只好不斷的警告他：「你再哭？再哭我就再打！」

他終於不哭了，但是很委屈，噘著嘴，用手直揉眼睛。

我拍拍他肩膀，告訴他位子不用換了，不過以後別再惹人生氣。

他又小媳婦似的看著我，使我覺得自己好像是個有虐待狂的老太婆。

過沒幾天，一票二年級的痞子下來「新生訓練」，一找就找到我們這個角落。

③安之若素　在反常或危困等情況下，仍安然處之，毫不在意。

我們當然沒有理由不出去，我、猴子、小王、老高，不用打招呼，一齊站起來就朝門外走，沒想到，阿木居然也跟在我們後面。

我們在走廊上就和那票雜碎海幹開來，誰教誰規矩？

我在一片混亂中忽然看見一個二年級的傢伙，衝到呆站一旁的阿木面前，把拳頭舉上他鼻尖。「你也是？」

阿木這蠢貨，竟眨了眨眼睛。

那苦頭真夠他受的。

打完了，我把阿木拉到廁所，洗掉他鼻子上嘴巴旁邊的血跡。我問他：「你幹麼？他們又沒找你？」

這次他沒哭，只是有點搞不清楚。「我不曉得嘛……。」

後來我就叫他跟著我們，雖然猴子他們很反對，總不給他好臉色看。

其實阿木對我們大有用處，因為他家開雜貨店。起先我還沒因此生出什麼念頭，但有一天猴子跟我說：「你不會叫他每天幹幾包菸給我們抽？」

我想，對呀，怎麼這麼笨？

阿木接到我的指示，第二天就用了一個袋子幹了十幾包長壽④到學校來。他把袋子交給我的時候，我竟發現他眼睛裡透出一種諂媚示好的神情，這可使我覺得很不舒服，我罵他：「你幹這麼多幹麼？想毒死我們是不是？」

他又小媳婦似的看著我，委屈得聲音都化膿了：「你們可以慢慢抽嘛……。」

我只拿了兩包，把其餘的都丟還給他，但終於還是加上一句：「以後一天一天的帶。」阿木就又高興了，把偷家裡的東西當成一大樂事。

我從未問他為什麼老喜歡跟在我們屁股後面跑，我想大概是因為他不敢做的事，我們都敢做，而且他真的很希望能有幾個朋友。

據他說，他從小到大連個能講話的人都沒有，獨個兒孤孤單單的上學放學，做功課、睡覺，好像野塚裡的魂魄。他老媽是個非常神經質的老馬子，他一直不願意帶我們去他家，結果有一次我們還是晃去了，他老媽就坐在角落裡的一張小板凳上瞪我們，嘴裡不曉得嘮叨些什麼。雜貨店已經夠小夠亂夠黑了，再加上她坐在那裡直嘀咕，真叫人心頭長疙瘩。

他老頭卻是個不講話的傢伙，一雙眼睛跟阿木一樣混，只有在找錢的時候才會稍微亮一下。阿木有一次形容自己的家是「瘋鳥住的地方」，那恐怕是他一生中唯一閃現文學天才的時刻。

我們中午都不帶便當，都在學校後面的小野店裡吃，但阿木他媽堅持一塊錢打一百個結的原則，硬是要他帶便當。

猴子他們第二節下課就嚷肚子餓，叫阿木別把便當拿去蒸，給他們當點心吃，然後中午大家再湊錢請他吃飯。結果兩、三次之後，便當照舊搶著吃，中午付帳卻推三阻四，還擺起臉色來說：「怎麼老是有人不帶錢？搞屁！」

阿木被他們講得不好意思，雖然便當還是被人吃掉，卻找出種種藉口不跟我們一起吃飯。「象棋社有人請我」、「中午要去實習工廠」，說得跟真的一樣。

④長壽　香煙品牌名。

結果有一天我發現他一個人在籃球場上練習投籃，我問他搞什麼鬼？他不好意思的聳聳肩膀。「沒什麼嘛，我正好練鐵胃。」

我把猴子他們罵了一頓，訂出付帳的規則，往後阿木才有中飯可吃。

阿木卻為這件事慚愧了許久，他一直跟我說：「你何必罵他們嘛……，大家都是好朋友……。」

我本來想說「他們可不把你當朋友」，但話到嘴邊又嚥了回去，我那時真的認為，與其打破這份假象讓他聰明一點，還不如叫他一直笨下去。

飯後的餘興節目多半是打彈子。那年頭彈子風行的程度絕不下於如今的電動玩具，在彈子房幹架也是頂頂時髦的把戲。

阿木第一次聽說我們要去打彈子，臉色居然有點發青。

「打彈子啊？」他囁囁嚅嚅⑤的。「那種地方……，學校抓到要記過的吔……。」他嘀咕半天，但還是畏畏縮縮的跟我們去了。

彷彿每個專科或私中旁邊都會有個荒荒涼涼的小軍營，我們每天穿著制服到學校上課，固然有點像當兵，但每天來回幾十分鐘的車程，卻又像是到某個三流名勝區去觀光一般。這實在是滿荒唐的事情。

既有軍營，附近照例便有一處專掏阿兵哥口袋的小聚落，七、八間破破爛爛的磚造房子，土地廟似的築在山坡半中腰，上不巴天，下不著地，非要人連滾帶爬才能參拜得到。其中一家賣狗肉，一家賣雜貨，兩家開彈子房，還有一家住著一個圓胖滾滾、滿臉和氣的中年婦女，帶著四、五個孩子，我們過了好久，才搞清楚她竟是這兒唯一的私娼。

阿木一進彈子房門，就尋了個角落死死窩住，尖著屁股在板凳上蹭來蹭去，但他看我們一直都很輕鬆，便也跟著輕鬆起來，瞪大眼睛去瞧別檯的人，有東西從門口晃過也引不起他的慌張了。

「為什麼人家……」走回學校的路上，他忽然皺著眉毛對我說。

「你管人家？」我最討厭他這一點，凡事一點自己的主張都沒有。

他很高興的點著頭說：「對啊，管人家！」以後他就經常跟我們去，坐在旁邊看，或逗隔壁狗肉店的大黃狗玩。

搞久了，他大概覺得很無聊，有一回便也拿起桿子來打。猴子他們嫌他笨，叫他滾遠點，但他還是嘻皮笑臉的亂和，打了幾桿也沒能打進半個球。

我在隔壁的空檯子上教他架桿，卻怎麼教都教不會，猴子他們得空也來指導他，架不對就敲他一下腦袋，折騰半天，他仍然架成一副烏龜爬的鬼樣子，弄得大家火大透了。

他卻興味盎然得很，每次瞄準還一本正經的蹲下身去，把半隻腦袋探出檯緣，眼睛瞇呀瞇的，活像一個從散兵坑中仔細瞄準敵人的神槍手。

猴子趁他在那兒瞄，忽然把球打飛起來，可準，正砸中他的前額，阿木慘叫一聲，抱著頭，可能挨得滿重，眼淚直在眼眶裡打轉。

我們都笑痛了肚子，阿木揉著額角，也陪我們一起笑。不過這一打卻打開了他的竅兒，從此不但天天和我們打，而且進步得比飛還快，不出三個月，就把我們當成兒子一樣痛宰，弄得大家

⑤囁囁嚅嚅　有話想說又不敢說，吞吞吐吐的樣子。囁嚅，音ㄋㄧㄝˋ　ㄖㄨˊ。

都不願意跟他打。

我們都很奇怪，因為阿木實在不怎麼聰明，神經比別人長一倍，腦細胞又只有別人的一半。功課科科不上四十分不說，每次去看那種爛懸疑片，開演不到十分鐘，大家便已猜著結局了，他卻還在那兒不停嘴的問：「凶手是誰？」

有一回被他搞煩了，明明知道凶手是女主角的情夫，我卻偏說：「是她丈夫。」

結果凶手果然是情夫，阿木很憤慨的說：「沒道理，當然應該是丈夫才對嘛！」還囉哩囉嗦的把編劇罵了一頓。

直到臨睡前，我躺在床上抽菸，才忽然想起，阿木可能是因為怕我猜錯了難過，所以才故意那麼說的。

一年級下學期，阿木的名聲已滿播校園，一些高年級的傢伙常常跑來指名要和阿木單挑，而每次他們第一眼看見阿木那副菜相，都免不了小吃一驚，至於大吃一驚，則須等到阿木的桿子在檯面上縱橫掃蕩，野戰八方之時。

「真不是蓋的。」十分鐘後，他們多半會丟下這句心服口服的評語，把桿子靠上牆壁，一副從此金盆洗手，封刀退隱的模樣。

但阿木卻從不讓他們那麼輕鬆的乘桴浮海⑥，他會指著我說：「這是我的大師傅。」再一指猴子：「這是我的二師傅。」再一指老高：「這是三師傅。」

這一招引起的挫敗感，真是十分深刻而且狠毒，最起碼可令他們半年之內不在彈子房出沒，但同樣也把我們給害慘了，我們再也不敢在同學多的時候打球，以免露了底兒，天知道我們這些「師傅」仍和半年前一樣蹩腳。

有時我不禁會想，似乎命中早已注定好了，如果你是這塊料，你就遲早會走到這條路上來。像阿木，他打球從一開始就跟我們不同。一拿起桿子，他臉上所有下垂的線條便全都飛揚起來，我敢說任何馬子在這個時候看到他，都會被他小小的迷住一下。遇到別檯有高手，他一定坐在旁邊細細觀察，然後就在空檯子上試著那樣打，一遍又一遍，毫不厭倦。偶爾他也會停下來認真思考，好像當年愛因斯坦思考相對論⑦一般。

只有他瞄球的習慣，兀自不改第一天的怪樣，蹲下身去，探出半顆腦袋，瞇瞇眼眨呀眨，實在令人不敢恭維。我們常常笑他說，如再發生一次世界大戰，只須十個像他這樣的人，就能把所有的軍隊都擺平。

「是啊。」他說，「打彈子的樂趣本來就在這裡，瞄準、開槍，把敵人一個一個的消滅掉。」

我不曉得阿木那時的心中有沒有「恨」這件東西，或許他不自覺的把那些球當成猴子、老高他們，還有我，也說不定。不過我寧願相信這只是童年排列兩軍對陣模型遊戲的延伸，因為他玩得這麼高興，放學後再不跟我們去看電影、泡馬子，他一頭鑽進彈子房，就把自己忘在那裡。找不到別人打，就自己一個人打，左手跟右手比賽。

⑥乘桴浮海　論語公冶長：「道不行，乘桴浮於海，從我者其由也。」桴，用木、竹編排成的木筏或竹筏。

⑦相對論　論時和空相對的物理學說，分狹義和廣義，二十世紀初由德國物理學家愛因斯坦所提出。物理上量度的過程注意到光速並非無限大。相對論修正了牛頓以來對空間、時間、引力及運動規律永恆不變的看法，奠定了現代物理學的基礎，對物理學、天文學等方面有莫大貢獻。

一天下課，我在校門口碰到他，腳步騰騰的，好像要去迎親。我笑他，如果他吃課本能有打彈子的專心和耐心，將來鐵能搞個哈佛博士。

他很高興的笑著說：「對嘛，其實他媽就是這樣。我要是會吃課本，早就上高中去啦。」夕陽餘暉灑滿他頭頂，他搓著雙手，走了幾步，又說：「反正一想到彈子……唉，他媽的，真講不出來……會發抖！……唉，他媽的……。」

我很難忘記那天看著他精神抖擻的正對夕陽走去的景象，那一剎那在我腦中占據的空間，恐怕比對整個「信興工專」的記憶還要多些。

暑假開始的頭兩個禮拜，幾乎看不見阿木的人影。我們懶得去學校附近找他，滿以為他仍在軍營旁邊客串神槍手。

有一天我們在西門町窮晃，他卻不知打從何處冒了出來，搖頭擺尾的，好像滿愜意。我們問他這些天死到哪裡去了，他說他發現了一塊新大陸。

他把我們止在大街上，彷佛哥倫布⑧回稟西班牙王一般的比著手勢，大聲宣稱：「有一種檯子，你們絕對沒看過！」

我們都說狗屁，他便把我們帶到武昌街巷子裡的一家很老舊的彈子房，爬了半天樓梯，每一級都直叫人懷疑有哪個鬼會到這兒來打球。但那個檯子確是有的——一個沒有洞的怪檯子，而且只有四顆球，兩紅兩白，活像什麼鳥下的怪蛋。

阿木揚揚得意的說：「怎麼樣，沒騙你們吧？這叫『開崙』，最早的彈子檯就是這個樣兒。」

我們瞻仰民國前的骨董似的圍成一圈，看看阿木把其中一顆白球，用顆星打法彈過來、撞過去，一邊解釋怎樣才算得分，咕嚕半天，也沒誰聽得懂。不過我們大約了解這是一種運用幾何原理及檯緣彈性，以球撞球來得分的打法。

猴子問他是怎麼發現這個怪東西的？

阿木說：「我那天找不到地方打球，全西門町所有的檯子都滿了，結果亂轉亂轉，轉到這家來，又舊又髒又暗麻麻的，燈都沒開。」阿木看看裡面，又看看樓梯口，繼續說道：「我本來也不曉得這是彈子檯，看著好怪。我正要走，一個老頭子卻從裡面走出來，也不說話，拿起桿子，拿出球，就在檯子上打起來。我雖不明白這種球的規矩，卻總知道他打得極好。嚇，那個切球，那個拉桿，要白球停在哪兒就是哪兒，一顆星、兩顆星、三顆星，要怎麼彈就怎麼彈。我在旁邊看了半天，才開始懂了——不是懂『開崙』的規矩或計分法，而是整個懂得了撞球！」阿木的眼睛閃閃發亮，好像兩把火。

他一拍檯子。「這——才是真正的撞球！懂得這個其他的都不難了！」

猴子最看不得他囂張，馬上用一聲很大的「哼」，把他的氣燄給壓下去。「懂個屁！只看人家打一次就懂了？」

阿木急忙分辯：「才不只一次。我天天來這裡看，已經連看一、兩個禮拜了。這裡生意不好，常常就只有我們兩個，一個打，一個看，一直弄到天黑。」

「他每天都一個人打？」

⑧哥倫布 Christopher Columbus（西元一四五一～一五〇六年）義大利航海家，先後發現西印度群島及南美洲海岸。

多麼不可思議的怪老頭兒！

「今天他人呢？」我問。

「今天倒沒來。」阿木又望了望樓梯口。

我想，哦，原來如此，難怪這小子今天有空跑出來找我們。

老高其蠢無比的猜道：「他可能是這裡的老闆。」

阿木聳聳肩膀，眼珠子又跟豬油一樣的混起來。「我不曉得，我沒跟他講過話。」

我們幾個面面相覷，想笑卻又笑不出來。

我說：「你在這裡看了他一、兩個禮拜，連一句話都沒跟他說過？」

阿木搔搔頭皮，做錯了什麼事似的，眼角、嘴角一齊往下搭。「他不說嘛，我也不曉得跟他說什麼……。」

猴子嚷道：「你不會問他，這種球要怎麼打、那種球要怎麼打？笨嘛你！」

阿木笑了笑。「光看就懂了，何必問？而且，他如果看我還不太懂，就會把那種球再打一次……。」

我說：「他幹麼？教學生哪？」

「有一點那種味道。」阿木笨笨的說。

我們橫豎沒事，就在那裡等，想看看那個怪老頭兒，阿木則起勁的在那怪檯子上把球彈來彈去。

我們很驚奇的發現他不再蹲下身去瞄球了，而且出桿很輕，輕得像女人洗澡，但球的勁道卻依然斬截沉穩，看來那老頭兒還真有兩把刷子。

然而我們一直等到天黑，怪老頭卻始終沒有露面，我不禁懷疑這是不是阿木那怪腦筋裡的怪幻想。

「騙你我會死！」阿木急得跳腳。

猴子他們已被等待磨光了好奇心，喉管裡冒上來的呵欠更帶著大氣：「反正都是打屁！屁老頭、屁彈子檯、屁你！」

阿木雖被罵得哭喪著臉，仍忍不住要為這怪檯子辯護：「打這種球，可以教人做球的重要。一眼下去，就看見整盤球，而不只是一顆球；要懂得怎樣架構，預先為下一球甚至最後一球鋪路。」

他滔滔不絕，毫無笨氣，猴子他們卻連聲叫「屁」，還在他的腦袋上敲了好幾下。

後來我們就經常拿這個來開他玩笑，他每說一句話，我們就問他：「你在架構下一句話嗎？」

他拿起一根菸，我們又說：「你在為下一根菸鋪路嗎？陰險鬼！」

我們一直沒有再去那個黑麻麻的彈子房，當然也始終沒見到那個怪老頭子。不管這是不是阿木編的鬼故事，他的球技確實又高明了一大截，連一絲絲兒的煙火氣都沒了，白球如行雲，檯面如流水，各種色球如繁星墜落銀河，阿木則擁有一支神仙的杖，一雙慈母的手，揮灑之間，變幻出人世最神奇的魔術。

有三種悲劇最惹人心痛。其一是英雄末路，楚霸王自刎烏江口⑨，唉呀呀，鐵石落淚；其二是美人遲暮⑩，但如今已有蜜絲佛陀⑪可供彌補，自然沖淡了不少傷悲；其三是神仙落難，孫悟空竟被狗咬，啼笑皆非。

阿木一離開彈子檯，便立刻上演起第三種悲劇，他幹什麼都不是。

我們拿課本都沒辦法，所以從不笑他那一攤爛的成績單，但我們實在很難諒解他在女生面前顯露的無能。他只敢偷瞄，萬一不幸被對方逮住了眼，嚇，看他那股慌亂勁兒，真叫我們比他還要臉紅。

我們只帶他出去和了兩、三次馬子，便覺得臉皮已經磨蝕到不容再受損傷的地步，終於決定把他整個剔除在這活動之外，阿木也樂得舉雙手附議，慶幸自己脫離了這非人酷刑。

只有一次他主動提出要求，希望能加入我們打獵的行列，誘因竟來自於那視他為垃圾桶的咪咪。

或許是因為咪咪有著特大號彈子一般的奶奶與屁股，我想。

「明星商專」和我們同一路公車上下學，每次咪咪扭著屁股走過去，阿木就有點魂不守舍，一面發出一聲輕悄顫抖，出自肚底，卻比腸子還要長的「哇——」

我跟他好好的談過一次，說他絕對絕對罩不住那種騷貨，與其把時間精子糊裡糊塗的浪費掉，不如去追小娟才是正途。

小娟也是「明星商專」的學生，長得雖不漂亮卻很有點味道，乖乖的，有時還會露出幾分和阿木一樣的獃氣。

阿木聽是聽了我的話，但沒什麼勁兒，放學後仍舊跑去打彈子；我罵他，他也聽了——他帶著小娟去打彈子，叫她坐在旁邊看。

我問他到底是怎麼啦？他苦著臉說：「不來電嘛，怎麼辦？也想不出什麼地方可以去。」我又狠狠的罵他，他才耷⑫拉著臉蛋，不好意思的說：「喂，沒錢吶，怎麼帶人家出去玩呢？乾脆算了，免得自己難過，她也覺得沒意思。」

我不知道他腦筋裡想些什麼，這樣的事情竟會導出這樣的結論。

過沒多久，便從咪咪那兒聽到一則正逐漸在「明星」校園中流傳開來的笑話，說是阿木終於請小娟去看電影了，保羅・紐曼主演的江湖浪子。阿木根本不管誰是誰或演些什麼，只全神貫注的盯著銀幕上的彈子檯。

「這種球只是花招」、「他這球其實打得不對，應該下左『賽』拉桿，白球就……」，他不停的對小娟囉哩囉嗦，惹得附近觀眾全都發出噓聲，後面那傢伙還重重踹他椅背。

據說小娟著惱得淚灑電影院，從此就春夢了無痕之類。

直到退伍以後，阿木才發現自己有多蠢，好幾次向我提到她。

「鬼迷了。」他說。

不過最後他總會看著自己的手，悶悶的搖幾下頭。「還好我沒跟她怎麼樣。」

⑨楚霸王自刎烏江口　項羽（西元前二三二～前二〇二年）自立為西楚霸王，與劉邦爭天下，垓下一戰敗後自刎於烏江。
⑩遲暮　年老、晚年。
⑪蜜絲佛陀　保養品品牌名。
⑫耷　音ㄉㄚ，下垂的樣子。

我很早就發現這世上有許多事情不能一概而論，譬如說，班上有些傢伙光憑五十塊錢就能打發掉一個月，而我們用乘法來乘這個數目卻仍然不夠用。常常要為錢傷腦筋，真不是人幹的事兒。

猴子他們終於又把念頭轉到阿木身上，這麼準的桿子若不善加利用，還真有點暴殄天物的嫌疑。

猴子雖沒當過郎中，但對郎中的伎倆還滿熟悉，花了好幾天工夫向阿木解說人性心理的弱點，阿木好像聽得很懂，不住點頭「唔唔」，其實他自己的心理弱點已先被人家抓中。

首次出擊，大家都滿懷信心，每人出資五十元作為共同基金，十分保守的訂出進度表，預計在一個月之內把它滾成七位數字。

阿木深感責任重大，一支接一支的抽菸，我看看實在不對，警告他說：「等下你打球的時候不准抽菸，人家一眼就看穿了，你曉不曉得你噴出來的煙都在發抖？」

我們在西門町晃了幾圈，好不容易在開封街彈子房相中了一個目標，正是那種自認為很高桿，口袋大概也頗有幾文冤枉錢的笨蛋。

我們故意在他隔壁檯子上把了幾桿，他就挨過來了。「參一家吧？」很瀟灑的樣子。

我們當然說好，打一桿就退下一個，最後只剩下他跟阿木。

他老氣橫秋的說：「只有你打得還可以，打桿網子吧？」

「我沒什麼錢咧。」阿木耷拉著臉回答，他那天生的窩囊相，能令三歲小孩都想痛宰他一頓。

那傢伙越發加勁兒催逼：「打少點嘛，一網三十塊，怎麼樣？」

阿木又拖拉了一陣，才勉為其難的答應了，仍只施出三成功力，一連輸了三桿。

那傢伙食髓知味，要求增加賭注，阿木連說：「不要啦。」那傢伙卻壓著阿木的聲音連說：「來嘛來嘛」，倒好像經常在公園樹蔭底下偷聽到的那種對話。

猴子適時挺身而出，叫阿木把剩下的錢全部拿出來，朝計分小姐的桌上一擺。「這樣好了，最後一桿，兩百塊，輸了走路，乾脆點。」

那傢伙大喜過望，乖乖上鉤。

照我們原訂的計畫，阿木這一桿要贏得很驚險，才能讓那傢伙被我們一直釣下去，所以一起手阿木依舊裝得很菜，直到紅球快打光了，才開始玩真格的。

然而，最令我們擔憂的狀況也發生了，我們很清楚的看見，阿木全身都在發抖，拉桿拉不動、推桿推不穩，很好做的球做不到，甚至連該進的球都打不進。

猴子急得在我耳邊直嘀咕：「這個狗養的！這個狗養的！上不了檯盤的王八！」

但阿木實在比那傢伙高出太多，分數仍然一點一點的追回來，追到最後只差五分，檯面上還剩一顆必恭必敬坐在洞口的七分黑球。

我們鬆下一口氣，換上另一口氣，正準備歡呼出聲，不料阿木那白痴，一桿竟打歪了，反讓對方把黑球輕鬆補進洞內。

猴子掉頭就走，我們也在那傢伙得意揚揚的「謝啦」聲中，魚貫走出彈子房，阿木當然也拖拖拉拉的跟在後面，一邊伸手到口袋裡掏呀摸的，半天弄出個十塊錢，結結巴巴的說：「共同基金還剩下這些啦，怎麼辦？」

猴子立刻暴跳起來，照準阿木肚子就是一拳，大叫道：「你還來！一人五十塊，你他媽的統統都給我還出來！」

阿木大概頗為那頓成泡影的七位數字感到遺憾與羞愧，於是覺得這提議相當寬大仁厚，往後幾天便懷著感激涕零的心情，大偷家裡抽屜內的零錢來還債。

他把大家都還完了，最後才還我，我才知道這件事。我朝他那苦耷耷的臉上狠揍了一下，罵他：「你幹麼要還錢？誰欠誰什麼？」

他噘著嘴說：「我覺得應該還嘛……。」

我說：「既然你認為還錢是應該的，為什麼還要瞞著我？」

他說：「我就是怕你打我嘛……。」說著說著，居然還笑了起來。

專二那年，我們經常跑去漢口街的「古北」打球，那裡窩著票小混混，他們很欣賞阿木的技術，動不動圍在旁邊看。

阿木起先很緊張，悶著頭打，最多向他們笑一笑而已，後來慢慢混熟了，居然也跟人家小張老王開來。

我跟那些傢伙一直走得不近，但阿木卻逐漸靠攏過去，因為阿木被他們哄得昏昏的，甚至以教頭自居。

那段時間，我很不喜歡看他打球，有事沒事盡使些花俏手法去換取人家的掌聲。他似乎越來越搞不清楚彈子應該是怎麼個打法，更搞不清楚自己在幹什麼了。

猴子他們因他有了靠山，再也不敢對他人五人六的，有時還露出巴結的神氣，這就更使我不由得火冒三丈。

有一天，我們去學校附近的小店吃飯，阿木居然找起老闆的碴兒，還摔他的盤子。走出店後，我說：「阿木，你屌起來了嘛？屌也不看人，欺負小生意人算什麼？」阿木竟用指頭比著我。「你少廢話，要不然我叫他們扁你。」他其實是在開玩笑，但我不當他開玩笑，我把他抓到小廟後面，痛打了一頓。他起初還有點想還手，但後來就一直抱著頭讓我打。

打完了，我說：「阿木，你做什麼都不像樣，連混都沒個混的樣子。」阿木噘著嘴，點點頭，卻沒哭了。

我找了張廢報紙把他臉上的血擦乾淨，一齊往回走。

他忽然樂起來，拉著我的胳膊。「鬼迷了，他媽的！」

我們互相拍拍肩膀。不過他還是有一搭沒一搭的跟那些傢伙鬼混。

學期末了之前，操行分數不及格的黑名單就已先被打探出來，我、猴子、老高都高掛榜上，阿木居然也列名其中，他一定覺得很窩囊，不像咱們轟轟烈烈的三個大過記滿，而僅只是小孩子的把戲——曠課過多而已。

對我們而言，記過實在是太容易了一點。「罵一句幹你娘，就要被記一個大過，這種鬼學校還上它個屁！」猴子的最後一個大過便是這樣得來的，他跟同學開玩笑，亂罵三字經，被教官聽到了，教官問他：「你剛才說什麼？」猴子說：「沒有哇！」「你有！」「沒有嘛！」「你再說一遍，沒關係！」「你真的要我說？」「你說！」「幹你娘！」

「退學就退學，反正已經幹過他娘了。」猴子的論點深獲大家同意，誰也沒把它當回事兒。將近一個禮拜的時間，我們結夥四處遊蕩，在大家都滾進教室之後，公然列隊巡行校園每個角落，故意走過教官面前，跟日本人一樣「進出」訓導處、教務處，好奇的傾聽對我們已無限制的上下課鈴，高興就把頭伸入教室，吼道：「某某某，滾出來燻草，上什麼課？」

那真是我們的黃金假期！

大家心底或多或少都有些茫然，卻沒人說出來，以免破壞了這類似盛宴的氣氛，只有阿木乾巴巴的說過一次：「我老爸老媽不跳起來才怪！」

期末考當天，我們在導師死勸活拉之下，勉強走進考場，為了「萬一」轉到別的專科以後的學分而努力。

猴子問：「別的工專也要念國文哪？不是換一個國家就要換一種語言嗎？」

導師只有乾笑的份兒。

每堂考試我們都第一個交卷，好像金聖歎批水滸一般，大筆亂揮幾揮就算了帳，然後跑去坐在禮堂外面，欣賞那堆兀自悶在蒸籠內的苦瓜。

老高和英文老師素有過節，偏偏英文考得最久，我們從窗口看著他埋首試卷，謹慎其事的一筆一畫，都覺得有點不可思議。

等他好不容易交卷出來，問他在裡面幹什麼鳥，他笑著說：「我在畫烏龜。」

猴子說：「畫烏龜也不用這麼久嘛？」

老高說：「本來只想畫一隻大的，後來覺得不過癮，又添了十幾隻小的。」

我們笑得眼淚直流。我說如果每天上學都能像這樣，上一輩子的學也沒關係。

老高說：「是嘛，這些開學店的人沒腦袋，賺我們一輩子的學費不是很好？」

猴子哼了一聲。「東西學不到，樂也不讓我們樂一下，真是他媽的，花錢買罪受！」

我說這就是教育，教育就是要讓你難受，從你老子把你按在馬桶上大便開始，你就注定了要難受到死為止。

老高嘆口氣說：「人非要學這學那的，真煩！」想了一下，又說：「只有阿木倒好，起碼在這鬼地方學了一手好彈子。」

阿木灰著臉，憋了半天，終於冒出一句我們做夢也想不到的話：「彈子？彈子有個什麼屁用？」

我們一直坐在花壇邊上，坐到所有人都考完試走光了，太陽斜斜的照下來，把我們這一排十幾條影子全掀翻到地下。沒有人說話，我不知道那一刻大家的心裡都在想些什麼，不過我倒是很清楚的記得自己當時心中唯一的念頭——好日子過完了。

阿木頭垂在胸前，忽然低聲對我說：「本來我是考上高中了的，但是我想，將來鐵考不上大學，上高中又有什麼用？所以才跑來讀五專，沒想到……他媽的！」

我被他弄得很不舒服，罵他：「又沒有要死人，擺出這副死嘴臉幹什麼？」

阿木看了我一眼，神情就跟我第一次打他的時候一樣。

我們坐上公車，又都高興起來，爭議著先看電影或先泡馬子。我突然發現阿木不在車上，猛一扭頭，只見他仍舊站在校門口，迅速隱退於車後的黑暗之中。

有一剎那，我竟以為自己再也見不到他了。

時光像迸碎了一般，這邊一片，那邊一塊，打工、轉學、再被退學、再打工、入伍、退伍……。沒有主軸，亦乏脈絡。這樣的日子令我厭倦。

退伍那天，我對自己說：「好吧，你就是這麼塊爛料，趁早為自己存點棺材本吧。」

我找到一份修理汽車的差事，甘心的在機件黑油裡打滾。我經常會想起阿木，卻一直沒去找他。我不願意讓他看見我這副落魄相，而我更怕看見他混得比我還糟。

結果，仍然聽到了無法用「糟」字形容的消息。

他退伍之後，還是跟那些傢伙混在一起。有一次他們跑去保安街逛，阿木走在最前面，東看西看，後面的人和地頭蛇鬧開了，他也不知道。搞到最後，人家都跑了，他卻還傻楞楞的站在那裡。

一個痞子掄起三花武士對準他頂門劈下來，他叉起雙手一擋，兩隻手掌就都被砍掉了。

我去醫院看他，一進病房就瞥著他那張苦耷耷的臉，一雙纏著紗布的手腕伸在被單外面。

我說：「阿木，好不好玩？」

他跟從前一樣很委屈的說：「沒想到嘛……。」

我說：「你活該，交友不慎。」

我猜他知道我這話指的是我自己，但他卻故意一搖頭，乾澀澀的看著我，說：「唉，別提了，那些鬼東西……。」

傷好之後，阿木就不再跑出去鬼混，大部分時間都待在雜貨店裡，用兩隻光禿禿、末端略顯尖細的手腕，替日益年老的雙親照料店務。

我反倒不好意思不去看他了，偶爾幫他做一些他做不來的過細事兒。一個沒有風的晚上，我們悶在店裡，阿木忽然提議：「打彈子去吧？」

我嚇了一跳。「怎麼打？」

阿木皮笑肉不笑的牽牽嘴角。「打打看嘛。」

直到拿起桿子，我才知道他早已練習過很多次了，兩隻手腕夾著桿尾，桿子的前半截倚架在檯緣邊上，雖不免滑來滑去，但有幾個球仍然打得相當漂亮。

阿木笑著說：「侖！再過幾個月，就又可以把你當兒子宰了。」

那笑容很快就變了形，冰凍在臉頰肌肉和神經的尾端。阿木用力亂戳白球，使滿檯子的色球瘋狂奔跑起來，好像他正在追殺一群仇人一般。

我說：「別打了吧，阿木。」

我真希望他永遠別再去碰球桿，但他後來還是常常獨自練習，每次都引來一堆人在旁觀看，邊發出蠢笨的驚異之聲，弄得他很煩，人一多他就不打，盡量避開熱鬧的地方。

他打球時，眼睛再也不會亮晶晶的閃動，卻只透出一種拚命的神氣，把球打得「噼啪」響，聲音像極了骨骼遽然崩裂的那一剎那。

想不到竟會和阿木回到「信興工專」旁邊的兵營去打球，更想不到那個角落竟還是十年前的老樣子。磚屋陰森依舊，灰敗依舊，雜貨店亂擺著連蟑螂都懶得吃的零食，只有狗肉店的那個老殺胚，殺狗殺得眼睛更斜了一點。不過，我懷疑他用來吊狗的繩子還是十年前用的那一根。

我們打了幾桿，阿木瞟著麻花一樣扭曲的桿頭，苦笑著說：「世界上好像總有些地方永遠都不會變。」

他望向山腳下寂靜荒涼的小兵營，沉默了半天，忽又說：「真希望什麼都沒有變。」

我說別他媽了吧，不想打球就去喝酒，囉嗦一些廢話幹什麼？阿木轉過頭來。「你也不是什麼東西！」好像我是檯上色球一般，凶狠的瞪著我。「從前你不可一世，現在呢，還不他媽是個跟我一樣的癟三？」

我首度感受到阿木濃濃的敵意，卻並沒覺得意外。我說：「沒錯，我也什麼都不會，只會打你，和教你打彈子。」

阿木笑了起來，做了個很難看的手勢。「你的彈子，哼！」

吃狗肉的時候，他又不開心了，轉動著盛狗鞭酒的杯子，悶悶的說：「那天咪咪告訴我，猴子在一家貿易公司當經理……。」

我說：「你管他在幹什麼？」

他說：「那種東西，他媽的，怎麼反而混得出名堂？」

我被他搞得有點毛了，真想跟從前一樣賞他幾個拳頭。我說：「你別管人家怎麼樣，就是這樣！別他媽管人家怎麼樣！」

一個多禮拜前，他在路上碰見咪咪還是一副騷包相，當街一把扯著他大咋小唬，問他還有沒有打彈子？

阿木說「有」，又把兩隻手伸給她看，她卻更興奮了。

原來她在一家撞球俱樂部當副理，每個月要安排一場高水準的球賽給會員觀摩欣賞。俱樂部本身聘有一位國手級的教練，外面請來的高手若能勝過他，便有五萬塊彩金可拿。

「你來嘛，你來嘛，打『九球』，九戰五勝。」咪咪慫恿著說。「輸了也有車馬費給你。」

阿木嚥下一口狗鞭酒，臉也拉得跟狗鞭一樣長。「她把我當成馬戲團的猴子哩。大家來看，本世紀最精彩的餘興節目，沒有手掌的人打彈子！」

我說不高興就不要去，那些會員只要看咪咪扭屁股，就已經很過癮了。

阿木冷笑起來。「她帶我到他們的俱樂部，你猜怎麼著，一個檯子一個房間，而且還鋪地毯，有沙發、有電話，還可以把咖啡、西餐叫進來吃。我他媽的！我們哪想得到會有這種彈子房？」

我望了隔壁一眼，剛才丟下的麻花般的桿子，兀自躺在縫縫補補的檯布上學蛇睡覺。

「差不多嘛。」我說，其實也嚇了一跳。「時代不同了嘛。」除了這話，還有什麼別的解釋？

「真的喔。」阿木現出困惑的表情。「現在還有國手了咧，上電視，出國比賽，真怪！我們那時候被抓到打彈子，卻要記過、上少條館，他媽的真怪！」一股茫無頭緒的氣憤冒上他紅通通的狗鞭酒臉，似乎連那筆廢掉了他半輩子的爛帳都一齊翻了上來。「真怪……」喃喃說著，終於無所著力的搖了搖頭。

我陪他練習到傍晚，才搭公車趕去「好桿俱樂部」，一下到地下室，咪咪就迎了出來，彷佛一朵交際花或什麼的，拉著一臉冷淡而又周到的鬼樣子。「歡迎光臨，嗨，好久不見。」

我沒答她那下半截話兒，只顧往裡走，冷不防她暗地裡戳我一下，低聲道：「我肏！還是那副老嘴臉，一點都沒變嘛！」

大廳裡塞了不少人，都是些寧願打五塊錢一分鐘彈子的怪物。

咪咪走到中央，加油添醋的介紹阿木的經歷，大家聽得半信半疑，我卻聽得雞皮疙瘩直掉，阿木則忙著挑桿子，一個經理模樣的人走過去想跟他握手，但馬上就發覺了自己的愚蠢，連忙拍拍他的肩膀了事。

阿木挑好桿子，半話不說，走到檯子旁邊，眼睛垂著，只盯住球看，鬧得那「護場子」的國手也客套不起來，只好拉開架式。

我對阿木並沒有多大信心，不管他最近練得多麼勤快，比起從前畢竟還是差得太遠了。但他一起手的氣勢卻真壯，氣勢壯而出手輕，一瞬間我又看見了他當年顛峰時期的模樣，沒兩下就把九號球幹進袋裡，先拔頭籌，也贏得了滿廳的驚異掌聲。

咪咪挨到我身邊，眼望阿木，笑著說：「真想不到，還能打得這麼準。」

我說打球是七成打氣勢，只有三成打技術而已。

咪咪說：「我知道啊，可是阿木從前就是沒有氣勢嘛。」

我笑了笑，沒講話。

咪咪忽又說：「他有沒有告訴你，他那天在街上碰見小娟的事？」

我說沒有。

咪咪說：「小娟已經有兩個孩子了。那天阿木來我這裡，一副很喪氣的樣子，唉，真是……」

我說：「別管他。」

咪咪看了我一眼，問說：「你呢？混得怎麼樣？」

我說不怎麼樣。

咪咪又嘆口氣。「你們兩個都是一副彆扭脾氣。」頓了頓，猶豫了一會兒，又說：「你們應該……」

我說：「應該什麼？」

她說：「靈光點嘛。」又馬上聳聳肩膀。「唉，沒有啦，我剛剛放了一個屁。」

在這幾句話的時間裡，阿木又連贏了兩盤，咪咪可有點發急了。「喂喂喂，他玩真的呀？我們要賠五萬塊的吔，開玩笑！」

我忍不住大笑起來，我說：「算盤打歪了吧！想玩馬戲團？很貴的咧！」

咪咪分辯道：「最起碼也要給他的對手留一點面子嘛！」

我說：「他從前對妳很有意思，妳去跟他拋個媚眼，讓他摸摸屁股，他說不定會聽妳的。」

咪咪果真在阿木贏了第四盤的空檔，跑去跟他嘀嘀咕咕了一番。

阿木依舊眼睛垂著，望著彈子檯，也不點頭也不搖頭，根本不知聽到她說的話沒有。

第五盤一開打，阿木依舊神準無比，咪咪無可奈何的搖搖頭，偷偷對我做了個很不堪的手勢。

我看見那個經理模樣的傢伙匆匆走入辦公室，拿了一疊鈔票出來，阿木已經打到八號球了。

經理把鈔票放在檯邊，率先鼓掌，其他人也跟著「劈劈啪啪」的亂拍，阿木卻連眼睛都不眨一下，輕輕穩穩的把九號球打進洞內。

我走過去，幫他把鈔票揣了，掉頭就往外走。

咪咪追過來說：「急什麼？坐一坐再走嘛？」

我說坐不起吔。阿木也說：「下次人少的時候再來好了。」

我們爬上樓梯，走到門口，只聽見咪咪在底下大嚷：

「喂，阿木，你真是他媽的！」然後，也不知在樂些什麼，獨自嘻嘻哈哈的笑起來。

冬天冷雨滴滴滴的掉在我們脖子上，我們拐進忠孝東路的人堆裡，我說：「阿木，終於高了。」

他笑了笑。「唉呀，彈子而已嘛，彈子就是彈子嘛。」

我問他還記不記得那年當郎中的事？「那時能有這麼穩就好嘍。」

阿木看著我。「還是你剛才說對了，管他媽人家怎麼樣？根本不要管他！管他媽的喔！」

他先陪我搭上公車，又在下面叫著說：「明天再去吃狗肉。」

我建議他倒可以去嘗嘗咪咪的屁股肉。

阿木笑起來，對我揮了揮手。

車開了，我向後望著他縮起脖子，晃著兩隻禿手腕，混在人堆裡慢慢往前移動。我驀地想起那年夏天，在校門口看見他腳步騰騰的正對夕陽走去的景象。

那個閃著金光，神采發揚的人影在我眼簾上跳躍了好一會兒，我才忽然發覺，那已是好久好久以前的事了。

作家檔案

郭箏，本名陶德三，生於西元一九五五年。就讀世界新聞專科學校（今世新大學）五專部編採科時，因曠課過多遭到退學；轉學到淡水工商就讀後，不久就辦理休學，到印刷廠擔任撿字工。服完兵役後，郭箏進入民生報印刷廠工作，一九八三年發表第一篇以鄉野俠義傳說為背景的小說冤枉啊，大人！，引起臺灣文壇的關注；一九八四年在中國時報副刊上發表好個翹課天，寫出了青少年的叛逆不羈，並反諷升學體制的刻板僵化，在臺灣造成一股風潮；四年後發表彈子王，同樣以青少年的題材，表現成長的主題，再度引起極大迴響。

除了純文學的作品，郭箏亦創作武俠小說，他以筆名應天魚寫了少林英雄傳、龍虎山水寨、鬼啊！師父等武俠小說。此外，他也寫劇本，並曾經擔任電視劇施公和吳宇森導演的電影赤壁編劇；其他如去年冬天、國道封閉等劇本，也都膾炙人口，多次獲得行政院新聞局頒發的優良電影劇本獎。近期的作品則是系列武俠小說四十九次決鬥。

國文老師賞析

王怡芬

在升學主義掛帥的年代，獲得好的成績是學生求學唯一的目標，只有把書念好，才是人們眼中所謂的好學生。文中的青少年並不算壞，只是對讀書沒有興趣，無法在課業上獲得好的成績，於是他們「流落」到私立的專科學校，在當時書讀不好就不是好孩子的觀念下，這群青少年生活沒有目標，失去了自我的價值認同，成為一般人眼中的「問題學生」。

阿木從一出場開始，就是個不起眼的人物，他長得並不討喜，「右頰生了塊豬頭皮，雜亂的植著些硬鬃，眼睛非常類似一對走了筆的三角，銳角永遠黏答答的往下垂，嘴脣則如同一根兩端被人拗斷了的木棍，一逕彎彎的淌著苦汁」；同時他也是個膽小沒個性的人，像個跟屁蟲一般跟在別人後面，任人打罵，也不還手還嘴。他在某些時候似乎還是個善良的人，便當被同學搶了吃，自己餓肚子也沒有關係；阿木從小到大，在人際關係的發展上似乎並不順利，他沒有自信，凡事沒有自己的主見，為了討好朋友，阿木甚至吃裡扒外偷家裡賣的菸給朋友，以尋求同儕的認同。

畏畏縮縮、隨波逐流、任人欺負的阿木，在學會打彈子之後變得不一樣了。只要一拿起桿子，阿木臉上所有下垂的線條便全都飛揚起來，阿木用念書時從未有的全神貫注，細細地觀察，認真地思考，彈子在阿木手中如行雲流水般變成了藝術、變成了出神入化的技術，打彈子時的阿木是主角、是英雄，像極了武俠小說中的高手。在彈子的世界裡，我們看到了阿木難得的自信。只可惜阿木生不逢時，在當時流連於彈子房的，大多是不被社會認同的邊緣人，一般人對這些青少年的印象是：他們不愛讀書、不學好，整天無所事事，混跡於彈子房裡，時而打架鬧事。打彈子不像讀書，即使花再多的時間練習，擁有高超的技術，也打不出什麼出息的。

故事繼續往下走，這些得不到社會主流認同的青少年們，終日遊走於社會的邊緣，在校園生活結束踏入社會後，故事的敘述者成為修理汽車的工人，而阿木因為結交了一群幫派朋友，在一次事不關己的幫派尋仇中，糊裡糊塗地失去了一雙手掌。傷好了之後的阿木便不再出去鬼混，大部分的時間都待在雜貨店裡，替年邁的雙親照料店務。故事敘述到此，愛打彈子的阿木失去了一雙手掌，這是何等荒唐而殘酷的悲劇。

故事的結尾，失去了雙手的阿木居然又開始打撞球，在咪咪工作的撞球俱樂部當中，跌破眾人眼鏡，狠狠地賺了一票。在過去，學生被抓到打彈子要記過；到現在，打彈子可以當國手，上電視，出國比賽。時代不同了，但是不管在什麼樣的年代，社會上的各個角落，都有著像阿木這樣不為主流社會所接受的邊緣人，阿木和他的這群朋友未來會怎麼樣，作者並沒有繼續敘寫下去，同時也留給讀者無限的想像。郭箏的作品道出了社會邊緣人的辛酸處境，也寫出了朋友間相知相惜的情感，讓人讀了為之感動，並能引起深思。

小說家解謎

許榮哲

戲劇裡有一號人物叫「上帝派來的人」，他們大多於故事中後半段出現，目的是幫主角解危，或讓情節轉彎。這種角色常被詬病，因為在某個程度上，代表作品的情節布局鬆散，或人物性格薄弱，只好依賴空降部隊幫忙。

彈子王裡也有這麼一號人物，上帝派來改造主人翁阿木的神祕人物。阿木是個挫蛋，什麼都不行，唯獨打起彈子來，虎虎生風，三兩下就打遍校園無敵手，但這終究只是校園新人王等級的身手，還沒資格到大舞臺亮相。直到阿木遇見了一位神龍見首不見尾的神祕老人。某次，阿木消失了兩個禮拜之後，帶著敘事者「我」等一干人，到一家舊的不像話的彈子房，朝聖似地看古董級的彈子檯「開崙」。接著，阿木說，彈子房裡有個怪老頭，球技高超。這兩個禮拜，他都在一旁看老頭子打球。兩個人就這樣一個打，一個看，過程中兩人都不說話。如果阿木看不懂，老人就會自動把那種球再打一次。

從此，阿木脫胎換骨了。不只是技術面的，還包括觀念性的。

阿木學會了「做球的重要」：一眼下去，就看見整盤球，懂得怎麼架構，預先為下一球，甚至最後一球鋪路。只是……阿木口中的神祕怪老頭，從頭到尾都沒有現身，甚至連身分也成謎，這樣的角色不只是上帝派來的人，而且還是一個隱形人。

讀者會問：「這樣寫對嗎？」問題不在於對不對，而是可不可信？

神祕老頭不是來幫忙解決問題的假人，小說家至少架構了以下四點，為他鋪路，讓他變成一個真實可信的人物。

一、性格：阿木笨得連謊都不會說。

二、習慣：遇到別檯有高手，阿木一定坐在旁邊細細觀察，然後就在空檯上試著那樣打，一遍又一遍。這一點和怪老頭之間的互動吻合。

三、場景：老舊的彈子房，見都沒見過的最早彈子檯「開崙」。

四、球技：阿木不再像以前一樣蹲下身去瞄球，現在的他出杆很輕，輕得像女人洗澡。

其中，「開崙」這個詞尤其關鍵，因為它無論如何都虛構不來，這個詞所代表的意義，幾乎等同於彈子、古老、神祕、消失，而正是這幾個詞的集合，精準地形塑出一個神龍見首不見尾的彈子高人。正是以上幾點，把這個上帝派來的人，變成一個既飄忽，又可信的角色。

因為高人始終沒有出現，反而塑造了一個更高的人，每個讀者都依其對高人的期待，而各自想像，並且絕對不會失望（因為是自己想像出來的）。想像中的高人有多厲害，師承高人的阿木就有多厲害。推理小說家雷蒙．錢德勒曾說：「當故事開始變得無聊時，就叫一個帶槍的上場。」

我個人喜歡把它改成「叫一個腰間鼓鼓的上場」。鼓鼓的裡面究竟裝了什麼？可能是槍、可能是手榴彈、可能是空城計式的恐嚇……，讀者的知識、經驗、想像力越大，那個鼓鼓的東西就越有無限的可能。

小說家的寫作課——陌生化

許榮哲

所謂陌生化，就是把熟悉變成不熟悉。

一個再熟悉不過的老朋友，一旦穿上你不熟悉的衣物，便會瞬間讓你遲疑、困惑起來，是不是自己遺漏或錯過了什麼？因而重新檢視眼前的「新」朋友，於是一切有了「新」的可能。

以郭箏彈子王為例，就題材而言，它不過是青少年的校園故事，但讀來卻有一種似曾相識的奇異感。主人翁從一個什麼都不行的蠢蛋，一步一步往奇才之路邁進，甚至遇見百年難得一見的高人，習得絕世武功。感覺到了嗎？小說家幫這個老套的校園故事穿上一件「武俠」的外衣之後，故事立刻閃耀著奇異的光芒。

人如此、環境如此，小說類型也是如此，藉由「陌生化」的手法，一個平凡的傢伙可以變成神經兮兮的嫌疑犯，水泥叢林的臺北可以變成毒蛇猛獸的南美，校園故事可以變成武俠傳奇，任何陳舊的石頭都有機會變成閃亮的鑽石。

表面上，陌生化是為了抓住讀者的目光，但令人驚喜的是，陌生化的過程中，故事常常會因為外貌的改變，進而影響了本質，甚至長成一個全新的生命。

故事可以老，但小說家的眼睛必須是新的。同一個故事，從不同眼睛看出去，就有不同神采。

小說家的書架——許榮哲

1. 波赫士歧路花園。2. 伊塔羅·卡爾維諾看不見的城市，時報。

02

降生十二星座

駱以軍

許榮哲：「駱以軍降生十二星座這篇小說之所以不易解讀，除了一般常提到的後現代、拼貼之類云云的，我個人以為一個更直白的原因是它採取的是詩的結構，而不是小說的結構。」

讓我們從「快打旋風」的電動玩具開始吧。當然現在店面裡擺的臺子清一色是第三代、第四代之後了。你可以挑選從前被鎖在最後四關的四大天王：手綁長鉤臉戴銀製面罩穿蔥綠色緊身褲的西班牙美男子；拉斯維加斯拳擊擂臺上三兩下重拳便將對手撂倒的泰森；泰國臥佛前打赤膊攻防幾乎無懈可擊的泰國拳僧侶；還有最後一關被孩子們稱為「魔王」或「把關老大」，開賽之初很帥氣地把納粹藍灰的軍官大氅一拋，然後乾淨俐落標準世界搏擊動作地三兩下把你幹掉的越南軍官。

以前你不能選他們的，現在你可以了。現在你甚至可以用自己和自己對打，譬如說你可以看見螢幕上相同的穿紅衣的 **Ken** 和穿青衣的 **Ken** 對打，或是穿白衣的 **Ru** 和穿青衣的 **Ru** 對打。完全相同的程式設計：一樣的招式一樣的氣功和神龍拳（日本發音的Hurricane、颶風，他們會嘶吼著衝騰上天——ㄏㄡ——ㄌㄧㄡ——ㄎㄧㄢ！）孩子們喜歡挑日本宮殿屋簷上，穿白色功夫裝的Ru，像是真正肅殺的對決，畫面上頭髮還在風裡一陣一陣地翻飛，那個酷！當然你一開始就是堅貞地選用春麗，一個十五、六歲的中國女娃，背景是大約廣東某個市鎮的街道：後排坐著唐裝的陌然拎著一隻雞在宰殺的，還有另一個面無表情騎腳踏車經過比武現場的這些個中國人，還在簡體字的商店招牌下，有一張紅字的標語：「禁止吐痰」。

當然你始終在投幣五元後毫不考慮地選用春麗，有一部分原因是每每她將對手幹倒後，鬢髮零亂衣衫不整雀躍地露出十五歲少女欣喜若狂的嬌俏模樣，確乎是搔到你某一部分輕柔的寂寞的心結。不過還有一部分是老電動迷懷舊的歷史感吧。孩子們不懂江湖恩恩怨怨的悲涼，你卻清楚記得早在第一代的「快打旋風」，背景是長城，一個曲背弓腰、白鬍長眉、打螳螂拳的中國老頭，他的武功輕盈刁鑽，後來卻被你抓到弱點，每每用陰毒低級的掃堂腿攻他下盤，讓老人家含恨塞外。所以當孩子們為著這第二代破臺後電動為每一角色播放帶著煽情配樂的身世情節新鮮好奇時（譬如說那個酷Ru吧，他在打完電動中所有擂臺，悲嘆著此後天下再也沒有對手後，寂寞悲壯的背影朝紅色的夕陽走去；又或者那個俄羅斯摔角的巨漢，在把最後一關越南軍官幹倒後，會有一架直升機從天而降，機艙走出電腦設計之初還是蘇聯總統的戈巴契夫——啊世局的紛亂比電動的機種還叫人不能適應——和他一起跳俄羅斯方塊舞），你在看到少女春麗辛苦地撐完最後一場拳賽後，在哀傷的音樂下跪在她父親的墓前，字幕上打著：爸爸，我已為您復仇。然後十五歲的少女，換上青春亮麗的洋裝，把不屬於她這個年紀的、染滿血和仇恨的功夫裝拋開。

啊，你怎麼能不臉紅心跳呢；電動玩具裡的世界。你的世界。你清楚記得是自己把那個仙風道骨的老人幹掉的。原來她是……仇家的女兒？不對。你是她的仇家。難道你要再用 Ru 或 Ken 或那個醜不拉嘰的怪獸，把這個單薄天真卻背負著殺父之仇的女孩再除掉嗎？

於是你每每在投幣後，總是麻木地，故意不去理會底層複雜在翻湧的心思，沒有後路地選擇了春麗，她代表這五元有效的、你電動玩具裡的替身。你是她的主人，你操縱著她如何去踢打攻擊對手（好幾次你無意識地讓她用出你最拿手當初幹掉她父親的掃堂腿），她是你的傀儡，而你卻清清楚楚地看見，重疊印在每一場生死相搏的電動玩具畫面上的，你的臉，是她看不見的，在她上端的真正殺父仇人。

太凝重了。

再後來，你知道，每一個角色都是有星座的。

優雅平靜的 Ru 是天平座。金髮火紅功夫裝爆烈性子的 Ken 是牡羊座。相撲的 Honda 是雙子。怪異的人獸雜交的戴著手鐐腳銬的布蘭卡是雙魚。美國空軍大兵是獅子。印度瑜伽面容枯槁的修行僧是魔羯。下盤較弱輕盈在上空飛跳的西班牙美男子是水瓶座吧。滿身刀疤俄羅斯摔角的巨漢是巨蟹。拉斯維加斯的拳王是金牛。醉臥佛前的泰國拳僧侶是處女座了。魔王是射手，無庸置疑，乾脆、俐落、痛快。

復仇的春麗，別無選擇，只因她降生此宮，童稚、哀愁、美豔、殘忍完美諧調地結合，天蠍座。從眼神我就知道。

當然我們都還記得三年十班的教室。那年我父親因我至今不很清楚的原因，被他任教的那所中學解聘，整整一年皆面色陰沉地賦閒在家。家裡孩子們瘋鬧地追逐到父親的書房門前，總會想起母親的凝重叮囑，聲音和笑臉在那一瞬間沒入陰涼的磨石地板。甬道的書櫃、牆上父母親的結婚照和溫度計、父母親臥房的紗門，還有一幅鏡框框著的米勒①的「拾穗」的複印畫。小孩子都知道家裡發生了重大的事情，是在這個甬道組成的房子之外，我們所不能理解的。

我清楚地記得，三年十班的教室。那之前，我和哥哥姊姊唸的是靠近要往臺北的那條橋的私立小學，小男生小女生穿著天藍色燙得筆挺的制服，小男生留著西裝頭，鋼筆藍的書包上印著雪白的校徽。私立小學的校長據說是抗日英雄丘逢甲的孫女，父親是她政工幹校的同學，所以全校的老師都認得我們家的孩子。每當姊姊牽著我走過辦公室，很有禮貌地向那些老師問好，就會聽見她們說：「啊，那是楊家的孩子嘛。」

這樣地和姊姊一同在回家的路上，同仇敵愾地睥睨著同一條街上那所國民小學的孩子：啊，骯髒地掛著鼻涕，難看的塑膠黃書包，黑漬油汙的黃色帽子。也沒有注意父母那些日子不再吩咐我們別理那些公立學校的「野孩子」。於是就在一次晚餐飯桌上，沉默的父親突然面朝向我說：「這樣的，小三，下學期，我們轉到網溪國小去念好不好？」

本能地討巧地點頭，然後長久來陰沉的父親突然笑開了臉，把我的飯碗拿去，又實實地添滿，「好，懂事，替家裡省錢，爸爸給你加飯。」

餐桌上哥哥姊姊仍低著臉不出聲地扒飯，我也仔仔細細地一口一口咀嚼著飯。一種那個年紀不能理解的、揉合了虛榮和被遺棄的委屈，嗝脹在喉頭。

然後是三年十班的教室。我也戴上了黃色小圓帽。下課教室走廊前是我驚訝新奇的孩子和孩子間原始的搏殺：殺刀、騎馬打仗、跳遠、K石頭。陌生的價值和美學，孩子們不會為罵三字經而被嘴巴畫上一圈墨汁。說話課時從私立小學那裡帶過來的拐了好幾個彎的笑話讓老師哈哈大笑全班同學卻面面相覷地噤聲發楞。

然後是一次自然課和自己也一頭霧水的老師纏辯蚯蚓的有性生殖②和無性生殖③而博取了全班的好感。不是因為博學，他們不來那一套。那天原是要隨堂考的，老師卻在緊追不放的追問下左支右絀④地忘了控制時間。有一些狡猾的傢伙眼尖看出了時勢可為，也舉手好學地問了一些莫名其妙的問題加入混戰：「那，老師，如果蚯蚓和蠶寶寶打架，是誰會贏呢？」「那萬一切掉的那一半是屁股的那一半，不小心又長出屁股來，那不是成了一條兩個屁股的蚯蚓嗎？」

後來便奇怪地和一群傢伙結拜兄弟了。裡面有兩個女孩子。其中之一叫鄭憶英的女生，開始掛電話到我家。第一次是在房間偷玩哥哥的組合金剛。母親突然推門進來，微笑著說：「有小女生打電話來找我們楊延輝了。」

訕訕⑤地若無其事地去接了電話。

「喂。」

①米勒　Jean Francois Millet（西元一八一四～一八七五年），善畫鄉村風景與田園生活等，以法國農民畫家聞名於世，代表作有晚禱、拾穗等。

②有性生殖　一種高等動物體衍續後代的生殖方式。由雌雄兩體的生殖細胞，交配受精後形成受精卵，可分為卵生、卵胎生和胎生三種。亦稱為「兩性生殖」。

③無性生殖　常見於較低等的動物。無受精現象，直接從親體長出新個體。植物方面是藉由孢子或營養器官以繁殖後代，如真菌、蕈類、蕨類等多行孢子生殖；較高等的植物則自母體分割出枝、葉、根等營養器官，使之生根而長成新個體。

④左支右絀　用以形容顧此失彼，窮於應付的窘況。

⑤訕訕　難為情的樣子。

「喂。楊延輝我是老五鄭憶英。我有事情要告訴你。」

「什麼事？」

「楊延輝我告訴你喲你不要去跟陳惠雯高小莉她們玩喲。你連話都不許跟她們講，否則我們的組織要『制裁』你喲。」

「我沒有，」但是那天放學我才看見老大阿品和老三吳國慶，和她說的那幾個女生在玩跳橡皮圈：「這是『大家』要你來通知我的嗎？」

「不是，」女孩很滿意我的服從，聲音變得甜軟：「是我叫你不要理她們的啦，我跟你說喲，那幾個女生很奸詐，她們最會討好老師了，她們還會暗中記名字去交給老師……」

啊，三年十班的教室。有時你經過學校旁的燒餅油條店，穿著白色背心卡其短褲的老劉會像唱戲那樣扯著嗓子作弄你：「楊延輝耶……咱們底小延輝兒白淨淨地像個小姑娘吔。」你紅著臉跑開。燒得薰黑的汽油桶頂著油鍋，老劉淌著汗拿雙很長很長的筷子翻弄著油條，老劉積著一小粒一小粒汗珠的胳膊上照例刺著青：一條心殺共匪。油煎鍋上方的油霧淩擾扭曲著，如果你坐在店裡朝街上望，所有經過油煎鍋的行人、腳踏車、公共汽車，都蛇曲變形了。

後來是坐我座位旁邊的結拜第六叫什麼婷的女生，有一次上課突然舉手跟老師說她患了近視，坐太後面常看不見黑板。然後是鄭憶英自告奮勇願意和她換位置。

這是個陰謀。接下來的一天我都很緊張。我沒有和陳惠雯她們說話啊。她是不是來「制裁」我的？像是我的沉默傷到了她的自尊，女孩在前幾堂課也異常地專心，悶悶地不和我說話。到了最後一堂課，她開始行動了。她仍然端正地面朝黑板坐著，一隻手卻開始細細地剝我手肘關節上、前些天摔倒一個傷口結的疤。一條一條染著紫藥水的硬痂被她撕起，排放在課桌前放鉛筆的凹槽，我沒有把手肘抽回，僵著身體仍保持認真聽課的姿勢，刺刺癢癢的，有點痛。手肘又露出粉紅色滲著血絲的新肉。

連續好久，回家，母親幫我上紫藥水，慢慢結痂，然後女孩在課堂上不動聲色地一條一條把它們剝掉。

直到有一天母親覺得奇怪，「小三這個傷口怎麼回事，好久了，怎麼一直都沒好？」然後她替我用消毒繃帶包裹起來。

另外一次是老大阿品帶頭，教師節那天所有結拜兄弟（妹）的孩子們，都騙家裡說學校要舉行活動，然後一群人坐臺北客運去大同水上樂園游泳。我把母親幫我刷得黑亮的皮鞋藏在書包裡，穿著老大阿品多帶一雙的拖鞋，興奮地和他們擠在公車最後一排隨著車身顛簸，覺得公車愈開愈遠，那個陰沉的父親小聲講話的母親的家，彷彿會從此，被我拋棄在身後，永遠不知道我是在哪一天離開他們的。

全部的人只有我不會游泳，兄弟姊妹們很夠義氣地湊了錢替我租了一個游泳圈。我靜靜地漂在泳圈上，看著他們一個個浪裡白條，把寄物櫃的號碼木牌扔得老遠，然後嘩嘩鑽入水裡看誰先把它追回來。我有點害怕，究竟這是第一次，大人不在身旁，且第一次是漂在腳踏不到底的成人池裡啊。

然後，鄭憶英游到我的身邊，她突然拉著我的泳圈，朝向泳池最深的地方游去。我很恐懼，一個念頭像周圍帶著藥水味的藍色水波無邊無境地漫溢開來。

「她要處決我。」

我很想大叫救命，但覺得那會很難看。岸邊戴著墨鏡的救生員微笑地看著這一幕，不會游泳的小男生抱著游泳圈，讓個小女生游著牽他去看看水池最深那裡的感覺。老大阿品他們追逐小木牌的嘩笑聲已很遠很模糊了。她要處決我。然後他們全部都會相信那是意外。媽媽。我自尊地仍不出聲，但是眼淚卻混在不斷拍打上臉的水波流了出來。

「好。」然後她說，在最深的地方停了下來，不再朝前游。這裡連大人也很少游過來，稀稀落落地經過。

「你看我喔。」她讓我攀住泳圈，像一個珊瑚礁孤島上的觀眾席，然後放開我。她說：「我自殺給你看喔。」然後她鑽入水中。一開始我恐懼的是她會不會從水底抓我的腳把我扯進水中。但是一點動靜也沒有。我單獨地漂在那兒。救生員和老大阿品他們在很遠很遠的那一邊了。水面上寂靜無聲，時間久了，她還是沒有上來。

我不記得她是過了多久多久才又鑽出水面，「楊延輝你哭了吔哈哈你哭了吔。」那個下午的印象，便是我攀著救生圈，看女孩一招又一招地表演她的水中特技。她可以倒栽蔥鑽進水中，讓兩條腿朝上插在水面上；她可以仰著臉，身體完全不動，像死屍那樣浮在水面，後來她還學鯊魚，潛入水中，只露出一隻手掌環繞著我的救生圈游。

似乎是一場無聲的意志力的相搏，女孩有絕對的優勢，我唯一的防備便是頑固地不露出難看地保持沉默，待我哭出聲來後，馴服便完成了。

那是一九七七年的三年十班的課室，一切像透過油煎鍋的上方而恍惚扭曲著。後來父親又因我不知道的原因復職，我再度轉學到另一間私立小學。四年後，在路上遇見老大阿品，他和一群國中少年倚著一輛機車抽煙。「喂，阿輝耶，那個鄭憶英哪，你甘吔記得，去年自殺了喤。死去了啊。在浴室洗澡，好像把瓦斯打開啦。大家都有去出殯啊，老師嘛有去。你轉走了不算啦……」

關於春麗的「倒掛旋風腿」，很簡單，把搖桿下壓，然後上推，該瞬間按下「重腿」鈕；她的「無影腿」更容易，只要連續按「中腿」鈕，非常快速地按，則只是春麗的腿踢出一片白色的弧光。但這兩項的攻擊係數皆只有三。春麗向以輕捷取勝，她的絕招並不突出（相對於Ru、Ken，或是越南軍官、西班牙美男子）。她的摔打有效速率比任何其他一個對手平均快0.1秒，且攻擊效率高達四。

老電動迷應該清楚地記得，在我們的那個年代，有一種叫做「道路十六」的電動玩具吧？啊，說起來真叫人興奮得喘不過氣來（那是個什麼樣的年代啊），小精靈的王朝剛過，天堂鳥（就是第一代出現防護罩概念的太空突擊類型的始祖）、大金剛、坦克、蜘蛛美人、巡弋飛彈、雷射、第三代小精靈、頑皮鬼（就是一種尾巴拖著顏料，把整個畫面畫滿才算過關的小精靈的變種）……相繼出現，那是電動玩具店爭相開張，第一個百花齊放的電動高潮。奇怪的是，待第二個王朝（俄羅斯方塊率領著雷電、古巴反戰、一九四三、麻將學園出場的輝煌時期）和緊接在後的第三王朝（快打旋風王朝）的相繼出現，都已隔小精靈世代有六、七年之遙。在電動玩具店打小精靈時你還是穿著深藍色訂做得很緊的短褲，把白襯衫拉在皮帶外面，故意把書包背帶放得很長的國中生；到了快打旋風的時期，你已是延畢了一年，叼根菸，面不改色，一疊硬幣放在一旁靠銀彈來「破臺」的大學老鳥了。

我們總要為之困惑，這空白的六、七年間，在螢幕那邊的世界，發生了什麼事，為什麼中斷了那麼長的一段時間？是警力在這之間展現了他們掃蕩電玩的韌性？那真是笑話。是因為家庭任天堂電視遊樂器的出現？拜託，請尊重一個電動玩家的品味好嗎？任何一個用慣搖桿且縱恣於電玩店那種臨場強烈的男子漢，怎能忍受坐在自家客廳味同嚼蠟⑥地玩著畫質粗糙的超級瑪利、北斗神拳？那是，那是因為賭博性電動玩具在那段時期盤據在我們老電動迷的老巢囉？

我可以奉勸你，倘使再用這樣的外緣線索臆測下去的話，有點自尊的老電動迷會摸摸鼻子，突然把話題岔開，他不願再和你談下去了。

再回到「道路十六」吧。

畫面上是上下縱橫各四行總共十六個格子，每個格子一個缺口（圖一），音樂開始播放時，你會看見在畫面上十六個格子之外的部分——那便是道路——，有一枚綠色移動的小光點，那便是你：後頭有三枚白色亂竄著追逐的小光點，那是電腦，也就是企圖追撞你的「敵人」；在十六個格子中的其中六七個格子裡，會有微微發光的星號，那是寶藏，標記著提醒你不用進入其他沒有寶藏的空格子。於是你開始在方格和方格間的道路上逃竄著，然後進入某一個裡頭有星號的方格之缺口。

豁然開朗。螢幕瞬變為你進入的方格的放大，原來一個方格是一個獨立的迷宮世界（圖二、圖三），原先匿身在十六個方格中的一個格子，這時向你鋪展出它整個迴環曲折的道路迷障。你原先的小綠點，原來是一輛逃亡中的賽車，隨後莽莽撞撞跟進來的，是三輛窮追不捨的警車，方格裡的世界可熱鬧了：除了纏繞糾葛在一起的迷宮通道、死胡同以及十字路口，你要找尋的寶藏

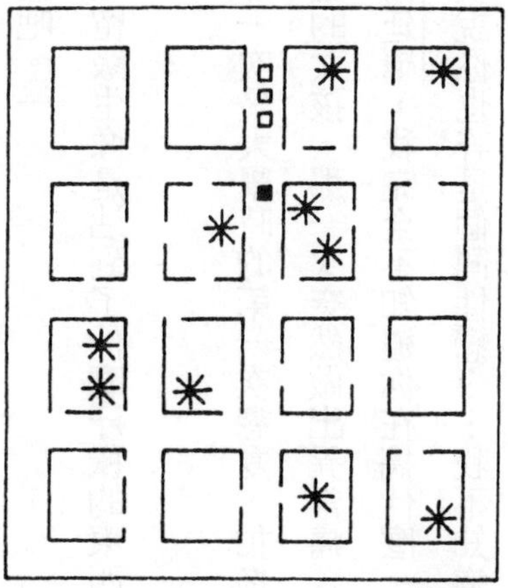

圖一

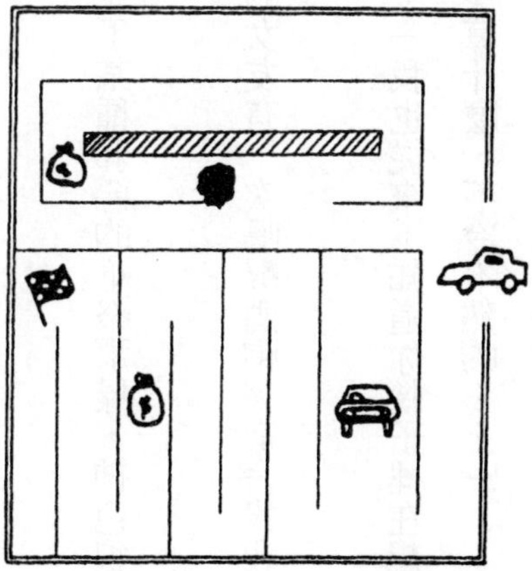

圖二

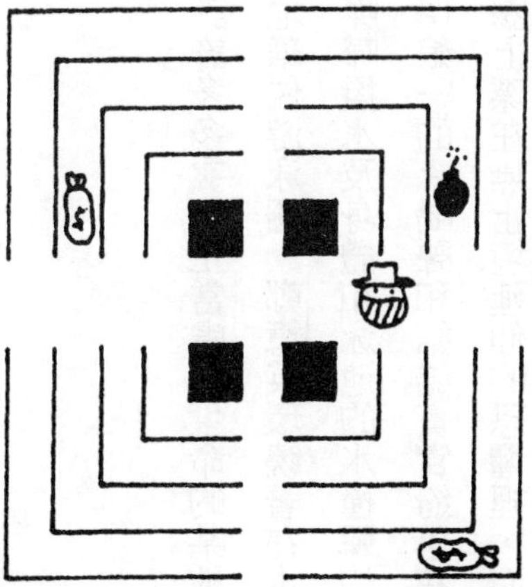

圖三

⑥味同嚼蠟　比喻沒有味道。

、岔口處的一個泥淖（不小心陷進去了，車子會噗嚕噗嚕地前行不得，等著警車來追撞你了）、炸彈、移動的鬼臉，以及錦標旗（吃到了的話，原先追逐你的警車，會變成四處竄逃的錢袋，換你去吃它們）。

三年十班的課室。

從哪一次開始呢？此後，許許多多次，正當處在生命的某種轉折，腦海中便浮現了那樣一個初秋的游泳池裡，我腳不著底地攀住游泳圈，鄭憶英環繞著在水裡鑽進鑽出表演各種艱難的水上特技。沒有說話的聲音，只有嘩嘩撥水及身體和泳池的水撞擊的聲音。一次是高中時被一群留級生叫到小巷子裡圍毆，在「幹伊娘」的吆喝聲和結結實實紛落在臉頰和肚子的拳頭中，突然想起一片湛藍色的泳池，我浮在泳圈上漂在無止境延伸的恐懼裡，而鄭憶英努力憋著氣把自己的身體壓在水底的畫面，突然嘴角帶血地噗哧笑了起來。

「猶吔。」

幾個留級生像是沾到了什麼汙穢的東西或是撞見了某種邪惡的巫祭那樣，神色狼狽地丟下我跑開。

另外一次是大學時的第一次戀愛，拍拖了兩年的女友有一次喝醉酒跑來宿舍找我。她原是個很少說話的女孩，那一次突然做出異常痛苦的表白：

「楊延輝，我完全不知道你在搞什麼，」她說：「我也從來不知道你腦子裡在想什麼，我的朋友對我說你也許是個同性戀……我不知道我們這樣算什麼，不冷不熱的……」

我一邊拿著溼毛巾幫她擦臉，一邊很努力地：想聽明白她說的每一個字。

「你不要老是一副置身事外的樣子，你臭屁什麼？」她哭了起來：「你又對我了解多少？我告訴你，如果有一天我毫無來由的自殺，你知道我心裡在想什麼嗎？」

沒有任何理由的，突然，我決定要和這個女孩分手。鄭憶英在鑽入水底前，微笑地對我：「我自殺給你看噢。」那樣的一張臉，像特寫一般擴大浮出。戴上泳帽的圓臉，有一綹一綹沒被蓋住的髮絲沿前額溼淋淋貼著。

有一次，在滿妹的店遇見一個老電動迷。「滿妹的店」是一個叫做滿妹的女人開的一家PUB，據說滿妹從前做過空姐，據她本人說「滿妹」這個綽號就是那時得來的。按說她們飛機一個班次飛出去通常都不會坐滿，一般是七八成，較空甚至五成。空服員在替乘客熱排餐、端飲料、遞毛巾，應付了一些較嚕囌的阿土之餘，總可以到後艙斜倚著休息，聊聊天打打屁。不過一旦遇上機位全滿，空姐們可就得忙得叫苦不迭了。這時空姐之間就會出現一種介乎遊戲和迷信的儀式：「抓滿妹。」幾個空姐互相狐疑地嗅著彼此，「誰是滿妹？是誰？快承認。」意即「命裡帶滿」害大家忙得不可開交之人。

滿妹說，沒什麼好抓的，從她分發上機後，不管飛國內、飛國外，每一架次都是客滿。罕見的純種的滿妹。綽號就這樣傳開了。一開始大家還又驚又好笑地混著她鬧，久了，究竟客滿時的服務飛一趟下來會把人累死，她發現大家在背後排班時，都想盡辦法調開不和她一起飛。「後來真的飛不下去了，就賠點錢不幹了。」滿妹叼著菸，在吧檯上空懸著大大小小的雞尾酒杯下，感嘆地說：「倒是自己開了店以後，覺得這個綽號倒挺順耳的。每天都客滿。」

那天我在滿妹的店裡按例用春麗破了一次「快打旋風」的臺，不知為何心裡空盪盪地無限寂寞。我坐在吧臺上，連點了兩杯龍舌蘭。

「滿妹，會不會有一天，春麗在順從我的指示踢打敵手的時候，突然靈光一閃，猜疑到她要面對的殺父仇人，不是這一關又一關周而復始一一躺在她腳邊的死人：Ru、Ken、印度瑜伽隱士、美國大兵、西班牙美男子、人獸雜交生出的畸形兒、泰森，還有越南軍官。春麗知道，只要我投幣，就一定會選擇她。一旦選擇她，殺父之恨一定可以報仇，但是這個『殺父之仇』為什麼可以一再重複呢？上一次她最後一腳把越南軍官踢死時，不是已在父親的墓前告慰過父親之靈，且已將功夫裝丟棄了嗎？為什麼還要再一次又一次地從頭開始呢？是不是其實『殺父之仇』根本從來就沒有解決，真正的殺父仇人還逍遙地在一切殺戮之上，玩弄著她的命運？她會不會狐疑地抬起頭，在一瞬間看到螢幕之外我的眼神？」

滿妹一邊聽我說話，一邊笑著調其他客人的酒，每個晚上，總會有這麼一兩個客人，神色認真，而不是調情，告訴她一些她聽不懂卻又覺得奇妙新鮮的事吧。滿妹到底是個被寂寞浸染過的女人，我常常在想，當她每晚從一桌一桌醉倒的沒有臉的人們的桌上，抽走一隻又一隻的空酒瓶；把飛鏢盤旁邊的記分黑板擦乾淨；清掃廁所時，發現猙獰盤紮在牆上的鉛字筆留言：各種性器官和性交的圖案，還有諸如「臺灣共和國萬歲！」「余永卿我操你屁眼！」（那不是我高中教官的名字嗎？）還有重複了至少一千遍各種字體的FUCK，突然在其中發現一長排的工整的字：波特萊爾⑦是牡羊座齊克果⑧是金牛座福克納⑨是雙子座伯格曼⑩的巨蟹座空缺歌德⑪是處女座葛林⑫是天平杜斯妥也夫斯基⑬是天蠍當然嘍貝多芬是射手三島由紀夫⑭是魔羯大江健三郎⑮水瓶而馬奎斯⑯是雙魚。

不知滿妹會做何感想。

不過那晚我確知滿妹是不可能瞭解我所說的那個世界，於是我的寂寞更加稠濃起來。這時候，旁邊一個傢伙，突然對我說：

「先生，你聽我哼一段曲子，」他開始哼了起來。

「啊，『道路十六』，」我的眼睛亮了起來，「那麼你是……」

「不錯。那麼老兄你也是經歷過第一次電動王朝輝煌時期的老傢伙嘍。」我們都興奮極了，

---

⑦波特萊爾 Charles Baudelaire（西元一八二一～一八九六年），法國詩人兼評論家，其詩集惡之華頗為世人所稱道。

⑧齊克果 S.Kierkegoaard（西元一八一三～一八五五年），丹麥存在主義哲學家。提倡存在先於本質之說，著有恐懼與戰慄、愛在流行、誘惑者的日記等。

⑨福克納 William Cuthbert Faulkner（西元一八九七～一九六二年），是美國最有影響力的作家之一，一九四九年獲諾貝爾文學獎，著有喧嘩與騷動、給愛米麗的玫瑰等。

⑩柏格曼 Ingmar Bergman（西元一九一八～二〇〇七年）瑞典電影導演。早年風格受義大利寫實電影影響，後來逐漸傾向幻想式的象徵表現，透過神的沉默、性和暴力等，顯示出人性的陰暗面。主要作品有第七封印、野草莓等。

⑪歌德 Johann Wolfgang von Goethe（西元一七四九～一八三二年），德國詩人、小說家兼劇作家，作品以小說少年維特的煩惱、詩劇浮士德最著名。

⑫葛林 Graham Greene（西元一九〇四～一九九一年），英國多產作家，作品兼具藝術性及娛樂價值，多次被提名諾貝爾文學獎，著有長篇小說愛情的盡頭、哈瓦那特派員等。

⑬杜斯妥也夫斯基 Fjodor M. Dostojevskij（西元一八二一～一八八一年），和托爾斯泰、屠格涅夫並稱為俄羅斯文學三巨頭，善於描寫社會底層小人物的心理，被視為存在主義的奠基人。代表作品有卡拉馬佐夫兄弟、白痴、罪與罰等。

⑭三島由紀夫　本名平岡公威（西元一九二五～一九七〇年），日本現代小說家，著有金閣寺、假面的告白等。

⑮大江健三郎（西元一九三五年～）日本當代存在主義作家，一九九四年獲諾貝爾文學獎。著有萬延元年的足球隊、廣島筆記、為什麼孩子要上學等。

⑯馬奎斯 Gabriel José de la Concordia García Márquez（西元一九二八年～），哥倫比亞作家、記者和社會活動家，為拉丁美洲魔幻現實主義文學的代表人物，一九八二年獲諾貝爾文學獎，著有百年孤寂、愛在瘟疫蔓延時等。

又向滿妹點了兩杯酒，滿妹也感染了我們的情緒，湊近坐在我們對面。

「唔，道路十六。十六個格子，還有格子外面的街道。進入和離開。一旦進入，螢幕上張開的是你必須獨自面對的迷亂道路，還有各種把戲：錢袋、泥淖、炸藥、鬼臉、錦標旗，你還得對付後頭跟進來的警車。離開一個格子，你又變回一枚小小的綠色光點，有其他的格子等著你進入。」

「不過我們通常都在進入之前便已被暗示過了：發著微光的星號，哪些格子裡有寶藏我們才進入它們，通常都是那六、七個格子在輪流，雖然一關一關藏放寶藏的格子或有不同，但是，你知道的，電動這玩意兒弄久了，分數高不高破不破臺是很其次的，」他突然停下不說，望著我。

「是不是你發現了什麼蹊蹺？」

「嗯！」他說，「最先是，我突然懷疑，我在這一關又一關逃著警車的寶藏搜尋中，真的曾經每一個格子都進去過嗎？於是我開始不理那些發著微光的星號，朝那些個沒有星號的空格子裡鑽。這樣的不理會遊戲規則的探險，其實亦要付出很大的代價——我常常被不知是否我多心但似乎更戒慎防範著我跑進空格子裡的警車逼死在那些空格子裡——不過基本上有的空格我確實記得是在另一關進去過了，而僅存的幾個空格，進去後也大同小異……」

「啊，」我佩服極了，「說起道路十六，國中時我們班上還沒有人敢向我挑戰，沒想到是一場懵懂，搞了一場，根本有那幾個格子，是我根本不曾進去過的……」

「你別難過，其實我也並沒有全進去過。」

我不很明白這句話，不過他這時向滿妹要了紙筆，把其中兩個格子的迷宮路線畫給我看（圖四、圖五）。

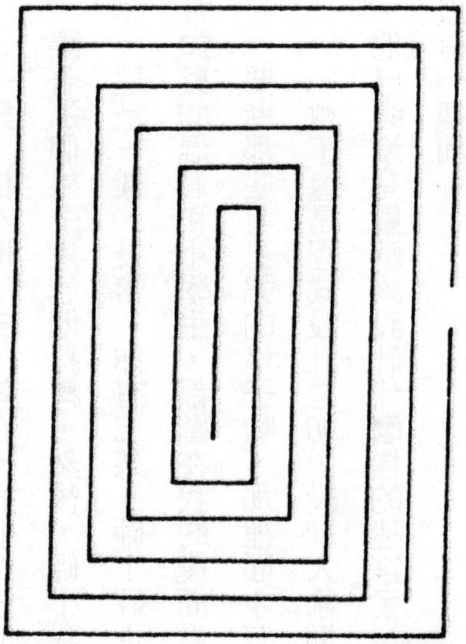

圖四

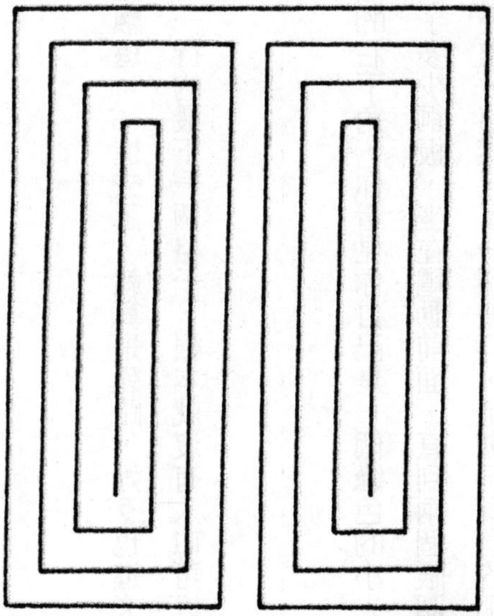

圖五

「怎麼，全是死路？」

「對，一進去，發現苗頭不對，但是警車就跟在後面，只有硬著頭皮朝裡面走，然後在迷宮的核心絕望地被撞死。」

「可是你還是進去啦。」

「我說的不是這個，」我感覺到他的眼神開始飄遠，「進去了，就算是死路，好歹也進去了。但是，一直到今天都讓我困惑不解的是，靠右那一行的最下一個格子，根本就沒有入口可以進去……」

「沒有入口……」

「對，根本進不去，就在十六個格子的縮小圖的右下角，你看見你自己是一個綠色的小光點，繞著那個格子焦急地打轉，然後，砰！我不知換了多少銅板，坐在電動前面，直到兩個眼圈發黑，還是一樣。投幣，你有三架，砰！砰！砰！再投幣。這樣耗了一個禮拜，電動玩具店的那些長頭髮的混混和小學生，都圍在我的後面看。他們以為我是電動白痴還是什麼的，心痛地提醒著，『要進那些有星號的格子啦，那裡面才有寶藏啊。』」

「會不會是程式設計之初，設計人偷懶，算準了這九個格子根本沒有人會進去，而其中一個，他已經沒有靈感該設計什麼樣的迷宮了，乾脆把入口封住。結果不是『無法進入』，而是根本沒有『裡面』。」

他很詫異地看著我，彷彿不敢相信我會說出這樣的話。

「你以為『快打旋風』設計之初，春麗真的有能力思考她為父報仇這件事的荒謬性嗎？」

說著，他放下酒杯，板著臉叫滿妹結了他自己的酒錢，看也不看我一眼，就推門離開酒吧了。

根據克卜勒[17]第一定理，行星在太空中繞行的軌道是橢圓形，而太陽位在此橢圓形的雙焦點之一上。第二定理聲稱兩行星與太陽的經矢（半徑矢量）在相同時間內，所掃過的面積是相等的。第三定理敘述各行星繞日周期與其和太陽的距離之關係。

於是你想像著你為道路所包圍，你太清楚每一條道路的號誌、分隔島、斑馬線、行道樹、商家，以及下水道的圓洞入口。你韜略於胸，知道如何超車、闖紅燈而不致被拍照，甚至逆向行駛卻可以流暢地閃過所有迎面而來的車陣。你知道哪一段和另一段的交叉路口因為捷運施工必然塞車，所以你從容地在那個路口之前便先鑽進小巷道，在歧叉錯亂恰好容你車身通過的窄巷裡以四檔快速鑽行，然後越過那個路口才又回到大路。

你的乘客們駭異地嘆息著你對道路的熟悉，像狎玩於自己手心的掌紋。在你的眼中看來，每一個城市：不過就是由大小粗細的道路編織而成。你不太理會流連於那些五光十色的招牌，路人的臉，便利商店，或是卡式電話亭。你只專注於道路的錯密相銜，所以你不太會迷路，而一個城市在面對你時，總得順從地卸去它的飾物和武裝，把它的管脈和腸肚攤開在你面前。

但你握有的永遠只是道路，你發現你永遠沒有推門離開過車子，你永遠在前進，循著路的迎面張開而前進。你從一處缺口進入一個格子，你以為你進入了，但你只是被路推著輸送，然後你

[17] 克卜勒 Johames Kepler（西元一五七一～一六三〇年），德國天文學家。其所發現的行星運動定律：第一定律，太陽系行星沿著以太陽為焦點的橢圓軌道運行；第二定律，行星與太陽的連線，在同時間內掃過相同的面積；第三定律，行星繞日運動週期的平方與其軌道半長軸的三次方成正比。著有宇宙的奧祕等。

便又從另一處缺口離開了這個格子。

回到春麗身上吧。

你想到在你生命裡，間斷地以不同星座降生在你身旁的春麗。杜羊座的春麗、處女座的春麗、水瓶座的春麗、金牛座的春麗、雙魚座的春麗。

第二次出現，你已是國中二年級的男生了。小精靈電動的熱潮已全面淹過了之前的小蜜蜂和三合一星際大戰。你冒出喉結，每一定期便假裝大便坐在馬桶上：偷用父親的刮鬍刀把細細冒出的恥毛剃掉。你和你的朋友面不改色把人家停在公寓樓梯間的腳踏車幹走，然後拼裝改造，車子幹了愈多以後，你開始轉賣給你的同學。你們還特地遠征獅子林，大批買下那種鐵工廠鑄造的黃銅代幣，十塊錢可以買下一把，然後你回到永和冒充五元硬幣去打電動。後來電動玩具店全部貼出了「禁用代幣」的警告，你們想出別的花招，把一元的銅板外環繞上一圈保險絲，大小恰和五元銅板一般（啊，那時的一元和五元，都好大一枚啊）。

這是你自己的回憶的時間組合，在學校裡，時間以另一面視窗在拼湊著你的角色。你很少講話，像那些好學生一般神情凝注地看著上課中老師一張一合的嘴，但你的老師總是詫異不解，為什麼這個安安靜靜的學生，每次考試，都能考出他們無法想像的低分呢？你乖順地伸出手挨板子，從不露出難看的樣子（有些傢伙挨打時會難看地哭泣求饒或掙扎）。其實你心裡正在盤算著如何將小精靈的百萬公式路線修正，以適用於第二代程式改過的小精靈。

然後在一次月考後的座位重編，一個一向成績維持在班上前十名的女生，突然被排在你的旁邊。那次月考她考了全班倒數第二名，你當然仍舊因為墊底而坐在你的老位置上，那接下來的一、兩個月，驚怒的老師把注意力全放在這個成績幾乎可說是在一夕之間瀑瀉而下的女生身上，反倒不太找你麻煩了。

但她終究是和你不同的種族。有一回她被叫上臺去，卻從容完美地在黑板上解出了一題很難的幾何題，你在心裡防衛地想：只要再經過一次月考，她很快便會被調回她原來的、在前排的座位。

女孩的心思卻似乎並不放在這上面。另一次她又被叫上臺去默一段英文課文後，回到座位上冷笑地對我說：「你不覺得他們挺煩人的嗎？」

我告訴她老師現在還在盯著她，有話下課再說吧。

「你相不相信，」她打了一個哈欠：「我是為了坐在你的旁邊，才故意把月考亂考。」

在下一秒我們被老師怒叱在課堂上講話而到教室後面罰半蹲之前，她說：

「不過我現在有點後悔了。」

（啊！我想起來了，那是你第二次的出現。春麗。但你究竟是天蠍座、牡羊座，或是射手座的？）

牡羊的形象代表了一種二元性（男性與女性）它強調一種團體的關係，而非孤立性的表現，這點和其星座宮及生肖表的意義也相符。牡羊座掌管第一宮，所謂的開朗外向的性格特色，也是我們意識中社交性強的自我部分：牡羊座的守護星火星代表著創世的第二波運動，自雙魚座的海洋上升，象徵著星座之輪的生命火花，也是活力循環的起始點。在有意識的自我從無意識的內在性格中衍生之際，我們彷彿看見了牡羊座的精力根源自雙魚星座那富創造能力的海洋中升起。雙魚座在宇宙的星球間，大氣和雲層之中合併起來，並因此形成了後來的太陽——牡羊座。

——女子星座，席拉・費倫特

情境僅中止於此，女孩確實在下一次的月考後調回前排的座位。老師鬆了一口氣，班上突兀的躍出他控制之外的一枚粒子，又歸位於原初的秩序。

道路在你面前依序展開，她已經在你隔壁了，你可以聽見格子裡隱約跳動的心思頻率，不同架子上不同試管裡化學藥劑格格顫響，你可以好整以暇地測量她兩眉間和鼻梁間的十字比例，或是由顴骨和下巴的角度測知她是代表死亡和性欲的埃及遺族的天蠍，或是貞潔殘忍的亞馬遜女戰士的牡羊。

但是情境僅在此便中止了，你再度被摒擋於她的格子之外，只差一層薄牆，一個缺口，你便能進入，經歷她所給你的迷宮路線。

沒有情境。

或者你可以預先知道她所屬的星座，替她假擬好一幅她所應有的迷宮路線（啊！你的全能的星座備忘小手冊），再按著假擬好的岔口、轉角、巷衖、速限、高架橋，替她構建她所應延續的情境。

譬如說射手座的她吧，會不會在一次午休時，揉雜著好奇、挑釁與犯罪共犯的艱窒嗓音，問你敢不敢把你那個男生的小雞雞掏給她看，她只是不知道那是怎麼樣的一個玩意兒。或者是巨蟹座的她，在一個陰天的週末下午邀你去她家，房間裡奇異地彌散著一種老人特有的癬藥藥膏的清涼氣息，還有洞穴般的黯淡色調與光線。她沒有和爸媽生活在一起，每天放學回到家裡只有重聽的奶奶。她的房間是那種老一代人的紅木家具、斑駁不堪的五斗櫃和圓鏡梳粧檯，牆上掛著一張鏡框黏滿蟑螂屎的她父母的黑白結婚照，你無法避開視線地看見她疊好在床沿的、不應是少女所有的、老阿媽才在穿的那種老式的粗布胸衣和胖大的內褲。

當然也可能是金牛座的她，比你要沉默地敵視著不斷找她麻煩的老師，然後一個清晨的早自習，她穿著牛仔褲馬靴的年輕母親，在走廊流著淚告訴老師，她的女兒昨天夜裡吞了一罐安眠藥還好發現得早現在在醫院洗胃這孩子承受壓力的能力較差又不知道她心裡在想些什麼能不能請老師對她標準放寬些？

終於有一天你驚悚地想到一個問題：

我是什麼星座的？

（是呀！我自己，我自己是什麼星座的？）

關於神龍拳（Hurricane）的操作方式：以左手虎口銜住搖桿，彷彿逆時鐘三點至十點半，畫一道一百三十五度左右的弧，畫弧同時右手瞬間按下「重拳」之鈕，螢幕裡的Ru便會嘶喊著「ㄏㄡ——ㄌ一ㄡ——ㄎ一ㄢ！」舉拳朝天擎飛而起。攻擊係數三成三。防禦係數二成五。若是畫弧同時右手按下「重腳」之鈕，則是Ru劈腿在空中打螺旋槳一般的「旋風腿」。不過中看不中用，攻擊係數只有兩成。防禦係數低至零點五成。搖桿若是由九點方位至四點半方位同樣逆時鐘畫一道一百三十五度之弧，右手按「重拳」鈕或「輕拳」鈕，則是在第一代快打叱吒一時的「氣功」，一團白色的氣功球Ru在一招「亢龍有悔」式的雙掌中拍出，第二代攻擊係數被壓低，只有一成。防禦係數仍高達五成。

常常在和一個人分別了很多年以後，重逢時錯愕地聽見他們在描述著一個陌生的、和你完全無關的你自己。像是一個你早已遺棄的、有著你的臉的死嬰，卻在你毫不知情的情況下，在他們的溫室裡被孵養長大。你恐怖地想像著那個死嬰，在他們的溫室裡，發出波波聲響成長的情形。有一天，你在戲院裡，或是隔旁的公用電話，或是公車後座兩個聒噪的女人的談話裡，聽見她們在談論著「你」——那個早在某一處岔口和你分道揚鑣的「你」。

「那不是我！」你在心裡大喊。

大學時沒有理由便分手的女友（後來我知道她是雙魚座的），許多年仍持續著寫信給我，大約拖了三、四年吧，終因我始終沒有回信而中止了。有一個夜裡我在滿妹的店裡拉 Bar 贏了四千多塊，請滿妹及當時店裡寥寥無幾的客人每人喝一杯酒，走出店來在街道上我突然寂寞無比地想念起那個雙魚座的女孩。回到住處我瘋狂地翻箱倒櫃把她這些年來所有的信給翻了出來。卻發現一封又一封叨叨絮絮的自語。正是她一次又一次關於她的保溫箱裡，我遺留在彼的死嬰，培養中持續在裂變成長的實驗報告。

她的最後一封信有一段這樣寫著：

「……今天早上刷牙時，在牙刷上先擠一截百齡鹹性牙膏，再擠一截很涼很辣的黑人牙膏，突然想到這不是你的習慣嗎？我已不知模仿這個習慣有多久了。這樣想著，便一個人在浴室裡哭了起來，並且決定這封信以後，再也不寫信給你了。……我周圍的幾個好朋友，都對你的生活細節瞭若指掌，她們成天聽我重複地描述，似乎是我對於你童年記憶的一片空白的補償，我至少比你還要清楚地掌握了某一段時期的你自己……」

我曾經有那樣的一個習慣嗎?在牙刷上擠一半鹹性牙膏,擠一半涼性牙膏,我完全不記得了。是不是從那以後,突然耽迷於十二星座的認知遊戲?用黃道十二宮的白羊座、人馬座、獅子座諸星代替了佛洛依德[18]的口腔期、肛門期[19]意識與潛意識。

在認知的此岸、隔著隨處充滿了讓認知滅頂的湍流和漩渦的真相大河,不敢貿然再涉水而入。於是你開始以人類極限的神話,去替繁浩無垠的星空,劃分你所能掌握的座標和羅盤。

十二個星座乍看是擴張了十二個認知座標的原點,實則是主體的隱遁消失。他人的存在成了一格一格的檔案資料櫃。認知成了編排分類後將他們丟入他們所應屬的星座抽屜裡,而不再是無止境地進入和陷落。你會說,啊,這個傢伙是雙子座的,所以他的喜怒無常是在表層隨語言而碎裂的宿命性格,他的性格隨他說出來的話而遞轉。結果對不起他說老兄你記錯人了雙子座是另一個某某,我是天蠍座的。哦!於是你趕緊翻閱你的星座備忘小手冊,那就是了,早熟的原罪意識,黑暗深淵的正義膜拜者,天蠍座的,不能控制自己的犯罪本能,卻遠比任何一星座為著自己曾經的罪或不貞而自懲或自虐。我明白你的衝突。

可以挑選任何一套詮釋的系統,只要你按下你所屬的或你要的星座,所有的表象於外的乖詭

⑱佛洛依德 Sigmund Freud(西元一八五六~一九三九年),猶太籍精神醫學家、心理分析學家。在神經學、心理分析、夢的作用、性的研究方面,都有創新的理論。著有夢的解析等。

⑲口腔期肛門期 佛洛依德提出人有五個發展階段,分別是口腔期、肛門期、性器期、潛伏期、性徵期。〇至一歲為口腔期,是個體性心理發展中最原始的階段,這時候孩子的滿足來自口腔,此時期會出現過度樂觀、依賴,或過度悲觀、沒有同情心等兩種性格。一至三歲為肛門期,孩子須接受如廁訓練,此時期會出現固執或具攻擊性等兩種性格。

行為、歇斯底里的扮相，你不能理解的沉默或空白，都可以彙編入它的星座解剖圖。啊！你只要握有那個星座的指南，就可以按因應於他（她）們性格節奏而設計的謀略，照著路線，一步一步直搗私處。

甚至你可以直視自殺，你可以直視自殺後面的無邊的黑暗。

鄭憶英。你想起了鄭憶英。

我最後一次遇見那位「道路十六」老兄是在春麗在城市的上空出現的前一晚。那一陣我將近一個月沒再踏進「滿妹的店」，一方面是為了賭氣：有一晚我在滿妹的PUB裡，按例選了春麗，寂寞又麻木地操縱著那臺「快打旋風」的搖桿和按鈕。像儀式一般地，當我破臺之後，我會點一杯馬丁尼。坐在臺子前，看著螢幕上千篇一律的結局：春麗跪在她父親的墓前，悲傷祝禱：爸爸，我已替你報仇。請安息吧。然後她扔開她的功夫裝，換上洋裝，把髮髻解開任長髮披下。

但是那晚，當我已讓春麗打至最後一關越南軍官時，有一個穿著制服的小學生，跑來坐在我的旁邊，在我來不及疑問小學生怎麼可以跑到PUB這種地方來時，他已敏捷地投了五元下去，並按下雙打的按鍵。

這叫做切關，就是從中闖進來的意思。你和電腦的對打先停下來，必須和切關的人打擂臺，打贏了再繼續和電腦的比賽，輸了，你就抹抹鼻子走開。

邪門的是那孩子也選春麗，穿紅色功夫裝的春麗。螢幕上只見兩個衣服顏色不同長相一模一樣的春麗翻跳廝殺。第一局我贏了，但是接下來兩局皆輸。我不服氣投錢再繼續，但這回更慘，他的春麗幾乎一滴血都沒流就把我的春麗幹躺在地上。

我大約換了兩百塊的銅板、不斷的投幣，但是一次又一次地看到我的春麗在哀號中躺下。我們的對決驚動了包括滿妹和櫃檯這邊的顧客，大家嘖嘖稱奇地圍在我和小學生的後面。那孩子氣定神閒，等著我狼狽又暴躁地投幣。

「算了吧！」當我把口袋的硬幣用完，正準備起身再向滿妹換錢時，滿妹輕輕按著我的肩膀，小聲地說：「不要和他打了嘛，我請你喝杯馬丁尼好不好？」我真是傷心極了，看著那孩子輕易地破了臺，「他的」春麗跪在她父親的墓前：爸爸，我已替你報仇，請安息吧……

就這樣賭氣地一個多月不再踏進滿妹的店，所以當我再在「滿妹的店」遇見那個「道路十六」老兄趴在一臺機器前聚精會神地打電動時，我並不知道那是已放在店裡一個禮拜的「道路十六」。

「怎麼可能？這不是道路十六嗎？」我失聲驚呼出來。

「怎麼樣，」滿妹得意地說：「一九八二年的機種，一個朋友在基隆的一家撞球店看見，一萬塊就給我殺回來。這個傢伙啊，第一天來，看見一臺『道路十六』擺在那兒，眼淚就直直兩行流了出來。」

但是那傢伙渾然不覺我們的談話，下巴直直地伸向螢幕。畫面上橙色綠色的光，在他面無表情的臉上流動。這下他可以慢慢地找出進入右下角那一格的方式了吧！心裡這樣想著。十年前的老電動，真是像做夢一樣。但是我發覺他儘把自己的賽車，往左上角走，然後在左上第二格裡的死路被警車夾殺。

「就是上回快打旋風將你擊敗的那個小學生，」滿妹興奮地告訴我原因，但我微微有一種遭受傷害的委屈，她不知道我是為了什麼而一個月沒出現嗎？「有一天站在後面看著他打，繞著畫面右下那一角，怎麼樣都進不去，突然就說話嘍，『第四格的入口不在第四格的外頭，而是在其他格子的裡面。』奇怪的孩子……」

「果然是程式設計的詭計。」

「也不算是詭計。這傢伙誓死要進入道路十六第四格內部的消息很快就在店裡的客人間傳開。有一晚，一個客人扔了一本日文版的一九八二年電動年鑑在我的吧臺……書裡有一段報導了這個電動程式設計之初發生的一些內幕：『道路十六』程式的原設計者是一個叫做木漉的年輕人，這道程式上市之後三個月才被人發現出了問題，也就是第四格沒有缺口無法進入。至於是木漉刻意設下的一格空白，還是程式設計中途因他瞌睡而發生的錯誤，沒有人能知道，因為木漉在『道路十六』推出後一個禮拜，就在自己的車房內自殺了。總公司找了木漉生前的好友，也是他們電動程式圈子裡另一個數一數二的高手，一個叫做渡邊的傢伙。」

「這個渡邊，嘗試著把木漉設計的程式叫出，卻一籌莫展，原來有關第四格部分的程式，被木漉單獨用密碼鎖住了。年鑑上還透露著另一段關於這兩個程式設計師之間的一段祕辛：似乎是在木漉死去之後——或許在他生前便已暗潮洶湧地進行——渡邊愛上了木漉的妻子，一個叫做直子的女孩……」

「先別說這個」，我打斷她：「後來程式究竟解開了沒有？」

「可以說沒有，也可以說解開了。」滿妹說：「渡邊沒有辦法拆開鎖住第四格入口程式的密碼，但他也不是省油的燈，就另外設計了一套進入第四格的入口程式，但這個入口，他只好把它放在別的格子的迷宮裡了。不知道有沒有人找到這個入口，但顯然確實是有這麼個入口，可以進入第四格裡。年鑑上提到，渡邊替這個看不見入口的第四個格子，取了一個暱稱，叫做『直子的心』。而且，他在『道路十六』上市一週年的那一天，也在自己的家裡自殺……」

「真是悲壯，」其實我不知該說些什麼，坐在機器前的老電動，這時咕噥出一句：「最後一格了，我就不信還找不著……」

「他這一個禮拜，全在做地毯式的搜尋，一格迷宮一格迷宮地碰……」

就在滿妹的話說到一半的當下，毫無預兆地，那傢伙的車已進入第四格了。

先是一連串的英文，大概是說：恭喜你進入第四格，不管你是無心還是故意的，你已闖入了我，渡邊、我的好友木漉，以及直子的祕密通道……

然後，他的賽車便出現在一個空格中了。這就是第四格了。我激動地想。這個格子（這時是整個畫面）沒有任何迷宮和道路，只有兩行字：

直子：這一切只是玩笑罷了。木漉。

下面一行寫著：

直子：我不是一個開玩笑的人。我愛你。渡邊。

有好一晌所有圍著電動的人都沉默無聲。畫面上那輛賽車停在兀自閃跳的兩行字旁。警車是無論如何也進不來了。我不知那個老電動他內心作何感想，困擾了十來年的格子，闖進後卻發現是一段別人糾纏私密的故事。兩個先後自殺的程式設計師和一個女人的愛情。「直子的心」。艱難地千方百計的進入，各種路線和策略，結果只是兩句話。「真是熾熱又寂寞的愛情啊」我輕輕地說，並且發現每個人的臉色都很難看，便踮著腳，沉重地離開「滿妹的店」。

不能進入。

當然你可以看見街道。街道上移動的人。或者你會經過公車站。你是隔著相當厚的車窗，人的表情和顏色很容易被速度拉成扁貼在餘光的玻璃上的，水裡的毛巾絮端或什麼的。你可以看見儀錶板、螢光的指標和鐘面數字。那一陣子你開始利用塞車聽貝多芬：最後的絃樂四重奏、合唱、小提琴協奏、皇帝，後來你甚至聽命運。你很認真聆聽，但你感到那是一種充滿，你無法進入。

你把音響開得非常大聲，所以你始終覺得車窗外的世界是清潔無聲的世界。每一個紅燈時，你會茫然盯著前一輛車的車牌數字。你會盯著任何另一輛車的裡面，裡面的人，有時有戴斗笠綁著花布頭巾的黝黑婦女敲你的車窗，她會發覺你用驚悚畏縮的眼神看著她，她只是賣玉蘭花的。你想著，在這道路和道路之間的車子，它們只是一個綠色的小點呢？是一個自成空間的格子？為什麼在格子和格子間的道路上，會出現賣花的婦人？

不能進入。

下雨的夜晚，你可以聽見自己車子的輪胎在積水路面曳行而過的聲響。你可以聽見雨刷貼著玻璃戛擦的澀膩聲響，你可以看見轉彎時自己的方向閃光箭頭一眨一眨地在儀錶上閃著。還有映著路口黃色閃光燈一灘在路上的流光。你有時真的想瘋狂地大喊：只有我一個人！只有我一個人！

周而復始的催油、放離合器、排檔、打方向盤。在新生北路快速道路上你輕率便可飆到一百二，然後在自動測速照相機之前緊急煞車減速為中規中矩的六十。你隨著車群離開快速道路，沒入塞車的仁愛路。沒有迷宮、寶藏、在後追逐的警車或是錦標旗。而你不能進入。你想到十六個格子中，最右下角的那個沒有入口的格子，心裡便抽痛一下。你想到自己的小綠色光點絕望又賭氣地在那個格子的外緣徘徊，然後活活被撞死，正這麼想的時候，車子的前方出現一個穿功夫裝的少女。你在緊急煞車輪胎爆擦路面的刺耳聲響中沒有感到有物體迎車頭撞上的重量感。後面的車子相繼緊急煞車，然後喇叭聲大響。

我撞死了一個女人。你想，不對。

春麗。天蠍座的。是你。

慢慢你會發現許多絕招的操作方式是重複的：例如同樣是把搖桿朝最左壓，然後在迅速右推的瞬間按下「重拳鈕」。則畫面上若你選的是越南軍官，他會旋身平射而出渾身焚起藍色的光焰朝對手撞去；美國大兵是射出迴力飛鏢；西班牙美男子是在地上翻個滾朝前用鐵鉤朝敵人刺；而日本相撲的HONDA和人獸混血的布蘭卡則都是把自己變成一枚炮彈向敵人射去。同樣把搖桿下壓然後在迅速上推的瞬間按下「重腿鈕」，則畫面上若你選的是春麗，她會使出「旋風腿」；若你選的是美國大兵，他會畫出一道殺傷力甚強的光弧腳刀；西班牙美男子則是尖嘯著凌飛上空，然後抓起對手倒栽蔥在空中把對方摔下。慢慢你會發現，許多呈現而出的特性雖然不同，其實操作方式是一樣的。

於是那天夜裡你推門撞進滿妹的店，你的臉色慘白冷汗淫淫溼透了襯衫，正在吧臺上瞌睡的滿妹瞿然站起，看著你摔摔跌跌走向她。

「滿妹……我撞死了人……是春麗……」

「是春麗……」這時靠彈子臺後邊落地窗那邊有人在輕呼著，但他顯然不是聽見我說的話，因為他正背對著我們，把雙手攀貼在黑色窗玻璃上，仰著頸子望著城市的天空。

「是春麗吔……」慢慢有人聚攏著湊了上去，一群人像壁虎一般貼在那整片的落地窗上，嘆息聲低抑地擴傳開來。

滿妹拉著我也擠到窗前，啊！是春麗，巨大的春麗正和越南軍官在城市的上空對打。「是最後一關了……」有人這樣低語著。和螢幕裡一式一樣的裝扮，水藍色綢布功夫裝、綁著丫頭髻，在月光下潔白如冥奠的紙人一般的娃娃臉，因為激烈的打鬥而喘著氣。越南軍官紅色的墊肩軍服、黑色綁了腿的軍靴，臉上因為沒在暗黑中，只模糊看出彷彿打不出噴嚏那樣的不耐煩神情。春麗很快又騰身而起，跳上另一棟大樓的頂端。這是我第一次仰著頭看著比我龐大許多的她在和對手決鬥。她知不知道我在看著她的性命之搏呢？越南軍官一個旋身放著藍焰的「飛龍在天」把春麗撞翻下大廈。所有人擔心地驚呼起來。然後，又看見春麗搖搖晃晃站了起來，她的臉上像抹了一片煤灰，有汗珠沿著眉梢流了下來。

時間在延長著，這不是最後一關了嗎？

她正在為我賣命，自己卻渾然不覺。

在她的頭頂，是一片銀光泛燦的星空。你以為你的頭頂，能有什麼樣的星空？梵谷[20]的星空（牡羊座），夏卡爾[21]飄著農夫和牛臉的星空（巨蟹座），耶蘇在各各他含淚相望的星空（魔羯座），還是拿破崙在西伯利亞雪原上看見的星空（獅子座）？春麗似乎在等待著下一步的指令。潮汐遷移，只因你降生於此宮。全城的人在屏息觀望著春麗和軍官的無聲對峙，只有我熱淚漫面。突然想起這許多進進出出我底星座圖的人們。我記得他們所屬的星座並且爛熟於那些星座的節奏和好惡，但我完全無法理解那像一大箱倒翻的傀儡木偶箱後面的動機是什麼。天體的中央這時是由牛郎、織女、天津四所組成的夏天直角三角形，你可以看見天鷹、天琴與天鵝，以及橫淹過它們的銀河。白羊座以東，沿著黃道帶，你可以看見M45星團中最燦爛的七姊妹共組的金牛座——淡藍、銅礦、藍寶石、罌粟的星座。你可以看見有M42星團位於腰際三顆星下方，極美的獵戶座。並在它的上方找到雙子座——淡黃、水銀、瑪瑙、薰衣草的星座。當然你可以再循序找到有M44星團的眩目的巨蟹座——綠色、灰色、銀器、莨菪的星座。你可以找到尊貴的天蠍，牠菱形的頭部和美麗而殘忍的倒鉤……你可以在繁密錯佈的整片星空，按著你的路線和位置，描出你要的神獸和器皿。但你再一眨眼，則又是一整片紊亂的、你無由命名的光點。

只因你降生此宮，身世之程式便無由修改。春麗，在全城的靜默仰首中喘著氣，她的頭頂是循環運轉的十二星座。眼前，則是彷彿亦被紊亂的星空搞亂了遊戲規則，像雕塑一般靜蟄不動的敵手。

時間在延長著，這不是最後一關了嗎？

⑳梵谷　Vincent Van Gogh（西元一八五三～一八九〇年），荷蘭後期印象派畫家之一。以大膽奔放的筆觸，創作富有感情而明朗的畫作。代表作有星夜、向日葵、有烏鴉的麥田等。

㉑夏卡爾　Marc Chagall（西元一八八七～一九八五年），出生於俄國的猶太家庭，超現實主義畫家，大多數的畫作是關於故鄉與他和妻子之間的甜蜜。代表作有生日、七個指頭的自畫像等。

作家檔案

駱以軍，西元一九六七年生於臺北。中國文化大學中文系畢業，國立藝術學院戲劇研究所碩士（今臺北藝術大學）。駱以軍大二時選修張大春的「現代小說課程」，受張大春的啟蒙與影響很大，駱以軍曾自言：「我學到了不是小說技巧的討論，而是小說本質的東西。」而小說本質則是必須要回歸到人的身上。一九九三年出版小說紅字團，獲得聯合報十大好書推荐，紅字團被視為是深受張大春影響所創作出來的作品，駱以軍坦言，後來在進行創作時，必須花很長的時間，去擺脫張大春對自己的影響。自我們自夜闇的酒館離開一書，駱以軍才逐漸塑造出自己的風格。

駱以軍的小說充滿實驗的精神，不同於一般傳統敘事模式，敘事觀點多元、跳躍式的敘述，使時空動線以循環、重疊等方式交錯出入，真實與虛構交織，形成拼貼、錯落的時空。王德威曾言：「駱以軍在臺海的創作者之中，雖然爭議性很大，不過他的特立獨行，正可顯現出他願意為文學作出必要的投資，及做為作家他的與眾不同之處。」駱以軍認為自己「是一個現代主義的信仰者」，除了在作品風格的創新外，更關注到「現代社會背後的焦慮、慾望和愛」。駱以軍欣賞日本文學中「私小說」的風格，並將其運用在創作中，一九九八年出版的小說妻夢狗，融入大量抒情成分，以第一人稱為敘事角度，結合自身的感性經驗，奠定了駱以軍小說書寫的特色。

駱以軍曾獲全國大專青年文學獎、聯合文學小說新人獎、時報文學獎、中國文藝協會文藝獎章、九歌年度小說獎等。著有紅字團、我們自夜闇的酒館離開、妻夢狗、西夏旅館等。

國文老師賞析

王怡芬

駱以軍的降生十二星座藉著電玩遊戲與電玩迷楊延輝構成了虛實交映、跳躍拼貼的小說世界。在文中可以看到「死亡」的情節一再地重覆出現：楊延輝國小的同學鄭憶英在大同水上樂園表演自殺給他看，到幾年後鄭憶英真的開瓦斯自殺了；於是當大學時交往了兩年的女友說要自殺時，鄭憶英鑽入水底前說要自殺給他看的那一張臉，就像特寫一般浮現在他眼前。此外，還有木漉與渡邊為了感情而自殺，春麗不斷的為死去的父親報仇，以及楊延輝認為自己撞死了春麗等，死亡在作者的潛意識中，成為一種揮之不去的夢魘，死亡的意象在文中不斷地重覆出現。

其次，文中表現出宿命論的觀點，小說中電玩裡的角色分別屬於不同的星座，楊延輝也習慣性的將生命中遇到的女性劃分歸類於不同的星座，他習慣以星座來詮釋人類的內心思維，表現出來的是楊延輝對於人內心世界的疏離，以及無力感。就如當時鄭憶英要「處決自己」，或者是後來鄭憶英自殺，楊延輝都無力改變一切。在楊延輝生命當中出現的女性，不論是鄭憶英或者是中學時成績很好故意要坐在他旁邊的那個女生，楊延輝都沒有辦法了解這些女生內心的想法，於是他只能依照所學的星座分析，去解釋那些女生的行為和想法，用自己的方式去詮釋別人內心的思維，如同進入那些女生內心的格子，以為自己終於懂了，事實上他從沒真正的了解自己和他人，即如文中所言：「終於有一天你驚悚地想到一個問題：我是什麼星座的？（是呀！我自己，我自己是什麼星座的？）」楊延輝以星座來定義他人，但卻無法找到自己的定位。

文中以星座來解釋人的行為是宿命論的表現，就像電玩中春麗被玩家操控，不斷地重覆報殺父之仇一般，人類不管再怎麼努力、掙扎，最終都逃不過上天的安排與既定的命運。而以星座來解釋人的行為亦是人際疏離的象徵，對楊延輝而言，人的內心世界永遠無法被了解，所以只能以星座來分類歸納，就如同在電玩道路十六中，有的格子是永遠無法進入的，就像人的內心世界一樣。

駱以軍的降生十二星座，如蒙太奇手法般，使用跳躍和拼貼的敘事方式，以主角楊延輝的故事，穿插了電玩和星座、過去與現在，使不同的敘述片段相互交錯、循環，在文章中穿梭，產生碰撞，形成駱以軍作品予人獨特的感受。

小說家解謎——許榮哲

請問底下這段文字是詩，還是小說？

那年冬天，究竟是妳的遺棄將我放逐，在詩和頹廢的邊陲。或僅為了印證詩和頹廢，我，遺棄妳。

你當然可以從外表來看，分行是詩，不分行是小說，但很抱歉，這是一首詩。你之所以上當，表面上是我欺騙了你，我把分行的詩「連」起來，但實際上這代表只要對方換了一件衣服，你就認不出眼前來的是人立而起的狗，還是狗爬式的人了。

詩和小說如何分辨？駱以軍降生十二星座這篇小說之所以不易解讀，除了一般常提到的後現代、拼貼之類云云的，我個人以為一個更直白的原因是它採取的是詩的結構，而不是小說的結構。這一點不難理解，小說家駱以軍擁有濃厚的詩人質地，他的第一本書不是小說，而是自費出版的詩集棄的故事。上面引用的詩句，正是出自他的同名詩作棄的故事。

什麼是結構？根據教育部國語辭典的解釋：結構就是「各組織成分的搭配、排列或構造。」一換句話說，結構就是內容物的排列組合方式。

就我個人而言，小說的結構像大樓，詩的結構像鑽石。大樓建物必須有一個「由下而上」的過程，也就是先有地基，才能不斷往上竄高，中間抽掉任何一小塊，整棟建物就垮了。很像脊椎動物的脊柱，環環相扣，缺一不可。至於鑽石則是「由核心往外發射」的過程，像八心八箭的鑽石，所有的耀眼與光芒，都來自於同一個核心。小說與詩的結構差異雖大，但一般人卻難以辨識，原因在於結構藏於皮相之內，它是肉眼無法看穿的骨骼。

前面提過，小說有一個類似脊柱的結構，而這個看不見的脊柱，其實就是時間。在時間的軸線上，先發生的為因，後發生的為果，若干個因果關係層層疊疊之後，小說的內在骨架就出來了。

降生十二星座由數個小物件（故事）組成：十二星座、快打旋風、道路十六、不明原因自殺的女孩鄭憶英、不明原因坐到「我」旁邊的女孩、不明原因分手的前女友……故事彼此之間，各自獨立，沒有時間順序關係，也沒有前後邏輯糾葛，抽換掉任何一塊，都不會影響到整體結構。彼此之間唯一的聯結是共通的核心。

降生十二星座裡的鑽石核心是「沒有入口」，最鮮明的意象就是小說裡的道路十六電玩遊戲。一個封閉找不到入口的格子，所有人都只能在外圍打轉，沒有人能夠進入內裡那個熾熱又寂寞的愛情故事──直子的心。「直子的心」偷渡了村上春樹挪威的森林裡的故事，直子的男友木漉不明不白地自殺，因而成為她一輩子揮之不去的恐怖陰影──他的死一定與我有關吧！

同樣的，正因為沒有答案，於是沒有入口，無法進入。對小說裡的「我」楊延輝而言，生命中的每個女孩都不明原因的來，不明原因的去，不明原因的死，每一個人都是一個沒有入口的謎。

幸好有了星座。星座將人做了簡單的分類，好讓我們對於「沒有入口」的他人，有了一個簡單的想像，一個不焦慮的說法：你是天蠍所以，你是水瓶所以……但這終究是虛妄的，一如漫天的繁星，「你可以在繁密錯佈的整片星空，按著你的路線和位置，描出你要的神獸和器皿。但你再一眨眼，則又是一片紊亂的、你無由命名的光點。」

小說家的寫作課——後設小說

許榮哲

後現代小說的最大特點，就是不信任組成自己的元件「語言文字」，不只如此，它還反過來，用複製、拼貼、戲仿等方法「解構」語言文字的權威性，駱以軍降生十二星座是其中的代表作。

不過，後現代小說的範疇太廣了，我們試著把焦點集中，只針對其中最具「解構」精神的後設小說（metafiction）來聊一聊。

後設（meta）的意思是「關於什麼的什麼」。所以後設小說就是「關於小說的小說」，也就是利用小說創作來討論小說這個文類究竟是怎麼一回事的小說。

正因如此，後設小說最明顯的特點，就是把傳統小說裡原本看不見的東西統統暴露出來，好讓讀者穿它的本質。傳統小說裡看不見的是什麼？

以號稱臺灣第一部後設小說的黃凡如何測量水溝的寬度為例，文本中不斷出現傳統小說中，絕不可能出現的東西。

◆故事進行到這裡，可能有部分讀者感到不耐煩。那麼我有如下的建議……（讀者出現了）

◆我本來打算一輩子不原諒她，但是當我寫到這裡時，我忽然原諒她了……（作者出現了）

後設小說藉由召喚「作者」和「讀者」的雙重動作，把原本高高在上的創作者，狠狠地打落到地面，將敘事的權威交出來，藉此讓讀者認清小說的本質——虛構。

但好的小說家，絕不會被後設小說的簡單手段、初始目的綁住，他們總能理解它、利用它，最後背叛它、創造它，從而說出令人驚豔的故事。

小說家的書架

許榮哲

1. 卡爾維諾如果在冬夜，一個旅人，時報。2. 符傲思法國中尉的女人，皇冠。

03

日曆、最快樂的事

王文興

李歐梵：「（最快樂的事）觸到一個文學上的大主題：『成長小說』中的『initiation』，但卻一反常道，青年在嘗禁果之後沒有長大成人，反而更孤獨絕望。」

日曆

黃開華，快樂，不知愁的大孩子，才十七歲。一張紅噴噴[①]的圓臉，一雙靈活的黑眼珠，他常常做跑步的動作；就是晚間去就寢，從書房走到隔壁的臥房，也要握著兩個空拳，低彎下身，哼著：「一，二，一，二」，活動他那兩條強健的腿。

五月裡，一個星期日的上午，他剛剛做完代數習題。他的書房裡，光線充足，一扇敞開的大窗，面對著照滿陽光的庭院，流進來椰子花的香味。他伏在桌子上，望著窗外，像隻頑皮的小狗

①紅噴噴　孩子的氣色紅潤有朝氣。噴噴，通常用以形容說話急速的樣子，或香氣濃郁的樣子。

那樣地出他的神。啊，誰知道他想些甚麼快樂的心事？誰又能數清他想多少事？

他正在夢想暑假。他的夢，滿是綠色的水，紅西瓜，穿下籃網的籃球。他從口袋裡，掏出一本小記事簿，翻到一頁小小的日曆。前一週開始，他每天劃掉一日，計算距離暑假還有多遠。時間多麼慢，劃過的日子，和尚餘的相比，只有小小的一段。這一天雖然還沒有過到半日，他已經性急了，先把它劃掉。過了暑假，就是九月，他想。十月，十一月，十二月，一個學期轉眼倒又要結束了。這樣看來，時間似乎又過得好快。過了十二月，以後就是一九六一年。一九六一年的後面是一頁通訊地址，沒有日曆。他要自己來畫一份，接連下去。從抽屜裡，黃開華找到一大張白紙，開始寫：

1961

January

S M T W T F S

1……

他模仿那張小日曆，寫得跟它一般大小。他的興趣愈寫愈濃。能夠預先算出未來的日子，對他來說，是有一種微妙的，神祕的快感；好像忽然得到預卜先知的超人能力一樣。寫完一九六一年，他接著又寫一九六二年，然後又寫一九六三年，這樣一年又一年，他絲毫不感疲倦地直往下寫。他的嘴裡興奮地唸道：「現在我卅歲了！……現在我四十歲了！……現在我五十歲了！……」。終於寫到二〇一五年的九月，紙面都已填滿，找不到可以接下去的空位。黃開華開始想些他從來不曾想過的事。這就是生命的終點了嗎？他想。二〇一五年，他七十二歲，他沒有把握能夠活得這樣久。而，面前的這一張紙，僅僅是一張紙，便裝滿了他未來的，所有的，所剩的全部生命的日子。

突然，這個快樂的大孩子，伏到案上②，嗚嗚地哭起來了。

最快樂的事

寒冷的上午，爬進樓下的街，已經好幾句鐘③。這個年輕人睜開眼，仰對天花板呆視良久。他套上毛衣，離開床上的女子，向一扇掩閉的窗戶走過去。他垂視樓下的街；高高的前額，抵住冷玻璃。冰冷，空洞的柏油馬路面，宛如貧血女人的臉。天空灰濛，分不出遠近的距離，水泥建築物皆停留在痲痺的狀態。同樣的街，天空，建築，已經看了兩個多月，至今氣候仍沒有轉變的徵象。

「他們都說，這是最快樂的事，but how loathsome④ and ugly it was！」他對自己說。幾分鐘後，他問自己：「假如，確實如他們所說，這已經是最快樂的事，再沒有其他快樂的事嗎？」

這年輕人，在是日下午自殺。

②伏到案上　趴到桌上。伏，趴，身體向前傾靠在物體上。案，長方形的桌子。
③好幾句鐘　好幾個鐘頭。
④loathsome　極不愉快的，令人厭惡的。

作家檔案

王文興，西元一九三九年生於中國福建，一九四六年全家來臺，落腳於屏東，後遷居臺北。

王文興在高中時期就開始撰寫小說，畢業後考取臺灣大學外文系。而在一九六〇年三月，他和同班同學白先勇、歐陽子、陳若曦等人共同創辦現代文學，並負責早期編務。大學畢業後，就讀美國愛荷華大學小說創作班，獲藝術碩士學位，歸國後並在臺灣大學外文系教授小說理論。王文興的閱讀理念是提倡精讀，他認為理想的讀者，應設定理想的速度——每小時一千字上下。

王文興著有短篇小說集十五篇小說、長篇小說家變、背海的人等書。家變自一九六六年開始寫作，直至一九七三年方完稿出版。小說描述父子關係與傳統倫理的糾結與解體，從內容形式、情節結構到語言文字，在當時的臺灣文壇都是宛若平地轟雷、創新未見。十五篇小說則收集王文興所撰短篇小說十五篇，寫作時間橫跨他大學至留學期間。背海的人則先出版上集，下集多年後才問世。身為現代主義者，他關心現代人被傳統與現代夾擊、擠壓的困境，他曾為自己的「現代小說」下定義：「多了一樣『現代』這箇東西，是『現代』使你不安，使你不悅，它和你的農業社會脫了節，它的坦白無隱使你不願正視。」王文興也曾自言創作像「打鐵一樣，字是打出來的一，由於小說所有的零件一概由文字表達，小說家於是以「一天三十個字」的極緩速度創作。

王文興曾獲臺灣大學榮譽文學博士學位，與國家文藝獎。二〇一〇年王文興手稿集：家變、背海的人面世，讓讀者可以窺見現代主義者視一字之重，重如千金與泰山的創作態度。

國文老師賞析

簡君玲

現代主義的寫作方式，以語言與意象密度高為特色，往往在極少的文字中就承載大量訊息，王文興的小說尤其是如此，在這層意義下去解讀，這兩篇收錄於十五篇小說一書中的作品就顯得既不「短」更不「小」，篇幅雖寥寥數百字，但語言厚度十足。

日曆開篇，以「十七歲」、「不知愁」、「紅噴噴的圓臉」、「常做跑步的動作」等，塑造出黃開華開朗好動的性格。他在春末夏初的五月上午寫的是代數習題，他的活動空間從書房到臥房都寬敞足夠，而椰子花香氣從窗戶飄進來、庭院滿是驕陽等等，這些意象都十分明亮、充滿著少年時期的豐沛與生命力。黃開華的好動、四肢發達更顯現出了他內心從未有憂思纏繞，於是在第二段結尾時黃開華的「出神」，並非意味著什麼人生道理的體會，而是「像隻頑皮的小狗」一樣無憂快樂。但當第三段黃開華開始思考時，便意味著憂愁的到來，黃開華「夢想著暑假」，盼望著有籃球、西瓜、綠水的甜美生活，於是用「劃掉日子」這個動作，去做一個「已經過完今天」的象徵。黃開華的筆連結現在與未來，他的筆畫出的日曆代表他對未來的藍圖與希望，筆就是黃開華的時光機，紙就是時光隧道，於是彩筆疾書，時間唰唰流逝，黃開華隨著這份日曆穿越時間：三十歲、四十歲、五十歲……直到二〇一五年的九月，黃開華被自己的筆帶到未曾想過的未來，劇情急轉直下，他突然意識到自己甚且不一定能夠活到七十二歲。作者在第三段刻意營造日曆的「小」：「小記事簿」、「一頁小小的日曆」、「劃過的日子和尚餘的相比，只有小小的一段」在此完全顯出藝術效果——這麼小的日曆，卻可以裝滿人一生的時間與活過的痕跡，黃開華來到時光盡頭，這原來不知愁的少年，瞬間瞭解了哀愁的滋味。

最快樂的事看不見對青年個性的描述或是外在行為，但是場景給了我們線索：「寒冷的上午，爬進樓下的街，已經好幾句鐘。這個年輕人睜開眼，仰對天花板呆視良久。」寒冷不僅爬進樓下的街，也早駐進青年的身體與心靈，他的心就像那扇掩蔽的窗戶一樣不對外開啟——即使他剛跟另外一個女人發生親密關係，這也不能把他與這世界拉得更緊密、不能改變他的心靈狀態。

作者刻意選用「冷涼」、「灰暗」、「毫無變化」的景致，來呈現青年的麻木，因此有「冷」玻璃、冰「冷」空洞的柏油馬路面、天空「灰濛」、「水泥」建築物、「同樣」的街、至今氣候仍「沒有轉變」等種種象徵，外在場景反射的就是青年的心靈風景：他的心中有堅硬且晦暗的冰塊，而且這冰山如此堅硬不可融化。於是即使跟人發生親密關係仍無法解決自身的麻痺，快樂當然不可企求——自殺成為唯一解決他厭煩的方法，因為他厭煩的不是別人，正是他自己及「今天的雲抄襲昨天的雲」的生活本身。

此二篇短篇小說像雙子星與對鏡互相凝視、照映——從主角性格來看：黃開華的不知愁對比青年的憂鬱、黃開華的肢體好動和頭腦簡單對比青年的四體不勤、強調心境；以時間背景來看：前者發生在陽光燦然的春末夏初，而後者發生在冷寂而灰凍的冬天；而以描摹手法而言：不知愁的少年與陰鬱的青年，經過戲劇化的轉折——前者為畫日曆，後者為性行為之後，兩人的人生都徹底改變了。日曆與最快樂的事，兩篇筆法與描述皆不同，卻都提出大哉問：生命究竟是什麼？而快樂又是什麼？而這也正是現代主義寫作的特色——探問人生究竟所為何事。

小說家解謎

許榮哲

最快樂的事——

什麼是最快樂的事？第一次看王文興最快樂的事時，我腦中的經驗資料庫，自動將它翻譯成：主人翁一滿十八歲，就迫不及待想去嘗試朋友口中最快樂的事「做愛」，但主人翁從妓女身上得到性經驗之後，感受到的卻是「憎惡、醜陋」，他沮喪極了，最後自殺。

然而真的是這麼一回事嗎？小說裡不只沒有提及床上女子的身分，也沒有明確指出最快樂的事是「做愛」，但為什麼我會不自覺地一路往「那個方向」直衝過去呢？關鍵在「床上」的女子！就像有人問你「在沒有路燈的地方開車危不危險」一樣，我們很容易自動調成「黑夜」模式，理所當然地回答Yes，但問句裡並沒有提及黑夜啊！

小說家並沒有把女子的身分說死，以至於不同的讀者，讀到了不同的「最快樂的事」。舉個例，如果床上的女子是戀人，那麼最快樂的事就不只是性了，它會往「愛」的方向偏移。再舉個例，如果床上的女子是久病的母親呢？

什麼是最快樂的事？有人說性，有人說愛，有人說孝順……答案為何，其實沒那麼重要，因為小說家最後藉主人翁的自殺向讀者提出最強烈的質疑：你說的那個東西真的是人生最快樂的事嗎？

最快樂的事不只是一篇小說，它更像是一個哲學難題，你不斷追問自己，卻永遠得不到解答。

最悲傷的事——

就敘事結構而言，日曆和最快樂的事頗為相似，都有一個簡單的「因為……所以……」。最快樂的事因為「最快樂的事不過如此」，所以「自殺」。日曆則因為「一張紙就裝滿了所有的未來」，所以「哭泣」。

有時候，一個巧妙的關鍵字，就足以改變小說的本質。最快樂的事一文，因為「女人」這個關鍵字，於是最快樂的事，出現了眾多的可能性。同樣的，日曆裡也藏了一個關鍵字。

王文興小說裡的主人翁大多是早熟、敏感的孩子，但日曆是極少數的例外，主人翁是個快樂的十七歲大孩子。所以，當大部分的讀者把焦點擺在「日曆」時，我反倒覺得「快樂」非常可疑。細細推敲，主人翁的快樂性格，源自於對未來充滿了期待和幻想。他也因為類似的理由（夢想暑假的到來），畫起了自己的日曆，因而意外地發現一張紙就可以裝滿他所有的未來。

瞬間，對於未來的期待與幻想，像一座日日仰望的高塔瞬間倒了下來，快樂的理由全部消失了。沒有夢想，就沒有快樂，於是只能哭泣。對一個快樂的大孩子而言，支撐快樂的夢想根本從來就不存在，這才是最悲傷的事。

小說家的寫作課——自訂規則——許榮哲

作為一個地球人，我們很難抗拒地心引力。同樣的，作為一個創作者，我們很難抗拒「理所當然」，於是我們本能地把正常當成準則，把不正常當成限制。創作的時候，滿腦子想的都是這不可能、那不可能……最後寫出來的，都是一些無趣的可能。

正因為難，所以更有意義。小說家必須有「老子說了算」的氣概，因為你是這個虛構世界的神，你有權訂定所有的規則，沒有哪一件事非如此不可，就算跟全世界為敵也無所謂。不，我說錯了，那更好。

小說裡有各式各樣的自訂規則，就情節而言，最容易理解的例子是存在主義式的小說，如卡夫卡蛻變：一早起床，主人翁從此變成甲蟲。不過，自訂規則不一定要完完全全背離現實世界的邏輯，只要你勇於對理所當然說「不」，就行了。

舉王文興最快樂的事為例，小說一開始就訂下這麼一條規則：「做愛是最快樂的事」。現實世界裡，這個說法當然有問題，但在小說的世界裡，一旦作者這麼訂了，不管合理不合理，世界從此繞著它轉。

唯有建立自己的規則，小說才有可能脫離地心引力，離地起飛。

小說家的書架——許榮哲

1. 卡夫卡蛻變，麥田。2. 安部公房砂丘之女，志文。

04

十八歲出門遠行

余華：「我真正的寫作從十八歲出門遠行開始。」

余華

柏油馬路起伏不止，馬路像是貼在海浪上。我走在這條山區公路上，我像一條船。這年我十八歲，我下巴上那幾根黃色的鬍鬚迎風飄飄，那是第一批來這裡定居的鬍鬚，所以我格外珍重它們。我在這條路上走了整整一天，已經看了很多山和很多雲。所有的山所有的雲，都讓我聯想起了熟悉的人。我就朝著它們呼喚他們的綽號。所以儘管走了一天，可我一點也不累。我就這樣從早晨裡穿過，現在走進了下午的尾聲，而且還看到了黃昏的頭髮。但是我還沒走進一家旅店。

我在路上遇到不少人，可他們都不知道前面是何處，前面是否有旅店。他們都這樣告訴我：「你走過去看吧。」我覺得他們說的太好了，我確實是在走過去看。可是我還沒走進一家旅店。我覺得自己應該為旅店操心。

我奇怪自己走了一天竟只遇到一次汽車。那時是中午，那時我剛剛想搭車，但那時僅僅只是想搭車，那時我還沒為旅店操心，那時我只是覺得搭一下車非常了不起。我站在路旁朝那輛汽車揮手，我努力揮得很瀟灑。可那個司機看也沒看我，汽車和司機一樣，也是看也沒看，在我眼前一閃就他媽的過去了。我就在汽車後面拚命地追了一陣，我這樣做只是為了高興，因為那時我還沒有為旅店操心。我一直追到汽車消失之後，然後我對著自己哈哈大笑，但是我馬上發現笑得太厲害會影響呼吸，於是我立刻不笑。接著我就興致勃勃地繼續走路，但心裡卻開始後悔起來，後悔剛才沒在瀟灑地揮著的手裡放一塊大石子。

現在我真想搭車，因為黃昏就要來了，可旅店還在他媽肚子裡。但是整個下午竟沒再看到一輛汽車。要是現在再攔車，我想我準能攔住。我會躺到公路中央去，我敢肯定所有的汽車都會在我耳邊來個急剎車。然而現在連汽車的馬達聲都聽不到。現在我只能走過去看了。這話不錯，走過去看。

公路高低起伏，那高處總在誘惑我，誘惑我沒命奔上去看旅店，可每次都只看到另一個高處，中間是一個叫人沮喪的弧度。儘管這樣我還是一次一次地往高處奔，次次都是沒命地奔。眼下我又往高處奔去。這一次我看到了，看到的不是旅店而是汽車。汽車是朝我這個方向停著的，停在公路的低處。我看到那個司機高高翹起的屁股，屁股上有晚霞。司機的腦袋我看不見，他的腦袋正塞在車頭裡。那車頭的蓋子斜斜翹起，像是翻起的嘴唇。車箱裡高高堆著籮筐，我想著籮筐裡裝的肯定是水果。當然最好是香蕉。我想他的駕駛室裡應該也有，那麼我一坐進去就可以拿起來吃了。雖然汽車將要朝我走來的方面開去，但我已經不在乎方向。我現在需要旅店，旅店沒有就需要汽車，汽車就在眼前。

我興致勃勃地跑了過去，向司機打招呼：「老鄉，你好。」

司機好像沒有聽到，仍在撥弄著什麼。

這時他才使了使勁，將頭從裡面拔出來，並伸過來一隻黑乎乎的手，夾住我遞過去的煙。我趕緊給他點火，他將煙叼在嘴上吸了幾口後，又把頭塞了進去。

「老鄉，抽菸。」

於是我心安理得了，他只要接過我的煙，他就得讓我坐他的車。我就繞著汽車轉悠起來，轉悠是為了偵察籮筐的內容。可是我看不清，便去使用鼻子聞，聞到了蘋果味。蘋果也不錯，我這樣想。

不一會他修好了車，就蓋上車蓋跳了下來。我趕緊走上去說：「老鄉，我想搭車。」不料他用黑乎乎的手推了我一把，粗暴地說：「滾開。」

我氣得無話可說，他卻慢悠悠地打開車門鑽了進去，然後發動機響了起來。我知道要是錯過這次機會，將不再有機會。我知道現在應該豁出去了。於是我跑到另一側，也拉開車門鑽了進去。我準備與他在駕駛室裡大打一場。我進去時首先是衝著他吼了一聲：「你嘴裡還叼著我的菸。」這時汽車已經活動了。

然而他卻笑嘻嘻地十分友好地看起我來，這讓我大惑不解。他問：「你上哪？」

我說：「隨便上哪。」

他又親切地問：「想吃蘋果嗎？」他仍然看著我。

「那還用問。」

「到後面去拿吧。」

他把汽車開得那麼快，我敢爬出駕駛室爬到後面去嗎？於是我就說：「算了吧。」

他說：「去拿吧。」他的眼睛還在看著我。

我說：「別看了，我臉上沒公路。」

他這才扭過頭去看公路了。

汽車朝我來時的方向馳著，我舒服地坐在座椅上，看著窗外，和司機聊著天。現在我和他已經成為朋友了。我已經知道他是在個體①販運。這汽車是他自己的，蘋果也是他的。我還聽到了他口袋裡面錢兒叮噹響。我問他：「你到什麼地方去？」

他說：「開過去看吧。」

這話簡直像是我兄弟說的，這話可多親切。我覺得自己與他更親近了。車窗外的一切應該是我熟悉的，那些山那些雲都讓我聯想起來了另一幫熟悉人來了，於是我又叫喚起另一批綽號來了。

現在我根本不在乎什麼旅店，這汽車這司機這座椅讓我心安而理得。我不知道汽車要到什麼地方去，他也不知道。反正前面是什麼地方對我們來說無關緊要，我們只要汽車在馳著，那就馳過去看吧。

可是這汽車拋錨了。那個時候我們已經是好得不能再好的朋友了。我把手搭在他肩上，他把手搭在我肩上。他正在把他的戀愛說給我聽，正要說第一次擁抱女性的感覺時，這汽車拋錨了。汽車是在上坡時拋錨的，那個時候汽車突然不叫喚了，像死豬那樣突然不動了。於是他又爬到車

①個體　即個體戶，相較於國營企業，以個人勞動為基礎，資本、收益都是個體而非國家的。

頭上去了，又把那上嘴脣翻了起來，腦袋又塞了進去。我坐在駕駛室裡，我知道他的屁股此刻肯定又高高翹起，但上嘴脣擋住了我的視線，我看不到他的屁股。可我聽得到他修車的聲音。

過了一會他把腦袋拔了出來，把車蓋蓋上。他那時手更黑了，他的髒手在衣服上擦了又擦，然後跳到地上走了過來。

「修好了？」我問

「完了，沒法修了。」他說。

我想完了，「那怎麼辦呢？」我問。

「等著瞧吧。」他漫不經心地說。

我仍在汽車裡坐著，不知該怎麼辦。眼下我又想起什麼旅店來了。那個時候太陽要落山了，晚霞則像蒸氣似地在升騰。旅店就這樣重又來到了我腦中，並且逐漸膨脹，不一會便把我的腦袋塞滿了。那時我的腦袋沒有了，腦袋的地方長出了一個旅店。

司機這時在公路中央做起了廣播操②，他從第一節做到最後一節，做得很認真。做完又繞著汽車小跑起來。司機也許是在駕駛室裡呆得太久，現在他需要鍛鍊身體了。看著他在外面活動，我在裡面也坐不住，於是打開車門也跳了下去。但我沒做廣播操也沒小跑。我在想著旅店和旅店。

這個時候我看到坡上有五個人騎著自行車下來，每輛自行車後座上都用一根扁擔綁著兩只很大的籮筐，我想他們大概是附近的農民，大概是賣菜回來。看到有人下來，我心裡十分高興，便迎上去喊道：「老鄉，你們好。」

那五個人騎到我跟前時跳下了車，我很高興地迎了上去，問：「附近有旅店嗎？」

他們沒有回答，而是問我：「車上裝的是什麼？」

我說：「是蘋果。」

他們五人推著自行車走到汽車旁，有兩個人爬到了汽車上，接著就翻下來十筐蘋果，下面三個人把筐蓋掀開往他們自己的筐裡倒。我一時間還不知道發生了什麼，那情景讓我目瞪口呆。我明白過來就衝了上去，責問：「你們要幹什麼？」

他們誰也沒理睬我，繼續倒蘋果。我上去抓住其中一個人的手喊道：「有人搶蘋果啦！」這時有一隻拳頭朝我鼻子下狠狠地揍來了，我被打出幾米[3]遠。爬起來用手一摸，鼻子軟塌塌地不是貼著而是掛在臉上了，鮮血像是傷心的眼淚一樣流。可當我看清打我的那個身強力壯的大漢時，他們五人已經跨上自行車騎走了。

司機此刻正在慢慢地散步，嘴脣翻著大口大口喘氣，他剛才大概跑累了。他好像一點也不知道剛才的事。我朝他喊：「你的蘋果被搶走了！」可他根本沒注意我在喊什麼，仍在慢慢地散步。我真想上去揍他一拳，也讓他的鼻子掛起來。我跑過去對著他的耳朵大喊：「你的蘋果被搶走了。」他這才轉身看了我起來，我發現他的表情越來越高興，我發現他是在看我的鼻子。

這時候，坡上又有很多人騎著自行車下來了，每輛車後面都有兩只大筐，騎車的人裡面有一些孩子。他們蜂擁而來，又立刻將汽車包圍。好些人跳到汽車上面，於是裝蘋果的籮筐紛紛而下

②廣播操　「廣播體操」的簡稱，這是一種徒手體操，通常跟著廣播練習。中國曾推出數套廣播操，在一段時間裡，幾乎是全民運動。

③米　公尺。

，蘋果從一些摔破的筐中像我的鼻血一樣流了出來。他們都發瘋般往自己筐中裝蘋果。才一瞬間工夫，車上的蘋果全到了地下。那時有幾輛手扶拖拉機④從坡上隆隆而下，拖拉機也停在汽車旁，跳下一幫大漢開始往拖拉機上裝蘋果，那些空了的籮筐一只一只被扔了出去。那時的蘋果已經滿地滾了，所有人都像蛤蟆似地蹲著撿蘋果。

我是在這個時候奮不顧身撲上去的，我大聲罵著：「強盜！」撲了上去。於是有無數拳腳前來迎接，我全身每個地方幾乎同時挨了揍。我支撐著從地上爬起來時，幾個孩子朝我擊來蘋果，蘋果撞在腦袋上碎了，但腦袋沒碎。我正要撲過去揍那些孩子，有一隻腳狠狠地踢在我腰部。我想叫喚一聲，可嘴巴一張卻沒有聲音。我跌坐在地上，我再也爬不起來了，只能看著他們亂搶蘋果。我開始用眼睛去尋找那司機，這傢伙從此正站在遠處朝我哈哈大笑，我便知道現在自己的模樣一定比剛才的鼻子更精彩了。

那個時候我連憤怒的力氣都沒有了。我只能用眼睛看著這些使我憤怒極頂的一切。我最憤怒的是那個司機。

坡上又下來了一些手扶拖拉機和自行車，他們也投入到這場浩劫中去。我看到地上的蘋果越來越少，看著一些人離去和一些人來到。來遲的人開始在汽車上動手，我看著他們將車窗玻璃卸了下來，將輪胎卸了下來，又將木板撬了下來。輪胎被卸去後的汽車顯得特別垂頭喪氣，它趴在地上。一些孩子則去撿那些剛才被扔出去的籮筐。我看著地上越來越乾淨，人也越來越少。可我那時只能看著了，因為我連憤怒的力氣都沒有了。我坐在地上爬不起來，我只能讓目光走來走去。

現在四周空蕩蕩了，只有一輛手扶拖拉機還停在趴著的汽車旁。有個人在汽車旁東瞧西望，是在看看還有什麼東西可以拿走。看了一陣後才一個一個爬到拖拉機上，於是拖拉機開動了。

這時我看到那個司機也跳到拖拉機上去了，他在車斗⑤裡坐下來後還在朝我哈哈大笑。我看到他手裡抱著的是我那個紅色的背包。他把我的背包搶走了。背包裡有我的衣服和我的錢，還有食品和書。可他把我的背包搶走了。

我看著拖拉機爬上了坡，然後就消失了，但仍能聽到它的聲音，可不一會連聲音都沒有了。四週一下子寂靜下來，天也開始黑下來。我仍在地上坐著，我這時又飢又冷，可我現在什麼都沒有了。

我在那裡坐了很久，然後才慢慢爬起來。我爬起來時很艱難，因為每動一下全身就劇烈地疼痛，但我還是爬了起來。我一拐一拐地走到汽車旁邊。那汽車的模樣真是慘極了，它遍體鱗傷地趴在那裡，我知道自己也是遍體鱗傷了。

天色完全黑了，四周什麼都沒有，只有遍體鱗傷的汽車和遍體鱗傷的我。我無限悲傷地看著汽車，汽車也無限悲傷地看著我。我伸出手去撫摸了它。它渾身冰涼。那時候開始起風了，風很大，山上樹葉搖動時的聲音像是海濤的聲音，這聲音使我恐懼，使我也像汽車一樣渾身冰涼。

我打開車門鑽了進去，座椅沒被他們撬去，這讓我心裡稍稍有了安慰。我就在駕駛室裡躺了下來。我聞到了一股漏出來的汽油味，那氣味像是我身內流出的血液的氣味。外面風越來越大，但我躺在座椅上開始感到暖和一點了。我感到這汽車雖然遍體鱗傷，可它心窩還是健全的，還是

④手扶拖拉機　小型器械，靠引擎傳動，後面有小型車斗可以載物。

⑤車斗　車子後方的載物槽。

暖和的。我知道自己的心窩也是暖和的。我一直在尋找旅店，沒想到旅店你竟在這裡。

我躺在汽車的心窩裡，想起了那麼一個晴朗溫和的中午，那時的陽光非常美麗。我記得自己在外面高高興興地玩了半天，然後我回家了，在窗外看到父親正在屋內整理一個紅色的背包，我撲在窗口問：「爸爸，你要出門？」

父親轉過身來溫和地說：「不，是讓你出門。」

「讓我出門？」

「是的，你已經十八了，你應該去認識一下外面的世界了。」

後來我就背起了那個漂亮的紅背包，父親在我腦後拍了一下，就像在馬屁股上拍了一下。於是我歡快地衝出了家門，像一匹興高采烈的馬一樣歡快地奔跑了起來。

作家檔案

余華，西元一九六〇年生於中國浙江。父母皆為醫生，小學時家就在醫院裡，也當過五年牙醫。因為嚮往縣文化館「可以在任何地方上班」的自由自在，開始學寫小說，處女作為一九八四年發表在北京文學的十八歲出門遠行。發表之後，如願進入文化館工作，小說也一篇篇接著往下寫，現居北京，為專職作家，余華曾說：「我現在靠小說活著。」

余華的小說，以實驗性極強的敘述形式、語言運用、怪誕情節等，引起文壇及讀者的關注，被譽為二十世紀八〇年代以來，突破傳統寫實風格，運用西方現代派表現手法的「先鋒派」代表作家。小說中極力書寫暴力交織、血腥殘酷，甚至死亡主題，但語言是簡潔的、筆調是從容的。余華的寫作觀是強調對於「真實」的追求與渴望，但這種真實，不是生活的寫實，因為生活是真假參半，甚至被荒誕包圍了；所謂的真實，存在於小說的形式上，他以背離現實世界邏輯的「虛偽的作品」，來貼近真實的存在。余華是華人文壇備受矚目的作家，他的成就不僅止於先鋒派的代表作家，更在於不斷於語言及敘述方面推陳出新，充滿實驗性。

文學創作以小說為主，著有中短篇小說集十八歲出門遠行、世事如煙、戰慄，長篇小說活著、許三觀賣血記、兄弟等。曾獲多種文學獎，如義大利 Grinzane Cavour 文學獎、法國文學和藝術騎士勳章、中國圖書特殊貢獻獎等，其中活著曾被張藝謀改編為同名電影，獲法國坎城電影節評審團大獎。除小說外，尚有隨筆集我能否相信自己、散文集十個詞彙裡的中國等。

國文老師賞析——林佳儀

十八歲出門遠行的故事並不複雜：一個十八歲，開始長鬍鬚的主人公，父親認為他長大了，該自己出去認識外面的世界了，於是，主人公背上父親為他準備的紅色背包，歡快地奔向前方。然而，走了一天，旅店在哪裡？小說的主要內容就是為了尋找旅店而發生的事件。全篇以第一人稱的視角來敘述，按照時間順序敘述這個黃昏的經歷，直到小說最後才補敘出門遠行的緣由。初次遠行的主人公，對什麼都充滿新鮮感，即使走了一整天的路，依舊興致盎然。初次遠行的主人公，舉止倒有幾分大人樣，知道要稱呼司機「老鄉」、知道要拿香煙與他打交道。初次遠行的主人公，保有純真的正義感，知道搶劫是不當的行為，先是責問，再來是出手阻擋，奮不顧身的結果，是自己遍體鱗傷，最後鑽進那拋錨在山路上，也是遍體鱗傷的汽車內。

這是一個荒誕的故事，山路上的村民看到一輛拋錨的汽車，不是出手相助、也不是置之不理，而是——群起搶蘋果，從五個人到一波波的人潮，從路過的到刻意來分食的，從青壯年人到小孩，從自行車到手扶拖拉機，從搶蘋果到拆卸汽車輪胎，這一切已經令人瞠目結舌了；但最匪夷所思的則是那位司機，他是靠販運貨物維生的個體戶，面對貨物及汽車在他眼前消逝、肢解，他不試圖維護也就罷了，竟然站在遠處，對著出手阻攔的主人公哈哈大笑，最後甚至搶走了主人公的背包，坐上拖拉機，大笑著揚長而去！

主人公只能跌坐在地上，聽著拖拉機的聲音逐漸遠去，此時四周寂靜，天色轉黑。原本在山路爬上爬下，始終尋不著旅店的主人公，滿心以為坐在急馳的汽車裡，就能一路馳過去看，哪裡知道，「**一直在尋找旅店，沒想到旅店你竟在這裡。**」這時主人公與汽車境遇相仿，兩者都是遍體鱗傷、無限悲傷的看著對方，甚至漏出來的汽油味，也像是流出的血液的氣味；還好，雖然彼此都是渾身冰涼，但心窩是暖和的！第一次出門遠行，所謂旅店在這裡，或許不僅是在汽車裡，也是在天地裡，主人公於此，即使唯一與家庭相關的紅色背包都被搶走了，孑然一身之際，內心卻是和諧安頓的，雖然他還是想起了家，想起了父親，但結尾的意象仍然是遠行。

小說精采之處，還有形象且生動的語言：開頭的「馬路像是貼在海浪上」、「我像一條船」，既描繪了山路的高低起伏，也蘊含遠行有如小船在海上飄蕩。「**從早晨裡穿過，現在走進了下午的尾聲，而且還看到了黃昏的頭髮**」，不僅有「穿」這個動詞表現經過的時間與空間，在「尾聲」之後接著說「頭髮」，或許也有頭尾相銜，路程連續不斷的意思，而「頭髮」的擬人用法，則可呼應上文的山與雲「讓人聯想起熟悉的人」，陌生的天地，因此親切的有如街坊鄰居。而將人與物並置的寫法，也給讀者幾分驚喜，如：「屁股上有晚霞」，將遠在天邊的晚霞，與鑽入車頭內的司機翹起的屁股，框成一景，突兀之餘倒也滑稽有趣；又如「**那時我的腦袋沒有了，腦袋的地方長出了一個旅店**」，主人公脖子上的不是頭顱，而是旅店，彷彿卡通人物的造型，刻畫了滿腦子都是旅店的強烈渴求。

一段尋常的旅行，在小說家筆下卻極不尋常，有少年成長的主題、有悖離常情卻又書寫入理的情節、有出人意表的語言描述，而余華不遵循現實世界邏輯的寫作，卻表現了真實：主人公在邁入成年時的興奮、錯愕、憤怒、被欺侮、被嘲弄，這些恰是真實生命主體必定經歷的遭遇。

小說家解謎

許榮哲

一切都是因為視角的不同。

有一種惡搞魔術是這樣的，魔術師宣稱可以把硬幣嵌入腦袋裡，於是叫了臺下一位觀眾上臺。白老鼠坐在臺上，面對觀眾。這時，魔術師把硬幣放在白老鼠的頭上，裝模作樣地又壓又擠，實際上是找機會把硬幣放在自己的頭頂上。因為相對位置的關係（白老鼠坐著，魔術師站著），所以白老鼠無法察覺到底發生了什麼事，但觀眾卻看得一清二楚。

「Magic！硬幣入侵腦細胞了！」魔術師請白老鼠摸一摸頭，甚至站起來跳一跳，硬幣確實不見了。緊接著，魔術師說只要白老鼠連續用手撥頭十下，硬幣就會出現，而且為了防止作弊，他還把自己的雙手綁起來。

當白老鼠開始用手撥頭之後，魔術師再趁機把頭低下來，讓硬幣掉了下來。「Magic！硬幣衝出腦細胞了！」視覺上，硬幣的確很像是從白老鼠的頭上撥下來的。這個惡搞魔術的竅門，在於受驗者完全看不到魔術師在玩什麼把戲，但觀眾卻看得一清二楚。對受驗者而言，這是魔術；但對觀眾而言，這是惡搞。

一切都是因為視角的不同。

從故事的結構來看，十八歲出門遠行非常像上面的魔術，只不過它更為繁複，它不是「一重隱瞞」，而是「三重隱瞞」。

第一重隱瞞是司機隱瞞少年，於是少年成了受驗者，而司機是魔術師。司機和搶蘋果的農民其實是同夥，但少年卻從頭到尾都被蒙在鼓裡，所以他才會為了保護司機的蘋果，而被狠狠地痛揍一頓，甚至遍體鱗傷到站不起來。第一重隱瞞組成了小說的絕大部分。

第二重隱瞞是父親隱瞞少年，於是少年成了受驗者，而父親是魔術師。一個想讓孩子出去闖一闖的父親必然知道外頭的凶險，他大可直接告訴孩子真實狀況，好讓他有所警覺。但他沒有，他讓孩子天真的出門。父親說「你已經十八了，你應該去認識一下外面的世界了」，甚至在孩子的「腦後拍了一下」，於是少年「歡快地衝出了家門，像一匹興高采烈的馬一樣歡快地奔跑了起來」。如果沒有第二重（父親）的隱瞞，或許就不會有後來的不幸發生。

第三重隱瞞是作者隱瞞讀者，讀者成了受驗者，而作者是魔術師。

作者利用「倒敘」的手法，在少年遍體鱗傷之後，讓他坐在汽車裡回想起離家的那一天。那一天是個「晴朗溫和」的中午，陽光「非常美麗」，少年在外面「高高興興」地玩了半天……以上引號裡的溫暖與美好，全都是為了通往不堪的結果，而預先埋下的伏筆。

表面上，少年歷經了一場皮肉痛的「經驗」之旅，但結尾的「倒敘」處理，卻一個逆轉，讓皮肉痛的「經驗」之旅，轉而成為精神上的「失落」之旅。所有的隱瞞都是為了揭露——就像一開始提到的惡搞魔術一樣，它讓讀者看清楚現實是如何狠狠地撕破少年對未來、對成人（包含長大成人與成人世界）的美好想像。至此，「十八歲出門遠行」從小說的篇名，轉而成為一種象徵，因為它不只指向外頭的凶險，更指向對成人世界的失落。

小說家的寫作課——時間

許榮哲

現實人生與虛構小說都脫離不了時間，兩者之間最大的差別在於，現實人生裡的時間老實無趣，但小說裡的時間卻可以像黏土一樣，藉由不斷地捏塑，反覆變形：順敘、倒敘、插敘……同樣一則故事，只要在時間上動個手腳，故事就有了不一樣的滋味。即使採用最簡單的時間技法「倒敘」，依然可以產生魔術般的驚人效果。

舉余華十八歲出門遠行為例，出門遠行的少年被揍得遍體鱗傷之後，躺在殘破的汽車裡，原本應該結束的小說開始倒敘，回到出發當時。那一天，少年像一匹興高采烈的馬，奔跑出門，對世界充滿期待的他，歡快地張開雙臂，沒想到迎接他的居然是謊言與傷害。一個簡單的倒敘，故事從通俗的世道凶險，變成了充滿象徵意味的夢想失落。

再舉陳可辛執導的電影甜蜜蜜為例，男女主角各自帶著故事，從中國輾轉來到香港，隨後兩人相戀、錯過。「沒想到」多年後，兩人意外在紐約街頭重逢，然而就在觀眾的情緒還未平復的時候，電影突然開始倒敘，回到真正的最初：「沒想到」互不相識的男女主角，居然是搭著同一班車，背靠著背一起來到香港的。兩個相距了數十年的「沒想到」，因為一個簡單的倒敘手法，而緊密地聯結在一塊兒，原本流雲聚散的淡淡憂傷，頓時成了命運捉弄的強烈感傷。

時間是最平價的魔術，卻常常有物超所值的驚人效果。

小說家的書架

許榮哲

1. 艾倫・萊特曼愛因斯坦的夢，天下文化。2. 張大春饑餓。

05

想我眷村的兄弟們

朱天心

王德威：「對時間、記憶，與歷史的不斷反思。」

我懇請你，讀這篇小說之前，做一些準備動作——不，不是沖上一杯滾燙的茉莉香片並小心別燙到嘴，那是張愛玲「第一爐香」要求讀者的——，至於我的，抱歉可能要麻煩些，我懇請你放上一曲Stand by me[①]，對，就是史蒂芬‧金的同名原著拍成的電影，我要的就是電影裡的那一首主題曲，坊間應該不難找到的，總之，不聽是你的損失哦。

那麼，合作的讀者，我們開始吧。

即使沒看過原著沒看過電影的你，應該也會立時被那個歌詞敘事者小男生的口吻吸引住吧，

①Stand by me　一般譯為「站在我身邊」或「伴我同行」。改編自史蒂芬‧金原著同名小說的電影，於一九八六年上映，是四名十二歲的小孩尋找屍首的故事。一個年齡相仿的男孩，被火車意外撞死，屍首卻連警方也找不到，四名男孩決定趁此一嚐英雄美夢，過程中彼此關懷、共渡難關，最後成功找到屍首；往後四人不常相聚，也有不同的命運，卻忘不了那兩天一夜的歷險，還有真誠的友誼。

一個無聊悠長的下午，他跟屁蟲的尾隨幾個大男生去遠處探險，因為據說那裡有一具不明死因的男屍，他覺得又驚險又不大相信又拜託真到目擊的那一刻不要嚇得尿褲才好，於是他鼓足勇氣反覆立誓似的提醒自己：我不怕，我不怕，我一點也不怕，只要你在我這一國，我他媽的一顆眼淚也不會掉！

……歌聲漸行漸遠，畫面上漸趨清楚的是一個，我不知道該如何形容她，青春期的大女孩，或小女人，第一次的月經來潮並沒有嚇倒她，她正屏著氣——全沒留意客廳裡傳來的蜂王黑砂糖香皂的電視廣告音樂——專心的把手探在裙下用力拉扯束在裙裡的襯衫，直至確定鏡中的自己胸脯又如小學時候一般平坦，她放心的衝出家門，仍沒看一眼電視畫面上的英倫口香糖廣告，十六歲的甄妮穿著超短迷你裙，邊舞邊唱著「我的愛，我的愛，英倫心心口香糖……」

她跑到村口，冬天有陽光的禮拜六午後，河口沙洲鳥群似的群聚著十幾二十名從兵役期年紀到國小一年級不等的男孩子，村口兩尊不明用途的大石柱之間，凌空橫扯出一條紅布幅，上書「本村全體支持×號候選人×××」，襯著藍色的天空迎風獵獵[2]作響，好像每隔幾年總要張掛那麼幾天，她要到差不多二十年後，離她擁有公民投票權十幾年以後，才百感交集回想起那情景，並初次投下與那紅布條不同政黨的一票。

她盤桓在他們周圍，像一隻外來的陌生的鳥，試圖想加入他們，多想念與他們一起廝混扭打時的體溫汗臭，乃至中飯吃得太飽所發自肺腑打的嗝兒味，江西人的阿丁的嗝味其實比四川人的培培要辛辣得多，浙江人的汪家小孩總是臭哄哄的糟白魚、蒸臭豆腐味，廣東人的雅雅和她哥哥們總是粥的酸酵味，很奇怪他們都絕口不說「稀飯」而說粥，愛吃「廣柑」就是柳丁。更不要說張家莫家小孩山東人的臭蒜臭大蔥和各種臭蘸醬的味道，孫家的北平媽媽會做各種麵食點心，他們家小孩在外遊蕩總人手一種吃食，那個麵香真引人發狂……

可是半年多來不知哪裡不對了，這些朝夕相處了十多年的夥伴，真的是朝夕相處，像弟弟，就常在她家玩得忘了回家，就跟她們家小孩一起排排睡。毛毛還是她目睹著出生的，那時她跟好多大人小孩擠在毛毛家臥室門口看毛媽慘叫，那次毛毛哥哥得意得什麼樣子，恣意的嚴密挑選與他一國的才准進去觀賞。還有大她一歲的阿三，她與他默默甜蜜的戀愛了快十年。還有大頭，沒有一次不與她大吵或大打出手收場的，不分敵友對她的態度變得說不上來的好奇怪。

她百思不得其解，自認做得無懈可擊，好比她確信經血是有氣味的，她便無時無刻不謹慎選擇站在下風處，以防氣味四散；好比她發現再無法阻止胸脯的日益隆起，痛哭之餘日日展開與它的搏鬥，偷過母親的絲巾把它緊緊綑綁住，或衣服裡多穿一件小學時的羊毛衫把它束得平平的，有一回廝打時被誰當胸撞了一記，當場迸出眼淚差點沒痛暈過去；她甚至偷父親的菸，跟他們一起抽，學他們邊抽邊藏菸的方法，以為因此取得了與他們共同犯罪的身分，她甚至不願意好好讀書，說不上來的以為功課破破的或許較利於他們的重新接納她。

當然，要到差不多十年之後，在她大學畢了業，工作了，考慮接受男友的婚約時，才能持平的看待當年那些男孩，不，或該說男人，怎麼可能當她的面談論、揣測她胸脯的尺寸，交換著因為不知道而無限膨脹神祕引人的性知識，業務機密似的口傳誰家當兵回來的老大刻在機場那邊的外省掛混，下次誰惹了麻煩或跟哪個村子結了梁子可以找他出面擺平；還有唯一在市區裡唸私立

②獵獵　壯聲詞，形容風的聲音。

中學的大國說車過中山北路看到潘家二姊跟一個美國大兵黏著走路，騷得！隨即每個人把積壓老久的髒話、獸性大發的存貨出清，深喉嚨[3]一樣的口上得到了快感；也有同樣姊姊光明正大結交了美軍男友並快論婚嫁的馬哥，用媽媽的百雀齡面霜抹成「岸上風雲[4]」中馬龍白蘭度的髮型，教幾個年紀大些的男孩一種剛自未來姊夫處學來的新式舞步，可那舞步屢屢被村口唐家開得好大聲的「田邊俱樂部」電視節目中，觀眾所唱的難聽歌聲所擾亂；還有沿著廣場邊緣踱步，一手捲著數學代數課本一手不時在空中演算的丁家老二，每做完一題便又開始跟他們MIT[5]個不完，丁老二的物理老師總愛像回教徒膜拜聖地麥加似的熱烈講述有關MIT的種種神話，聽熟了丁老二的二手傳播的她，要到七十年代初期，才知道MIT的當代意思，不是她熟如家珍的麻省理工學院，而是Made in Taiwan。

因此，不會有人像她一樣，為童年的逝去哀痛好幾年，乃至女校唸書時，幾個要好的同學夜宿某死黨家，同床交換祕密的描摹各自未來白馬王子的圖像時，輪到她，她一反其他人的對學歷、血型、身高、星座、經濟狀況的嚴密規定，她說：「只要是眷村男孩就好。」

黑暗中，眼睛放著異光，夜行動物搜尋獵物似的。

那一年，她搬離眷村，遷入都市邊緣尋常有一點點外省、很多本省人、有各種職業的新興社區，河入大海似的頓時失卻了與原水族間各種形式的辨識與聯繫，仍然滯悶封閉的年代，她跟很多剛學吉他的學生一樣，從最基礎簡單的歌曲彈唱起，如Where have all the flowers gone[6]，並不知道那是不過五、六年前外頭世界狂飆一場的反戰名歌，她只覺那句歌詞十分切她心意，真的，所有的男孩們都哪裡去了，所有的眷村男孩都哪裡去了？

她甚至認識了一大堆本省男孩子，深深迷惑於他們的篤定，大異於她的兄弟姊妹們，她所熟悉的兄弟姊妹們，基於各種奇怪難言的原因，沒有一人沒有過想離開這個地方的念頭，書唸得好的，家裡也願意借債支持的就出國深造，唸不出的就用跑船的方式離開；大女孩子唸不來書的，拜越戰之賜，好多嫁了美軍得以出國。很多年以後，當她不耐煩老被等同於外來政權指責的「從未把這個島視為久居之地」時，曾認真回想並思索，的確為什麼他們沒有把這塊土地視為此生落腳處，起碼在那些年間——

她自認為尋找出的答案再簡單不過，原因無他，清明節的時候，他們並無墳可上。

他們居住的村口，有連綿數個山坡的大墳場，從青年節的連續春假假日開始，他們常在山林冶遊，邊玩邊偷窺人家掃墓，那些本省人奇怪的供品或祭拜的儀式、或悲傷肅穆的神情，很令他們暗自納罕。

那時候，山坡的梯田已經開始春耕，他們小心的避免踩到田裡，可是那田埂是個難走的，一踩一灘水，其實那時候到處都是水，連信手折下的野草野花也是莖葉滴著水，連空氣也是，潮濛濛的，頭髮一下就溼成條條貼在頰上。平常非必要敬而遠之的墳墓，忽然潮水退去似的露出來，

---

③深喉嚨　指不可告人的秘密。

④岸上風雲　演一九五〇年代黑道控制紐約碼頭貨物進出口的真實故事，一九五四年上映，隔年獲奧斯卡八項大獎。馬龍．白蘭度主演充滿正義感又內心矛盾的碼頭搬運工，獲奧斯卡最佳男主角獎。

⑤MIT　有兩種意涵，一為美國麻省理工學院（Massachusetts Institute of Technology）的縮寫，一為臺灣製造（Made in Taiwan）的縮寫。

⑥Where have all the flowers gone　一般譯為「花兒都哪裡去了」，一九五六年美國歌手創作的反戰歌曲，琅琅上口的曲調，傳唱一時。

他們仗著掃墓的人氣一一去造訪，比賽搶先唸著墓碑上奇怪拗口的刻字，故意表示膽大的就去搜取墳前的香支鮮花……

可是這一日總過得荒荒草草，天晚了回家等吃的，父母也變得好奇怪，有的在後院燒紙錢，但因為不確知家鄉親人的生死下落，只得語焉不詳的寫著是燒給×氏祖宗的，因此那表情也極度複雜，不敢悲傷，只滿佈著因益趨遠去而更加清楚的回憶。

原來，沒有親人死去的土地，是無法叫做家鄉的。

原來，那時讓她大為不解的空氣中無時不在浮動的焦躁、不安，並非出於青春期無法壓抑的騷動的氾濫，而僅僅只是連他們自己都不能解釋的無法落地生根的危機迫促之感吧。

他們的父母，在有電視之前而又缺乏娛樂的夜間家庭相聚時刻，他們總習於把逃難史以及故鄉生活的種種，編作故事以饗兒女。出於一種複雜的心情，以及經過十數年反覆說明的膨脹，每個父家母家都曾經是大地主或大財主（毛毛家祖上有的牧場甚至有五、六個臺灣那麼大），都曾經擁有十來個老媽子一排勤務兵以及半打司機，逃難時沿路不得不丟棄的黃金條塊與日俱增，加起來遠超過俞鴻鈞為國民黨搬來臺灣的……

曾經有過如此的經歷、眼界，怎麼甘願、怎麼可以就落腳在這小島上終老？

不知在多少歲之前，他們全都如此深信不疑著，而不知在多少年之後，例如她，漸與幾個住在山後的本省農家同學相熟，應她們的邀約去作功課，很吃驚她們日常生活水平與自己村子的差距：不愛點燈、採光甚差連白日也幽暗的堂屋、與豬圈隔牆的毛坑、有自來水卻不用都得到井邊打水。她們在晒穀場上以條凳為桌作功課，她暗自吃驚原來平日和她搶前三名的同學每天是這樣作功課、準備考試的。

作完功課，她們去屋後不大卻也有十來株柚子樹的果林玩辦家家，她看到同學的母親完全農婦打扮，口上發著哩哩聲在餵雞鴨，看著同學父親黃昏時在晒場上晒什麼奇怪藥草，她覺得惆悵難言。

後來每年她同學庄裡一年一度的大拜拜都會邀她去，她漸漸習慣那些豐盛卻奇怪的菜餚，也一起跟著農家小孩擠看野臺戲，聽不懂戲詞但隨他們該笑的時候一起笑。從不解到恍惚明白他們為何總是如此的篤定怡然。

村裡的孩子，或早或遲跟她一樣都面臨、感覺到這個，約好了似的因此一致不再吹噓炫耀未曾見過的家鄉話題，只偶爾有不更事的小鬼誇耀他阿爺屋後的小山比阿里山要高好幾倍時，他們都變得很安靜，好合作的假裝沒聽見，也從來沒有一個人會跳出來揭穿。

便趕緊各自求生吧。

男孩子們通常都比較早得面臨這個問題，小學六年級，在國民義務教育還沒有延長成九年之前，他們好吃驚班上一些本省的同學竟然可以選擇不考試不升學（儘管他們暗自頗為羨慕），而回家幫家裡耕田，或做木工、水電工等學徒。而他們，眼前除了繼續升學，竟沒有他路可走，少數幾個好比陳家大哥寶哥，有一年一家電影公司在山上相思林拍武俠片時，他從圍觀看熱鬧的到自願以一個便當的代價拍一個挨男主角踢翻的鏡頭，到幫他們扛道具上卡車，到工作隊離開時他連換洗衣褲都沒帶的跟著走了。

這個不知為什麼顯得很駭人的例子傳誦村裡十數載，簡直以為他就這樣死了，要到差不多二十年後，他們之中有看影劇版習慣的人，便會在影劇版最不起眼的一個小角落發現他才四十出頭就肝癌英年早逝身後蕭條只遺一個幼稚園兒子的消息，才知道原來他這些年跟他們一樣一直存活著，一直在某電視臺做戲劇節目的武術指導。

「噢，原來你在這裡……」她邊翻報紙喟嘆著。

彼時報紙的其他重要版面上，全是幾名外省第二代官宦子弟在爭奪權力的熱鬧新聞，她當然都仔細閱讀，卻未為所動，也不理會同樣在閱報的丈夫正因此大罵她所身屬的外省人（她竟然違背少女時代給自己的規定，嫁給了一個本省男人）。

其實這些年間，她曾經想起過寶哥，僅僅一次，在新婚那夜。

那時丈夫正把鬧完洞房的同事朋友給送出門，她沒力氣再撐起風度聽他們的笑謔，便獨自先返回臥室，不點燈，怕面對那陌生之感，也有些害怕即將要發生的事。這固然與她尚是處子之身有關，但大概是這幽黯陌生的新居臥室的緣故，她忽然遺失掉長期以來做個現代都會女性、性知識只會過分充足的身分，立時回到了另一間同樣昏暗的陌生臥室，寶哥家的臥室，她大概是小學二三年級，正和寶哥的妹妹、貝貝一干自組的黃梅調劇團在翻找毛巾被單扮古裝，她正在地上找髮夾時，隨手拾起一本沒有封皮的舊書，她好奇的湊在五燭光的燈泡下翻閱，那是一本用粗俗挑逗的筆調寫的性知識書，對她而言聞所未聞，因此看得十分專注，看到教導男子如何挑動處女，以及把處女弄破時要如何止血，好像曾聽到貝貝的警告：「那個是我哥的，他不准人家看嚉。」

她看到教人由嘴唇、乳房、以及坐姿判斷處女與否時，她忽然才感覺到四周非常安靜，她抬頭，看到房門處有個高大的身影，也才發覺貝貝她們什麼時候全跑光了，但她立刻感覺出那個穿著父親軍汗衫的身影是寶哥，她棄了書，小聲的喊了一聲寶哥，寶哥也不答話，慢慢，又好像很快的走近她，呼吸聲好大，走到近燈處，她被他那雙像貓一樣發出燐光的眼睛嚇傻了。

然後其實什麼事也沒發生，她靈巧迅速的跑出那間臥室，跑出寶哥家，跑到日光下，那段記憶，便像底片見了光，一片空白，那些第一次對性事的固陋⑦、村俗⑧的印象，便牢牢給關在那間臥室，甚至日後在光天化日下看到寶哥也無啥殊異之感，因此竟然真的再沒想起過他，直到新婚夜。那時她想，寶哥作夢也不會想到吧，竟然有個女孩子在一生中重要的那一刻時光裡曾想到他，儘管是那樣一種奇怪的方式。

其實不只寶哥，還有很多很多的男人，令很多很多的女孩在她們的初夜想到他們。

他們大多叫做老張、或老劉、或老王（總之端看他們姓什麼而定）。

通常一個村子只有這樣一名老×，因為他單身，又且遠過了婚齡大概再沒有成家的可能，又往往僅是士官退伍，無一技之長，便全村合力供養他似的允許他在村口的村自治會辦公室後頭搭一間小違建，貼補他一點錢，自治會的電話由他接，一些開會通知由他挨家挨戶送，路燈壞了也由他修，他村的半大男生結夥來本村挑釁時，他會適時出來干預，冬天在村外圍一堆小孩看他烤一隻流浪來的小黑狗，夏天在發出濃烈毒香的夾竹桃樹下剝蛇皮煮蛇湯的，就是老×。

他們通常大字不識一個，甚至不識自己的名字和手臂上刺青的「殺朱拔毛」、「反共抗俄」，但他們是村裡諸多小孩的啟蒙師，他有講不完的剿匪戰役、三國水滸、或鄉野鬼怪故事，儘管

⑦固陋　見識淺陋。
⑧村俗　粗野鄙俗。

他們的鄉音異常嚴重，可是小孩們不知怎麼都聽得懂；儘管他們的住屋像個拾荒人家，可是小孩簡直覺得那是個寶窟，有很多用桐油擦得發亮的子彈頭（你若願意在停電的夜晚跑過可怕的公墓山邊、替他到大街上買一瓶酒回來的話，他大概會送你一顆），有不明名目的勳章，有各種處理過的蟲屍蛇皮，有用配給來的黃豆炒成的零嘴兒，還一定有撲克牌、殘缺不全的象棋或圍棋，而且他會教你下，替你算命。

然而，總要不了太久（端看那名老×的性欲和自制力而定），常出沒其間的小孩們就會起一種微妙的變化，當孩子們裡必然會有的那個比較好吃、或嬌滴滴愛撒嬌、或膽怯不敢違拗大人的……，我們叫她小玲吧，當小玲也來老×的破巢時，其他小孩便如同動物依本能的遠離一隻受傷病痛的同伴似的遠遠離開小玲，離開小屋……

大多數小孩並不知道空氣中的不安和危險是什麼，只有那幾個膽大些的小男生，終於有一天，會躲在窗外好奇偷窺，他們通常會看到老×與小玲做奇怪的事，不是他褪去衣褲，就是把小玲也褪去衣褲，這些老×通常因為自己的性能力以及謹慎怕事的緣故，不致把小玲弄流血或弄到晚上洗澡時會被母親發現的地步，但通常小男生們不及看到這裡就已經全跑掉了，基於一種好像闖了禍的心情，他們都不告訴其他同伴，甚至也不警告自己的姊姊妹妹，而且他們仍然出沒老×的小屋，有時聽故事或下棋的空檔，會剎那間失神，盯著老×的褲檔並回憶他的大雞巴，沒有任何評價的只覺得哇操他真是一頭大獸王！

至於小玲，早晚有一天，會在與女伴交換祕密時講出老×對她做的事，她得到的反應通常有兩種，一是對方立時也眼淚汪汪、抓緊她的手，不管以後她們還有沒有再去老×處，但童年時光裡她們大概會是一對最要好的朋友。不過比較多的反應是，對方漸聽漸露出陌生警戒的目光，悄悄退去，遠離，不一定會洩漏出去這個祕密，但同伴們都動物一樣的迅速感受到這個訊息，一點不想探究的也離小玲遠遠的，任她自生自滅。

但是好奇怪的這些訊息永遠只能橫的傳開，都不會讓小她們幾歲的弟弟妹妹們知道，因此每一屆都無可避免的或多或少有幾名小玲。當唸中學的老小玲發現妹妹及其同伴有些神祕難言的行跡時，比較大膽的老小玲就會喝斥妹妹：「叫你們不要去老×家玩！」「你小心讓媽知道了好看！」

罵完不禁奇怪為什麼自己從來沒想過告訴媽媽。每一個小玲差不多都如此，以致那些老×們都得以安然活到二十、三十年後，當這些小玲們陸陸續續結婚，或與心愛男友的第一次，都會想起那個遙遠年代遙遠村子遙遠小屋的老×，比較傳統保守的小玲們擔心自己的處女膜可還完好，健康開朗些的小玲們則流下衷心快樂的淚水，深深感激撫在自己身上的、不再是一雙遲疑卻又貪婪的蒼老的手，而是如此的年輕有力、清潔、有決心……

這些自然是老×們想都想不到的，因為在那一刻的同時，老×們正全心全意發愁手膀上的那些刺青可要如何去掉、以利於他們的返鄉探親。有大膽些的人便率先去整型外科處割掉那片刺青的皮膚，所以，假若你在八七——八八年間，在街上看過年近七十，單手膀上裹著白紗布繃帶的外省老男人，沒錯，他就是老×，……連你都無法想像吧，他們正是多少女孩在初夜會想起的男人，當然，至此我們已不用去追究她們是基於何種心情了。

看到這裡，你一定會問，那媽媽呢？媽媽們哪兒去了？都在幹什麼？不然怎麼會如此的疏於照顧保護子女？

媽媽們大概跟彼時普遍貧窮的其他媽媽們一樣忙於生計，成天絞盡腦汁在想如何以微薄的薪水餵飽一大家子。若是大陸來的媽媽，會在差不多來臺灣的第十年，變賣盡最後一樣金飾後，在那一年的農曆新年一橫心，把箱底旗袍或襖子拿出來改給眾小孩當新衣，勿需丈夫們解說該年九月的雷震事件⑨，或是進一步的洩露軍機，她們比什麼人都早的已與朝中主政者一樣自知回不去了。

媽媽們通常除了去菜場買菜是不出門的，收音機時代就在家聽「九三俱樂部」和「小說選播」，電視時代就看「群星會」和「溫暖人間」，要到誰怕誰的時代才較多人以麻將為戲，不再理會眷補證上印的可怕罰則（例如第一次抓到斷糧×個月，第二次抓到……），通常法太嚴則不行，若有誰家明目張膽傳出麻將聲，幾天後，該鄰官階最大的那位太太就會登門不經意的閑聊懇談一番，當然，若打麻將的那家就是該鄰或該村官階最高的，也就是住家坪數最大、最先拆掉竹籬笆改蓋紅磚圍牆、最先有電視的那家，此事大約就不了了之了。

但往往媽媽們的類型都因軍種而異。

空軍村的媽媽們最洋派、懂得化妝，傳說都會跳舞，都會說些英文。陸軍村的媽媽最保守老實，不知跟待遇最差是否有關。海軍村的打牌風最盛，也最多精神病媽媽，可能是丈夫們長年不在家的關係。憲兵村的媽媽幾乎全是本省籍，而且都很年輕甚至還沒小孩，去他們村子玩的小孩會因聽不懂閩南語、而莫名所以的認生不再去。

最奇怪的大概是情報村，情報村的爸爸們也是長年不在家，有些甚至村民們一輩子也沒見過。他們好多是廣東人，大人小孩日常生活總言必稱戴先生長戴先生短，彷彿戴笠仍健在且仍是他們的大家長。

情報村的媽媽們有的早以寡婦的心情過活，健婦把門戶的撐持一家老小，我們可依其小孩的年紀差距推斷出丈夫每次出勤的時日長短。另有些神經衰弱掉的媽媽們則任一窩小孩放野牛羊似的滿地亂跑，自生自滅。做小孩的都很怕學期開始時必須填的家庭調查表，有一個長年考第一名的女孩甚至快要受不了的伏桌痛哭起來，深怕別人發現她的與眾不同，因為父親工作要掩護身分的關係，一家都跟母親的姓，她覺得很難堪，乃至曾有一名小玲以老×的事與她交換最高機密時，她都違背約定的堅不吐實。

至於那些為數不少、嫁了本省男子、而又在生活中屢感不順遂——例如丈夫們怎麼不如記憶中的外省男孩肯做、必須分擔家事，因此斷定他們一定受日據時代大男人主義遺風影響所致：例如每逢選舉，她都必須無可奈何代替國民黨與丈夫爭辯到險險演成家庭糾紛——因而會偶覺寂寞的想念昔日那些眷村男孩都哪兒去了的女孩兒們，我在深感理解同情之餘，還是不得不提醒你們，不要忘了妳曾經多麼想離開這個小村子，這塊土地，無論以哪一種方式。

記不記得妳在成長到足以想到未來的那個年紀，儘管妳還正在和村中的某個男孩戀愛，那些個乘涼或看「晶晶」連續劇、父母因此無暇顧及的夏日夜晚，滿山的情侶（之前或之後，妳會在

⑨雷震事件　為與言論自由和民主政黨體制相關的事件。自由中國雜誌社社長雷震，延續創刊以來的言論自由精神，在一九六〇年五月發表我們為什麼迫切需要一個強而有力的反對黨，並於六月與臺灣政治菁英籌組中國民主黨，九月執政當局以「包庇匪諜、煽動叛亂」的罪名將雷震等人逮捕起訴，後雷震判刑十年，籌備中的反對黨胎死腹中，自由中國也被迫停刊。

田納西・威廉電影裡發現到幾乎一模一樣的情景，保守、炎熱、父權、壓抑的南方小鎮裡那些在夜間冶遊、無法說明自己的心靈和身體在飢渴些什麼的大男孩大女孩），你們在喧天的蟬聲裡一面發高燒似的熱烈探索彼此年輕的身體，一面在心裡暗暗告別，自然大多的告別是因為沒考上學校的男孩就要去服役或唸軍校了，但更多時候，是女孩們片面好忍心的決定。

記不記得？你，錯過時機尚未走成的女孩——五十年代，嫁黑人嫁GI[10]去美國的；六十年代，出國唸書或去當歌星影星，因為發現唯有此業是收穫耕耘可以大不成比例，宜於經濟起飛年代一無本錢而想一夜致富的人從事——你漸漸很不耐煩老在村口克難球場群聚終日的那些等待兵役期、抽菸打屁、除了打球無所事事的幼時玩伴（儘管他們曾經是妳太想一道溷跡[11]終老的夥伴），並非因為你行經那兒時，總會飄出幾句發自其中一名剛屆青春期的男生洩慾式的髒話，影射妳的身材尺寸或器官、或大喊一聲：「×××的蜜斯！」也並非有些男孩變得粗壯似野獸、並且也發出野獸一樣很讓妳覺得陌生不安的目光和嗓音……

妳只隱隱覺得，那些幼時常與你一道在荒山裡探險開路冶遊的伙伴，不再足以繼續做你意欲探險外面世界的夥伴，妳甚至不願意承認你快看不起他們、覺得他們對未來簡直有點不知死活。

於是，妳會在離家唸大學或開始就業時，很自然的被那些比起你的眷村愛人顯得土土的、保守沉默的本省男孩所吸引，儘管他們之中也多有家境比眷村生活還要窘困，或比眷村男孩的動輒放眼中國、放眼世界的四海之志要顯得胸無大志得多，但他們的安穩怡然以及諸多出乎你意料的對事情的看法，都使得你窒悶的生活得以開了一扇窗，透了口氣。儘管多年後妳細細回想，當初所感到的窒息鬱悶也許並非全然因為眷村生活的緣故。

離開眷村而又想念眷村的女孩兒們，我深深同情妳們在人群中乍聞一聲外省腔的「他媽的（音踏、馬的）」時所頓生的鄉愁，也不會嘲笑有人甚至想登尋人啟事尋找幼年的夥伴或甚至組個眷村黨，因為她不甘願承認只擁有那些老出現在社會版上、僅憑點滴資料但照眼就能認出的兄弟們（如×臺生，山東人，籍設高雄左營、或岡山、或嘉義市、或楊梅埔心、或中和南勢角、或六張犁、南機場……那些個從南到北、自西徂[12]東、有名的大眷村集結之地）。也不願意搭計程車時，聽到司機問：「你要去ㄌㄚˇ裡？」以及一遇塞車就痛罵國民黨和民進黨的，妳望著他後腦勺的幾莖白髮，當下可斷定他是那批氣宇軒昂意氣洋洋、專修班出來還志願留營以盡忠報國，而後中年退伍不知如何轉業的×家×哥……，除此之外，眷村的兄弟們，你們到底都哪裡去了？

所以妳當然無法承受閱報的本省籍丈夫在痛罵如李慶華、宋楚瑜這些權貴之後奪權鬥爭的同時，所順帶對你發的怨懟[13]之氣，你細細回想那些年間你們的生活，簡直沒有任何一點足以被稱做既得利益階級，只除了在推行國語禁制臺語最烈的時代，你們因不可能觸犯這項禁忌而未曾遭到任何處罰、羞辱、歧視（這些在多年後你丈夫講起來還會動怒的事），儘管要不了幾年後，你們很快就陸續得為這項政策償債，妳的那些大部分謀生不成功的兄弟們，在無法進入公家機關或不讀軍校之餘，總之必須去私人企業或小公司謀職時，他們有很多因為不能聽、講臺語而遭到老

⑩GI　美國對退役軍人的權益訂有GI Bil，一般譯為軍人調整法，有補償及福利等措施，故此處GI指退伍軍人。
⑪溷跡　使行跡混雜在人群之中。溷，音ㄏㄨㄣˋ。
⑫徂　音ㄘㄨˊ，到。
⑬怨懟　怨恨。懟，音ㄉㄨㄟˋ。

閩的拒絕。

大概非眷村，或六十年代後出生的本省外省人都無法理解，很多眷村小孩（尤其他們居住的若是個有菜市場、有小商店、飲食店及學校等的大眷區），在他們二十歲出外讀大學或當兵之前，是沒有「臺灣人」經驗的，只除了少數母親是本省人，因此寒暑假有外婆家可回的，以及班上有本省小孩且你與他們成為朋友的。至於為數眾多的大陸籍媽媽們，十數年間的唯一臺灣人經驗就是菜市場裡那幾名賣菜的「老百姓」，因此她們印象中的臺灣人大致可分為兩種：會做生意的，和不會做生意的。

正如你無法接受被稱做是既得利益階級一樣，你也無法接受只因為你父親是外省人，妳就等同於國民黨這樣的血統論，與其說你們是喝國民黨稀薄奶水長大的（如你丈夫常用來嘲笑妳的話），你更覺得其實你和這個黨的關係彷彿一對早該離婚的怨偶，你往往恨起它來遠勝過妳丈夫對它的，因為其中還多了被辜負、被背棄之感，儘管終其一生你並未入黨，但你一聽到別人毫無負擔、淋漓痛快的抨擊它時，你總克制不了的認真挑出對方言詞間的一些破綻為它辯護，而同時打心底好羨慕他們可以如此沒有包袱的罵個過癮。

然而其實你並非沒有過這種機會，記不記得有幾次你單獨攜小孩回娘家的時候，妳不也是如此在晚飯桌上邊看電視新聞邊如此大罵國民黨嗎？只因為從政治光譜上來看，此時沒有人（你丈夫）站在你的左邊，所以你可以難得快樂的扮個無顧忌的反對者，只因為你很放心這種時候妳的右邊總會有人（你老爸）出來，為這個愛恨交加、早該分手的黨辯護。

你大概不會知道，在那個深深的、老人們煩躁嘆息睡不著的午夜，父親們不禁老實承認其實也好羨慕你們，他多想哪一天也能夠跟妳一樣，大聲痛罵媽拉個B國民黨莫名其妙把他們騙到這個島上一騙四十年，得以返鄉探親的那一刻，才發現在僅存的親族眼中，原來自己是臺胞、是臺灣人，而回到活了四十年的島上，又動輒被指為「你們外省人」，因此有為小孩說故事習慣的人，遲早會在伊索寓言故事裡發現，自己正如那隻徘徊於鳥類獸類之間，無可歸屬的蝙蝠。

總而言之，你們這個族群正日益稀少中，你必須承認，並做調適。

然而其實只要你靜下心來，憑藉動物的本能，並不困難就可在汪洋人海裡覓得昔年失散、或遭妳遺棄的那些兄弟們的蹤跡：那個幹下一億元綁票案的主謀，妳在還來不及細看破案經過以及他的身分簡介時，只見他向記者們朗朗上口的詩句：「慷慨歌燕市⑭，從容作楚囚，引刀成一快，不負少年頭。」你不是脫口而出：「啊，原來你在這裡！」

初中那年，你們不是曾經被一個新來的國文老師所迷惑，只因為那位五十來歲、一口湖北腔的單身男老師總喜歡講課本以外的東西，他就曾經含著眼淚，以平劇花臉的腔調誦完少年汪精衛這首刺攝政王失敗的「獄中口占」，你不是還邊認真的把全詩抄在課本空白處，邊疑惑你所學過民國史裡的大漢奸賣國賊、怎麼也有這種看似像個人的時候，那個國文老師大概正因為老是觸犯此類禁忌之故，學期結束就又他調。

多年後，你猜他絕對不知道自己當年曾開啟多少熱血少年的心志，又或讓他們以為找到了使他們動機看似神聖正義的理由。

⑭慷慨歌燕市　一九一〇年，汪精衛等為回擊保皇黨譏諷同盟會領袖是「遠距離革命家」，並提振民眾對革命黨的信心，謀刺清攝政王載澧，事洩被捕之後，汪精衛獄中賦詩「慷慨歌燕市」等，義氣激昂，一時廣為傳頌。

所以，原來當初那些盤據在村口、你覺得他們只敢跟自己人或別眷村好勇鬥狠、卻沒膽出去闖盪世界的×哥×弟們，就在他們中間，就在你要棄絕他們的同時，有人正在磨刀霍霍，結群結黨，暗暗在全島幹下無頭搶案數十起並殺人如麻，破案時，你不須細看報上的說明他們這個強盜集團是新竹光復路某某眷村的子弟，你僅憑他戴著手銬腳鐐的相貌就可呼出他的小名；乃至十數年後遠赴美國深信自己是為國鋤奸的×哥，你絲毫不吃驚他僅僅不過想印證那句奉行半生的：「引刀成一快，不負少年頭！」

當然村口的那些兄弟們不盡都是如此之輩，一名溷跡其中、跟其他很多人一樣去跑船的沈家老大，二十年後，你不難在報上的訪問他中，清楚嗅出他的眷村味兒，當大約舉國都不相信他要把那塊唐榮舊址變更為商業用地並非只為了賺取暴利，而是想蓋一幢他做海員時在其他美麗的國家看到的美麗建築時，大概只有你相信他所說的是真話，並驚嘆且同情這名身價百億的成功證券商，為何還可憐兮兮如你們十數年前、對國家如此抽象卻又無法自拔的款款深情。

類似此的還有那個、有沒有？好像是第五鄰第一家，在家門口開個早餐攤，常幫媽媽洗洗弄弄找錢的王家煊哥，三十年後，你每見他以財政部長的身分在報章、電視等媒體大力推銷他的政策時，你以女性的直覺並不懷疑他的操守、用心、專業有何問題。只是他那股言談間瀰漫不去「以國家興亡為己任」的濃濃眷村味兒，讓你覺得因為太熟悉了而反倒心煩意亂，但畢竟也每足以讓你百感交集的喟嘆「噢，原來你在這裡，眷村的兄弟。」

所以，那些兄弟們，好的、壞的（從法律觀點看）、成功的、失敗的（從經濟事功看）、存在的、不存在的、有記憶的、遺忘症的、記憶扭曲的……，請容我不分時代、不分畛域的把四九

——七五（蔣介石消逝、神話信念崩潰的那一年）凝凍成剎那，也請權把我們的眼睛變做攝影機，我已經替你鋪好了一條軌道，在一個城鎮邊緣尋常的國民黨中下級軍官的眷村後巷，請你緩緩隨軌道而行——音樂？隨你喜好，不過我自己配的是一首老國語流行歌今宵多珍重，上過成功嶺的男生都該會記得吧，每天晚上入睡前營區放的：南風吻臉輕輕，飄過來花香濃；南風吻臉輕輕，星已稀月迷濛……

我們開始吧——

不要吃驚，第一家在後院認真練舉重的的確是，對，李立群……，除了喘氣聲，他並沒發出任何噪音，因此也沒吵到隔壁在燈下唸書的高希均和對門的陳長文、金惟純、趙少康……

我們悄聲而過，這幾家比較有趣得多，那名穿著阿哥哥裝在練英文歌的是歐陽菲菲，十六歲但身材已很好的她，對自己仍不滿意，希望個兒頭能跟隔壁的白嘉莉一樣。當然你不會吃驚看到第四家的白嘉莉正披裹著床單當禮服，手持一支仿麥克風物在反覆演練：「各位長官、各位來賓，今天我要為各位介紹的是……」

別看呆了！你。第五家湊在小燈泡下偷看小說的那個小女孩也很可愛，她好像是張曉風、或愛亞、或韓韓、或袁瓊瓊、或馮青、或蘇偉貞、或蔣曉雲、或朱天文（依年齡序），總之她太小了，我分不出。

當然不是只有女孩子才愛看閑書，我們跳過一家，你會發現也有個小兄弟在看書，什麼？你連蔡詩萍和苦苓都分不出!?都錯了，是張大春，所以我們頂好快步通過，免得遭他用山東粗話噌，是啊！他打從小就是這個樣兒……

隔壁剛作完功課、正專心玩辦家家的一對小男生小女生，看不出來吧，是蔡琴和李傳偉。當然也有可能是趙傳和伊能靜。

第九家，一名小玲默默在洗澡。

第十家，漆黑無人，因為在唸小學的正第、正杰兄弟倆陪母親去索討父親託人遺下的安家費，他們就是我們提起過的情報村的，打從他們一家遷居至此，村民們就從沒有看過他們的父親，直至差不多三十年後……

第十一家……

（我倆臨別依依，要再見在夢中。）

……

啊！

想我眷村的兄弟們。

作家檔案

朱天心，西元一九五八年生於高雄鳳山，臺灣大學歷史系畢業，為臺灣當代重要小說家，現專職寫作，曾多次獲得中國時報、聯合報文學獎。自幼生長在文學氣氛濃郁的家庭，父親朱西甯原籍中國山東，隨國民政府來臺，為知名小說家；母親劉慕沙為苗栗客家人，為著名的日本文學翻譯家；朱家女兒朱天文、朱天心、朱天衣都從事創作。

朱天心的寫作風格幾經轉變，學生時期出版的擊壤歌、方舟上的日子，內容取材自學校、家庭，被視為天真爛漫的閨秀文學。而一九七七年創辦，由朱天心擔任主編的三三集刊，主要成員皆仰慕胡蘭成、張愛玲，認同並依戀中國文化，面對當時的鄉土文學論戰，成長經驗中不同的「鄉土」，使朱天心變得十分焦慮，因為外省第二代的身分，遂開始思索記憶與認同的問題。一九八九年深入觀察社會政治之後出版的我記得……，可視為轉型之作，以尖銳犀利的筆調，觸及敏感的新聞題材。九〇年代之後，寫作風格與題材驟變，致力創作兼有散文及議論形式的小說，內容則關注社會現實的各個層面，如短篇小說集想我眷村的兄弟們，即是書寫政治受難者、單親媽媽、眷村子弟等畸零族群。朱天心天生敏銳強記，卻又擔心記憶被沖失，被稱為「老靈魂」的她，遂以書寫來回望過去，自許「以一己的記憶反擊公開的遺忘」，並藉此重塑記憶。

朱天心的小說以描摹情感細膩精準見長，並善於以層層堆疊的細節，帶領讀者回到鮮活的時代現場，無論題材或技巧皆具有開創性。著有想我眷村的兄弟們、古都、初夏荷花時期的愛情等。

國文老師賞析

林佳儀

「眷村」，專指國民政府在一九四九年遷臺之後，為了安頓數十萬軍人及其眷屬，而在各地興建的公有房舍，依照軍種、職業特性等分別聚居，臺北南機場、桃園大園、高雄左營等，皆曾是眷村集中之地。由於眷村的居民來自大江南北，大規模聚居在狹小的社區空間，在村內互動頻繁，甚至交融各種風俗，逐漸形成獨特的眷村文化，但對村外卻顯得封閉且不易溝通。成長於眷村的外省第二代，日後離開眷村，走向社會，面對一九八〇年代之後老舊眷村的改建，從童年的經驗、現實的命運，觀照家國滄桑、時代變遷，逐漸蔚為一股創作風潮，包括小說、電影、電視、舞臺劇等，集結的作品有青夷主編的我從眷村來散文集、蘇偉貞編選臺灣眷村小說選等。

身為小說家的朱天心，面對眷村說不盡的故事，透過情節組織及意象選取，在現實與記憶裡穿梭往復，召喚眷村生活的種種細節，由「我」來敘述的這個故事，主角是個眷村大女孩「她」，從青春期與眷村兄弟漸行漸遠，想念一起廝混扭打時的體溫汗臭開始講起，到讀書求學、結婚遠離，種種眷村內、外的情事，當年想著離開，如今離開眷村卻又想念眷村！雖然敘述者一開頭就聲明這是一篇「小說」，但卻沒有讀者熟悉的情節起伏、人物對話！各種成長背景的眾多人物：眷村男孩、眷村媽媽、外省老男人、本省女孩、本省男孩等，輪番登場，看似面貌模糊，卻是記憶中典型的身影，正如張大春所評述的，朱天心把眷村當作一則龐大的典故來敘述。

先來看看敘事者如何呈現眷村場景的，「本村全體支持×號候選人×××」、二十多年後才初次投下與那紅布條不同政黨的一票，鮮明對比當年眷村的集體意志，以及她離開眷村之後展現的自主意識。最精采的則是打嗝味道的那一段，以嗅覺、食物的書寫，揮灑從大江南北匯聚至此的滋味，江西、四川的辛辣味，浙江的臭味，廣東人的粥、山東人的蒜及蘸醬、北平人的麵食等，來自四面八方、各有所好的飲食習慣，這是眷村獨有的豐富多元。還有父母們在複雜情緒及反覆說明後膨脹的逃難史、家鄉生活、落腳小島的不甘願，孩子們從深信不疑到絕口不提。以及在女孩心中烙下深刻印記的「老×」，臂膀的刺青、濃重的鄉音、說不完的鄉野奇談、被小孩視作寶窟的克難小屋，和老×為滿足性欲而傷害的許多小玲。

眷村是一個擁有共同目標，但卻與外界罕有接觸的封閉社區，一旦與本省人接觸，彼此生活經驗、未來發展等的對比，就呈現差異，甚至有一道難以跨越的鴻溝：「她」印象深刻的是本省男孩的篤定，安穩怡然居住在此地，不像眷村中的兄弟姊妹們總是想著離開。到了清明節前後，本省人上山掃墓，悲傷肅穆，自家父母卻舉止奇怪，在後院燒紙錢，表情複雜又不敢悲傷，原來，「沒有親人死去的土地，是無法叫做家鄉的」。相較於落地生根的本省同學，可以不升學，回家幫忙家裡耕田、做工匠學徒；眷村的兄弟們，除了繼續升學，竟沒有他路可走。等到嫁給本省男子，在閱報或看電視時，丈夫總是說你們是喝國民黨奶水長大的，卻不知外省妻子在回娘家時會大罵國民黨，老父親心裡也在痛罵國民黨「把他們騙到這個島上一騙四十年」。

敘述者在說故事的同時，除了展示外界陌生卻真實存在的眷村，還有難以言說的認同焦慮，就如老人因為戰爭被迫遠離故土，好不容易返鄉探親，卻被親族視為臺灣人；但在活了四十年的小島上，又被指為「你們外省人」！當從政治中心逐漸往邊緣移動時，真是徬徨猶疑、無可歸屬。

小說家解謎

許榮哲

當年，我就讀臺大生工所，碩士論文的題目叫灰色模糊動態規劃於水庫即時操作之應用：以石門水庫為例。其中所謂的「灰色」是一門理論。一般而言，灰色是介於黑、白之間的顏色，所以常常被用來比喻「模糊不清」，這樣也行，那樣也沒錯，做事不精準的意思。但對科學家而言，在某些狀況下，灰色反而比單一更準確。

舉個例子，如果氣象預報斬釘截鐵告訴你明天的氣溫是三十度，這種預報方式肯定失準，因為溫度是一個變動值，會隨著日夜而改變。所以一般的預測值都會落在一個合理的範圍，例如二十五到三十二度之間，中間拉開一個適度的距離，反而大大提升了預測的準確率。

想我眷村的兄弟們就是用「灰色」寫成的小說，利用模糊造成另一種精準。舉例如下：幾乎所有的小說，都有確切的主角、明確的發生時間、固定的發生地點，但想我眷村的兄弟們在這幾點上，全部都是「灰色」的。主角是青春期的大女孩，配角是小玲和老×，他們的面貌和性格都是模糊的，發生時間是那些年，發生地點是所有眷村。一般而言，小說裡的人物面貌和性格最好刻畫清楚，模糊不是一件好事。然而想我眷村的兄弟們裡的模糊，並非漫無章法，而是限定在一個合理的範圍內，像「灰色」理論一樣。

舉其中的配角小玲、老×為例，他們都不是單一的人物，而是由某種特質拼湊成的人物特質群。例如小玲指的是那種「比較好吃，嬌滴滴愛撒嬌，膽怯不敢違逆大人」的小女孩，至於老×

則是「大字不識一個，鄉音異常嚴重，住屋像個拾荒老人」的單身老人。

這樣的角色設定有個好處，那就是當小玲與老×發生關係（不一定是性）時，不是1×1＝1的明確單一，而一群×一群＝一大群的曖昧複雜。小玲與老×之間的故事，絕不是唯一的特例，而是每個眷村都有可能發生，繁複到難以用單一事件來說明舉例的複雜關係。正因為這些灰色的角色、灰色的時間、灰色的地點，在故事裡相加相乘之後，故事變得無比巨大，它不再是某個人的生命故事，而是一整個時代，所有與眷村有關的故事。

一個又一個的模糊，反而造成了一種巨大的精準，它溫柔地包容眷村所有的可能。

這類小說最難寫的地方，在於灰色的範圍該如何限定，才能既準確又有意義。舉個例子，如果你的明日氣溫預測是零到一百度，準確率必然百分之百，但一點意義也沒有。所以小說家對於眷村的客觀理解和主觀看法，成了這篇小說最重要的核心關鍵。

不過這類「灰色」小說有個麻煩，它非常依賴讀者對眷村某個程度以上的理解。如果讀者對眷村一無所知，小說看完，極有可能完全摸不著頭緒，因為它是利用相近的頻率來發聲共振的。

幸好，小說家非常貼心地在結尾處，幫讀者找來一群眷村裡的指標人物，並且安排他們住在主人翁家附近。不管你對眷村熟不熟，你一定認識底下這群人，只是你不知道，原來他們全都是那些年，在眷村長大的小孩：李立群、歐陽菲菲、張大春……

一瞬之間，所有的模糊，全都鮮明了起來。

灰色的敘事手法，外加幾個現實人物，小說家帶領讀者看到了幾乎是有史以來，內容含量最高的眷村小說。

小說家的寫作課——電影技法

——許榮哲

小說用文字說故事，電影用影像說故事。表面上，兩者各行其道，然而實際上，有些小說家簡直跟電影導演沒兩樣，他們懂得把電影的技法用在小說上，例如剪接、運鏡、轉場、場面調度……因此他們的小說讀起來，畫面感十足，簡直就像是在看電影似的。

以朱天心想我眷村的兄弟們為例，小說結尾處，小說家請讀者把眼睛當成攝影機，並選一首合適的歌當背景，然後隨著軌道緩緩而行。燈光亮起，第一家的李立群正在練舉重、第二家的歐陽菲菲在練英文歌……第九、第十家……。不同時空的眷村人物，被小說導演用「剪接」的技法，剪進同一個時空裡，彷彿他們真的是同一個眷村，同一條巷子裡，毗鄰而居的眷村兄弟。

再以梁慕靈故事的碎片為例，小說結尾用了一個鏡頭扶搖直上的技法，讓原本如在眼前的畫面、聲音、嗅覺，慢慢遠離讀者，終至消失，於是有了底下的動人畫面。

然後，不知是炳記還是老賓的呵呵笑聲，混雜著小孩子的尖叫，街市的叫賣聲，慢慢的迴旋而上，人們的臉漸漸看不清，街市就只剩下一個方格一個方格的輪廓，清風夾雜著豬肉的味道在埃及城上吹過，飄過，於是埃及城便離我們很遠，很遠了。

上面兩位小說家使用的都是文字，但讀者卻彷彿看了一部精彩的電影。

小說家的書架

——許榮哲

1. 黃凡賴索，聯合文學。2. 張愛玲紅玫瑰與白玫瑰，皇冠。

生命中美麗與哀愁之謎

06

花季

施淑：「（花季）在李昂的創作活動中扮演著序幕一樣的作用，從同時期陸續寫出的作品，不難看出她在敘述意識上，一直是以表現於花季中的戒懼不安的態度，尋繹一些基本上與它相似的懸宕處境和無法自主的經歷。」

李昂

那是在我逝去的光耀的青春裡所發生的一小件事。

那時候，我還很年輕，年輕該是一個美妙的花季①，可是我擁有的僅是從小書店買到的幾冊翻譯小說，和在我夢中出現的白馬王子。

事情發生得很簡單，還有些無趣。臨近聖誕節的十二月某一天，那早晨幾乎可以說是這個月份裡最光耀的，亮麗的陽光輕柔的成串灑下來，空氣清冷而乾燥。起床後，我留在後院，為察覺陽光是怎樣的喚起沉睡中的景物而心中充滿感動。

冬天遲升的太陽已照滿院子，我該去上學了，可是那種感動是這般深深的震撼了我。我想，懷著如此細楚的情致去枯坐在教室裡是十分可怕和不值得的，為什麼我不給自己一個假期？爸爸和媽媽都到工廠了，沒有人會知道我是否去上課的。

我再在院中待了一會，陽光暖暖的爬在背上，透過薄毛衣細細的撫著我，我在全然的舒弛下輕輕的旋轉起來。在想像中，這時候總該會有一雙美麗的黑眼睛在樹叢中或花堆裡細細的打量著我，那眼光是陰鬱②的，略帶嘲諷的。我更加快速的旋轉起來，可是那對黑眼睛始終沒有出現。

枯坐在太陽下終是有些無聊的，我到屋中拿了一冊畫本，漫無目的地翻著，裡面的人物一個個像在陽光下的細小塵土不著邊際地飛閃過，翻到最後一頁，在一棵很大的耶誕樹下，王子同公主拉著手愉快的微笑著，畫旁有幾小行字：

「風吹動樹上飾著的風鈴，

王子和公主在十二月的聖誕裡。

追尋到他們永恆的幸福。」

聖誕節啊！我輕聲的說，感到有淚水爬上眼眶。我雖不能像他們一樣的過聖誕節，但我可以有一棵聖誕樹，一棵屬於我的，我可以用金鈴子來裝飾的聖誕樹。

我投身在市場，穿過湧雜的人群，跨過地上擺著的蔬果，在一角找著一個賣花的花匠。

我要一棵樹，差不多有二、三尺高的。

什麼樣的樹？

什麼都可以，只要是有許多葉子的。

①花季　植物開花的季節。本篇小說的「花季」有兩個指涉，一是指各色花朵鬥豔的明媚春光，一是指少女年輕歲月的青春美好。

②陰鬱　深沉憂鬱的樣子。

好的。

一個高大的女人突然一把抓住花匠，急促的說一些什麼，就擠沒入人潮了。我只能看到女人一雙長著青筋[③]的，像寺廟裡盤著龍的柱子[④]的腿，但不一會也就閃逝在肥瘦不同的腳群裡了。

我站著，從早晨我沒去上課到現在，一切都是如此的可笑。逃學，公主與王子，莫名離去的花匠，我四周的鮮花，鮮花外湧嚷的人群，一切一切都進行得十分古怪而滑稽，彷彿所有的秩序都給專愛惡作劇的精靈給擾亂了。

花匠再回來，手裡還推著一部腳踏車。

上去。他說，語氣粗率。

到那兒？我問。

去拿小樹。

哦，這個莫名其妙的花匠。

你的花不會給人偷走嗎？

不會的。答話中有明顯的不耐。

我坐上車子的後坐。好了。我說。

他開始踩動車子，安穩，緩慢，彷彿載著的不是向他買花的顧客，而是他女兒一類的東西。

我戲弄似的向四周的人微笑，熟識我的人會怎樣的張大他們鑲著金牙的嘴呵！我繼續的微笑著，可是在車子出了喧擾[⑤]的人群時，我的微笑已純屬是裝出來的，我竟然沒能遇著一個熟人，一個能夠引起任何騷動的熟人，我失望的將微笑按回嘴角。

車子滑過平坦的柏油路，漸向郊區行進，我仰著頭，讓十二月的寒風吹拂著我的額頭，揚起我的髮絲。我自覺這是一個美妙的姿勢，而總該有一雙美麗的黑眼睛在遠處深深的凝望著我的，我墜入我為自己編的黑眼睛的故事裡。

你的園子在那兒？四周已經很少行人，路旁開始出現幾區一人多高的甘蔗園，我才驚醒，有些驚慌的這樣問。

前面不遠的地方。是花匠的回答。

快到了吧！

快到了。

花匠平穩的調子⑥並不能給我任何安全感，再加上四周荒涼的景物，使我想起可能發生的一件事。他會停下車子，轉過裝滿詭⑦笑的臉，一把抓住我，帶我入那綿密的甘蔗園，他的被陽光晒成粽色的，還含著泥的手會掀開我的衣服，撫著我潔細的身子。一陣厭惡湧上，我轉動一下坐姿，彷彿這樣就可避免。

我必須要做一些什麼，我向自己說，否則我將成為犧牲品了。我還這麼年輕，屬於我的花季不該太早枯萎的。

---

③青筋　皮膚下青色的靜脈血管。
④盤著龍的柱子　龍形盤繞裝飾的柱子。
⑤喧擾　聲音吵雜、混亂。
⑥調子　說話時所持有的態度、語氣。
⑦詭　欺詐、狡猾。

迎面來了一個挑著兩個籮筐的農人。第一個快速來到我腦中的念頭是我跳下來，不管將有怎樣的傷害，再盡速奔向那個救命的農人。我猶豫了一下，我是多不願摔痛呵。就在這短短的時間內，車子又向前滾動了一些，農人離我已有相當的距離了，我只有作罷。

我決定還是坐在車子上，靜靜的等候可能發生的。如果花匠真有什麼舉動，我可以跑。在學校裡，我是一名快跑健將，我不相信我會輸給那麼一個已近殘年的男人。

我安心的坐著，開始構想一幕好戲。花匠再也跑不動了，我還能快速的奔跑，像一個矯健的山林女神，一面還回過頭來嘲笑她的愛慕者。在這個時候，花匠該有怎樣的一張臉孔呵！那必是為情慾激盪而扭曲了的，我這樣想。

還遠嗎？我嘲弄的拉著嗓子問。

不遠了。花匠微轉過頭來，安撫的笑了一笑。

我可以看到他被太陽晒成黝黑⑧的側臉上高峙的勾鼻子和因臉頰下陷而拉下的薄唇的嘴角，他的額頭高潔，上有深刻的皺紋，眼睛埋在還算黑的眉下，映著太陽，似乎還閃著光。在這張臉上我讀不出來情慾，有的只是已經斷慾的老年人臉上才能有那種黝黑的嚴厲。我微有些失望。

車子猛一顫動，花匠快速的回轉過頭，我覺得車子似是撞上什麼東西。我機警的跳下來。真太不小心了。花匠喃喃⑨的說。彎低著身子嘗試將撞歪的把手扳正。我站在一旁。先前那種好玩的感覺又回來了。真可笑，我同一個陌生的男人來到一個我很少到的地方，還站在一旁看修理車子，這倒像是法國電影裡出遊的情侶。

算了，我想回家，我幾乎要這樣說，但也許是花匠安沉的臉給了我新的保障，也許是基於某一種原因。我只在路上來來回回的繞圈子。

妳再上來吧。花匠說，一腳跨上修好的車子。

我坐上後座。好了，我說。

在稍稍鬆弛下，我的想像力又恢復了。我想著花匠也許以前是讀書人（他的前額給我一種知識的肯定），不幸的卻有一個不貞的妻子，後來他的妻子和人私奔了，花匠在受到重大的打擊下開始依種花來謀生。我現在要到的必是開著細心栽種的各種花朵的園圃，在中央，有一幢白色的小屋子，四周爬滿長春藤，還有一個在傍晚會有冉冉炊煙的小煙囪。

為了要證實我的想法，我側轉過頭望了花匠一眼，可是在他平坦的背部上，我根本無法做任何確定的猜測。

我又想，他也許只是一個像他現在一樣的花匠，而且很可能是一個心理不正常的傢伙。一個人的外貌和他的舉動往往是有很大差別的，我以前曾聽說過這樣的一個故事，一個為人所敬仰的老人卻汙辱了一個小學生。

車子吱的叫了一聲，突然煞住了。我還沒有完全放鬆的警覺使我很快的跳下來。我做出要起跑的姿勢，我必須在最開始就取得優勢，否則我將迷失在這一片像海洋的甘蔗園裡。

花匠下車，緩緩的轉過身子。就要來了，我對自己說，並退後一步。我的腿微微有些發抖，我懷疑我是否能夠奔跑，但我的心中充溢著一種說不出的新奇和興奮。這就要開始一個競賽了，

⑧黝黑　深黑或青黑。黝，音ㄧㄡˇ，青黑色的。
⑨喃喃　形容低聲說話的聲音。

不是平穩的無聊，而是刺激的，異於平常那種只能坐著等唯一的電影院換片的空漠生活。

我們要抄捷徑。花匠說，拉著車子率先進入一條不很明顯的小路。

我可以感覺到我的心在緩慢的，冷淡的跳動，隨在他身後，我怠惰的拖動腳步，身子虛晃晃的。

小路愈來愈狹窄，經常要撥開傾向路間的甘蔗才能通過。枯黃了的葉子條條垂在已經肥熟的粽紅色的蔗桿上，風一吹，就發出沙沙的啞叫聲。在這陽光無法透穿的蔗園裡，到處盡是枯殘了的生命和紅棕色蔗桿在薄光下所造成的邪意，我想起地藏王廟裡神像的臉，不覺打了一個冷顫。剛剛由絕望引起的無所謂已由新的恐懼取代，我和花匠保持五、六步的距離，準備隨時轉身逃跑。以往閱讀過的神怪故事經由蔗園和對花匠的恐懼齊湧到我的腦中，以至走在幾步前的花匠在太陽下逐漸消失他的形體而變成一隻棕紅毛色的兔子。

我努力想驅除這些怪異的幻像，但並不很成功，直到我們走完蔗園，爬上一個小小的土丘，我才甩開那一片棕紅色——帶著毛和血的。

土質鬆而細，踩上去會再滑下來，我困難的一步步向上爬。太陽晒得我的臉孔發熱，蒸發得土丘更加的虛浮和散漫。我感到無助。四周沒有任何可依附的，沒有植物，更沒有綠色，天是清靜的藍，藍得沒有一絲雲，起不了一絲風，身後是枯黃和棕紅的蔗園，周圍則是一大片灰色的沙土。我渴想一隻扶助的手，不管是誰的，只要能幫助我逃離這個陷阱。而花匠困難的推著車子的身影卻使我開不得口。

我終於到達土丘上，相當猛烈且冰冷的風吹著我發汗的臉，寒冷再帶來恐懼，我離花匠遠遠的坐下來休息。在這兒，我驚奇的發現我就讀的學校的樓角在不遠的樹叢裡隨著風搖動樹木而忽隱忽現。我抬起腕錶，十點還不到，她們在上第二堂課。今天第二堂是國文，新婚不久的國文老師不知又要以怎樣輕柔的聲音來講課了，那真可笑，為什麼一個女人一結婚就變得像一塊軟糖一樣，還處處要顯露出她不勝負荷的新受到的甜蜜。

我們下去吧！花匠站起來。說。

我站好雙腳，輕輕的向前一滑，土粒的滑脫力相當大，使我幾乎要跌倒，我只有一腳跳一腳的向下跑。

實在不該走這條路的，不過快些，可以不必繞圈子。花匠喃喃的說，拉好自行車。

上去。他說。

我坐好。我們就又向前行進。兩旁已不見甘蔗園，出現的是漠漠的水田。已經全拔完的茭白荀只剩下幾根枯枝佇⑩留在水中，這些枯萎的植物我十分熟悉，如果猜得不錯，這條路該可以通達我就讀的學校。轉過那個小小的土地廟，就可以看到學校的樓角。

她們還在上課。如果我也坐在教室，該是又去計算國文老師的肚子又大了多少，是否她在婚前就已懷孕。懷孕這個詞彙一下子閃過我的腦子，如果我亦這樣？到那個時候，我該怎辦？像書中失身的女主角終日憂鬱，自殺？去墮胎？不會的，我向自己搖頭，我可以跑得很快，何況離學校並不十分遠。

學校的水塔已可望見。另一個新的疑懼升上，假如在校門口我不幸遇著一個任課老師，那我

⑩佇　音ㄓㄨˋ，久立、等待。

將作何解釋？不過那也許是好的，我將可以從這個我已不能完全決定，完全主動的遊戲中抽出身子。

校門口並沒有人，我有著莫名的不安和高興。在我尚未決定做些什麼，校門又遠遠的被拋在身後了。

到底還有多遠？再走一段路，我有些辛苦的問。

就在前面不遠的轉角。花匠依然平穩的說。

車子逐漸接近一大片墓地，累累的墳塋[11]像成熟的豐盛果實。陽光下，墓碑閃著奇特的白光刺痛著我的眼睛。為什麼我不曾考慮到這個呵！他可能在利用完我後將我扼死[12]，再拋到這荒塚[13]裡，沒有人會知道的。我覺得冷，動了一下，幾乎一腳就要跳下來。

前面轉彎就到了。花匠說，似乎覺察到我的不安。

轉彎，墓地就在我的右後方了，我覺得好過一些。花匠下車，推開一扇竹子編的門。

就在這兒，進來看看。

一個不很大的園子，種了幾排綠綠的植物，我大多叫不出它們的名字，整個園子只有幾株菊花瘦弱的獨自開放。我難過得想要哭出來。沿途上我一直希望是開滿暖色花朵的小園圃[14]呵！雖然現在已臨近聖誕，已是冬天。

花匠指給我幾棵小樹。它們是瘦小的，而且不適合用來裝飾。看著看著，我一直都不滿意。

在那一邊我還種有一些，去看看吧。

好的。我說。隨著他身後走入另一個小型的園子，在這裡，我又看到遠方散落的幾個墳塋，不祥籠上。我才注意到這個園子十分的封閉，四周被一些有刺的像仙人掌的植物團團的圍著，唯一的出口是剛才進來的那個小門，我環顧一下，想找出什麼可逃避的地方。最後，在一端的牆角我看到斜依著的一把鋤頭。我裝著是去看那兒的一棵樹，慢慢的，不著痕跡的走去。

這兒的幾棵也不錯。花匠說，隨在我身後。

我想盡快離開這個地方，就隨手指了一棵小樹，花匠低下身子去挖掘。我退到伸手可握到鋤頭的地方，站住，恐懼和好玩的心情又湧上。我幻想著將有的一場戰鬥。

花匠突然站直身子，我握緊鋤頭的柄，向前拉了一些，可是花匠毫不知覺的只伸了伸腰就去伏下身子。鋤頭從我手中滑落，撞上身後的植物，發出並不很大的聲響。

好了。他說。將掘起的樹包好，走向園門，我跟在他身後走了出來。

出了竹子編的小門，我回到大路，走幾步，一轉彎，墳塋就又可看見了。我提著小樹拔腿就跑，直到離墳地遠遠的才站住喘著氣。

一切竟是這樣的無趣，什麼也沒有發生，但我是否真正渴望發生一些事情，我自己也不清楚。想著還要走那麼長的一段路，拉著小樹，我懶懶的拖著腳，一步慢似一步。

---

⑪墳塋　墓地。塋，音ㄧㄥˊ，墳地、墓地。

⑫扼死　掐住脖子使其致死。扼，音ㄜˋ，捉、持、握。

⑬荒塚　無人管理而雜草蔓生的墳墓。塚，音ㄓㄨㄥˇ，墳墓，同「冢」。

⑭園圃　種植花木果蔬的地方。圃，音ㄆㄨˇ，種植蔬菜、花卉或瓜果的園地。

作家檔案

李昂，本名施叔端，生於西元一九五二年，彰化鹿港人。四姊施淑女是文學教授，五姊施淑青亦是著名作家，家中三姊妹俱為臺灣文學界著名的才女。

李昂的文學創作起步很早，出於家中姐姐們的薰陶，以及自身創作的天賦才華，高一便開始寫作花季，隔年發表於中國時報副刊，並入選當年爾雅年度小說選，年僅十七歲的少女李昂自此躍入文壇。大學就讀文化大學哲學系，畢業後赴美獲奧立岡大學戲劇碩士，回國後長期在文化大學中文系文藝創作組任教，並創作不輟。

李昂是相當受矚目及爭議的一位女作家，原因在於她小說中露骨的「性」的描寫，情愛關係的書寫往往伴隨著性愛、性心理，和隨之而生的道德問題等，這令她在臺灣女性書寫中成為一抹異色。學者邱貴芬曾指出：「當其他女作家以『閨閣派』文風見長，李昂卻是出手不凡，不留情面地撕破傳統女性書寫裡的浪漫愛情紗幕，直闖『性』的禁忌國度，處理情愛與性的問題。」李昂作品的角色、情節聳動而獨特，曾引起正反兩方的極度爭議。後期在女性情慾書寫外，亦增添對政治、國族、資本社會等題材的關注，小說更顯批判力道。

李昂曾論及自己的文學觀：「文學的最終目的是寫人性，而人性是被社會所制約的，所以我很願意去探討社會制約所影響的人性問題。」正如筆名「李昂」由母親姓氏「李」，和昂首挺胸的「昂」共組，在創作中，她總勇於自我探索與詰問。代表作有殺夫、暗夜、迷園、鹿港故事等。

國文老師賞析

簡君玲

李昂花季雖是初試啼聲之作，小說風格卻已充滿特色。花季雜揉了女性主義的身體書寫以及現代主義的意識流寫作手法，透過青春期少女的視角，將現實剪接成離奇，而所有的事物在青春期對性與身體的躁動與好奇之下，都淡淡地發散著賀爾蒙——就像尚未真正開始的花季一般。

小說的背景發生在冬日時節，暗示著花季的不可能，但是小說家以「臨近聖誕節的十二月某一天早晨」、「陽光喚起沉睡中的景物」這兩個具有魔力的場景帶出讀者的期待：陽光既喚起萬物，或可以提早帶來花季時節？再者，聖誕節原本就是浪漫的節日，聖誕節是那樣地充滿魔力、那樣地不同於「平日」，奇蹟或許有可能發生？然而少女也隱約知道自己「不能像他們一樣過聖誕節」，畢竟她真正擁有的現實是：「幾冊翻譯小說」與「夢中出現的白馬王子」，她得上學、父母得去做工，沒有人住在城堡裡。於是「買聖誕樹」勢在必行，因為這是她唯一解決現實與幻想之間鴻溝的具體方案，只要擁有一棵屬於她自己的聖誕樹，她便可以打開魔幻之門，來到花季綻開的世界：那雙想像中的黑眼睛化為具體，主人公翩翩出現，滿足她對愛情的一切想法。

而少女跟花匠踏上的旅程，跟西方的英雄史詩頗有類似，花匠既是引路人亦是妖魔鬼怪，少女得通過考驗才能到達終點，至此冒險才真正完成，英雄成長蛻變，繼續下一個旅程。在這條象徵少女心靈風景的路上，一開始她與花匠共同騎乘一臺單車，我們看到她的躊躇滿志（「微笑」、「仰著頭」、「自覺這是一個美妙的姿勢」）到意識危險（「一人多高的甘蔗園」）再到他者出現（「迎面來了一個挑著兩個籮筐的農人」）而至意外插曲（「腳踏車把手撞歪」），這些外在的狀況不僅是旅途事件，更反映出了少女心中對性的想像，而與她互動的對象並不是書中的王子，而是「殘年的」、「斷慾的」花匠，這暗示著少女這些性的想像是無處投射的。

小說劇情在花匠宣布「我們要抄捷徑」時倏地進入轉折，冒險的旅程來到分叉點，小路越小越窄，枯黃的蔗園、殘枝與少女青春的光耀生機形成強烈反差，於是在恐懼中，花匠變形成「一隻棕紅毛色的兔子」，少女的青春體力變成她與妖魔／花匠拚鬥的唯一武器。就在這時，現實世界的場景「學校」開始加入少女的冒險之路，「學校的樓角在不遠的樹叢裡隨著風搖動」，學校的風景標誌著「通往現實」，這些通往現實的號誌：學校附近的「土地廟」和「水塔」，都像是指標一樣，讓少女一邊繼續與花匠共同騎乘、繼續冒險，一邊浮想著校園中：「她們在上第二節課」、「新婚不久的國文老師不知又要以怎樣輕柔的聲音講課了」，夢魘風景與現實時空快速切換，加速小說節奏，使得少女心情更顯亢奮，想像中即將到來的冒險更趨魔魅。

最後一節，大片墳墓的場景映入讀者眼簾，暗示著冒險史詩最後對決的必將來臨：「幾株菊花瘦弱的獨自開放」、「它們（樹）是瘦小的」，這決鬥竟然在如此喪氣的開場下進行了，然而少女透過想像與光耀的青春，試圖將平凡扭轉成不平凡，她拿起了鋤頭，要跟妖魔／花匠做最後決鬥，然而大魔王最後還是不費吹灰之力地將我們的英雄擊敗了——用他那「毫不知覺的只伸了伸腰就伏下身子」的不在意態度，消解了浪漫，消滅了青春期少女對性的緊張與幻想。

至此，史詩已然完成，那始終未曾降臨的花季是確定不可能到來了，日光之下再無新鮮事，我們的英雄只好頹喪地接受一切，「一步慢似一步」地走回現實世界。

小說家解謎——許榮哲

大陸民運人士海波曾送我一本書，書裡題了一行他寫的詩——幾頭母牛通過慢跑，獲取愛。

初看，不過是打油一類的趣味詩，然則內裡隱藏了一個小祕密。

海波說他小時候住在農村，對母牛有近距離的貼身觀察：當慾望高漲的公牛，追襲母牛想幹那檔子事時，大部分的母牛都會嚇得扯足狂奔，但就是有幾隻腦袋不輸愛因斯坦的母牛懂得這是怎麼一回事，於是她們會故意放慢腳步，好讓公牛追上……

「那為什麼不直接停下來就好了？」我問。

「停下來就是無恥了。」海波笑著說。

唯有慢跑，才能既有愛，又享尊嚴。

說來有點難堪，但花季裡的少女確實帶著類似的情懷，差別只在於一個是了然於心，一切都算計好的老江湖；一個是徬徨少年時，心中強烈憧憬著什麼，又無比害怕著什麼的花樣少女。

花季一開始，當陽光暖暖撫著少女時，她輕輕地旋轉了起來，在她的想像裡，這時候「總該會有一雙美麗的黑眼睛」在樹叢中或花堆裡細細地打量著她。

不久後，少女被花匠載走，這時的她仰著頭，讓十二月的寒風吹拂著她的額頭，揚起髮絲，她覺得在這樣一個美妙的姿勢下，「總該會有一雙美麗的黑眼睛」在遠處深深地凝望著她。

每當少女「開花」（自我感覺美好）的時候，她便渴望有一雙細細打量、深深凝望她的美麗黑眼睛，不管這雙眼睛有什麼企圖，只要能把她帶離百無聊賴的學校常軌就行了。但終究沒有這樣一雙眼睛。

直到花匠把少女載離人群，路旁開始出現甘蔗園，這時黑眼睛終於出現了，只是這一雙眼睛並不美麗，甚至令人失望，因為它們嵌在一張讀不出情慾的黝黑老年臉上。

沒想到少女依舊期待。

這不難理解，就像我高中時代，最討厭的是讀書，其次是到電動玩具店廝混。在那樣封閉，缺乏選擇的世界裡，我只能用最討厭的第二名，來對抗最討厭的第一名，那時生命中最大的悲哀來自於完全沒有選擇。

少女唯有用最討厭的第二名，才能稍稍抵抗此刻當下最討厭的第一名。

於是，少女一而再、再而三的選擇「不逃」。

唯有不逃，才有可能脫離那個可怕的常軌，既享尊嚴，又有愛。

然而直到故事結束還是沒有一雙美麗的黑眼睛凝望著少女，連不堪的黯淡眼睛也沒有，這是一個令人沮喪的花季，連一個賞花的遊客也沒有。

少女終究必須回到最討厭的第一名，直到她的花季結束。

小說家的寫作課——有問題的敘事者——許榮哲

我們常說「太陽底下沒有新鮮事」，如果真是這樣，那麼小說還有什麼可以寫的？別擔心，教你一個好方法：沒有新鮮事，就找新鮮人。正常情況下，閱讀小說時，讀者會自動與作品建立一個默契，那就是信任小說裡正在說故事的人，任由說故事的人帶我們到天涯海角。

小說家常常利用這種默契，在故事裡動手腳。最常見的梗就是敘事者已經死了，但不只讀者不知道，連敘事者自己也不知道，於是小說家便藉由死者之眼說出一個不可思議的離奇故事。

但一定得這麼重鹹嗎？當然不用，以李昂花季為例。小說家藉由一個對性充滿好奇，也充滿恐懼的懷春少女，從她的不安之眼看出去，讀者接收到的訊息變成：少女遇到變態，下一步就是性侵、殺害、毀屍……然而最後什麼事也沒發生，一段再簡單不過的旅程，卻讓讀者看得心驚膽顫，原因就出在少女這個「愛與欲」的新鮮人。

就算太陽底下沒有新鮮事又怎樣，這種事讓記者去煩惱就行了。別忘了，你想當的是小說家，如果你覺得自己的故事太平凡了，那就挑一個「有問題」的傢伙來擔任說故事的角色。只要戴上一副「有色」的眼鏡，就足以改變這個世界。

小說家的書架——許榮哲

1. 三島由紀夫孔雀。2. 畢爾斯魂斷奧克里克橋。

07 紅玫瑰與白玫瑰

楊照：「這篇小說敘事上最神祕的地方，就在於一步一步推翻自己，一步一步讓讀者意識到：前面所說的那個佟振保，根本不是真實的佟振保。」

張愛玲

振保的生命裡有兩個女人，他說的一個是他的白玫瑰，一個是他的紅玫瑰。一個是聖潔的妻，一個是熱烈的情婦——普通人向來是這樣把節烈兩個字分開來講的。

也許每一個男子全都有過這樣的兩個女人，至少兩個。娶了紅玫瑰，久而久之，紅的變了牆上的一抹蚊子血，白的還是「床前明月光」；娶了白玫瑰，白的便是衣服上沾的一粒飯黏子，紅的卻是心口上一顆硃砂痣①。在振保可不是這樣的，他是有始有終的，有條有理的。他整個地是這樣一個最合理想的中國現代人物，縱然他遇到的事不是盡合理想的，給他自己心問口，口問心，幾下子一調理，也就變得彷彿理想化了，萬物各得其所。

他是正途出身，出洋得了學位，並在工廠實習過，非但是真才實學，而且是半工半讀赤手空拳打下來的天下。他在一家老牌子的外商染織公司做到很高的位置。他太太是大學畢業的，身家清白、面目姣好、性情溫和、從不出來交際。一個女兒才九歲，大學的教育費已經給籌備下了。事奉母親，誰都沒有他那麼周到；提拔兄弟，誰都沒有他那麼經心；辦公，誰都沒有他那麼火爆認真；待朋友，誰都沒有他那麼熱心，那麼義氣、克己。他做人做得十分興頭；他是不相信有來生的，不然他化了名也要重新來一趟。——一般富貴閒人與文藝青年前進青年雖然笑他俗，卻都不嫌他，因為他的俗氣是外國式的俗氣。他個子不高，但是身手矯捷。晦暗的醬黃臉，戴著黑邊眼鏡，眉眼五官的詳情也看不出所以然來。但那模樣是屹然；說話，如果不是笑話的時候，也是斷然。爽快到極點，彷彿他這人完全可以一目了然的，即使沒有看準他的眼睛是誠懇的，就連他的眼鏡也可以作為信物。

振保出身寒微，如果不是他自己爭取自由，怕就要去學生意、做店夥，一輩子死在一個愚昧無知的小圈子裡。照現在，他從外國回來做事的時候，是站在世界之窗的窗口，實在是很難得的一個自由的人，不論在環境上、思想上。普通人的一生，再好些也是「桃花扇[2]」，撞破了頭，血濺到扇子上。就這上面略加點染成為一枝桃花。振保的扇子卻還是空白，而且筆酣墨飽，窗明几淨，只等他落筆。

那空白上也有淡淡的人影子打了底子的，像有一種精緻的仿古信箋，白紙上印出微凸的粉紫古裝人像——在妻子與情婦之前還有兩個不要緊的女人。

第一個是巴黎的一個妓女。

①硃砂痣　皮膚上的紅痣。

②桃花扇　清初孔尚任所著的傳奇劇本，透過侯方域和李香君的愛情故事，反映明末的亡國痛。李香君為了守貞，撞頭自盡未遂，血濺詩扇，友人用血點在扇中畫出朵朵桃花，故名「桃花扇」。

振保學的是紡織工程，在愛丁堡進學校。苦學生在外國是看不到什麼的，振保回憶中的英國只限於地底電車、白煮捲心菜、空白的霧、餓、饞。像歌劇那樣的東西，他還是回國之後才見識了上海的俄國歌劇團。只有某一年的暑假裡，他多下了幾個錢，勻出點時間來到歐洲大陸旅行了一次。道經巴黎，他未嘗不想看看巴黎的人有多壞，可是沒有熟悉內幕的朋友領導——這樣的朋友他結交不起，他不願意結交——自己闖了去呢，又怕被欺負，花錢超過預算之外。

在巴黎這一天的傍晚，他沒事可做，提早吃了晚飯，他的寓所在一條僻靜的街上，他步行回寓，心裡想著：「人家都當我到過巴黎了，」未免有些悵然。街燈已經亮了，可是太陽還在頭上，一點一點往下掉，掉到那方形的水門汀③建築的房頂下，再往下掉，往下掉！房頂上彷彿雪白地蝕去了一塊。振保一路行來，只覺得荒涼。不知誰家宅第裡有人用一隻手指在那裡彈鋼琴，一個字一個字撳④下去，遲慢地，彈出耶誕節讚美詩的調子，彈了一支又一支。耶誕夜的耶誕詩自有它的歡愉的氣氛，可是在這暑天的下午，在靜靜晒滿了太陽的長街上，太不是時候了，就像是亂夢顛倒，無聊得可笑。振保不知道為什麼，竟不能忍耐這一曲指頭彈出的琴聲。

他加緊了步伐往前走，袴袋裡的一隻手，手心在出汗。他走得快了，前面的一個黑衣婦人倒把腳步放慢了，略略偏過頭來瞟⑤了他一眼。她在黑蕾絲紗底下穿著紅襯裙。他喜歡紅色的內衣。沒想到這地方也有這等女人，也有小旅館。

多年後。振保向朋友們追述到這一樁往事，總是帶著點愉快的哀感打趣著自己，說：「到巴黎之前還是個童男子呢！該去憑弔一番。」回想起來應當是很浪漫的事了，可是不知道為什麼，浪漫的一部分他倒記不清了，單揀那惱人的部分來記得。外國人身上往往比中國人多著點氣味，這女人自己老是不放心，他看見她有意無意抬起手臂來，偏過頭去聞了一聞。衣服上，胳肢窩裡噴了香水，賤價的香水與狐臭與汗酸氣混和了，是使人不能忘記的異味。然而他最討厭的還是她的不放心。脫了衣服，單穿件襯裙從浴室裡出來的時候，她把一隻手高高撐在門上，歪著頭向他笑，他知道她又下意識地聞了聞自己。

這樣的一個女人，就連這樣的一個女人，他在她身上花了錢，也還做不了她的主人。和她在一起的三十分鐘是最羞恥的經驗。

還有一點細節是他不能忘記的。她重新穿上衣服的時候，從頭上套下去，套了一半，衣裳散亂地堆在兩肩，彷彿想起了什麼似的，她稍微停了一停。這一剎那之間他在鏡子裡看見她，她有很多的蓬鬆的黃頭髮，頭髮緊緊繃在衣裳裡面，單露出一張瘦長的臉，眼睛是藍的罷，但那點藍都藍到眼下的青暈裡去了，眼珠子本身變了透明的玻璃球。那是個森冷的，男人的臉，古代的兵士的臉。振保的神經上受了很大的震動。

出來的時候，街上還有太陽，樹影子斜斜臥在太陽影子裡。這也不對，不對到恐怖的程度。

嫖，不怕嫖得下流、隨便、骯髒黯敗。越是下等的地方越有點鄉土氣息，可是不像這樣。振保後來每次覺得自己嫖得精刮上算⑥的時候便想起當年在巴黎，第一次，有多麼傻。現在他是他的世界裡的主人。

③水門汀　水泥。為英語 cement 的音譯。
④揿　音ㄑㄧㄣˋ，用手按。
⑤瞟　音ㄆㄧㄠˇ，用眼斜看。
⑥精刮上算　精打細算、划得來。

的主人。

從那天起振保就下了決心要創造一個「對」的世界，隨身帶著。在那袖珍世界裡，他是絕對

振保在英國住久了，課餘東奔西跑找了些小事做著，在工廠實習又可以拿津貼，用度寬裕了些，因也結識了幾個女朋友。他是正經人，將正經女人與娼妓分得很清楚。可是他同時又是個忙人，談戀愛的時間有限，因此自然而然的喜歡比較爽快的對象。愛丁堡的中國女人本就寥寥可數，內地來的兩個女同學，他嫌過於矜持做作，教會派的又太教會派了。現在的教會畢竟是較近人情了，很有些漂亮人物點綴其間，可是前十年的教會裡，那些有愛心的信徒們往往是不怎麼可愛的。活潑的還是幾個華僑。若是雜種人，那比華僑更大方了。

振保認識了一個名叫玫瑰的姑娘，因為這初戀，所以他把以後的兩個女人都比作玫瑰。這玫瑰的父親是體面的英國商人，在南中國多年，因為一時的感情作用，娶了個廣東女子為妻，帶了她回國。現在那太太大約還在那裡，可是似有如無，等閒不出來應酬。玫瑰進的是英國學校，就為了她是不完全的英國人，她比任何英國人還要英國化。英國的學生派是一種瀟灑的漠然。對於最要緊的事尤為瀟灑，尤為漠然。玫瑰是不是愛上了他，振保看不大出來，他自己是有點著迷了。兩人都是喜歡快的人，禮拜六晚上，一晚跑幾個舞場。不跳舞的時候，坐著說話，她總像是心不在焉，用幾根火柴棒設法頂起一隻玻璃杯，要他幫忙支持著。玫瑰就是這樣，頑皮的時候，臉上有一種端凝⑦的表情。她家裡養著一隻芙蓉鳥，鳥一叫她總算牠是叫她，疾忙答應一聲：「啊，鳥兒？」踞著腳背著手，仰臉望著鳥籠。她那棕黃色的臉，因為是長圓形的，很像大人樣，可是這時候顯得很稚氣。大眼睛望著籠中鳥，眼睜睜的，眼白發藍，彷彿是望到極深的藍天裡去。

也許她不過是個極平常的女孩子，不過因為年輕的緣故，有點什麼地方使人不能懂得。也像那隻鳥，叫這麼一聲，也不是叫那個人，也沒叫出什麼來。

她的短裙子在膝蓋上面就完了，露出一雙輕巧的腿，精緻得像櫥窗裡的木腿，皮色也像刨光油過的木頭，頭髮剪得極短。腦後剃出一個小小的尖子。沒有頭髮護著脖子，沒有袖子護著手臂，她是個口沒遮攔的人，誰都可以在她身上撈一把。她和振保隨隨便便，振保認為她是天真。她和誰都隨便，振保就覺得她有點瘋瘋傻傻的，這樣的女人之在外國或是很普通，到中國來就行不通了。把她娶來移植在家鄉的社會裡，那是勞神傷財，不上算的事。

有天晚上他開著車送她回家去。他常常這樣送她回家，可是這次似乎有些不同，因為他就快離開英國了，如果他有什麼話要說，早就該說了，可是他沒有。她家住在城外很遠的地方。深夜的汽車道上，微黑白色，輕輕拍在臉上像個毛毛的粉撲子。車裡的談話也是輕飄飄的，標準英國式的，有一下沒一下。玫瑰知道她已經失去他了。由於一種絕望的執拗⑧，她從心裡熱出來。快到家的時候，她說：「就在這裡停下罷。我不願意讓家裡人看見我們說再會。」振保笑道：「當著他們的面，我一樣的會吻你。」一面說，一面就伸過手臂去兜住她的肩膀，她把臉磕在他身上，車子一路開過去，開過她家門口幾十碼，方才停下了。振保把手伸到她的絲絨大衣底下去摟著她，隔著酸涼的水鑽，銀脆的絹花，許許多多玲瓏累贅的東西，她的年輕的身子彷彿從衣服裡蹦了出來。振保吻她，她眼淚流了一臉，是他哭了還是她哭了，兩人都不明白。車窗外還是那不著

⑦端凝　莊重。
⑧執拗　固執而不順從。拗，音ㄠˋ。

邊際的輕風溼霧，虛飄飄叫人渾身氣力沒處用，只有用在擁抱上。玫瑰緊緊吊在他頸項上，老是覺得不對勁，換一個姿勢，又換一個姿勢，不知道怎樣貼得更緊一點才好，恨不得生在他身上，嵌在他身上。振保心裡也亂了主意。他做夢也沒想到玫瑰愛他到這程度，他要怎樣就怎樣。可是……這是絕對不行的。玫瑰到底是個正經人。這種事不是他做的。

玫瑰的身子從衣服裡蹦出來，蹦到他身上，但是他是他自己的主人。

他的自制力，他過後也覺得驚訝。他竟硬著心腸把玫瑰送回家去了。臨別的時候，他捧著她的溼濡的臉，捧著呼呼的鼻息，眼淚水與閃動的睫毛，睫毛在他手掌心裡撲動像個小飛蟲。以後他常常拿這件事來激勵自己：「在那種情形下都管得住自己，現在就管不住了嗎？」

他對他自己那晚上的操行充滿了驚奇讚嘆，但是他心裡是懊悔。背著他自己，他未嘗不懊悔。

這件事他不大告訴人，但是朋友中沒有一個不知道他是個坐懷不亂的柳下惠，他這名聲是出去了。

因為成績優越，畢業之前他已經接了英商鴻益染織廠的聘書，一回上海便去就職。他家住在江灣，離事務所太遠了，起初他借住在熟人家裡，後來他弟弟佟篤保讀完了初中，振保設法把他帶出來，給他補書，要考鴻益染織廠附設的專門學校，兩人一同耽擱在朋友家，似有不便。恰巧振保有個老同學名喚王士洪的，早兩年回國，住在福開森路一家公寓裡，有一間多餘的房子，振保和他商量著，連家具一同租了下來。搬進去這天，振保下了班，已經黃昏時候，忙忙碌碌和弟弟押著苦力們將箱籠抬了進去。王士洪立在門首叉腰看著，內室走出一個女人來，正在洗頭髮，堆著一頭的肥皂沫子，高高砌出雲石塑像似的雪白的波鬈。她雙手托住了頭髮，向士洪說道：「

趁挑夫在這裡，叫他們把東西一樣樣佈置好了罷。要我們大司務幫忙，可是千難萬難，全得趁他的高興。」王士洪道：「我替你們介紹，這是振保，這是篤保，這是我的太太。還沒見過面罷？」這女人把右手從頭髮裡抽出來，待要與客人握手，看看手上有肥皂，不便伸過來，單只笑著點了個頭，把手指在浴衣上揩⑨了一揩。濺了點肥皂沫子到振保手背上。他不肯擦掉它，由它自己乾了，那一塊皮膚上便有一種緊縮的感覺，像有張嘴輕輕吸著它似的。

王太太一閃身又回到裡間去了，振保指揮工人移挪床櫃，心中只有不安，老覺得有個小嘴吮著他的手。他搭訕⑩著走到浴室裡去洗手，想到王士洪這太太，聽說是新加坡的華僑，在倫敦讀書的時候也是個交際花。當時和王士洪在倫敦結婚，振保因為忙，沒有趕去觀禮。聞名不如見面，她那肥皂塑就的白頭髮底下的臉是金棕色的，皮肉緊緻，繃得油光水滑，把眼睛像伶人⑪似的吊了起來。一件紋布浴衣，不曾繫帶，鬆鬆合在身上，從那淡墨條子上可以約略猜出身體的輪廓，一條一條，一寸一寸都是活的。世人只說寬袍大袖的古裝不宜於曲線美，振保現在方才知道這話是然而不然。他開著自來水龍頭，水不甚熱，可是樓底下的鍋爐一定在燒著，微溫的水裡就像有一根熱的芯子。龍頭裡掛下一股水一扭一扭流下來，一寸寸都是活的。振保也不知想到哪裡去了。

王士洪聽見他在浴室裡放水放個不停，走過來說道：「你要洗澡麼？這邊的水再放也放不出熱的來，熱水管子安得不對，這公寓就是這點不好。你要洗還是到我們那邊洗去。」振保連聲道

⑨揩　音ㄎㄞ，擦、抹。
⑩搭訕　勉強找話說以消除尷尬。
⑪伶人　演員、戲子。

：「不用，不用。你太太不是在洗頭髮麼？」士洪道：「這會子也該洗完了，我去看看。」振保道：「不必了，不必了。」士洪走去向他太太說了，他太太道：「我這就好了。你叫阿媽來給他放水。」少頃，王士洪招呼振保帶了浴巾、肥皂、替換的衣裳來到這邊的浴室裡，王太太還在那裡對著鏡子理頭髮，頭髮燙得極其鬈曲梳起來很費勁，大把大把撕將下來。屋子裡水氣蒸騰，因把窗子大開著，夜風吹進來，地下的頭髮成團飄逐如同鬼影子。

振保抱著毛巾立在門外，看著浴室裡強烈的燈光照耀下，滿地滾的亂頭髮，心裡煩惱著。他喜歡的是熱的女人，放浪一點的，娶不得的女人。這裡的一個已經做了太太，而且是朋友的太太，至少沒有危險了，然而……看她的頭髮！到處都是——到處都是她，牽牽絆絆的。

士洪夫妻兩個在浴室裡說話，浴缸裡嘩嘩放著水，聽不清楚。水放滿了一盆，兩人出來了。讓振保進去洗澡。振保洗完了澡，蹲下地去，把磁磚上的亂頭髮一團團撿了起來，集成一股兒。燙過的頭髮，梢子上發黃，相當的硬，像傳電的細鋼絲。他把它塞進褲袋裡去，他的手停留在口袋裡，只覺渾身熱燥。這樣的舉動畢竟是太可笑了，他又把頭髮取了出來，輕輕拋入痰盂。

他攜著肥皂毛巾回到自己屋裡去，他弟弟篤保正在開箱子理東西，向他說道：「這裡從前的房客不知是什麼樣的人——你看，椅套子下，地毯下，燒的淨是香煙洞！你看桌下的跡子，擦不掉的。將來王先生不會怪我們的罷？」振保道：「那當然不會，他們自己心裡有數。而且我們多年的老同學了，誰像你這麼小氣？」因笑了起來。篤保沉吟片刻，又道：「從前那個房客，你認識麼？」振保道：「好像姓孫，也是從英國回來的，在大學裡教書。你問他做什麼？」篤保未開口，先笑了一笑，說道：「剛才你不在這兒，他們的大司務同阿媽進來替我們掛窗簾，我聽見他們，嘰咕⑫著說什麼「不知道待得長待不長」，又說從前那個，王先生一定要攆他走。本來王先生要到新加坡去做生意，早就該走了，就為了這樁事，不放心，非得待他走他才走，兩人迸了兩個月。」振保慌忙喝止道：「你信他們胡說！住在人家家裡。第一不能同他們傭人議論東家，這是非就大了！」篤保不言語了。

須臾，阿媽進來請吃飯，振保兄弟一同出來。王家的飯菜是帶點南洋風味的，中菜西吃，主要的是一味咖哩羊肉。王太太自己面前卻只有薄薄的一片烘麵包，一片火腿，還把肥的部份切下了分給她丈夫。振保笑道：「怎麼王太太飯量這麼小？」士洪道：「她怕胖。」振保露出詫異的神氣，道：「王太太這樣正好呀，一點兒也不胖。」王太太笑道：「新近減少了五磅，瘦多了。」士洪笑著伸過手擰了擰她的面頰：「瘦多了？這是什麼？」他太太瞅了他一眼道：「這是我去年吃的羊肉。」這一說，大家全都哈哈笑了起來。

振保兄弟和她初次見面，她做主人的並不曾換件衣服下桌子吃飯，依然穿著方才那件浴衣，頭上頭髮沒有乾透，胡亂纏了一條白毛巾，毛巾底下間或滴下水來，亮晶晶綴在眉心。她這不拘束的程度，非但一向在鄉間的篤保深以為異，便是振保也覺稀罕。席上她問長問短，十分周到，雖然看得出來她是個不善於治家的人，應酬功夫是好的。

士洪向振保道：「前些時沒來得及同你說，明兒我就要出門了，有點事要到新加坡去一趟。好在現在你們搬了進來了，凡事也有個照應。」振保笑道：「王太太這麼個能幹人，她照應我們，還差不多，哪兒輪得到我們來照應她？」士洪笑道：「你別看她嘰哩喳啦的——什麼事都不懂

⑫嘰咕　小聲說話。

，到中國來了三年了，還是過不慣，話都說不上來。」王太太微笑著，並不和他辯駁，自顧自喚阿媽取過碗櫥上那瓶藥來，倒出一匙子吃了。振保看見匙子裡那白漆似的厚重的液汁，不覺皺眉道：「這是鈣乳麼？我也吃過的，好難吃。」王太太灌下一匙子，半晌說不出話來，吞了口水，方道：「就像喝牆似的！」振保又笑了起來道：「王太太說話，一句是一句，真有勁道！」

王太太道：「佟先生，別儘自叫我王太太。」說著，立起身來，走到靠窗一張書桌跟前去。振保想了一想道：「的確王太太這三個字，似乎太缺乏個性了。」王太太坐在書桌跟前，彷彿在那裡寫些什麼東西，士洪跟了過去，手撐在肩上，彎腰問道：「好好的又吃什麼藥？」王太太只顧寫，並不回頭，答道：「火氣上來了，臉上生了個疙瘩。」士洪把臉湊下去道：「在哪裡？」王太太輕輕的往旁邊讓，又是皺眉，又是笑，警告地說道：「嗳，嗳，嗳。」篤保是舊家庭裡長大的，從來沒見過這樣的夫妻，坐不住，只做觀看風景，推開玻璃門，走到陽臺上去了。振保相當鎮定地削他的蘋果，王太太卻又走了過來，把一張紙條子送到他跟前，笑道：「哪，我也有個名字。」士洪笑道：「你那一手中國字，不拿出來也罷，叫人家見笑。」振保一看，紙上歪歪斜斜寫著「王嬌蕊」三個字，越寫越大，一個「蕊」字零零落落，索性成了三個字，不覺噗哧一笑。士洪拍手道：「我說人家要笑，你瞧，你瞧！」振保忍住笑道：「不，不，真是漂亮的名字！」士洪道：「他們那些華僑，取出名字來，實在是欠大方。」

嬌蕊鼓著嘴，一手抓起那張紙，團成一團，翻身便走，像是賭氣的樣子。然而她出去不到半分鐘，又進來了，手裡捧著個開了蓋的玻璃瓶，裡面是糖核桃，她一路走著，已是吃了起來，又讓振保篤保吃。士洪笑道：「這又不怕胖了！」振保笑道：「這倒是真的，吃多了糖，最容易發胖。」士洪笑道：「你不知道他們華僑——」才說了一半，被嬌蕊打了一下道：「又是『他們華僑』！不許你叫我『他們』！」士洪繼續說下去道：「他們華僑，中國人的壞處也有，外國人的壞處也有。跟外國人學會了怕胖，這個不吃，那個不吃，動不動就吃瀉藥，糖還是捨不得不吃的。你問她！你問她為什麼吃這個，她一定是說，這兩天有點小咳嗽，冰糖核桃，治咳嗽最靈。」振保笑道：「的確這是中國人的老脾氣，愛吃什麼，就是什麼最靈。」嬌蕊拈一顆核桃仁放在上下牙之間，把小指點住了他，說道：「你別說——這話也有點道理的。」

振保當著她醉了，總好像吃酒怕要失儀似的，搭訕著便也踱到陽臺上來。冷風一吹，越發疑心剛才是不是有點紅頭脹臉的，他心裡著實煩惱。才同玫瑰永訣[13]了，她又借尸還魂，而且做了人家的妻。而且這女人比玫瑰更有程度了，她在那間房裡，就彷彿滿房都是朱粉壁畫，左一個右一個畫著半裸的她。怎麼會淨碰見這一類的女人呢？難道要怪他自己，到處一觸即發？不罷？純粹中國人裡面這一路的人究竟少。他是因為剛回國，所以一混又混在半中半西的社交圈裡。在外國的時候，但凡遇見一個中國人便是「他鄉遇故知」。在家鄉再遇見他鄉的故知，一回熟、兩回生，漸漸的也就疏遠了。——可是這王嬌蕊，士洪娶了她不也弄得很好麼？當然王士洪，人家老子有錢，不像他全靠自己往前闖，這樣的女人是個拖累。況且他不像王士洪那麼好性兒，由著女人不規矩。若是成天同她吵吵鬧鬧呢，也不是個事，把男人的志氣都磨盡了。當然……也是因為王士洪制不住她的緣故，不然她也不致這樣。……振保抱著胳膊伏在闌干上，樓下一輛煌煌[14]點

[13] 永訣　生死離別，即今生無法再見面。
[14] 煌煌　光明的樣子。

著燈的電車停在門首，許多人上去下來，一車的燈，又開走了。街上靜蕩蕩只剩下公寓下層牛肉莊的燈光。風吹著的兩片落葉踏啦踏啦彷彿沒人穿的破鞋，自己走上一程子。……這世界上有那麼許多人，可是他們不能陪著你回家。到了夜深人靜，還有無論何時，只要生死關頭，深的暗的所在，那時候只能有一個真心愛的妻，或者就是寂寞的。振保並沒有分明地這樣想著，只覺得一陣悽惶⑮。

士洪夫婦一路說著話，也走到陽臺上來。士洪向他太太道：「你頭髮乾了麼？吹了風，更要咳嗽了。」嬌蕊解下頭上的毛巾，把頭髮抖了一抖道：「沒關係。」振保猜他們夫妻離別在即，想必有些體己話要說，故意握住嘴打了個呵欠道：「我們先去睡了。篤保明天還得起個大早到學校裡拿章程去。」士洪說：「我明天下午走，大約見不到你了。」兩人握手說了再會，振保篤保自回房去。

次日振保下班回來，一揿鈴，嬌蕊一隻手握著電話聽筒替他開門。穿堂裡光線很暗，看不清楚，但見衣架子上少了士洪的帽子與大衣，衣架底下擱著的一隻皮箱也沒有了，想是業已動身。振保脫了大衣掛在架上，耳聽得那廂嬌蕊撥了電話號碼，說道：「請孫先生聽電話。」振保便留了個心。又聽嬌蕊問道：「是悌米麼？……不，我今天不出去，在家裡等一個男朋友。」說著，格格⑯笑將起來，又道：「他是誰？不告訴你。憑什麼要告訴你？……哦，你不感興趣麼？你對你自己不感興趣麼……反正我五點鐘等他吃茶，專等他，你可別闖了來。」

振保不待她說完，早走到屋裡去，他弟弟不在屋裡，浴室裡也沒有人。他找到陽臺上來，嬌蕊卻從客室裡迎了出來道：「篤保丟下了話，叫我告訴你，他出去看看有些書可能在舊書攤上買到。」振保謝了她，看了她一眼。她穿著的一件曳地⑰的長袍，是最鮮辣的潮溼的綠色，沾著什麼就染綠了。她略略移動一步，彷彿她剛才所佔有的空氣上便留著個綠跡子。衣服似乎做得太小了，兩邊迸開一寸半的裂縫，用綠緞帶十字交叉一路絡了起來，露出裡面深粉紅的襯裙。那過分刺眼的色調是使人看久了要患色盲症的。也只有她能夠若無其事地穿著這樣的衣服。她道：「進來吃杯茶麼？」一面說，一面回身走到客室裡去，在桌子旁邊坐下，執著茶壺倒茶，桌上齊齊整整放著兩份杯盤。碟子裡盛著酥油餅乾與烘麵包，振保立在玻璃門口笑道：「待會兒有客人來罷？」嬌蕊道：「咱們不等他了，先吃起來罷。」振保躊躇了一會，始終揣摩不出她是甚麼意思，姑且陪她坐下來了。

嬌蕊問道：「要牛奶麼？」振保道：「我都隨便。」嬌蕊道：「哦，對了，你喜歡喝清茶，在外國這些年，老是想吃沒得吃，昨兒個你說的。」振保笑道：「你的記性真好。」嬌蕊起身撳鈴，微微瞟了他一眼道：「不，你不知道，平常我的記性最壞。」振保心裡怦的一跳，不由得有些恍恍惚惚的。阿媽進來了，嬌蕊吩咐道：「泡兩杯清茶來。」振保笑道：「順便叫她帶一份茶杯同盤子來罷，待會兒客人來了又得添上。」嬌蕊瞅了他一下，笑道：「什麼客人，你這樣記罣⑱他？阿媽，你給我拿支筆來，還要張紙。」她颼颼的寫了個便條，推過去讓振保看，上面是很簡潔的兩句話：「親愛的悌米，今天對不起得很，我有點事，出去了。嬌蕊。」她把那張紙雙摺

⑮悽惶　悲傷恐懼而無依。
⑯格格　形容笑聲。
⑰曳地　拖曳在地。
⑱記罣　掛念。罣，音ㄍㄨㄚˋ。

了一下，交給阿媽道：「一會兒孫先生來了，你把這個給他，就說我不在家。」

阿媽出去了，振保吃著餅乾，笑道：「我真不懂你了，何苦來呢？約了人家來，又讓人白跑一趟。」嬌蕊身子往前探著，聚精會神考慮著盤裡的什錦餅乾，挑來挑去沒有一塊中意的，答道：「約的時候，並沒打算讓他白跑。」振保道：「哦？臨時決定的嗎？」嬌蕊笑道：「你沒聽見過這句話麼？女人有改變主張的權利。」

阿媽送了綠茶進來，茶葉滿滿的浮在水面上，振保雙手捧著玻璃杯，只是喝不進嘴去。他兩眼望著茶，心裡卻研究出一個緣故來了。嬌蕊背著她丈夫和那姓孫的藕斷絲連，分明是嫌他在旁礙眼，所以今天有意的向他特別表示好感，把他吊上了手，便堵住了他的嘴；其實振保絕對沒那心腸去管他們的閒事。莫說他和王士洪夠不上交情，再是割頭換頸的朋友，在人家夫婦之間挑撥是非，也犯不著，可是無論如何，這女人是不好惹的，他又添了幾分戒心。

嬌蕊放下茶杯，立起身，從碗櫥裡取出一罐子花生醬來，笑道：「我是個粗人，喜歡吃粗東西。」振保笑道：「哎呀！這東西最富於滋養料，最使人發胖的！」嬌蕊開了蓋子道：「我頂喜歡犯法。你不贊成犯法麼？」振保把手按住玻璃罐，道：「不。」嬌蕊躊躇半日，笑道：「這樣罷，你給我麵包上塌一點。你不會給我太多的。」振保見她做出那楚楚可憐的樣子，不禁笑了起來，果真為她的麵包上敷了花生醬。嬌蕊從茶杯口上凝視著他，抿著嘴一笑道：「你知道我為什麼支使你？要是我自己，也許一下子意志堅強起來，塌得極薄極薄。可是你，我知道你不好意思給我塌得太少的！」兩人同聲大笑。禁不起她這樣的稚氣的嬌媚，振保漸漸軟化了。

正喝著茶，外面門鈴響，振保有點坐立不安，再三的道：「是你請的客罷？你不覺得不過意麼？」嬌蕊只聳了聳肩。振保捧著玻璃杯走到陽臺上去道：「等他出來的時候，我願意看看他是怎樣的一個人。」嬌蕊隨後跟了出來道：「他麼？很漂亮，太漂亮了。」振保倚著闌干笑道：「你不喜歡美男子？」嬌蕊道：「男子美不得。男人比女人還要禁不起慣。」振保半闔著眼睛看看她微笑道：「你別說人家，你自己也是被慣壞了的。」嬌蕊道：「也許，你倒是剛剛相反，你處處剋扣⑲你自己，其實你同我一樣的是一個貪玩好吃的人。」振保笑了起來道：「哦？真的嗎？你倒曉得了！」嬌蕊低著頭，輕輕去揀杯中的茶葉，揀半天，喝一口。振保也無聲地吃著茶。不大的工夫，公寓裡走出一個穿西裝的，從三層樓上望下去，看不分明，但見他急急的轉了個彎，彷彿是慪了一肚子氣似的。振保忍不住又道：「可憐，白跑一趟！」嬌蕊道：「橫豎他成天沒事做。我自己也是個沒事做的人，偏偏瞧不起沒事做的人。我就喜歡在忙人手中裡如狼似虎地搶下一點時間來——你說這是不是犯賤？」

振保靠在闌干上，先把一隻腳去踢那闌干，漸漸有意無意的踢起她那籐椅來，椅子一震動，她手臂上的肉就微微一哆⑳，她的肉並不多，只因骨架子生得小，略微顯胖一點。振保笑道：「你喜歡忙人？」嬌蕊把一隻手按在眼睛上，笑道：「其實也無所謂，我的心是一所公寓房子。」振保笑道：「那，可有空的房間招租呢？」嬌蕊卻不答應了。振保道：「可是我住不慣公寓房子。我要住單幢的。」嬌蕊哼了一聲道：「看你有本事拆了重蓋！」振保又重重的踢了她椅子一下道：「瞧我的罷！」嬌蕊拿開臉上的手，睜大了眼睛看著他道：「你倒也會說兩句俏皮話！」振

⑲剋扣　扣減、剝削。
⑳哆　顫動。

保笑道：「看見了你，不俏皮也俏皮了。」

嬌蕊道：「說真的，你把你從前的事講點我聽聽。」振保道：「什麼事？」嬌蕊把一條腿横掃過去，踢得他差一點潑翻了手中的茶，她笑道：「裝羊㉑！我都知道了。」振保道：「知道了還問？倒是你把你的事說點給我聽罷。」嬌蕊道：「我麼？」她偏著頭，把下頦在肩膀上挨來挨去，好一會，低低的道：「我的一生，三言兩語就可以說完了。」半晌，振保催道：「那麼，你說呀。」嬌蕊卻又不作聲，定睛思索著。振保道：「你跟士洪是怎樣認識的？」嬌蕊道：「也很平常。學生會在倫敦開會，我是代表，他也是代表。」振保道：「你是在倫敦大學？」嬌蕊道：「我家裡送我到英國讀書，無非是為了嫁人，好挑個好的。去的時候年紀小著呢，根本也不想結婚，不過借著找人的名義在外面玩。玩了幾年，名聲漸漸不大好了，這才手忙腳亂的抓了個士洪。」振保踢了她椅子一下道：「你還沒玩夠？」嬌蕊道：「並不是夠不夠的問題。一個人，學會了一樣本事，總捨不得放著不用。」振保笑道：「別忘了你是在中國。」嬌蕊將殘茶一飲而盡，立起身來，把嘴裡的茶葉吐到闌干外面去，笑道：「中國也有中國的自由，可以隨意的往街上吐東西。」

門鈴又響了，振保猜是他弟弟回來了，果然是篤保。篤保一回來，自然就兩樣了。振保過後細想方才的情形，在那黃昏的陽臺上，看不仔細她，只聽見了那低小的聲音，祕密地，就像在耳根子底下，癢梭梭吹著氣。在黑暗裡，暫時可以忘記她那動人心的身體的存在，因此有機會知道她另外還有點別的，她彷彿是個聰明直爽的人，雖然是為人妻了，精神上還是發育未完全的，這是振保認為最可愛的一點。就在這上面他感到了一種新的威脅，和這新的威脅比較起來，單純的肉的誘惑簡直不算什麼了。他絕對不能認真哪！那是自找麻煩。也許……也許還是她的身子在作怪。男人憧憬著一個女人的身體的時候，就關心到她的靈魂，自己騙自己說是愛上了她的靈魂。唯有佔領了她的身體之後，他才能夠忘記她的靈魂。也許這是唯一的解脫的方法。為什麼不呢？她有許多情夫，多一個少一個，她也不在乎。王士洪雖不能說是不在乎，也並不受到更大的委屈。

振保突然提醒他自己，他正在這裡挖空心思想出各種的理由，證明他為什麼應當同這女人睡覺。他覺得羞慚，決定以後設法躲著她，同時著手找房子。有了適當的地方就立刻搬家。他託人從中張羅，把他弟弟安插到專門學校的寄宿舍裡去，剩下他一個人，總好辦，午飯原是在辦公室附近的館子裡吃的，現在他晚飯也在外面吃，混到很晚方才回家，一回去便上床了。

有一天晚上聽見電話鈴響，許久沒有人來接。他剛跑出來，彷彿聽見嬌蕊房門一開，他怕萬一在黑暗的甬道㉒裡撞在一起，便打算退回去了。可是嬌蕊彷彿匆促間摸不到電話機，他便就近將電燈一捻。燈光之下一見王嬌蕊，卻把他看呆了。她不知可是才洗了澡，換上一套睡衣，是南洋華僑家常穿的沙籠布製的褂袴，那沙籠布上印的花，黑壓壓的也不知是龍蛇還是草木，牽絲攀藤，烏金裡面綻出橘綠。襯得屋子裡的夜色也深了。這穿堂在暗黃的燈照裡很像一截火車，從異鄉開到異鄉。火車上的女人是萍水相逢的，但是個可親的女人。

她一隻手拿起聽筒，一隻手伸到脅下去扣那小金桃核鈕子，扣了一會，也並沒扣上。其實裡面什麼也看不見，振保免不了心懸懸的，總覺關情㉓。她扭身站著，頭髮亂蓬蓬的斜掠下來。面

㉑裝羊　假裝不知道。羊，即「佯」。
㉒甬道　通路、走道。
㉓關情　關心。

色黃黃的彷彿泥金的偶像，眼睫毛低著，那睫毛的影子重得像個小手合在頰上。剛才走得匆忙，把一隻皮拖鞋也踢掉了，沒有鞋的一隻腳便踩在另一隻的腳背上。振保只來得及看見她足踝下有痱子粉的痕跡，她那邊已經掛上了電話——是打錯了的。嬌蕊站立不穩，一歪身便在椅子上坐下了，手還按著電話機。振保這方面把手擱在門鈕上，表示不多談，向她點頭笑道：「怎麼這些時都沒有看見你？我以為你像糖似的化了去了！」他分明知道是他躲著她而不是她躲著他，不等她開口，先搶著說了，也是一種自衛。無聊得很，他知道，可是見了她就不由得要說玩話——是有那種女人的。嬌蕊笑道：「我有那麼甜麼？」她隨隨便便對答著，一隻腳伸出去盲目地尋找拖鞋。振保放了膽子答說：「不知道——沒嘗過。」嬌蕊噗哧一笑。她那隻鞋還是沒找到，振保看不過去，走來待要彎腰拿給地，她恰是已經踏了進去了。

他倒又不好意思起來，無緣無故略有點悻悻㉔地問道：「今天你們的傭人都到哪裡去了？」嬌蕊道：「大司務同阿媽來了同鄉，陪著同鄉玩大世界去了。」振保道：「噢。」卻又笑道：「一個人在家不怕麼？」嬌蕊站起來，踏啦踏啦往房裡走，笑道：「怕什麼？」振保笑道：「不怕我？」嬌蕊頭也不回，笑道：「什麼？……我不怕同一個紳士單獨在一起的！」振保這時卻又把背心倚在門鈕上的一隻手上，往後一靠，不想走了的樣子。他道：「我並不假裝我是個紳士。」嬌蕊笑道：「真的紳士是用不著裝的。」她早已開門進去了，又探身過來將甬道裡電燈拍的一關。振保在黑暗中十分震動，然而徒然興奮著，她已經不在了。

振保一晚上翻來覆去的告訴自己這是不妨事的，嬌蕊與玫瑰不同，一個任性的有夫之婦是最自由的婦人，他用不著對她負任何責任。可是，他不能不對自己負責。想到玫瑰，就想到那天晚上，在野地的汽車裡，他的舉止多麼光明磊落，他不能對不住當初的自己。

這樣又過了兩個禮拜，天氣驟然暖了，他沒穿大衣出去，後來略下了兩點雨，又覺寒颼颼的，他在午飯的時候趕回來拿大衣，大衣原是掛在穿堂裡的衣架上的，卻不看見。他尋了半日，著急起來，見起坐間的房門虛掩著，便推門進去，一眼看見他的大衣鉤在牆上一張油畫的畫框上，嬌蕊便坐在圖畫下的沙發上，靜靜的點著支香煙吸。振保吃了一驚，連忙退出門去，閃身在一邊，忍不住又朝裡看了一眼。原來嬌蕊並不在抽煙，沙發的扶手上放著隻煙灰盤子，她擦亮了火柴，點上一段吸殘的煙，看著它燒，緩緩燒到她手指上，燙著了手，她拋掉了，把手送到嘴跟前吹一吹，彷彿很滿意似的。他認得那景泰藍[25]的煙灰盤子就是他屋裡那隻。

振保像做賊似的溜了出去，心裡只是慌張。起初是大惑不解，及至想通了之後也還是迷惑。嬌蕊這樣的人，如此痴心地坐在他大衣之旁，讓衣服上的香煙味來籠罩著她，還不夠，索性點起他吸剩的香煙……真是個孩子，被慣壞了，一向要什麼有什麼，因此，遇見了一個略具抵抗力的，便覺得他是值得思念的。嬰孩的頭腦與成熟的婦人的美是最具誘惑性的聯合。這下子振保完全被征服了。

他還是在外面吃了晚飯，約了幾個朋友上館子，可是座上眾人越來越變得言語無味，面目可憎。振保不耐煩了，好容易熬到席終，身不由主地立即跳上公共汽車回寓所來，嬌蕊在那裡彈琴，彈的是那時候最流行的「影子華爾滋」。振保兩隻手抄在口袋裡，在陽臺上來回走著。琴上安

㉔悻悻　憤恨難平的樣子。

㉕景泰藍　一種器具的作法，將釉色塗布於銅器表面，再進窯燒製而成，因為明代宗景泰年間大量生產，又以藍釉最為著名，故稱「景泰藍」。

著一盞燈，照亮了她的臉，他從來沒看見她的臉那麼肅靜。振保跟著琴哼起那支歌來，她彷彿沒聽見，只管彈下去，換了支別的。他沒有膽量跟著唱了。他立在玻璃門口，久久看著她，他眼睛裡生出淚珠來，因為他和她到底是在一處了，兩個人，也有身體，也有心。他有點希望她看見他的眼淚，可是她只顧彈她的琴，振保煩惱起來，走近些，幫她掀琴譜，有意的打攪她，可是她並不理會，她根本沒照著譜，調子是她背熟了的，自管自從手底悠悠流出來。振保突然又是氣，又是怕，彷彿他和她完全沒有什麼相干。他挨緊她坐在琴凳上，伸手擁抱她，把她扳過來。琴聲戛然[26]停止，她嫻熟地把臉偏了一偏——過於嫻熟地。他們接吻了。振保發狠把她壓到琴鍵上去，砰訇[27]一串混亂的響雷，這至少和別人給她的吻有點兩樣罷？

嬌蕊的床太講究了，振保睡不慣那樣厚的褥子，早起還有點暈床的感覺，梳頭髮的時候他在頭髮裡發現一彎剪下來的指甲，小紅月牙。因為她養著長指甲，把他劃傷了，昨天他朦朧睡去的時候看見她坐在床頭剪指甲。昨天晚上忘了看看有月亮沒有，應當是紅色的月牙。

以後，他每天辦完了公回來，坐在雙層公共汽車的樓上，車頭迎著落日，玻璃上一片光，車子轟轟然朝太陽馳去，朝他的快樂馳去，他的無恥的快樂——怎麼不是無恥的？他這女人，吃著旁人的飯，住著旁人的房子，姓著旁人的姓。可是振保的快樂更為快樂，因為覺得不應該。

他自己認為是墮落了。從高處跌落的物件，比它本身的重量要重上許多倍，那驚人的重量跟嬌蕊撞上了，把她碰得昏了頭。

她說：「我真愛上了你了。」說這話的時候，她還帶著點嘲笑的口氣，「你知道麼？每天我坐在這裡等你回來，聽著電梯工東工東慢慢開上來，開過我們這層樓，一直開上去了，我就像把一顆心提了上去，放不下來。有時候，還沒開到這層樓就停住了，我又像是半中間斷了氣。」振保笑道：「你心裡還有電梯，可見你的心還是一所公寓房子。」嬌蕊淡淡的一笑，背著手走到窗前，望外看著。隔了一會，方道：「你要的那所房子，已經造好了。」振保當初沒有懂，懂得了之後，不覺呆了一呆。他從來不是舞文弄墨的人，這一次破了例，在書桌上拿起筆來，竟寫了一行字：「心居落成誌喜。」其實也說不上喜歡，許多唧唧喳喳的肉的喜悅突然靜了下來，只剩下一種蒼涼的安寧，幾乎沒有感情的一種滿足。

再擁抱的時候，嬌蕊極力緊箍著他，自己又覺羞慚，說：「沒有愛的時候，不也是這樣的麼？若是沒有愛，也能夠這樣，你一定會看不起我。」她把兩隻手臂勒得更緊些，問道：「你覺得有點兩樣麼？有一點兩樣麼？」振保道：「當然兩樣。」可是他實在分不出。從前的嬌蕊是太好的愛匠。

現在這樣的愛，在嬌蕊還是生平第一次。她自己也不知道為什麼單單愛上了振保。常常她向他凝視，眼色裡有柔情，又有輕微的嘲笑，也嘲笑他，也嘲笑她自己。

當然，他是個有作為的人，一等一的紡織工程師。他在事務所裡有一種特殊的氣派，就像老是忙得不抬頭。外國上司一疊連聲叫喊：「佟！佟！佟在哪兒呢？」他把額前披下的一綹子頭髮往後一推，眼鏡後的眼睛熠熠[28]有光，連鏡片的邊緣上也閃著一抹流光。他喜歡夏天，就不是夏天他也能忙得汗流浹背，西裝上一身的縐紋，肘彎、腿彎，縐得像笑紋。中國同事裡很多罵他窮

㉖戛然　突然停止。戛，音ㄐㄧㄚˊ。
㉗砰訇　音ㄆㄥ　ㄏㄨㄥ，形容巨大聲響。
㉘熠熠　音ㄧˋ　ㄧˋ，閃亮光耀的樣子。

形極相的。

他告訴嬌蕊他如何如何能幹，嬌蕊也誇獎他，把手搓弄他的頭髮，說：「哦？嗯，我這孩子很會做事呢。可這也是你份該知道的。這個再不知道，那還了得？別的上頭你是不大聰明的。我愛你——知道了麼？我愛你。」

他在她跟前逞能，她也在他跟前逞能。她的一技之長是玩弄男人。如同那善翻觔斗的小丑，在聖母的臺前翻觔斗，她也以同樣的虔誠把這一點獻給她的愛。她的挑戰引起了男子們適當的反應的時候，她便向振保看看，微笑裡有謙遜，像是在說：「這也是我份該知道的。這個再不知道，那還了得？」她從前那個悌米孫，自從那天賭氣不來了。她卻又去逗他。她這些心思，振保都很明白，雖然覺得無聊，也都容忍了，因為是孩子氣。同嬌蕊在一起，好像和一群正在長大的大孩子們同住，真是催人老的。

也有時候說到她丈夫幾時回來。提到這個，振保臉上就現出黯敗的微笑，眉梢眼梢往下掛，整個的臉拉雜下垂像拖把上的破布條。這次的戀愛，整個地就是不應該，他屢次拿這犯罪性來刺激他自己，愛得更兇些。嬌蕊沒懂得他這層心理，看見他痛苦，心裡倒高興，因為從前雖然也有人揚言要為她自殺，她在英國讀書的時候，大清早起來沒來得及洗臉便草草塗紅了嘴唇跑出去看男朋友，他們也曾經說：「我一夜都沒睡，在你窗子底下走來走去，走了一夜。」那到底不算數。當真使一個男人為她受罪，還是難得的事。

有一天她說：「我正在想著，等他回來了，怎麼樣告訴他——」就好像是已經決定了的，要把一切都告訴士洪，跟他離了婚來嫁振保。振保沒敢接口，過後，覺得光把那黯敗的微笑維持下去，太嫌不夠了，只得說道：「我看這事莽撞不得。我先去找個做律師的朋友去問問清楚。你知道，弄得不好，可能很吃虧。」以生意人的直覺，他感到，光只提到律師二字，已經將自己牽涉進去，到很深的地步。他的遲疑，嬌蕊毫未注意。她是十分自信的，以為只要她這方面的問題解決了，別人總是絕無問題的。

嬌蕊常常打電話到他辦公室裡來，毫無顧忌，也是使他煩心的事。這一天她又打了來說：「待會兒我們一塊到哪兒玩去。」振保問為什麼這麼高興，嬌蕊道：「你不是歡喜我穿規規矩矩的中國衣服麼？今天做了來了。我想穿了出去。」振保道：「要不要去看電影？」這時候他和幾個同事合買了部小汽車自己開著，嬌蕊總是搭他們車子，還打算跟他學著開，揚言「等我學會了我也買一部。」——叫士洪買嗎？這句話振保聽了卻是停在心口不大消化，此刻他提議看電影，嬌蕊似乎覺得不是充分的玩。她先說：「好喲。」又道：「有車子就去。」振保笑笑道：「你要腳做什麼用的？」嬌蕊笑道：「追你的！」接著，辦公室裡一陣忙碌，電話只得草草掛斷了。

這天恰巧有個同事也需要汽車，振保向來最有犧牲精神，尤其在娛樂上。車子將他在路角丟了下來，嬌蕊在樓窗口看見他站定了買一份夜報，不知是不是看電影廣告，她趕出來在門口街上迎著他，說：「五點一刻的一場，沒車子就來不及了。不要去了。」振保望著她笑道：「那要不要到別處去呢？——打扮得這麼漂亮。」嬌蕊把他的手臂一勾，笑道：「就在馬路上走走不也很好麼？」一路上他耿耿於心地問可要到這裡到那裡。路過一家有音樂的西洋茶食店，她拒絕進去之後，他才說：「這兩天倒是窮得厲害！」嬌蕊笑道：「哎喲——先曉得你窮，不跟你好了！」

正說著，遇見振保素識一個外國老太太，振保留學的時候，家裡給他匯錢帶東西，常常託她的。艾許太太是英國人，她嫁了個雜種人，因此處處留心，英國得格外道地。她是高高的，駝駝的，穿的也是相當考究的花洋紗，卻剪裁得拖一片掛一片，有點像個老叫花子。小雞蛋殼藏青呢帽上插著飛燕翅，珠頭帽針，帽子底下鑲著一圈灰色的鬈髮，非常的像假髮，眼珠也像是淡藍磁的假眼珠。她吹氣如蘭似地，絮絮㉙地輕聲說著英語。振保與她握手，問：「還住在那裡嗎？」艾許太太道：「本來我們今年夏天要回家去一趟的——我丈夫實在走不開！」到英國去是「回家」，雖然她丈夫是生在中國的，已經是在中國的第三代；而她在英國的最後一個親屬也已亡故了。振保將嬌蕊介紹給她道：「這是王士洪太太。王從前也是在愛丁堡的。王太太也在倫敦多年。現在我住在他們一起。」艾許太太身邊還站著她的女兒。振保對於雜種姑娘本來比較最有研究。這艾許小姐抿著紅嘴唇，不大作聲，在那尖尖的白桃子臉上，一雙深黃的眼睛窺視著一切。女人還沒得到自己的一份家業，自己的一份憂愁負擔與喜樂，是常常有那種注意守候的神情的。艾許小姐年紀雖不大，不像有些女人求歸宿的「歸心似箭」，但是都市的職業女性，經常地緊張著，她眼眶底下腫起了兩大塊，也很憔悴了。不論中外的「禮教之大防」，本來也是為女人打算的，使美貌的女人更難到手，更值錢，對於不好看的女人也是一種保護，不至於到處面對著這些失敗。現在的女人沒有這種保護了，尤其是地位全然沒有準繩的雜種姑娘。艾許小姐臉上露出的疲倦窺伺，因此特別尖銳化了些。

嬌蕊一眼便看出來，這母女二人如果「回家」去了也不過是英國的中下階級。因為是振保的朋友，她特意要給她們一個好的印象，同時，她在婦女面前不知怎麼也覺得自己是「從了良」的，現在是太太身分，應當顯得端凝富泰。振保從來不大看見她這樣矜持地微笑著，如同有一種的電影明星，一動也不動像一顆藍寶石，只讓變幻的燈光在寶石深處引起波動的光與影。她穿著暗紫藍喬琪紗旗袍，隱隱露出胸口掛的一顆冷豔的金雞心——彷彿除此外她也沒有別的心。振保看著她，一方面得意非凡，一方面又有點懷疑：只要有個男人在這裡，她一定就會兩樣些。

艾許太太問候佟老太太，振保道：「我母親身體很好，現在還是一家人都由她照應著。」他轉向嬌蕊笑道：「我母親常常燒菜呢，燒得非常好。我總是說像我們這樣的母親真難得的！」因為裡面經過這許多年的辛酸刻苦，他每次讚揚他的寡母總不免有點咬牙切齒的，雖然微笑著，心裡變成一塊大石頭，硬硬地「秤胸襟」。艾許太太又問起他弟妹，振保道：「篤保這孩子倒還好的，現在進了專門學校，將來可以由我們廠裡送到英國去留學。」連兩個妹妹也讚到了，一個個金童玉女似的，艾許太太笑道：「你也好呀！一直從前我就說：你母親有你真是值得驕傲的！」振保謙虛了一會，因也還問艾許先生一家的職業狀況。

艾許太太見他手裡捲著一份報，便問今天晚上可有什麼新聞。振保遞給她看，她是老花眼，拿得遠遠的看，儘著手臂的長度，還看不清楚，叫艾許小姐拿著給她看。振保道：「我本來預備請王太太去看電影。沒有好電影。」他當著人對嬌蕊的態度原有點僵僵的，表示他不過是她家庭的朋友。但是艾許小姐靜靜窺伺著的眼睛，使他覺得他這樣反而欲蓋彌彰了，因又狎熟地緊湊到嬌蕊跟前問道：「下次補請——嗯？」兩眼光光地瞅著她，然後笑。隨後又懊悔，彷彿說話起勁把唾沫濺到人臉上去了。他老是覺得這艾許小姐在旁觀看。她是一無所有的年輕人，甚至於連個性都沒有，竟也等待著一個整個的世界的來臨，而且那大的陰影已經落在她臉上，此外她也別無

㉙絮絮　說話煩瑣不止。

表情。

像嬌蕊呢，年紀雖輕，已經擁有許多東西，可是有了也不算數的，她彷彿有點糊裡糊塗，像小孩一朵一朵去採上許多紫羅蘭，紮成一把，然後隨手一丟。至於振保，他所有的一點安全：他的前途，都是他自己一手造成的，叫他怎麼捨得輕易由它風流雲散呢？闊少爺小姐的安全，因為是承襲來的，可以不拿它當回事，他卻是好不容易的呀！……一樣的四個人在街上緩緩走著，艾許太太等於在一個花紙糊牆的房間裡安居樂業，那三個年輕人的大世界卻是危機四伏，在地底訇⑳跳著春著。

天還沒黑，霓虹燈都已經亮了，在天光裡看著非常假，像戲子戴的珠寶。經過賣燈的店，霓虹燈底下還有無數的燈，亮做一片。吃食店的洋鐵格子裡，女店員俯身夾取甜麵包，胭脂烘黃了的臉頰也像是可以吃的。——在老年人的眼中也是這樣的麼？振保走在老婦人身邊，不由得覺得青春的不久長。指示行人在此過街，汽車道上攔腰釘了一排釘，一顆顆爍亮的圓釘，四周微微凹進去，使柏油道看上去烏暗柔軟，踩在腳下有彈性。振保走得揮灑自如，也不知是馬路有彈性還是自己的步伐有彈性。

艾許太太看見嬌蕊身上的衣料說好，又道：「上次我在惠羅公司也看見像這樣一塊的，桃麗嫌太深了沒買。我自己都想買了的，後來又想，近來也很少穿這樣的衣服的機會……」她自己並不覺得這話有什麼淒慘，其餘的幾個人卻都沉默了一會接不上話去，然後振保問道：「艾許先生可還是忙得很？」艾許太太道：「是呀，不然今年夏天要回家去一趟了，他實在走不開！」振保道：「哪一個禮拜天我有車子，我來接你們幾位到江灣去，吃我母親做的中國點心。」艾許太太笑道：「那好極了，我丈夫簡直『溺愛』中國東西呢！」聽她那遠方闊客的口吻，決想不到她丈夫是有一半中國血統的。

和艾許太太母女分了手，振保彷彿解釋似的告訴嬌蕊：「這老太太人實在非常好。」嬌蕊望望他，笑道：「我看你這人非常好。」振保笑道：「嗯？怎麼？——我怎麼非常好？」一直問到她臉上來了。嬌蕊笑道：「你別生氣，你這樣的好人，女人一見了你就想替你做媒，可並不想把你留給自己。」振保笑道：「唔，哦。你不喜歡好人。」嬌蕊道：「平常女人喜歡好人，無非是覺得他這樣的人可以給當給他上的。」振保道：「嗳呀，那你是存心要給我上當呀？」嬌蕊頓了一頓，瞟了他一眼，待笑不笑的道：「這一次，是那壞女人上了當了！」振保當時簡直受不了這一瞟和那輕輕的一句話。然而那天晚上，睡在她床上，他想起路上碰見的艾許太太，想起他在愛丁堡讀書，他家裡怎樣為他寄錢，寄包裹，現在正是報答他母親的時候。他要一貫的向前，向上，第一先把職業上的地位提高。有了地位之後他要做一點有益社會的事，譬如說，辦一個貧寒子弟的工科專門學校，或是在故鄉的江灣弄個模範布廠，究竟怎樣，還有點渺茫，但已經渺茫地感到外界的溫情的反應，不止有一個母親，一個世界到處都是他的老母，眼淚汪汪，睜眼只看見他一個人。

嬌蕊熟睡中偎依著他，在他耳根底下放大了她的呼吸的鼻息，忽然之間成為身外物了。他欠起身來，坐在床沿，摸黑點了一支煙抽著。他以為她不知道，其實她已經醒了過來。良久良久，她伸手摸索他的手，輕輕說道：「你放心，我一定會好好的。」她把他的手牽到她臂膊上。

㉚訇訇　大聲。

她的話使他下淚，然而眼淚也還是身外物。

振保不答話，只把手摸到它去熟了的地方。已經快天明了，滿城暗嗄的雞啼。

第二天，再談到她丈夫的歸期，她肯定地說：「總就在這兩天，他就要回來了。」振保問她如何知道，她這才說出來，她寫了航空信去，把一切都告訴了士洪，要他給她自由。振保在喉嚨裡「嗄」地叫了一聲，立即往外跑，跑到街上，回頭看那峨巍的公寓，灰赭色流線型的大屋，像大得不可想像的火車，正衝著他轟隆轟隆開過來，遮得日月無光。事情已經發展到不可救藥的階段。他一向以為自己是有分寸的，知道適可而止，然而事情自管自往前進行了，跟她辯論也無益。麻煩的就是：和她在一起的時候，根本就覺得沒有辯論的需要，一切都是極其明白清楚，他們彼此相愛，而且應當愛下去。沒有她在跟前，他才有機會想出諸般反對的理由。像現在，他就疑心自己做了傻瓜，入了圈套。她愛的是悌米孫，卻故意的把溼布衫套在他頭上，只說為了他和她丈夫鬧離婚，如果社會不答應，毀的是他的前途。

他在馬路上亂走，走了許多路，到一家小酒店去喝酒，要了兩樣菜，出來就覺肚子痛。叫了部黃包車，打算到篤保的寄宿舍裡去轉一轉，然而在車上，肚子彷彿更疼得要緊，振保的自制力一渙散，就連身體上一點點小痛苦也禁受不起了。發了慌，只怕是霍亂[31]，吩咐車夫把他拉到附近的醫院裡去，住院之後，通知他母親，他母親當天趕來看他，次日又為他買了藕粉和葡萄汁來。嬌蕊也來了。他母親略有點疑心嬌蕊和他有些首尾，故意當著嬌蕊的面勸他：「吃壞了肚子事小，這麼大的人了，還不知道當心自己，害我一夜都沒睡好惦記著你。我哪兒照顧得了這許多？隨你去罷，又不放心。要是你娶了媳婦，我就不管了。王太太你幫著我勸勸他，朋友的話他聽得進去，就不聽我的話。唉！巴你念書上進好容易巴到今天，別以為有了今天了，就可以胡來一氣了。人家越是看得起你，越得好好兒的往下做。王太太你勸勸他。」嬌蕊裝做聽不懂中文，只是微笑。振保聽他母親的話，其實也和他自己心中的話相彷彿，可是到了他母親嘴裡，不知怎麼，就像是沾辱了他的邏輯。他覺得羞愧：想法子把他母親送走了。

剩下他同嬌蕊，嬌蕊走到床前，扶著白鐵闌干，全身的姿勢是痛苦的詢問。振保煩躁地翻過身去，他一時不能解釋，擺脫不了他母親的邏輯。太陽晒到他枕邊，隨即一陣陰涼，嬌蕊去把窗簾拉上了。她不走，留在那裡做看護婦的工作，遞茶遞水，遞溺盆。洋磁盆碰在身上冰冷的，她的手也一樣的冷。有時他偶然朝這邊看一眼，她就乘機說話，說：「你別怕……」說他怕，他最怕聽，頓時變了臉色，她便停住了。隔了些時，她又說：「我都改了……」他又轉側不安，使她說不下去了。她又道：「我決不會連累你的，」又道：「你離了我是不行的，振保……」幾次未說完的話，掛在半空像許多鐘擺，以不同的速度滴答滴答搖，各有各的理路，推論下去，各自到達高潮，於不同的時候噹噹打起鐘來，振保覺得一房間都是她的聲音，雖然她久久沉默著。

等天黑了，她趁著房裡還沒點上燈，近前伏在他身上大哭起來。即使在屈辱之中她也有力量。隔著絨毯和被單他感到她的手臂的堅實。可是他不要力量，力量他自己有。

她抱著他的腰腿號啕大哭，她燙得極其蓬鬆的頭髮像一盤火似的冒熱氣。如同一個含冤的小孩，哭著，不得下臺，不知道怎樣停止，聲嘶力竭，也得繼續哭下去，漸漸忘了起初是為什麼哭的。振保他也是，吃力的說著：「不，不，不要這樣……不行的……」只顧聚精會神克服層層湧

㉛霍亂　由霍亂弧菌引起的急性傳染病，特徵為厲害的腹瀉、嘔吐、脫水、休克及尿毒症，嚴重者可能致命。

起的慾望，一個勁兒的說：「不，不，」全然忘了起初是為什麼要拒絕的。

最後他到底找到了相當的話，他用力拱起膝蓋，想使她抬起身來，說道：「嬌蕊，你要是愛我的，就不能不替我著想。我不能叫我母親傷心。她的看法同我們不同，但是我們不能不顧到她，她就只依靠我一個人。社會上是決不肯原諒我的——士洪到底是我的朋友。我們愛的只能是朋友的愛。以前是我的錯，我對不起你。可是現在，不告訴我就寫信告訴他，都是你的錯了。……嬌蕊，你看怎樣，等他來了，你就說是同他鬧著玩的，不過是哄他早點回來，他肯相信的，如果他願意相信。」

嬌蕊抬起紅腫的臉來，定睛看著他，飛快地一下，她已經站直了身子，好像很詫異剛才怎麼會弄到這步田地。她找到她的皮包，取出小鏡子來，側著頭左右一照，草草把頭髮往後掠兩下，用手帕擦眼睛，擤鼻子，正眼都不朝他看，就此走了。

振保一晚上都沒睡好，清晨補了一覺，朦朧中似乎又有人爬在他身上哭泣，先還當是夢魘，後來知道是嬌蕊，她又來了，大約已經哭了不少時。這女人的心身的溫暖覆在他上面像一床軟緞面上的鴨絨被，他悠然地出了汗，覺得一種情感上的奢侈。

等他完全清醒了，嬌蕊就走了，一句話沒說，他也沒有話。以後他聽說她同王士洪協議離婚，彷彿是離他很遠很遠的事。他母親幾次向他流淚，要他娶親，他延挨了些時，終於答應說好。於是他母親託人給他介紹。看到孟烟鸝小姐的時候，振保就向自己說：「就是她罷。」

初見面，在人家的客廳裡，她立在玻璃門邊，穿著灰地橙紅條子的綢衫，可是給人的第一個印象是籠統的白。她是細高身量，一直線下去，僅在有無間的一點波折是在那幼小的乳的尖端，和那突出的胯骨㉜上。風迎面吹來，衣裳朝後飛著，越顯得人的單薄。臉生得寬柔秀麗。可是，還是單只覺得白。她父親過世，家道中落之前，也是個殷實的商家，和佟家正是門當戶對。小姐今年二十二歲，就快大學畢業了。因為程度差，不能不揀一個比較馬虎的學校去讀書，可是烟鸝是壞學校裡的好學生，兢兢業業，和同學不甚來往。她的白把她和周圍的惡劣的東西隔開來了，像病院裡的白屏風，可同時，書本上的東西也給隔開了。烟鸝進學校十年來，勤懇地查生字，背表格，黑板上有字必抄，然而中間總像是隔了一層白的膜。在中學的時候就有同學的哥哥之類寫信來，她家裡的人看了信總是說這種人少惹他的好，因此她從來沒回過信。

振保預備再過兩個月，等她畢了業之後就結婚。在這期間，他陪她看了幾次電影。烟鸝很少說話，連頭都很少抬起來，走路總是走在靠後。她很知道，按照近代的規矩她應當走在他前面，應當讓他替她加大衣，種種地方伺候著她，可是她不能夠自然地接受這些分內的權利，因為躊躇，因而更為遲鈍了。振保呢，他自己也不是生成的紳士派，也是很吃力地學來的，所以極其重視這一切，認為她這種地方是個大缺點，好在年輕的女孩子，羞縮一點也還不討厭。

訂婚與結婚之間相隔的日子太短了，烟鸝私下裡是覺得惋惜的，據她所知，那應當是一生最好的一段。然而真到了結婚那天，她還是高興的，那天早上她還沒有十分醒過來，迷迷糊糊的已經彷彿在那裡梳頭，抬起胳膊，對著鏡子，有一種奇異的努力的感覺，像是裝在玻璃試驗管裡，試著往上頂，頂掉管子上的蓋，等不及地一下子要從現在跳到未來。現在是好的，將來還要好——她把雙臂伸到未來的窗子外，那邊的浩浩的風，通過她的頭髮。

㉜胯骨　骨盆的大骨。在軀幹下部，左右各一，由髂骨、坐骨和恥骨所組成。亦稱為「髀骨」、「髖骨」。

在一品香結婚，喜筵設在東興樓──振保愛面子，同時也講究經濟，只要過得去就行了。他在公事房附近租下了新屋，把母親從江灣接來同住。他掙的錢大部分花在應酬聯絡上，家裡開銷上是很刻苦的。母親和烟鸝頗合得來，可是振保對於烟鸝有許多不可告人的不滿的地方，烟鸝因為不喜歡運動，連「最好的戶內運動」也不喜歡。振保忠實地盡了丈夫的責任使她喜歡的，但是他對她的身體並不怎樣感到興趣。起初間或也覺得可愛，她的不發達的乳，握在手裡像睡熟的鳥，像有它自己的微微跳動的心臟，尖的喙，啄著他的手，硬的，卻又是酥軟的，酥軟的是他自己的手心。後來她連這一點少女美也失去了。對於一切漸漸習慣了之後，她變成一個很乏味的婦人。

振保這時候開始宿娼。每三個禮拜一次──他的生活各方面都很規律化的。和幾個朋友一起，到旅館裡開房間，叫女人，對家裡只說是為了公事到蘇杭去一趟。他對於妓女的面貌不甚挑剔，比較喜歡黑一點胖一點的，他所要的是豐肥的辱屈。這對於從前的玫瑰與王嬌蕊是一種報復，但是他自己並不肯這樣想。如果這樣想，他立即譴責自己，認為是褻瀆了過去的回憶。他心中留下了神聖而感傷的一角，放著這兩個愛人。他記憶中的王嬌蕊變得和玫瑰一而二二而一了，是一個痴心愛著他的天真熱情的女孩子，沒有頭腦，沒有一點使他不安的地方，而他，為了崇高的理智的制裁，以超人的鐵一般的決定，捨棄了她。

他在外面嫖，烟鸝絕對不疑心到。她愛他，不為別的，就因為在許多人之中指定了這一個男人是她的。她時常把這樣的話掛在口邊：「等我問問振保看，」「頂好帶把傘，振保說待會兒要下雨的。」他就是天。振保也居之不疑。她做錯了事，當著人他便呵責糾正，便是他偶然疏忽沒看見，他母親必定看見了。烟鸝每每覺得，當著女傭丟臉丟慣了，她怎麼能夠再發號施令？號令不行，又得怪她。她怕看見僕人眼中的輕蔑，為了自衛，和僕人接觸的時候，沒開口先就鎖著眉，嘟著嘴，一臉的稚氣的怨憤。她發起脾氣來，總像是一時性起的頂撞，出於丫頭姨太太，做小伏低慣了的。

祇有在新來的僕人前面，她可以做幾天當家少奶奶，因此她寧願三天兩天換僕人。振保的母親到處宣揚媳婦不中用：「可憐振保，在外面辛苦奔波，養家活口，回來了還得為家裡的小事煩心，想安靜一刻都不行。」這些話吹到烟鸝耳中，氣惱一點點積在心頭。到那年，她添了個孩子，生產的時候很吃了些苦，自己覺得有權利發一回脾氣，而婆婆又因為她生的不過是個女兒，也不甘心讓著她，兩人便嘔起氣來。幸而振保從中調停得法，沒有到破臉大鬧，然而母親還是負氣搬回江灣了。振保對他太太極為失望，娶她原為她的柔順，他覺得被欺騙了，對於他母親他也恨，如此任性地搬走，叫人說他不是好兒子。他還是興興頭頭㉝忙著，然而漸漸顯出疲乏了，連西裝上的含笑的縐紋，也笑得有點疲乏。

篤保畢業之後，由他汲引，也在廠內做事。篤保被他哥哥的成就籠罩住了，不成材，學著做個小浪子，此外也沒有別的志願，還沒結婚，在寄舍裡住著，也很安心。這一天一早他去找振保商量一件事，廠裡副經理要回國了，大家出份子送禮，派他去買點紀念品。振保教他到公司裡去看看銀器。兩人一同出來，搭公共汽車。振保在一個婦人身邊坐下，原有個孩子坐在他的位子上，婦人不經意地抱過孩子去，振保倒沒留心她，卻是篤保，坐在那邊，呀了一聲，欠身㉞向這裡

㉝興興頭頭　形容高興的樣子。

㉞欠身　身體稍斜傾向上提，好像要站起來的樣子。今多表示恭敬的樣子。

勾了勾頭，振保這才認得是嬌蕊，比前胖了，但也沒有如當初擔憂的，胖到痴肥的程度；很憔悴，還打扮著，塗著脂粉，耳上戴著金色的緬甸佛頂珠環，因為是中年的女人，那豔麗便顯得是俗豔。篤保笑道：「朱太太，真是好久不見了。」振保記起了，是聽說她再嫁了，現在姓朱，嬌蕊也微笑，道：「真是好久不見了。」振保向她點頭，問道：「這一向都好麼？」嬌蕊道：「好，謝謝你。」篤保道：「您一直在上海麼？」嬌蕊點頭。篤保又道：「難得這麼一大早出門罷？」嬌蕊笑道：「可不是？」她把手放在孩子肩上道：「帶他去看牙醫生。昨兒鬧牙疼，鬧得我一晚上也沒睡覺，一早就得帶他去。」篤保道：「您在哪兒下車？」嬌蕊道：「牙醫生在外灘。你們是上公事房去麼？」篤保道：「他上公事房，我先到別處兜一兜，買點東西。」嬌蕊道：「你們廠裡還是那些人罷？沒大改？」篤保道：「赫頓要回國去了，他這一走，振保就是副經理了。」嬌蕊笑道：「呦！那多好！」篤保當著哥哥說那麼多的話，卻是從來沒有過，振保也看出來了，彷彿他覺得在這種局面之下，他應當負全部的談話責任，可見嬌蕊和振保的事，他全部知道。

再過了一站，他便下車。振保沉默了一會，並不朝她看，向空中問道：「怎麼樣？你好麼？」嬌蕊也沉默了一會，方道：「很好。」還是剛才那兩句話，可是意思全兩樣了。振保道：「那姓朱的，你愛他麼？」嬌蕊點點頭，回答他的時候，卻是每隔兩個字就頓一頓，道：「是從你起，我才學會了，怎樣，愛，認真的……愛到底是好的，雖然吃了苦，以後還是要愛的，所以……」振保把手捲著她兒子的海軍裝背後垂下的方形翻領，低聲道：「你很快樂。」嬌蕊笑了一聲道：「我不過是往前闖，碰到什麼就是什麼。」振保冷笑道：「你碰到的無非是男人。」嬌蕊並不生氣，側過頭去想了一想，道：「是的，年紀輕，長得好看的時候，大約無論到社會上去做什麼事，碰到的總是男人。可是到後來，除了男人之外總還有別的……總還有別的……」

振保看著她，自己當時並不知道他心頭的感覺是難堪的妒忌。嬌蕊道：「你呢？你好麼？」振保想把他的完滿幸福的生活歸納在兩句簡單的話裡，正在斟酌字句，抬起頭，在公共汽車司機人座右突出的小鏡子裡看見他自己的臉，很平靜，但是因為車身的搖動，鏡子裡的臉也跟著顫抖不定，非常奇異的一種心平氣和的顫抖，像有人在他臉上輕輕推拿似的。忽然，他的臉真的抖了起來，在鏡子裡，他看見他的眼淚滔滔流下來，為什麼，他也不知道。在這一類的會晤裡，如果必須有人哭泣，那應當是她。這完全不對，然而他竟不能止住自己。應當是她哭，由他來安慰她的。她也並不安慰他，只是沉默著，半晌，說：「你是這裡下車罷？」

他下了車，到廠裡照常辦事。那天是禮拜六，下午放假。十二點半他回家去，他家是小小的洋式石庫門衖堂房子，可是臨街，一長排都是一樣，淺灰水門汀的牆，棺材板一般的滑澤的長方塊，牆頭露出夾竹桃，正開著花。裡面的天井雖小，也可以算得是個花園，應當有的他家全有。藍天上飄著小白雲，街上賣笛子的人在那裡吹笛子，尖柔扭捏的東方的歌，一扭一扭出來了，像繡像小說插圖裡畫的夢，一縷白氣，從帳子裡出來，脹大了，內中有種種幻境，像懶蛇一般地舒展開來，後來因為太瞌睡，終於連夢也睡著了。

振保回家去，家裡靜悄悄的，七歲的女兒慧英還沒放學，女僕到幼稚園接她去了。振保等不及，叫烟鸝先把飯開上桌來，他吃得很多，彷彿要拿飯來結結實實填滿他心裡的空虛。

吃完飯，他打電話給篤保，問他禮物辦好了沒有。篤保說看了幾件銀器，沒有合適的。振保道：「我這裡有一對銀瓶，還是人家送我們的結婚禮。你拿到店裡把上頭的字改一改，我看就行了。他們出的份子你去還給他們，就算是我捐的。」篤保說好，振保道：「那你現在就來拿罷。」他急於看見篤保，探聽他今天早上見著嬌蕊之後的感想，因為這件事略有點不近情理，他自己的反應尤為荒唐，也幾乎疑心根本是個幻象。篤保來了，振保閒閒地把話題引到嬌蕊身上，篤保磕了磕香煙，做出有經驗的男子的口吻，道：「老了，老得多了。」彷彿這就結束了女人。

振保追想恰才那一幕，的確，是很見老了。連她的老，他也妒忌她。他看看他的妻，結了婚八年，還是像什麼事都沒經過似的，空洞白淨，永遠如此。

他叫她把爐臺的一對銀瓶包紮起來給篤保帶去，她手忙腳亂掇㉟過一張椅子，取下椅墊，立在上面，從櫥頂上拿報紙，又到抽屜裡找繩子，有了繩子，又不夠長，包來包去，包得不成模樣，把報紙也掤㊱破了。振保恨恨地看著，一陣風走過去奪了過來，唉了一聲道：「人笨凡事難！」烟鸝臉上掠過她的婢妾的怨憤，隨即又微笑，自己笑著，又看看篤保可笑了沒有，怕他沒聽懂她丈夫說的笑話。她抱著胳膊站在一邊看振保包紮銀瓶，她臉上像拉上了一層白的膜，很奇怪地，面目模糊了。

篤保有點坐不住——到他們家來的親戚朋友很少坐得住的——要走。烟鸝力想補救方才的過失，振作精神，親熱地挽留他：「沒事就多坐一會兒。」她瞇細了眼睛笑著，微微皺著鼻梁，頗有點媚態。她常常給人這麼一陣突如其來的親熱。若是篤保是個女的，她就要拉住他的手了，潮溼的手心，絕望地拉住不放，使人不快的一種親熱。

篤保還是要走，走到門口，恰巧遇見老媽子領著慧英回來，篤保從袴袋裡摸出口香糖來給慧英，烟鸝笑道：「謝謝二叔，說謝謝！」慧英扭過身子去，篤保笑道：「喲！難為情呢！」慧英扯起洋裝的綢裙蒙住了臉，露出裡面的短袴，烟鸝忙道：「嗳，嗳，這真難為情了！」慧英接了糖，仍舊用裙子蒙了頭，一路笑著跑了出去。

振保遠遠坐著看他那女兒，那舞動的黃瘦的小手小腿。本來沒有這樣的一個孩子，是他把她由虛空之中喚了出來。

振保上樓去擦臉，烟鸝在樓底下開無線電聽新聞報告，振保認為這是有益的，也是現代主婦教育的一種，學兩句普通話也好，他不知道烟鸝聽無線電，不過是願意聽見人的聲音。

振保由窗子裡往外看，藍天白雲，天井裡開著夾竹桃，街上的笛子還在吹，尖銳扭捏的下等女人的嗓子。笛子不好，聲音有點破，微覺刺耳。

是和美的春天的下午，振保看著他手造的世界，他沒有法子毀了它。

寂靜的樓房裡晒滿了太陽。樓下無線電有個男子侃侃㊲發言，一直說下去，沒有完。

振保自從結婚以來，老覺得外界的一切人，從他母親起，都應當拍拍他的肩膀獎勵有加。像他母親是知道他的犧牲的詳情的，即是那些不知底細的人，他也覺得人家欠著他一點敬意，一點溫情的補償。

人家也常常為了這個說他好，可是他總嫌不夠，因此特別努力去做份外的好事，而這一類的好事向來是不待人兜攬就黏上身來的。他替他弟弟篤保還了幾次債，替他娶親，替他安家養家。另外他有個成問題的妹妹，為了她的緣故，他對於獨身或是喪偶的朋友格外熱心照顧，替他們謀

㉟掇　音ㄉㄨㄛˊ，搬。

㊱搠　音ㄕㄨㄛˋ，刺、扎。

㊲侃侃　從容不迫的樣子。

事、籌錢，無所不至。後來他費了許多周折，把他妹妹介紹到內地一個學校裡去教書，因為聽說那邊的男教員都是大學新畢業，還沒結婚的。可是他妹子受不了苦，半年的合同沒滿，就鬧脾氣回上海來了。事後他母親心痛女兒，也怪振保太冒失。

烟鸝在旁看著，著實氣不過，逢人便叫屈，然而烟鸝很少機會遇見人，振保因為家裡沒有一個活潑大方的主婦，應酬起來寧可多花兩個錢，在外面請客，從來不把朋友往家裡帶。難得有朋友來找他，恰巧振保不在，烟鸝總是小心招待，把人家當體己人，和人家談起振保：「振保就吃虧在這一點──實心眼兒待人，自己吃虧！唉，張先生你說是不是？現在這世界上是行不通的呀！連他自己弟弟妹妹也這麼忘恩負義，不要說朋友了，有事找你的時候來找你──沒有一個不是這樣！我眼裡看得多了，振保一趟一趟吃虧還是死心眼兒。現在這時世，好人做不得呀！張先生你說是不是？」朋友覺得自己不久也要被歸入忘恩負義的一群，心裡先冷了起來。振保的朋友全都不喜歡烟鸝，雖然她是美麗嫻靜的，最合理想的朋友的太太，可以做男人們高談闊論的背景。

烟鸝自己也沒有女朋友，因為不和人家比著，她還不覺得自己在家庭中地位的低落。振保也不鼓勵她和一般太太們來往，他是體諒她不會那一套，把她放在較生疏的形勢中，徒然暴露她的短處，徒然引起許多是非。她對人說他如何如何吃虧，他是原宥她的，女人總是心眼兒窄，而且她不過是護衛他，不肯讓他受一點委屈。可是後來她對老媽子也說這樣的話了，他不由得要發脾氣干涉。又有一次，他聽見她向八歲的慧英訴冤，他沒作聲，不久就把慧英送到學校裡去住讀。於是家裡更加靜悄悄起來。

烟鸝得了便祕症，每天在浴室裡一坐坐上幾個鐘頭──只有那個時候可以名正言順的不做事，不說話，不思想，其餘的時候她也不說話，不思想，但是心裡總有點不安，到處走走，沒著沒落的，只有在白天的浴室裡她是定了心，生了根。她低頭看著自己雪白的肚子，白皚皚的一片，時而鼓起來些，時而癟進去，肚臍的式樣也改變，有時候是甜淨無表情的希臘石像的眼睛，有時候是突出的怒目，有時候是邪教神佛的眼睛，眼裡有一種險惡的微笑，然而很可愛，眼角彎彎地，撇出魚尾紋。

振保帶烟鸝去看醫生，按照報紙上的廣告買藥給她吃，後來覺得她不甚熱心，彷彿是情願留著這點病，挾以自重。他也就不管了。

某次他代表廠方請客吃中飯，是黃梅天，還沒離開辦公室已經下起雨來。他僱車兜到家裡去拿雨衣，晚上不由得回想到從前，住在嬌蕊家，那天因為下了兩點雨，天氣變了，趕回去拿大衣，那可紀念的一天。下車走進大門，一直包圍在回憶的淡淡的哀愁裡，進去一看，雨衣不在衣架上。他心裡怦的一跳，彷彿十年前的事又重新活了過來。他向客室裡走，心裡繼續怦怦跳，有一種奇異的命裡注定的感覺。手按在客室的門鈕上，開了門，烟鸝在客室裡，還有個裁縫，立在沙發那一頭。一切都是熟悉的，振保把心放下了，不知怎的驀地又提上來，他感到緊張，沒有別的緣故，一定是因為屋裡其他的兩個人感到緊張。

烟鸝問道：「在家吃飯麼？」振保道：「不，我就是回來拿件雨衣。」他看看椅子上擱著的裁縫的包袱，沒有一點潮溼的跡子，這雨已經下了不止一個鐘頭了。裁縫腳上也沒穿套鞋。裁縫給他一看，像是昏了頭，走過去從包袱裡抽出一管尺來替烟鸝量尺寸。烟鸝向振保微弱地做了個手勢道：「雨衣掛在廚房過道裡陰乾著。」她那樣子像是要推開了裁縫去拿雨衣，然而畢竟沒動，立在那裡被他測量。

振保很知道，和一個女人發生過關係以後，當著人再碰到她的身體，那神情完全是兩樣的，極其明顯。振保冷眼看著他們倆。雨的大白嘴唇緊緊貼在玻璃窗上，噴著氣，外頭是一片冷與糊塗，裡面關得嚴嚴地，分外親切地可以覺得房間裡有這樣的三個人。

振保自己是高高在上的，瞭望著這一對沒有經驗的姦夫淫婦。他再也不懂：「怎麼能夠同這樣的一個人？」這裁縫年紀雖輕，已經有點傴僂著，臉色蒼黃，腦後略有幾個癩痢疤，看上去也就是一個裁縫。

振保走去拿他的雨衣穿上了，一路扣鈕子，回到客聽裡來，裁縫已經不在了。振保向烟鸝道：「待會兒我不定什麼時候回來，晚飯不用等我。」烟鸝迎上前來答應著，似乎還有點心慌，一雙手沒處安排，急於要做點事，順手捻開了無線電。又是國語新聞報告的時間，屋子裡充滿了另一個男子的聲音。振保覺得他沒有說話的必要，轉身出去，一路扣鈕子。不知怎麼有那麼多的鈕子。

客室裡大敞著門，聽得見無線電裡那正直明朗的男子侃侃發言，都是他有理。振保想道：「我待她不錯呀！我不愛她，可是我沒有什麼對不起她的地方。我待她不算壞了。下賤東西，大約她知道自己太不行，必須找個比她再下賤的，來安慰她自己。可是我待她這麼好，這麼好——」

屋裡的烟鸝大概還是心緒不甯，啪地一聲，把無線電關上了，振保站在門洞子裡，一下子像是噎住了氣；如果聽眾關上無線電，電臺上滔滔演說的人能夠知道的話，就有那種感覺——突然的堵塞，脹悶的空虛。他立在階沿上，面對著雨天的街，立了一會，黃包車過來兜生意，他沒講慣就坐上拉走了。

晚上回來的時候，階沿上淹了一尺水，暗中水中的家彷彿大為改變了，他看了覺得很合適。但是進得門來，嗅到那嚴緊暖熱的氣味，黃色的電燈一路照上樓梯，家還是家，沒有什麼兩樣。

他在大門口脫下溼透的鞋襪，交給女傭，自己赤了腳上樓走到臥室裡，探手去摸電燈的開關，浴室裡點著燈，從那半開的門裡望進去，淡黃白的浴間像個狹長的立軸。燈下的烟鸝也是本色的淡黃色。當然歷代的美女畫從來沒有採取這樣尷尬的題材——她提著袴子，彎著腰，正要站起身，頭髮從臉上直披下來，已經換了白地小花的睡衣，短衫摟得高高地，一半壓在頷下，睡袴臃腫地堆在腳面上，中間露出長長一截白蠶似的身軀。若是在美國，也許可以做很好的草紙廣告，可是振保匆匆一瞥，只覺得在家常中有一種汙穢，像下雨天頭髮窠裡的感覺，稀溼的，發出嗡鬱的人氣。

他開了臥室的燈，烟鸝見他回來了，連忙問：「腳上弄潮了沒有？」振保應了一聲道：「馬上得洗腳。」烟鸝道：「我就出來了。我叫余媽燒水去。」振保道：「她在燒。」烟鸝洗了手出來，余媽也把水壺提了來了。振保打了個噴嚏。余媽道：「著涼了罷！可要把門關起來？」振保關了門獨自在浴室裡，雨還下得很大，忒啦啦打在玻璃窗上。

浴缸裡放著一盤不知什麼花，開足了，是嬌嫩的黃，雖沒淋到雨，也像是感到了雨氣。腳盆就放在花盤隔壁，振保坐在浴缸的邊緣，彎腰洗腳，小心不把熱水濺到花朵上，低下頭的時候也聞到一點有意無意的清香。他把一條腿擱在膝蓋上，用毛巾揩乾每一個腳趾，忽然疼惜自己起來。他看著自己的皮肉，不像是自己在看，而像是自己之外的一個愛人，深深悲傷著，覺得他白糟塌了自己。

他趿[38]了拖鞋出來，站在窗口往外看。雨已經小了不少，漸漸停了。街上成了河，水波裡倒映著一盞街燈，像一連串射出去就沒有了的白金箭鏃。車輛行過，「鋪拉鋪拉」拖著白爛的浪花，孔雀屏似地展開了，掩了街燈的影子。白孔雀屏裡漸漸冒出金星，孔雀尾巴漸長漸淡，車過去了，依舊剩下白金的箭鏃，在暗黃的河上射出去就沒有了，射出去就沒有了。

振保把手抵著玻璃窗，清楚地覺得自己的手，自己的呼吸，深深悲傷著。他想起碗櫥裡有一瓶白蘭地酒，取了來，倒了滿滿一玻璃杯，面向外立在窗口慢慢呷著。烟鸝走到他背後，說道：「是應當喝口白蘭地暖暖肚子，不然真要著涼了。」白蘭地的熱情直衝到他臉上，他變成火眼金睛。掉過頭來憎惡地看了她一眼。他討厭那樣的殷勤嚕囌，尤其討厭的是：她彷彿在背後窺伺著，看他知道多少。

以後的兩個禮拜內烟鸝一直窺伺著他，大約認為他並沒有什麼改常的地方，覺得他並沒有起疑，她也就放心下來，漸漸的忘了她自己有什麼可隱藏的，連振保也疑疑惑惑起來，彷彿她根本沒有任何祕密。像兩扇緊閉的白門，兩邊陰陰點著燈，在曠野的夜晚，拚命的拍門，斷定了門背後發生了謀殺案。然而把門打開了走進去，沒有謀殺案，連房屋都沒有，只看見稀星下的一片荒煙蔓草——那真是可怕的。

振保現在常常喝酒，在外面公開地玩女人，不像從前，還有許多顧忌。他醉醺醺回家，或是索性不回來，烟鸝總有她自己的解釋，說他新添上許多推不掉的應酬。她再也不肯承認這與她有關。她固執地向自己解釋，到後來，他的放浪漸漸顯著到瞞不了人的程度，她又向人解釋，微笑著，忠心地為他掩飾。因之振保雖然在外面鬧得不像樣，只差把妓女往家裡帶，大家看著他還是個頂天立地的好人。

一連下了一個月的雨。有一天，老媽子說他的紡綢衫洗縮了，要把貼邊放下來。振保坐在床上穿襪子，很隨便的樣子，說道：「讓裁縫拿去放一放罷。」余媽道：「裁縫好久不來了。不知下鄉去了沒有。」振保心裡想：「哦？這麼容易就斷掉了嗎？一點感情也沒有——真是齷齪的！」他又問：「怎麼？端午節沒有來收賬麼？」余媽道：「是小徒弟來的。」這余媽在他家待了三年了，她把小袴褲疊了放在床沿上，輕輕拍了它一下，雖然沒朝他看，臉上那溫和蒼老的微笑卻帶著點安慰的意味。振保生起氣來了。

那天下午他帶著個女人出去玩，故意兜到家裡來拿錢。女人坐在三輪車上等他。新晴的天氣，街上水還沒退，黃色的河裡有洋梧桐團團的影子。對街一帶小紅房子，綠樹帶著青暈，煙囪裡冒出溼黃煙，低低飛著。振保拿了錢出來，把洋傘打在水面上，濺了女人一身水。女人尖叫起來，他跨到三輪車上，哈哈笑了，感到一種拖泥帶水的快樂。抬頭望望樓上的窗戶，大約是烟鸝立在窗口向外看，像是沿室的牆上貼了一塊有黃漬的舊白蕾絲茶托，又像一個淺淺的白碟子，心子上沾了一圈茶汙。振保又把洋傘朝水上打——打碎它！打碎它！

砸不掉他自造的家，他的妻，他的女兒，至少他可以砸碎他自己，洋傘敲在水面上，腥冷的泥漿飛到他臉上來，他又感到那樣戀人似的疼惜，但同時，另有一個意志堅強的自己站在戀人的對面，和她拉著，扯著，掙扎著——非砸碎他不可，非砸碎他不可！

㊳趿　音ㄙㄚˋ，以腳撥取東西。

三輪車在波浪中行駛，水濺潮了身邊那女人的皮鞋皮夾子與衣服，她鬧著要他賠。振保笑了，一隻手摟著她，還是去潑水。

此後，連烟鸝也沒法替他辯護了。振保不拿錢回來養家，女兒上學沒有學費，每天的小菜錢都成問題。烟鸝這時候倒變成了一個勇敢的小婦人，快三十歲的人了，她突然長大了起來，話也說得流利動聽了，滔滔向人哭訴：「這樣下去怎麼得了呵！真是要了我的命──一家老小靠他一個人，他這樣下去廠裡的事情也要弄丟了……瘋了心似的，要不就回來，一回來就打人砸東西。這些年了，他不是這樣的人呀！劉先生你替我想想，你替我想想，叫我這日子怎麼過？」

烟鸝現在一下子有了自尊心，有了社會地位，有了同情與友誼。振保有一天晚上回家來，她坐在客廳裡和篤保說話，當然是說的他，見了他就不開口了。她穿著一身黑，燈光下看得出憂傷的臉上略有皺紋，但仍然有一種沉著的美。振保並不衝檯拍凳，走進去和篤保點頭寒暄，燃上一支香煙，從容坐下談了一會時局與股票，然後說累了要早點睡，一個人先上樓去了。烟鸝簡直不懂這是怎麼一回事，彷彿她剛才說了謊，很難加以解釋。

篤保走了以後，振保聽見烟鸝進房來，才踏進房門，他便把小櫃上的檯燈熱水瓶一掃掃下地去，豁朗朗跌得粉碎。他彎腰揀起檯燈的鐵座子，連著電線向她擲過去，她疾忙翻身向外逃。振保覺得她完全被打敗了，得意之極，立在那裡無聲地笑著，靜靜的笑從他眼裡流出來，像眼淚似的流了一臉。

老媽子拿著笤帚與簸箕立在門口張了張，振保把燈關了。她便不敢進來。振保在床上睡下，直到半夜裡，被蚊子咬醒，起來開燈。地板正中躺著烟鸝的一雙綉花鞋，微帶八字式，一隻前些，一隻後些，像有一個不敢現形的鬼怯怯向他走過來，央求著。振保坐在床沿上，看了許久。再躺下的時候，他嘆了口氣，覺得他舊日的善良的空氣一點一點偷著走近，包圍了他。無數的煩憂與責任與蚊子一同嗡嗡飛繞，叮他，吮吸他。

第二天起床，振保改過自新，又變了個好人。

作家檔案

張愛玲，西元一九二〇年生於上海，晚年居住在洛杉磯，卒於一九九五年。祖父張佩綸是清末名臣；祖母是李鴻章的長女；母親是長江水師提督黃翼升的孫女，家世顯赫。但父母親不幸福的婚姻、父親再娶和繼母的不疼愛，對張愛玲造成了影響，青少年時期的張愛玲性格十分內向。

一九三九年，張愛玲獲倫敦大學的獎學金，因第二次世界大戰爆發，改入香港大學。一九四二年，張愛玲回到上海，以英文寫稿創作為生。隔年，張愛玲獲得上海著名作家和編輯周瘦鵑的賞識，連續發表第一爐香、傾城之戀和金鎖記等著名的小說，引起上海文壇一片驚嘆，一舉成名。

一九五二年張愛玲離開大陸，遷居香港。在香港期間，張愛玲任職於美國新聞處，先後創作小說秧歌與赤地之戀。張愛玲將秧歌寄給胡適，並寫了一封短信，胡適回信給予極高評價。一九五五年，張愛玲赴美國定居。一九六七年，張愛玲應雷德克里芙女校的邀請，擔任駐校作家。一九六九年至柏克萊加州大學中國研究中心擔任研究員，研究紅樓夢，並出版了紅樓夢魘一書。

張愛玲的筆調華麗、蒼涼，將人性的幽微、情感的糾葛書寫得細膩而深刻，打動讀者的心，並影響文壇，形成所謂的「張派作家」以及「張學」。張愛玲的許多作品，亦曾被改編為電影，如傾城之戀、紅玫瑰與白玫瑰、半生緣、怨女、色，戒等。夏志清在中國現代小說史中，給予張愛玲極高的評價：「張愛玲是今日中國最優秀、最重要的作家之一，凡是中國人都應當閱讀張愛玲的作品。」並以「超人才華，絕世悽涼」為張愛玲的一生寫下註腳。

國文老師賞析——王怡芬

本文選自傾城之戀，張愛玲以男主角的觀點來述說故事。小說一開始便點出了振保的生命裡有兩個女人，一個是紅玫瑰，一個是白玫瑰；一個是聖潔的妻，一個是熱烈的情婦。

在張愛玲的筆下，嬌蕊是熱情的，有血有肉的，相對於振保受制於傳統的壓抑，嬌蕊是活的、是自由的，她吸引著振保，在握手時濺到振保手背上的肥皂沫子，乾了之後像張嘴，輕輕吸著振保的手背；穿在身上的浴衣，上面的條紋一條一條，看在振保眼裡，一寸寸都是活的。嬌蕊燃起了振保心中的芯子，振保的心像鍋爐裡的水在燒著，死了許久的心，彷彿又活了起來，欲望像水龍頭裡的一股水，一扭一扭地流了出來。心亂了，牽牽絆絆地像嬌蕊掉了一地的亂髮。

嬌蕊擁有令人無法抗拒的魅力，同時兼具著性感與稚氣這兩種吸引力，她有著女人的身體在精神上卻像個孩子。她舉手投足間散發著女人味，似有若無地引誘著振保。嬌蕊的情欲是主動的，她勇於面對自己的情感，為了振保，她和丈夫坦白，即使後來振保並未選擇她，她仍是理直氣壯地離婚再嫁，她忠於自我的選擇，感情豐沛，在感情的世界裡她獨立自主，並握有掌控權。

相對於嬌蕊，烟鸝是冷的、是死的，從她的出場開始，她給人的第一印象，就是籠統的白。烟鸝是傳統社會中的小女人，她恪遵傳統，嫁夫從夫，對於振保，「她愛他，不為別的，就因為在許多人之中指定了這一個男人是她的」。她沒有自己的個性，給人的印象是模糊的，在人的心裡重量是輕的。相較於遇到嬌蕊時的挑戰與激情，烟鸝的封閉與蒼白很快就讓振保感到乏味，於是振保在外面花天酒地，即使如此，烟鸝還是會設想一些理由來說服自己和旁人。對於振保而言，烟鸝就像刻在銀瓶上的字，隨時可以被抹去蓋掉。即使烟鸝後來紅杏出牆，和有點佝僂，臉色蒼黃，腦後略有幾個癩痢疤的裁縫外遇，但這些都更顯現出她的卑微與可憐。

主角振保是傳統社會中的男性，他孝順父母，事業有成，提拔弟弟，對朋友有義氣，他努力做一個好人……，這些都表現出在傳統社會中，男性被塑造為追求成就、滿足社會要求的形象，即使這樣的男人辜負了女人，最後他仍然是個好人。振保為了維持這些期望和假象，變成了表裡不一的人，他可以在外面玩女人，卻不能接受自己的女人是紅玫瑰一類的女人。他不能為了嬌蕊放棄自己辛苦建立的人生，於是他選擇了烟鸝，一個合乎社會需求的女子，卻不是他所愛的。當他多年後再見到嬌蕊，看嬌蕊生活美滿，忠於自己，有血有肉的活著。在那一刻，難堪、嫉妒等複雜的情緒湧上心頭，振保不禁淚流滿面，那眼淚是失敗的眼淚，他所認知的價值系統、苦心經營的世界，在一夕間崩潰。他認為是安全的、符合大家期望的烟鸝，竟和裁縫有染。紅玫瑰會變白，熱烈的情婦會變成聖潔的妻子；而白玫瑰也會染紅，聖潔的妻子也可能紅杏出牆。振保膽怯、精於算計而不肯忠於自我，一手為自己創造、苦心經營的世界，最終還是毀在自己的手裡。

就像張愛玲說的，「娶了紅玫瑰，久而久之，紅的變了牆上的一抹蚊子血，白的還是『床前明月光』；娶了白玫瑰，白的便是衣服上沾的一粒飯黏子，紅的卻是心口上一顆硃砂痣。」多麼符合人性的一句話，不管是蚊子血還是飯黏子，這畢竟還是自己的選擇，振保沒有辦法像嬌蕊對情感真誠熱烈，也不像烟鸝對現實放棄抵抗，他只好走向妥協的路，回到他自己一手打造的世界，過著事業成功、家庭美滿的假象生活，繼續做他所謂的「好人」。

小說家解謎——許榮哲

小說家張愛玲是點石成金的文字魔法師，在她眾多魔法之中，最令人驚豔的要屬「化虛為實」。何謂化虛為實？舉李安改編自張愛玲的同名電影色，戒為例，其中最後一場戲是這樣的——情報頭子易先生殺了情婦之後，依戀不捨地來到她的房間。這時，易太太突然打開門，問易先生怎麼了，臉色這麼難看？按理，此時畫面上只有兩個人，但房間角落的一面穿衣鏡起了神奇的作用。鏡頭裡，除了易太太和易先生（背面）之外，居然出現了第三個人——鏡子裡的易先生（正面）。

就這樣，易先生一分為二，變成鏡裡、鏡外兩個人。弔詭的是背對觀眾的實像正在撒謊，是個虛假的人；而正對觀眾的虛像反倒投射出易先生壓抑、看不見的內心，他才是真正的易先生。李安利用一面鏡子，巧妙地將易先生一分為二，一虛一實，最後巧妙地化虛為實，將人物看不見的內心，用看得見的影像具體呈現出來。

張愛玲出神入化的文字魔法，在影像上難以呈現，無怪乎所有拍她小說的導演全都敗下陣來，只有深得其髓的李安抓住了張愛玲。現在回到張愛玲的小說紅玫瑰與白玫瑰，看她如何化虛為實。

小說結尾，佟振保回家，妻子白玫瑰正在跟小叔抱怨，數落丈夫的不是，但振保並沒有當場發作，反而故作鎮靜地跟弟弟話家常。直到弟弟回家了，振保這才爆發開來，他氣憤地抓起檯燈砸向妻子，嚇得她連忙逃出去。隨後……

振保覺得她完全被打敗了，得意之極，立在那裡無聲地笑著，靜靜的笑從他眼裡流出來，像眼淚似的流了一臉。

張愛玲利用一座砸向白玫瑰的檯燈，將佟振保的情緒一分為二，一哭一笑，一實一虛，難過的哭是實，得意的笑是虛，因為這一點都不好笑，也沒什麼好得意的。緊接著，小說把焦點鎖在虛的笑身上，她讓佟振保的笑變成具體的實物，從眼裡流了出來，並且大膽地這樣譬喻「笑像眼淚似的流了一臉」。

大部分的讀者都能察覺：這裡的笑其實是眼淚。張愛玲譬喻能力之高，在此幾乎已經到了出神入化的地步。一般而言，所謂的譬喻是把兩個不相干的東西，找出彼此間的相似點，用此來說明彼。但張愛玲卻可以用眼淚來譬喻眼淚，這一點簡直就是特技了。但，一個更好的解讀是：笑不只是眼淚，而是大於眼淚，它包含眼淚在內，以及其他訴不盡的情緒。張愛玲的檯燈，與李安的鏡子有異曲同工之妙，先是一分為二，隨後虛實相間，最後虛笑成了實淚，以及一言難盡的其他，成功地擴大、延展了佟振保內心的悲傷。

小說家的寫作課──譬喻

──許榮哲

張愛玲的譬喻功力驚人，以紅玫瑰與白玫瑰著名的開頭為例：「娶了紅玫瑰，久而久之，紅的變了牆上的一抹蚊子血，白的還是『床前明月光』；娶了白玫瑰，白的便是衣服上沾的一粒飯黏子，紅的卻是心口上一顆硃砂痣。」這裡講的不過就是老生常談的「妻不如妾，妾不如偷，偷不如偷不著」，但它卻因為張愛玲一個絕妙的譬喻，而有了全新的生命。

所謂譬喻是利用兩件事物的相似點，用彼方來說明此方，通常是「一對一」。但張愛玲卻跳出這個框架，採用「二對二」的譬喻，也就是兩「組」事物，「紅玫瑰與白玫瑰」、「妻子與情人」。還能再往上走嗎？有「三對三」的譬喻嗎？

漫畫火影忍者裡有個設定是這樣的，「查克拉＋印＝忍術」（你可以想成武俠小說裡的「內力＋心法＝武功」），這是忍者圈人人皆知的事，連提都不值得提。但故事裡卻用「藍色＋綠色＝黃色」的調色原理，把老生常談的事，重新說了一遍，於是就成了「藍色是查克拉，黃色是印，然後綠色是忍術」，一個驚人譬喻誕生了。

其實藍色和查克拉並無相似處，黃色和印、綠色和忍術也沒有，但當它們各自結合在一起，就有了相似處，「A＋B＝C」。一個好的譬喻，可以讓枯萎的生命，瞬間張開眼睛，如花綻放。

小說家的書架

──許榮哲

1. 張愛玲傾城之戀，皇冠。2. 錢鍾書圍城，大地。

08 自己的天空

袁瓊瓊：「我專愛寫那些沒人理的人物，無能的人，失敗的人。」

袁瓊瓊

她一下就哭起來了。

良三扺①緊了嘴坐著，已經不準備再說了。她看著他，眼淚啪啪流下來，流到頰邊癢癢的。不知怎麼，光留心了那癢。良三不知道是甚麼看法，面對著個哭哭啼啼的女人。還有良四跟良七。三個大男人一溜圍著她坐著，看她哭。眼淚搞糊了視線，光看到三個直矗矗②的人頭。看不清表情。

「嫂嫂。」是良七叫了一聲，他那個方向的人影動了一下。靜敏垂下頭來，在手袋裡找手帕。她擦眼淚的時候聽到良七又喊了一聲：「嫂嫂。」

她答應：「嗯。」

視線又清楚了。良三跟良四都垂著眼，面無表情。良七年紀輕，還不大把持得住自己，坐在那兒，臉都迸紅了。

靜敏看他，他突地立起來：「甚麼嘛！」他說，聲音都變了腔：「還找我幹麼！」

良四拉他：「你坐好。」

良七坐下來了。靜敏看到他眼睛紅紅的，她嫁過來的時候，良七才唸小學，一直到上高中，同她這嫂子感情最好。現在好像也只有他同情她。她心一酸，眼淚又下來了。

良三慢慢的說話：「前頭不是講好了嗎？叫你不要哭。」他停了一下，仍然是上對下的口吻：「這又不是家裡。」

靜敏抹眼淚。

良四的角色是調劑雙方的氣氛的。他當下應話：「嫂嫂，不要哭，三哥又沒說不要你。」

良三說：「是呀！」他一點也不慚愧：「只是暫時這樣。現在她鬧得厲害，騙騙她。」她是指那舞女。

他說那個女人的時候，嘴角悄悄的迸了朵笑③，只有一剎那。靜敏看得很清楚，不懂他怎麼這樣寡情，總算是夫妻七年。他現在或者是種控制住局面的得意吧！別的男人有外遇，總弄得雞飛狗跳的，只有他，一切安排得好好的。完全拿她不當回事。現在還要她把房子讓給那個女人，而且算定了她會聽話。

①抿　音ㄇㄧㄣˇ，合上雙脣。

②直矗矗　站得又直又高。矗矗，音ㄔㄨˋ ㄔㄨˋ，高聳的樣子。

③迸了朵笑　一下子笑了出來。這裡用花的量詞一「朵」，將「笑」形象化，用以強化女子笑容的可愛。迸，音ㄅㄥˋ，湧出。

良四說：「三哥給你租的那房子，雖然小些，是套房，甚麼都齊全的。」

良三說：「住起來很舒服的。」他皺著眉，不是苦惱，是種嚴峻，決定性的表情：「我每個禮拜都會去看你。」

沉默。靜敏拿面紙擦眼淚，極輕的沙沙的聲音，還有她自己吸鼻子，一吸一吸，氣息長長的，像害了病。

良七抱著手膀，很陰沉的盯著她，好像突然成了她的敵人。良四一向是家裡最滑溜的，這時候臉上是適當的凝重表情。良三則呆著臉，好像要睡著了。他難得有這樣和氣的表情，或者他也有良心的，也在這件事上頭感到一點點不忍。

靜敏終於說話了：「為甚麼？」

三個人都看看她，靜敏又不說了——她垂下頭來整理一下思緒，有點驚奇的發現自己沒想到甚麼。

這也算是女人一生的大事。男人有了外遇，現在要跟自己分居。可是她想不出一些別的甚麼來，連哭都不大想。為甚麼剛才會哭，也許只能歸因於她一向愛哭。也許她給嚇倒了，想不到自己生活裡會出這種事。也許她覺得不高興，這種事應當在家裡講。結果把她帶到這裡來，四個人圍個大圓桌子，就像馬上要開飯。他們兄弟圍著圓桌的那邊，這裡只有她一人坐著，好像她跟他們全不相干。

她應當有點合適的想法才對，比如指斥一下良三的忘恩負義，「我做錯了甚麼，你要對我這樣。」電視上演過很多。至少也該一下子暈死過去。可是她光是健康的不痛不癢的坐著，手在桌子底下絞[④]手帕，絞得硬硬的再轉鬆回來。她看到地毯上讓煙燙了一個洞，那是深紅底黑紋的地毯，不仔細還不大看得出來。她又拿手帕擦了一下臉，估計現在臉上是沒有樣子了，恐怕鼻子都肥了起來。她忽然很慚愧。要分手的時候，讓他看到自己這樣醜。

良三說：「她六月就要生了，需要大一點的房子。」

靜敏灰心起來。她應聲：「哦。」一談到孩子，她就覺得灰心乏味，她跟良三沒有孩子，可是她不知道他是這麼想孩子的，他從來也不說甚麼。她忽然又想哭了，又開始亂七八糟掉淚，男人們都安靜看。她分明的見著了眼淚落在裙子上，眼淚聲音好像很大，真是啪答啪答落雨一般。

雅室的門呀地推開，服務生現在才進來，也是這家生意太好。靜敏垂首坐著。良三說：「還是吃點甚麼吧！這店子是出名的。」

他靜靜的翻菜單，平穩的徵求其他人的意見：「來道蝦球好嗎？」

服務生刷刷的記在單子上。

良四說：「來點清淡的，三哥，你這是不成的，小心血壓高。」

「這是這兒出名的菜，你懂不懂？」

良三點了四菜一湯。

服務生離開。靜敏垂頭說：「我想上洗手間。」

良三說：「去吧！」

靜敏離座，窸窸窣窣在皮包翻東西，終於決定連皮包一起帶去。那三個男人寧靜有禮的坐著

④絞　扭擰、擠壓。

。良四甚至做了個微笑。

靜敏合上門。隔著門是那一家三個男人，叫她妻子叫她嫂子的，可是這下她是給關在門外了，她一下有點茫然，忘了自己要做甚麼。她發了一會兒呆。聞到飯館廚房飄過來的香氣，熱烘烘的。她沿著通道走，通道底是廚房，看到廚師的白帽子白圍裙和不銹鋼廚具。轉過彎來是餐廳，隔著許多張桌子椅子和人群，自動門就在那兒。自動門是咖啡色，映出來的外面像是夜晚。靜敏看著，很想走出去，人聲嗡嗡⑤的。但是走出去又怎樣呢？她覺得有點心煩，結婚七年來一直依賴著良三，她連單獨出門都沒有過，這地方還不知是哪裡。而且她還沒帶甚麼錢，因為總跟著良三。現在是給他帶到這裡來講這些事。相信他，他就把人不當回事。

她又氣自己不爭氣，怎麼連錢也不帶呢？她沒辦法的事多著，向來出門是良三把車子開來開去，她懷疑自己就算坐了計程車，能不能把地方指點給司機聽，總之是無能，不怪人家要來甩張舊報紙樣的甩掉自己。

她只好去洗手間。在鏡子裡看到自己果真是花容零亂。她洗了臉，對著鏡子描粧。眼睛哭了一陣，倒是清清亮亮的。她注意鏡子裡的自己，覺得過於精神了，不像是剛受到打擊的女人。可是為甚麼要把這件事當做是打擊呢？她覺得自己並沒那麼愛良三。他們的婚姻是媒人撮合的。是很平靜不費力的婚姻。或許良三對那女人的感情還深些，他一說起那女人，有很特殊的表情。

可是她剛才哭那麼多，良三恐怕要以為她崩潰了。他全部的心思只想到要震懾⑥她安撫她，不願她糾纏不放以致失態。他可不知道她根本不在乎。她一直哭，因為怕。而且想到自己要三十歲了，突然變成被遺棄的女人。早幾年的話她還年輕些。年輕時被遺棄比較上有甚麼好處，她一時也想不清楚。不過一切事年輕時總要好些。她開始有一點點恨良三，彷彿正暖暖的泡在熱水池裡，良三過來澆人一頭冷水。過後她開始細細的打扮，為良三，她一直是為良三打扮的。又把眼線擦掉了，也是為良三，顯得太容光煥發，良三也許要難過的。他一直認為他在靜敏心裡頭有分量。

回到房間裡，三個人已經在吃了。良三抬頭瞄她一眼，說：「吃一點吧！」

這又是很家常的感覺，一家人坐著吃。良七完全不看她，靜敏不知怎麼，感覺到他那強烈的羞愧感覺，彷彿席上眾人，光他一個做錯了事，她知道良七同情她。良四也許也同情，可是他沒那麼強的道德感，他很挑剔的夾了塊荷葉蒸肉，小心的用筷子把荷葉翻開來。良三一吃起東西來總是心情很好。他慢慢的談是如何發現這館子的。像尋常一般指點著菜對靜敏說：「靜敏，你研究一下這道菜，人家做的是真好。」

良四問：「她這方面不大成吧？」他不看靜敏，不是說她。「她那種出身。」

良三略微遺憾了：「就是呀！」

靜敏默默坐著，有些難過，當著她，就這樣談起那個女人來了。

良三像要安撫她：「靜敏的菜做的好，那是難得的。」

他賞識她也許就這一樣，良三非常講究口腹的。事實是他們家的男人全是。想到良三那個女人是不會燒菜的，靜敏一下子同情他了，不知怎麼，一下看他是別的男人，同情他妻子不好，忘

⑤嗡嗡　狀聲詞。一般用以形容昆蟲飛動的聲音，或形容飛機飛行的聲音。

⑥震懾　使之震驚恐懼。懾，音ㄓㄜˊ，威服。

了他是自己丈夫。靜敏說：「以後你吃不到了。」

良三停下筷子看她：「甚麼？」

「我的菜呀！」靜敏漫漫應道。她忽然有種鬆懈的感覺：「我不想分居。」

良三頭一下抬正了起來，彷彿有點變了臉：「剛才不是說好了嗎？」

「我們離婚吧！」

靜敏也覺著了一點得意，那是那三個人一下全抬了臉，都看著她的時候。雖然表情不一樣，而且良七瘦，良三是個圓臉，可是他們家男人長的真像。

靜敏是這樣子離了婚，說出來人總罵她：「哪有那麼笨的。」

劉汾也罵她：「哪有你那麼笨的，你跟人說那麼清楚幹甚麼，誰也不會同情你。」

劉汾比她還小兩歲，也離了婚。她的婚姻是另一種，唸高中時候懷了孩子，迫不得已結婚，婚後過不慣，就離了。滿二十歲以前，女人這輩子的大事全經過了。現在孩子養在娘家。她保持的好，看不出來生過孩子，跟前夫還常有來往，她說：「不要他做丈夫，我就覺得這個人真是可愛。」

分手的時候，良三給了點錢，就拿這點錢開了家工藝材料行。店子小，沒有用人，平常忙不過，劉汾會幫著招呼一下，她在對面開洋裁店。閒的時候愛過來聊天，兩個人一塊坐在店面前的臺階上，像小學生。巷口有風送過來，下午，涼涼的。

劉汾慣是一屁股坐下去，兩腳一叉，天熱了她穿短褲，就手「啪」打了靜敏一下：「你怎麼這樣秀氣，我以為那兒來的大小姐。」

靜敏是抱著膝蓋，腳縮到裡面的坐法。拘束慣了，一下子敞開不來。

劉汾心不大在，邊看巷口，她兒子快放學了，唸小學四年級，已經好大的個子。劉汾呱啦講著報上登的崔苔菁的新聞：「離了婚怎麼還那麼恨他。我跟小丙一離婚我就不恨他了，嘴也不吵了，架也不打了。」小丙只大她一歲，夫妻倆火氣都大。到現在都不算是夫妻了，小丙來過夜的晚上，他們樓上有時候還一樣乒乒亂響，隔天垃圾桶裡儘是砸壞的東西碎片。「小丙今天來。」她漫漫的說，心裡有事。

「是呀！」靜敏應她：「最近你們是不大吵了。」

「咦。」劉汾驚詫：「那算甚麼吵架，你不知道我們從前，簡直像我是男的，跟我打咧！」她下結論：「小丙現在成熟多了。」

巷口有人進來，劉汾眼尖。看出來了：「喂，謝小弟又來了。」她是用調笑的心理喊良七「謝小弟」。坐在臺階上懶懶的拉嗓子喊：「嗨，謝——小——弟。」

良七臉僵僵的過來，劉汾不管，拉他坐臺階上：「喂，好久沒來了。」

良七先越過劉汾跟她打招呼：「靜敏姐。」

忘了他是甚麼時候開始改口叫靜敏姐的。靜敏應：「我拿杯冰水給你。」

端兩杯冰水出來。靜敏留心到良七的背影，他很明顯的瘦了，襯衫裡空盪盪的。

坐下來就問：「怎麼瘦了好多？」

劉汾代他答：「他考試，熬夜。」

她喝光冰水，回自己店裡去了。

靜敏跟良七一塊坐在臺階上，中間是劉汾離去那塊空白。風吹著，有奇怪的感覺。彷彿坐的很近，又有距離。

良七常來看她。謝家的人唯有他一人過不去，總是心事很重的，講起話像跟自己生氣：「要滿月了。」

良三那兒生了個女兒。良七垂頭看自己鞋子：「三哥本來想兒子。」

「哦。」靜敏柔和的回答：「男人都這樣。」

良七要抗議：「我不會。」他說著把臉轉過去。

「你還早吧！」靜敏笑他。臉對著良七的後腦，他頭髮老長，厚厚雜雜的一大綹。她說著手就伸過去，拉良七的髮尾：「頭髮好長哦。」

良七吃了一驚，胡亂應道：「誰給我剪！」

「我給你剪好不好？我手藝不錯啦！」她是雜誌上看來的，真正動過手的只有劉汾跟她自己，她把腦袋轉給良七看：「你看看我的頭，我自己剪的。」

轉過臉來時，良七正凝定的看她，憋住甚麼的神氣，眼睛裡汪汪亮亮的，靜敏情不自禁的愛嬌起來，她偏臉問：「好不好嘛！」說完了自己先詫起來，良七向來是自己的小叔，看著他長大的，可是那一下，他光是個男人。

她仔細的找了張床單把良七渾身圍起來，怕他熱，拿風扇對著吹。先用噴壺把頭髮噴溼，頭髮溼透了貼著腦門，頭一下子小了許多。良七乖乖坐著，渾身包起來、光剩個腦袋任她擺佈。靜敏先用夾子夾頭髮，跟良七說：「像個女生。」她垂眼笑著，良七翻著眼向上看她，頭不敢動。她說：「你記不記得小時候我老給你洗頭呢！」

良七說是。不知為甚麼要答的這樣正式。靜敏光是想笑，以前接觸良七時，他還是橫頭橫腦的小男孩。現在他真是大了。大半期末考忙的，連鬍子也沒刮，黑色那麼明顯的小樁樁。年輕男孩的皮肉潤潤的，給人好乾淨的感覺。良七抿嘴坐著，這孩子慣愛擺這種臉。

剪下來的頭髮有菸味。靜敏嗔：「多久沒洗頭啦！」

良七說：「沒人給我洗嘛！」

「你的手呢！」

「被你包起來了。」他的手在白被單下頭動了動。

靜了半晌，靜敏說：「反正我不給你洗哦。」又說：「懶。」

是放學的時辰，巷口漸漸有學生進來。有學生來買線，女孩子一群巴著櫃臺前，靜敏去招呼。她這店子的生意總這樣，一來一大群。女孩們有跟她熟的，咕咕猛笑：「老闆娘，你會剪頭髮啊！」

良七楞頭楞腦坐在櫃臺裡，頭上還夾著夾子，他閉了眼，像生氣，怕是真窘了。靜敏喚：「良七，你去坐裡面。」裡面是她自己住的，良七到後面去，她跟人解釋：「我小弟。」又跟另一個女孩講：「我小弟啦！」其實人家沒注意她的話。她教了幾個人針法。把顏色和花邊本子攤出來給人看。忙了半天才對付完。一忙完就進裡面去。店堂與內室只拿簾子擋看。她掀簾子進去，喚：「良七。」

良七已經把被單解下來了，坐在床上翻電視週刊看。簾子從背後嘩啦垂下來，是她自己編的木珠簾子。世界在外面，可以看見，是零零碎碎的。

房子裡單擱了一張梳妝臺，一張單人床，一張椅子，角落擱著材料和紙箱。良七坐在裡面。她忽然覺得房子小了。她有些拘束，背貼著簾子站著：「良七，你生氣啦？」

「沒有。」良七把書放下：「靜敏姐，你變了，變得比較能幹。」他把手一擺，突然帶點淘氣：「不是說你以前不能幹哦。」

「來剪吧！」

現在就把良七推到妝鏡前，剪了半天，她發現良七光在鏡子裡看自己。遂停了手問：「怎麼啦！」

「甚麼怎麼啦！」

「你一直看我。」她把臉板起來，做潑辣狀。良七是她看著長大的，她不怕他。

良七說：「那不然我看誰？」

「看你自己呀！」

良七又答是，兩人是撐不住的要笑。靜敏小心的問：「有沒有女朋友呀！」

「還沒有。」他連笑都抿緊嘴，顯得孩子氣的厲害，靜敏在鏡子裡望他，突然的有點心亂。

良七那清楚的五官，也許是照在鏡子裡，異常的明亮，他的下巴是狹狹削過來的，極平滑的輪線，很漂亮。手底下他的頭髮一搭搭，全是溼的，絲絨似的黑亮。她覺得自己沒法控制似的，要癱到良七身上了，她的頭沉了沉，良七的氣味泛上來，是煙燥帶了汗臭，全很淡。她這裡簡直就沒男人來過。

靜敏怕自己。

她說：「我看看外面。」掀了簾子出去。

良七跟了她出來，他把被單又解了，頭上還是夾子。靜敏想笑，又掀簾子進去。良七又跟進來。

他忽然就說了：「靜敏姐，我喜歡你。」

他自己抵著門簾站著，世界讓他擋著了。那麼滑稽，溼的，沒剪完的頭髮，夾子是灰白色，像頭上棲著大飛蛾。他也害怕，說完了抿緊嘴站著，也是個大人，卻一下子瘦寒得厲害，讓人想摟著在懷裡哄。

他也許這件事想過許久了，說出來像繃緊的弦突然鬆開。臉上不笑，神色像定了心。

兩個人都不知該怎麼辦，只是站著。最後是靜敏講：「過來剪吧！」良七過來安坐在鏡子前。

她開始哭。這一點大概一生都不會變。良七要站起來，她按他坐下。一邊眼淚滴答掉著，落在他頭髮上。她一邊剪一邊抹眼淚。良七發急道：「靜敏姐，我，對不起。」

「沒關係，我就是愛哭。」

良七給嚇著了。靜敏覺到自己可怕，又不是很兇猛的哭法，光是無聲，一下子眼裡蘊了淚水，像日子過得多幽怨。其實不是，離了良三，她覺得自己過的挺好，男人也不是頂重要的。她一鬧情緒總要哭，看書報電視電影，總哭得好傷心。她自己想著又笑了。良七在鏡子裡看她，放了心，害羞的回了個笑。

靜敏說：「我就是愛哭，跟你沒關係。」

她仔細的剪他的頭髮。她有點喜歡良七，可是沒有喜歡到那程度，他還是小，看他那放了心的樣子。她氣自己，離婚還不到一年，聽到男人說喜歡自己，居然還哭了呢！

「良七，你亂來。」靜敏說。覺得口吻不大正派，於是拿剪子敲了他一下頭：「我是你三嫂吔！」

剪好頭髮，她幫他洗頭，窄窄的洗澡間，兩人擠在一塊，良七彎了腰，頭髮浸在洗臉池裡。靜敏左手越過去夾著他腦袋。這麼親近的一個男人，像弟弟、愛人、像兒子。

流水嘩嘩，涼涼滑動的水，流過她手指間，她手指間是他一條一條的髮，黑色小蛇般蜷在手背上，浸在水裡的髮漂開來，絲絲絡絡，非常整齊美麗。她也許一輩子記得這些。下午，室外沒有人聲。老風扇在前面店堂裡轉，轟轟過來，又轟轟過去。浴室裡是房子本身的舊，帶著腥腥的腐味，上面浮著洗髮精的草香。良七本身的汗濁氣。他低著頭，給水澆溼了，觸的到的部分全是涼的。他很乖，安靜著，可是好大聲的吸著氣，她曉得他在彎著，她自己也憋著，小心的屏息著，一次只呼吸一點點，可是憋不住的時候就又幽又長的冒出來，像嘆息。兩個人緊張的貼擠在一塊，良七大聲喘著氣，好像曖昧了，可是沒有。

這以後她就不大能安定。總是心惶惶的。把店頂了出去。開始給保險公司跑外務，只有這個工作好找。

每天夾了大包包，見人笑臉先堆起來。她都不相信自己會幹這個。她也並不是能說會道。可是長了張誠實的臉。拉保險時並不跟人強推強銷，只是坐著，資料全攤出來，老老實實唸相關的部分。人說甚麼，她都光是答應：「是的。」緩緩的，拉長音調講。讓人覺得她有話說，不敢講。客戶很難避免這種憐恤⑦的心情，如果拒絕了她，總過陣子又打電話來。她業績很好，開始往上爬，做到了主任。

她現在黑了，也瘦了。穿著牛仔褲，因為方便。變得比較不那麼拘謹。眼睛亮亮的，也會坐著時把腿擱得老高。她的笑容是熱誠明亮，老實不帶心機，讓人見了戒心先去一半。

跑保險時碰到了屈少節，兩人不久就住在一塊，這次是她了，她是那另一個女人。她知道他結了婚，可是她喜歡他那副倔倔的樣子。四十來歲，給寵壞了的男人，到現在都還不知道要怎麼生活。他在家貿易公司做經理，靜敏闖進去。那是間發亮的辦公室，全是玻璃、不銹鋼、壓克力、塑膠、鋁與鐵。秩序而明亮。屈少節坐在桌子後頭。乾淨的臉、頭髮，西裝筆挺。他根本不耐煩她。臉繃著，倔倔的。他保過險了。他不需要保那麼多的險。他不願意談這些事。對不起，他還有業務要處理。

他維持了禮貌，送靜敏到門口。他身上甚至噴了香水，是青橄欖的味道。

靜敏決定自己要他。那時候她三十三歲，在社會上歷練了四年，開始變成個有把握的女人。除了她自身的修飾裝扮，她學會運用人，懂得甚麼人要怎麼應付，懂得甚麼話會產生效果，她心思細密，肯靜靜聽人說話，結果學到了體會別人的感情波動，能窺測別人的想法。

⑦憐恤　哀憐體恤，意思同於憫恤、矜恤。恤，音ㄒㄩˋ，憐憫。

她明白屈少節是甚麼樣的人。

她第二次去，打扮得極女氣，薄紗的衣裳，頭髮貼著腦門。她只佔了他十分鐘，並不談保險。

後來她經常去，坐的時候長了。有時候一塊去吃飯。她那時整個愛上他了，突然全無腦筋。甚麼也不考慮，就光想見到他。她的把握全失去了，她每天打扮得漂漂亮亮，輕飄飄的到了他辦公室。她端莊坐著，腿縮在椅子下。盯著他，整個人流麗。任何人都可以看出她滿得像裝實了的水瓶，一碰就要溢出來。只除了他，他那頂好看的濃黑眉毛，倔倔的蹙起來，他是個煩惱的人。見面總把眉一抬：「又來拉保險？」

靜敏自己受不住了。她發現自己當真戀愛起來，反倒怕了，她擔不起這樣認真。她愛他愛到覺得自己全身洞明，在他面前，她靈敏得像含羞草，一點點動靜她都縮起來。都這麼大了，玩這些不是太老了麼？她停止去看他。彷彿把他全忘了，但是不能死心。她終於又去了，決心把這件事澄清下來，她就連他對自己甚麼想法都不知道。

屈少節還是老樣子，像這麼久的時間，他釘死一樣坐在辦公桌後，一步也沒離開過。他抬頭，濃黑眉毛一跳一跳：「又來拉保險？」

他連詞也不改。靜敏又哭了。

她終於拉到了保險。不久他們就同居在一起。

這麼多的事，講給劉汾聽，好像又很簡單。三兩句就交代了：「我要他保險，他老不保呢！我天天去纏他。」手上抱的是劉汾新生的兒子，又胖又重，贅得手酸，她換個手抱。劉汾接過去：「我來吧！」

她問：「後來呢！」

靜敏說：「後來我們就熟了，他也保了險啦！」

劉汾看著她，下斷語：「我看你現在過的很好。」她解釋：「你看上去很漂亮。」

「哦。」靜敏失笑。

劉汾又跟小丙結了婚。兩人在市區裡開了餐館。劉汾現下是坐鎮櫃臺的老闆娘，發了福，坐在櫃臺裡，白白胖胖像剛出籠的饅頭。她把小孩放在櫃臺上，給他抹口水。

靜敏逗他：「我們別的不要，光要吃這個小豬哦！」哄那孩子：「吃一口，吃一口。」

有客人進門，服務生招呼不來，老闆娘親自下海，劉汾嚷嚷：「坐這裡！要點甚麼。」

這孩子下地就認了靜敏做乾媽，熟得很，孩子給逗得直笑。靜敏懷疑自己是不是不能生。或者是年紀到了，她極想要個孩子，少節的孩子。

劉汾過來拍她背：「靜敏，那桌客人問起你。」

「哪一桌？」這是常事，她本來見過的人多，跑保險跑的。

「我帶你去。」靜敏笑瞇瞇的，抱著孩子，一張張桌子擠過去。那桌上坐了對夫妻，帶兩個孩子。那位太太老遠就盯著她看，很謹慎的。那男人給孩子擦手，偏著臉，直到靜敏走近了……才抬起頭來。

是良三。

靜敏喊：「是良三。」確實有點驚喜。雙方都各自介紹過。劉汾把孩子抱走。靜敏熱烈的又說：「好久不見了。」

是這麼多年的閱歷練出了她這種見面招呼，良三詫了一下，帶了笑，也一樣客氣的：「你變了很多。」兩個人這時候是沒有過去的。良三也像初識的人，靜敏覺得忘了許多事了，良三過去不是這樣，可是她記不起良三從前的樣子。

她扶著椅背站著。他們一家四口正好佔了桌面四周的椅子，毫沒有讓坐的意思，靜敏於是老實不客氣的挨著那個大女孩坐下來。這也是過去的靜敏沒有的舉措⑧。她看到良三那奇怪的表情。良三又說一遍：

「你變了很多。」

「人總是要變的。」靜敏笑。她現在怪異的感覺到出現了兩個自己。她很少想到過去的自己是甚麼樣子，但是守著良三，從前的自己就出來了，她忽然強烈的感到了現在的自己和過去的自己許多差異。

她笑，托著臉，懶散的。知道自己使那個女人不安：「良三，你也變了。」

「沒有。」良三連忙否認。

「胖了。」

「沒有。」還是否認。良三突然老實得有點可憐。

兩人談了些近況，良七出國了，小妹嫁了。靜敏為了面子，謊稱自己結了婚。良三睜直了眼問：「那是你兒子？」

他是指劉汾的小孩。

靜敏半真半假的：「是啊！」

良三突然衰頹了，掙扎半天，他遺憾的說：「想不到你也能生兒子。」

桌面上另外三個女人，良三的妻和良三的女兒，他們安靜的發著呆。靜敏很了解做良三的妻子是甚麼滋味。她帶點憐恤的看那女人。穿素色洋裝，非常安靜溫順。她認識良三時是舞廳裡最紅的，現在也還看的出人是漂亮，可是她有點灰撲撲的。

那就像那個女人代替靜敏在良三身邊活下去，灰暗、溫靜、安分守己。或許她也很快樂，靜敏從前也不是活得不好。因為那個女人，她現在在過另一種生活。她覺得自己現在比過去好。她主動跟良三的妻子微笑，善意，可是管不住自己想胡調⑨一下。她問：「良三晚上睡覺還不愛刷牙嗎？」

良三夫妻都變了臉。良三笑：「呵呵。」那女人氣了。她也許不像表面那麼溫馴⑩。她這下又是她自己了，不是另一個靜敏，她也沒有要哭的意思。或許回去她會跟良三吵鬧。

靜敏回到劉汾這兒。她特為叫廚房炒一盤敬菜給良三夫婦，向廚房走，從廚房飄來白色的熱氣，廚師的白衣，亮晃晃的餐具，在許多年前也有這麼個印象，為甚麼飯館的廚房都是一個樣子。可是她現在不同了，她現在是個自主、有把握的女人。

⑧舉措　言行舉動。
⑨胡調　任意調戲，此指帶有一點調情意味的胡亂。調，樣子、態度。
⑩溫馴　平和不粗野。

作家檔案

袁瓊瓊，西元一九五〇年生於新竹，成長於臺南，畢業於臺南商職，童年大部分時光都在眷村生活。

袁瓊瓊創作初期，以自己的天空獲當年聯合報短篇文學獎，由於勤於寫作，連續六年獲得聯合報小說及散文獎。自己的天空敘述一位掙脫婚姻桎梏、尋求獨立自主的女子，如何走出外遇陰影、大膽追求真愛的故事，為當時保守社會激起一波波浪濤，以女性主義文學之姿，贏得眾文評家之讚賞，如：王文興即以「人情練達即文章」點評該作，予以肯定。

袁瓊瓊擅長捕捉女性的幽微心理，在一個個瑣碎的片段中，以細緻的刻畫賦予小說靈動的生命力，刻畫出一個個女性在當代臺灣社會的縮影。八〇年代，正是臺灣小說文壇各類認同聲線繁複雜沓的年代，其中，女性主義倡導「女性書寫」——女人說女人的故事——等相關理論亦風起雲湧，同代論述與作家的生命關注彼此呼應著，捲起一股女性主義小說的浪潮，袁瓊瓊的三篇代表作：自己的天空、滄桑、異事，都可由此條路徑細細解讀品味。她認為：「寫得夠多，便會形成你獨有的氣味。」而她的寫作態度則是：「誠直的寫作就好。要誠實，和坦白，寫自己的理解，不要造作。真實的力量非比尋常，能夠赤裸裸面對自己，就是好小說。」

袁瓊瓊寫作類別廣，涉於小說、極短篇、散文、劇本等文類，著作有散文集繾綣情書、孤單情書、紅塵心事、青春的天空，小說自己的天空、滄桑、恐怖時代、今生緣、或許，與愛無關等。

國文老師賞析——簡君玲

「她一下就哭起來了。」

袁瓊瓊自己的天空以女主角靜敏的哭開場。為何她哭了呢？小說的情節尚稱簡單：女主角因為遭受丈夫的背叛，出現人生的僵局，而出乎眾人意料之外的，是她毅然決然地選擇了離婚，經歷失婚與經濟獨立的挑戰後，靜敏終於找到自我，成為一個自主的新女性。而本篇小說所要表現的主旨，則具有相當的時代意義。

漢人傳統的父系社會中，婚姻生活之於婦女，是能得到經濟安全、個人價值……等的依附所在，但相隨而來的生命桎梏亦在其中：包括婆媳、夫妻、小孩之間的相處難題，女性在傳統的婚姻制約中往往居於弱勢，於是在一次次的退讓下，不自覺間走向壓抑自我、曲從旁人的道路。袁瓊瓊透過自己的天空，描述了女性離婚後的心情轉變，以及受到傳統父權壓抑的女性如何走出婚姻桎梏，重新定位自身的價值。這篇小說被視為臺灣文學中開啟女性主義的作品之一，尤其小說中女主角靜敏的角色刻畫，在八〇年代女性主義思潮席捲下，相當受到重視，廣受討論。

然而本篇可觀的，不僅於意識型態，其在小說場景的經營上，特別讓人印象深刻。細心的讀者或許已發現，小說中呈現靜敏的女性自覺，恰好是兩次與良三相遇於「飯局」的場景。第一次飯局：還是丈夫的良三，因為有了外遇對象，想與靜敏分居，上館子叫了一桌菜，想跟她分派清楚之後的分居生活，靜敏於是哭花了妝，然而她忽地轉念一想：「我們離婚吧！」第二次飯局：幾年後當兩人再度相逢，在朋友的餐館裡，靜敏已經是個會打扮、有工作、熟諳世故的新女性，當然她也有了新愛情，她成為話題中的主動出擊者，她越發春風滿面、笑語盈盈，便教前夫良三夫婦更不自在了。於是小說的結尾，刻意讓靜敏的視線對飯館廚房這個重要場景的細節，一一檢視：從「廚房裡的熱氣」、「廚師的白衣」到「亮晃晃的餐具」，相似的場景，一樣的人物，她卻搖身一變為新女性了。齊邦媛教授在千年之淚所收閨怨之外——以實力論臺灣女作家一文，稱道自己的天空中良三和靜敏「談判的場面」、以及靜敏「離婚後的景況」。作者透過場景、動作的經營，令小說人物的心情轉折，自然地傳遞到讀者心中。

「可是她現在不同了，她現在是個自主、有把握的女人。」

以今日觀之，或許自己的天空在意識型態上尚稱保守，例如：小說中女主角靜敏，從一個婚姻的依賴中，走向另一個無法給她全部的愛的已婚男人懷抱；小叔良七對她告白的場景，兩人之間情慾的流動點到即止；故事最末，靜敏心中處處將自己與良三的新妻一較高下，還遺留著女人為了男子爭風吃醋的意味；小說最末能讓良三心情悵然若失且讓靜敏扳回一城的，竟是靜敏謊稱自己生了「兒子」……等。然而，若這篇才華初露的得獎作品，在三十年前，引起了許多相關女性主義議題、新女性處境的討論；三十年後的我們卻有了「理所當然」的心情，這得來不易的「理所當然」，或許正是女性主義思潮所尋找的那片天空。

小說家解謎

許榮哲

她現在不同了，她現在是個自主、有把握的女人——這是小說的最後一句話，作者以一種無比自信、篤定的姿態，幫女主角靜敏下了這樣的結語。

小說家究竟用了什麼方法，讓軟弱、沒有自主能力，只知道哭的女主角有了這麼巨大的轉變？答案是逆向操作，利用復仇的方法。

小說採線性敘事，一開始，靜敏以丈夫為天，離婚之後才慢慢活出自我，最後終於勇於追求自己所愛。小說的層次分明，靜敏歷經多次的心理轉折，每一次的轉折，都讓靜敏一步一步告別過去那個軟弱的自己。

然而小說的重點，顯然不在靜敏追求真愛這件事身上，因為新歡（屈少節）的戲分極少，幾乎是個過場人物。我們甚至可以武斷地說：新歡這個角色的最主要目的，是為了讓靜敏成為第三者。

成為第三者的靜敏，多年後意外地在一家餐館，遇見前夫一家四口正在用飯。此情此景，讀者很難不想起故事的開端：一樣是餐館，一樣是四個人，靜敏因為生不出孩子，而被前夫連哄帶騙地攆出家門，當時的她只知道哭。

一般而言，此刻對如今依舊孤家寡人的靜敏而言，相對是比較不堪的。但靜敏卻一反常態，她老實不客氣地挨著前夫的大女兒坐了下來，不自覺地就展開了「復仇」。

復仇的方法很多種，最常見的一種叫「以其人之道，還治其人之身」。

靜敏知道前夫心心念念的是生個男孩好傳宗接代，於是她謊稱自己已經結了婚，還生了一個男孩，藉此狠狠地打擊前夫（他只生了兩個女兒）。這一點，從前夫聽到靜敏有兒子之後，居然衰頹、遺憾地說出「想不到你也能生兒子」，可見一斑。

只是……靜敏用來打擊前夫的武器，全是假話，這樣算是女性的自覺嗎？

或許有人會覺得這樣的反擊，不過是倔強，愛面子，或者不服輸罷了。

正好相反。

如果靜敏說的是真話，那代表她既結婚又生子，她最後還是栽進了男性希望女性這般那般的傳統框架。

正因為靜敏說的全是假話，反而凸顯她已經有了自己的想法，即使沒有婚姻，沒有孩子，她一樣活得自在，生命中的每一樣東西都是她自己努力追求來的。正因此，她才能那麼自然地對前夫的妻子，訕笑地說：「良三晚上睡覺還不愛刷牙嗎？」

一假一真兩句話，把前夫徹底打趴在地上，永遠站不起來。更重要的是它證明了靜敏擁有的是百分之百自己的天空，而不是按照男人的期待，掙來的他人的天空。

小說家的寫作課——自我認同

許榮哲

所謂自我認同，指的是一個人對自我價值的評量。天下沒有完美的人，每個人或多或少都對自己不滿意。不滿意是一隻獸，大部分的時候，牠靜靜地蹲坐在角落，不言不語，但牠其實靈動而易感，只要有人輕輕一撩撥，牠就會猛烈地跳出來。

舉袁瓊瓊自己的天空為例，一向溫順，以丈夫為天的女主角靜敏，因為丈夫的外遇，被半強迫地趕出家門，因而觸發了她對自我的反省：我到底是誰？難道這是我要的生活、想過的人生？如果我不滿意，我可以變成另一個我嗎？當下，靜敏做了一個連她自己都難以置信的決定：和丈夫離婚，展開陌生的新生活。就這樣，一個失婚婦女尋找自我認同的故事就此展開了。

自我認同的故事大致可以分成三個面向：一是身體、長相的；二是身分、外在標籤的；三是內在價值觀的。

這類故事通常主題明確，內容簡單易懂，容易產生共鳴，成長小說或啟蒙小說大都屬於這一類。

有些部分可以改變，有些部分難以改變，但自我認同的重點不在改變，而是在旅程。一旦展開了旅程，就算最後又回到原點，屆時心底的感受肯定也會跟一開始完全不一樣。

小說家的書架

許榮哲

1. 茱迪．皮考特姊姊的守護者，臺灣商務。2. 麥可．康寧漢時時刻刻，高寶。

09 遊園驚夢

王德威：「白先勇的遊園驚夢從頭寫的，就是『夢』的墮落與難以救贖。」

白先勇

錢夫人到達臺北近郊天母竇公館的時候，竇公館門前兩旁的汽車已經排滿了，大多是官家的黑色小轎車，錢夫人坐的計程車開到門口她便命令司機停了下來。竇公館的兩扇鐵門大敞，門燈高燒，大門兩側一邊站了一個衛士，門口有個隨從打扮的人正在那兒忙著招呼賓客的司機。錢夫人一下車，那個隨從便趕緊迎了上來，他穿了一身藏青嗶嘰①的中山裝，兩鬢花白。錢夫人從皮包裡掏出了一張名片遞給他，那個隨從接過名片，即忙向錢夫人深深的行了一個禮，操了蘇北口音，滿面堆著笑容說道：

「錢夫人，我是劉副官，夫人大概不記得了？」

「是劉副官嗎？」錢夫人打量了他一下，微帶驚愕的說道：「對了，那時在南京到你們公館見過你的。你好，劉副官。」

「托夫人的福。」劉副官又深深的行了一禮，趕忙把錢夫人讓了進去，然後搶在前面用手電筒照路，引著錢夫人走上一條水泥砌的汽車過道，繞著花園直往正屋裡行去。

「夫人這向好？」劉副官一行引著路，回頭笑著向錢夫人說道。

「還好，謝謝你，」錢夫人答道：「你們長官夫人都好呀？我有好幾年沒見著他們了。」

「我們夫人好，長官最近為了公事忙一些。」劉副官應道。

竇公館的花園十分深闊，錢夫人打量了一下，滿園子裡影影綽綽，都是些樹木花草，圍過周遭，卻密密的栽了一圈椰子樹，一片秋後的清月，已經昇過高大的椰子樹幹子來了。錢夫人跟著劉副官繞過了幾叢棕櫚樹，竇公館那座兩層樓的房子便赫然出現在眼前，整座大樓，上上下下燈火通明，亮得好像燒著了一般。一條寬敞的石級引上了樓前一個弧形的大露臺，露臺的石欄邊沿上卻整整齊齊的置了十來盆一排齊胸的桂花，錢夫人一踏上露臺，一陣桂花的濃香便侵襲過來了。樓前正門大開，裡面有幾個僕人穿梭一般來往著，劉副官停在門口，哈著身子，做了個手勢，畢恭畢敬地說了聲：

「夫人請。」

錢夫人一走入門內前廳，劉副官便對一個女僕說道：

「快去報告夫人，錢將軍夫人到了。」

前廳只擺了一堂精巧的紅木几椅，几案上擱著一套景泰藍的瓶罇，一隻魚簍瓶裡斜插了幾枝萬年青；右側壁上，嵌了一面鵝卵形的大穿衣鏡。錢夫人走到鏡前，把身上那件玄色秋大衣卸下

①嗶嘰　一種質地較薄的毛織品。

，一個女僕趕忙上前把大衣接了過去。錢夫人往鏡裡瞟了一眼，很快的用手把右鬢一綹鬆弛的頭髮抿了一下，下午六點鐘才去西門町紅玫瑰做的頭髮，剛才穿過花園，吃風一撩，就亂了。錢夫人往鏡子又湊近了一步，身上那件墨綠杭綢的旗袍，她也覺得顏色有點不對勁兒。她記得這種絲綢，在燈光底下照起來，綠汪汪翡翠似的，大概這間前廳不夠亮，鏡子裡看起來，竟有點發烏。難道真的是料子舊了？這份杭綢還是從南京帶出來的呢，這些年都沒捨得穿，為了赴這場宴才從箱子底拿出來裁了的。早知如此，還不如到鴻翔綢緞莊買份新的。可是她總覺得臺灣的衣料粗糙，光澤扎眼，尤其是絲綢，那裡及得上大陸貨那麼細緻，那麼柔熟？

「五妹妹到底來了。」一陣腳步聲，竇夫人走了出來，一把便攙住了錢夫人的雙手笑道。

「三阿姊」，錢夫人也笑著叫道：「來晚了，累你們好等。」

「那裡的話，恰是時候，我們正要入席呢。」

竇夫人說著便挽著錢夫人往正廳走去。在走廊上，錢夫人用眼角掃了竇夫人兩下，她心中不禁覘敲②起來：桂枝香果然還沒有老。臨離開南京那年，自己明明還在梅園新村的公館替桂枝香請過三十歲的生日酒，得月臺的幾個姊妹淘都差不多到齊了——桂枝香的妹子後來嫁給任主席任子久做小的十三天辣椒，還有她自己的親妹妹十七月月紅——幾個人還學洋派湊份子③替桂枝香定製了一個三十寸兩層樓的大壽糕，上面足足插了三十根紅蠟燭。現在她總該有四十大幾了吧？錢夫人又朝竇夫人瞄了一下。竇夫人穿了一身銀灰灑朱砂的薄紗旗袍，足上也配了一雙銀灰閃光的高跟鞋，右手的無名指上戴了一隻蓮子大的鑽戒，左腕也籠了一副白金鑲碎鑽的手串，髮上卻插了一把珊瑚缺月釵，一對寸把長的紫瑛墜子直吊下髮腳外來，襯得她豐白的面龐愈加雍容矜貴起來。在南京那時，桂枝香可沒有這般風光，她記得她那時還做小，竇瑞生也不過是個次長，現在竇瑞生的官大了，桂枝香也扶了正，難為她熬了這些年，到底給她熬出了頭了。

「瑞生到南部開會去了，他聽說五妹妹今晚要來，還特地著我向你問好呢。」竇夫人笑著側過頭來向錢夫人說道。

「哦，難為竇大哥還那麼有心。」錢夫人答道。一走近正廳，裡面一陣人語喧笑便傳了出來。竇夫人在正廳門口停了下來，又握住錢夫人的雙手笑道：

「五妹妹，你早就該搬來臺北了，我一直都掛著，現在你一個人住在南部那種地方有多冷清呢？今夜你是無論如何缺不得席的——十三也來了。」

「她也在這兒嗎？」錢夫人問道。

「你知道呀，任子久一死，她便搬出了任家，」竇夫人說著又湊到錢夫人耳邊笑道：「任子久是有幾份家當的，十三一個人也算過得舒服了。今晚就是她起的鬨，來到臺灣還是頭一遭呢。她把天香票房裡的幾位朋友搬了來，鑼鼓笙簫都是全的，他們還巴望著你上去顯兩手呢。」

「罷了，罷了，那裡還能來這個玩意兒！」錢夫人急忙掙脫了竇夫人，擺著手笑道。

「客氣話不必說了，五妹妹，連你藍田玉都說不能，別人還敢開腔嗎？」竇夫人笑道，也不等錢夫人分辯便挽了她往正廳裡走去。

正廳裡東一堆西一堆，錦簇繡叢一般，早坐滿了衣裙明豔的客人。廳堂異常寬大，呈凸字形

②覘敲　指暗自觀察推敲。覘，音ㄓㄢ，窺視。

③湊份子　每個人湊出一點錢，共同送禮或辦事。

，是個中西合璧的款式。左半邊置著一堂軟墊沙發，右半邊置著一堂紫檀硬木桌椅，中間地板上卻隔著一張兩寸厚刷著二龍搶珠的大地毯。沙發兩長四短，對開圍著，黑絨底子灑滿了醉紅的海棠葉兒，中間一張長方矮几上擺了一隻兩尺高天青細磁膽瓶，瓶裡冒著一大蓬金骨紅肉的龍鬚菊。右半邊八張紫檀椅子團團圍著一張嵌紋石桌面的八仙桌，桌上早布滿了各式的糖盒茶具。廳堂凸字尖端，也擺著六張一式的紅木靠椅，椅子三三分開，圈了個半圓，中間缺口處卻高高豎了一檔烏木架流雲蝙蝠鑲雲母片的屏風。錢夫人看見那些椅子上擱滿了鐃鈸琴弦，椅子前端有兩個木架，一個架著一隻小鼓，另一隻卻齊齊的插了一排笙簫管笛。廳堂裡燈火輝煌，兩旁的座燈從地面斜射上來，照得一面大銅鑼金光閃爍。

竇夫人把錢夫人先引到廳堂左半邊，然後走到一張沙發跟前對一位五十多歲穿了珠灰旗袍，戴了一身玉器的女客說道：

「賴夫人，這是錢夫人，你們大概見過面的吧？」

錢夫人認得那位女客是賴祥雲的太太，以前在南京時，社交場合裡見過幾面。那時賴祥雲大概是個司令官，來到臺灣，報紙上倒常見到他的名字。

「這位大概就是錢鵬公的夫人了？」賴夫人本來正和身旁一位男客在說話，這下才轉過身來，打量了錢夫人半晌，款款地立了起來笑著說道。一面和錢夫人握手，一面又扶了頭，說道：

「我是說面熟得很！」

然後轉向身邊一位黑紅臉身材碩肥頭頂光禿穿了寶藍綵葛長袍的男客說：

「剛才我還和余參軍長聊天，梅蘭芳④第三次南下到上海在丹桂第一臺唱的是什麼戲，再也想不起來了。你們瞧，我的記性！」

余參軍長老早立了起來，朝著錢夫人笑嘻嘻地行了一個禮說道：

「夫人久違了，那年在南京勵志社大會串瞻仰過夫人的風采的。我還記得夫人票的是『遊園驚夢[5]』呢！」

「是呀。」賴夫人接嘴道：「我一直聽說錢夫人的盛名，今天晚上總算有耳福要領教了。」

錢夫人趕忙向余參軍長謙謝了一番，她記得余參軍長在南京時來過她公館一次，可是她又彷彿記得他後來好像犯了什麼大案子被革了職退休了。接著竇夫人又引著她過去把在座的幾位客人都一一介紹一輪。幾位夫人太太她一個也不認識，她們的年紀都相當輕，大概來到臺灣才興起來的。

「我們到那邊去吧，十三和幾位票友[6]都在那兒。」

竇夫人說著又把錢夫人領到廳堂的右手邊去。她們兩人一過去，一位穿紅旗袍的女客便踏著

---

④梅蘭芳　生於清光緒二十年（西元一八九四年），卒於一九六一年，著名京劇旦角演員，被譽為四大名旦之首，其表演以淡雅、穩重見長，代表作有霸王別姬、洛神、貴妃醉酒等，亦能唱崑曲遊園驚夢等。

⑤遊園驚夢　明代劇作家湯顯祖牡丹亭最著名的一齣，至今盛演不衰，以歌舞並重的表演，演繹杜麗娘對青春的嚮往。遊園演久居深閨的杜麗娘，有一日與婢女春香同遊花園，驚見爛漫的春色，綻放於頹圮的花園中，深感自身美好的青春，終將寥落遠去，頗覺惆悵。驚夢演遊畢花園回房之後，杜麗娘先是婉轉抒發一腔難以排遣的懷春愁緒，繼而困倦入夢，朦朧中見書生柳夢梅手持柳枝要她題詠，讚美她姣好的容顏與青春年華，並邀她到湖山石畔溫存纏綿，正當雲雨歡幸，一片落花驚醒好夢，繼而母親到來，乍醒的杜麗娘，難忘綺麗夢境，只能冀望夢兒不遠，能夠再度尋得。白先勇小說題名「遊園驚夢」，乃因主角錢夫人善唱此曲，且亦有一段彷如夢境，與青春男子交歡的經驗。

⑥票友　業餘愛好戲劇，並學習演唱、參與演出的愛好者。

碎步迎了上來，一把便將錢夫人的手臂勾了過去，笑得全身亂顫說道：

「五阿姊，剛才三阿姊告訴我你也要來，我就喜得叫道：『好哇，今晚可真把名角兒給抬了出來了！』」

錢夫人方才聽竇夫人說天辣椒蔣碧月也在這裡，她心中就躊躇了一番，不知天辣椒嫁了人這些年，可收斂了一些沒有。那時大夥兒在南京夫子廟[7]得月臺清唱的時候，有風頭總是她佔先，扭著她們師傅專揀討好的戲唱。一出臺，也不管清唱的規矩，就臉朝了那些捧角的，一雙眼睛鉤子一般，直伸到臺下去。同是一個娘生的，性格兒卻差得那麼遠。論到懂世故，有擔待，除了她姊姊桂枝香再也找不出第二個人來。桂枝香那兒的便宜，天辣椒也算揀盡了。任子久連她姊姊的聘禮都下定了，天辣椒卻有本事攔腰一把給奪了過去。也虧桂枝香有涵養，等了多少年才委委屈屈做了竇瑞生的三房。難怪桂枝香老嘆息說：是親妹子才專揀自己的姊姊往腳下踹呢！錢夫人又打量了一下天辣椒蔣碧月，蔣碧月穿了一身火紅的緞子旗袍，兩隻手腕上，錚錚鏘鏘，直戴了八隻扭花金絲鐲，臉上勾得十分入時，眼皮上抹了眼圈膏，眼角兒也著了墨，一頭蓬得像鳥窩似的頭髮，兩鬢上卻刷出幾隻俏皮的月牙鉤來。任子久一死，這個天辣椒比從前反而愈更標勁，愈更佻㒓[8]了，這些年的動亂，在這個女人身上，竟找不出半絲痕跡來。

「哪，你們見識見識吧，這位錢夫人才是真正的女梅蘭芳呢！」

蔣碧月挽了錢夫人向座上的幾位男女票友客人介紹道。幾位男客都慌忙不迭站了起來朝了錢夫人含笑施禮。

「碧月，不要胡說，給幾位內行聽了笑話。」

錢夫人一行還禮，一行輕輕責怪蔣碧月道。

「碧月的話倒沒有說差，」竇夫人也插嘴笑道：「你的崑曲⑨也算得了梅派的真傳了。」

「三阿姊——」

錢夫人含糊叫了一聲，想分辯幾句。可是若論到崑曲，連錢鵬志也對她說過：

「老五，南北名角我都聽過，你的『崑腔』也算是個好的了。」

錢鵬志說，就是為著在南京得月臺聽了她的「遊園驚夢」，回到上海去，日思夜想，心裡怎麼也丟不下，才又轉了回來娶她的。錢鵬志一逕對她講，能得她在身邊，唱幾句「崑腔」作娛，他的下半輩子也就無所求了。那時她剛在得月臺冒紅，一句「崑腔」，臺下一聲滿堂彩，得月臺的師傅說：一個夫子廟算起來，就數藍田玉唱得最正派。

「就是說呀，五阿姊。你來見見，這位徐太太也是個崑曲大王呢！」蔣碧月把錢夫人引到一位著黑旗袍，十分淨扮的年輕女客跟前說道，然後又笑著向竇夫人說：「三阿姊，回頭我們讓徐太太唱『遊園』，五阿姊唱『驚夢』，把這齣崑腔的戲祖宗搬出來，讓兩位名角上去較量較量，也好給我們飽飽耳福。」

那位徐太太連忙立了起來，道了不敢。錢夫人也趕忙謙讓了幾句，心中卻著實嗔怪天辣椒太過冒失，今天晚上這些人，大概沒有一個不懂戲的，恐怕這位徐太太就現放著是個好角色，回頭

⑦夫子廟　位於南京秦淮河畔，供奉孔子，得月臺就在夫子廟前的文德橋邊。

⑧佻達　音ㄊㄧㄠˋ　ㄊㄚˋ，輕薄放蕩。

⑨崑曲　亦稱崑腔、水磨調、崑劇。中國古老的戲曲之一，元末明初起源於江蘇崑山，後流行全國，至今已有六百多年的歷史，擁有完整的表演體系，其風格細膩典雅，且為聯合國教科文組織公布的「人類口述及非物質文化遺產代表作」之一。

要真給抬了上去，倒不可以大意呢。運腔轉調，這些人都不足畏，倒是在南部這麼久，嗓子一直沒有認真吊過，卻不知如何了。而且裁縫師傅的話果然說中：臺北不興長旗袍嘍。在座的——連那個老得臉上起了雞皮皺的賴夫人在內，個個的旗袍下擺都縮到差不多到膝蓋上去了，露出大半截腿子來。在南京那時，哪個夫人的旗袍不是長得快拖到腳面上來了？後悔沒有聽從裁縫師傅，回頭穿了這身長旗袍站出去，不曉得還登不登樣。一上臺，一亮相，最要緊了。那時在南京梅園新村請客唱戲，每次一站上去，還沒開腔就先把那臺下壓住了。

「程參謀，我把錢夫人交給你了。你不替我好好伺候著，明天罰你作東。」竇夫人把錢夫人引到一位三十多歲的軍官面前笑著說道，然後轉身悄聲對錢夫人說：「五妹，你在這裡聊聊，程參謀最懂戲的，我得進去招呼著上席了。」

「錢夫人久仰了。」程參謀朝著錢夫人，立了正，俐落的一鞠躬，行了一個軍禮。他穿了一身淺色凡立丁的軍禮服，外套的翻領上別了一副金亮的兩朵梅花中校領章，一雙短統皮鞋靠在一起，烏光水滑的。錢夫人看見他笑起來時，咧著一口齊垛垛淨白的牙齒，容長的面孔，下巴剃得青亮，眼睛細長上挑，隨一雙飛揚的眉毛，往兩鬢插去，一桿蔥的鼻梁，鼻尖卻微微下佝，一頭墨濃的頭髮，處處都抿得妥妥貼貼的。他的身段頎長，著了軍服分外英發，可是錢夫人覺得他這一聲招呼裡卻又透著幾分溫柔，半點也沒帶武人的粗糙。

「夫人請坐。」程參謀把自己的椅子讓了出來，將椅子上那張海綿椅墊挪挪正，請錢夫人就了坐，然後立即走到那張八仙桌端了一盅茉莉香片及一個四色糖盒來，錢夫人正要伸手去接過那盅石榴紅的磁杯，程參謀卻低聲笑道：

「小心燙了手，夫人。」

然後打開了那個描金烏漆糖盒，佝下身去，雙手捧到錢夫人面前，笑吟吟地望著錢夫人，等她挑選。錢夫人隨手抓了一把松瓤，程參謀忙勸止道：

「夫人，這個東西頂傷嗓子。我看夫人還是嘗顆蜜棗，潤潤喉吧。」

隨著便拈起一根牙籤挑了一枚蜜棗，遞給錢夫人，錢夫人道了謝，將那枚蜜棗接了過來，塞到嘴裡，一陣沁甜的蜜味，果然十分甘芳。程參謀另外多搬了一張椅子，在錢夫人右側坐了下來。

「夫人最近看戲沒有？」程參謀坐定後笑著問道。他說話時，身子總是微微傾斜過來，十分專注似的，錢夫人看見他又露了一口白淨的牙齒來，燈光下，照得瑩亮。

「好久沒看了，」錢夫人答道，她低下頭去，細細地啜了一口手裡那盅香片，「住在南部，難得有好戲。」

「張愛雲這幾天正在國光戲院演『洛神⑩』呢，夫人。」

「是嗎？」錢夫人應道，一直俯著首在飲茶，沉吟了半晌才說道：「我還是在上海天蟾舞臺看她演過這齣戲——那是好久以前了。」

「她的做工還是在的，到底不愧是『青衣祭酒』，把個宓妃和曹子建兩個人那段情意，演得

---

⑩洛神　京劇名作，演曹植拜望兄長曹丕後，歸途宿於洛川驛站，夢見自稱宓妃（宓，音ㄈㄨˊ）的神女，囑咐明日再往洛川相會，原來兩人昔年曾在宮中互相愛慕，今日仙凡相會，祥雲斑斕、仙樂飄飄，然而曲終人杳，曹植悵惘而歸。

細膩到了十分。」

錢夫人抬起頭來，觸到了程參謀的目光，她即刻側過了頭去，程參謀那雙細長的眼睛，好像把人都罩住了似的。

「誰演得這般細膩呀？」天辣椒蔣碧月插了進來笑道，程參謀趕忙立起來，讓了坐。蔣碧月抓了一把朝陽瓜子，蹺起腿嗑著瓜子笑道：「程參謀，人人說你懂戲，錢夫人可是戲裡的通天教主，我看你趁早別在這兒班門弄斧了。」

「我正在和錢夫人講究張愛雲的『洛神』，向錢夫人討教呢。」程參謀對蔣碧月說著，眼睛卻瞟向了錢夫人。

「哦，原來是說張愛雲嗎？」蔣碧月噗哧笑了一下，「她在臺灣教教戲也就罷了，偏偏又要去唱『洛神』，扮起宓妃來也不像呀！上禮拜六我才去國光看來，買到了後排，只見她嘴巴動，聲音也聽不到，半齣戲還沒唱完，她嗓子先就啞掉了──噯唷，三阿姊來請上席了。」

一個僕人拉開了客廳通到飯廳的一扇鏤空卍字的桃花心木推門。竇夫人已經從飯廳裡走了出來。整座飯廳銀素裝飾，明亮得像雪洞一般，兩桌席上，卻是猩紅的細布桌面，盆碗羹箸一律都是銀的。客人們進去後都你推我讓，不肯上坐。

「還是我占先吧，這樣讓法，這餐飯也吃不成了，倒是辜負了主人這番心意！」

賴夫人走到第一桌的主位坐了下來，然後又招呼著余參軍長說道：

「參軍長，你也來我旁邊坐下吧。剛才梅蘭芳的戲，我們還沒有論出頭緒來呢。」

余參軍長把手一拱，笑嘻嘻地道了一聲：「遵命。」客人們哄然一笑便都相隨入了席。到了第二桌，大家又推讓起來了，賴夫人隔著桌子向錢夫人笑著叫道：

「錢夫人，我看你也學學我吧。」

竇夫人便過來擁著錢夫人走到第二桌主位上，低聲在她耳邊說道：

「五妹妹，你就坐下吧。你不占先，別人不好入座的。」

錢夫人環視了一下，第二桌的客人都站在那兒帶笑瞅著她。錢夫人趕忙含糊地推辭了兩句，坐了下去，一陣心跳，連她的臉都有點發熱了。倒不是她沒經過這種場面，好久沒有應酬，竟有點不慣了。從前錢鵬志在的時候，筵席之間，十有八九的主位，倒是她占先的。錢鵬志的夫人當然上坐，她從來也不必推讓。南京那起夫人太太們，能僭過她輩份的，還數不出幾個來。她可不能跟那些官兒的姨太太們去比，她可是錢鵬志明公正道迎回去做填房夫人的。可憐桂枝香那時出面請客都沒份兒，連生日酒還是她替桂枝香做的呢。到了臺灣，桂枝香才敢這麼出頭擺場面，而她那時才冒二十歲，一個清唱的姑娘，一夜間便成了將軍夫人了。賣唱的嫁給小戶人家還遭多少議論，又何況是入了侯門？連她親妹子十七月月紅還刻薄過她兩句：姊姊，你的辮子也該鉸了，明日你和錢將軍走在一起，人家還以為你是他的孫女兒呢！錢鵬志娶她那年已經六十靠邊了，然而怎麼說她也是他正正經經的填房夫人啊。她明白她的身分，她也珍惜她的身分。跟了錢鵬志那十幾年，筵前酒後，哪次她不是捏著一把冷汗，任是多大的場面，總是應付得妥妥貼貼的？走在人前，一樣風華蹁躚[11]，誰又敢議論她是秦淮河得月臺的藍田玉了？

「難為你了，老五。」

⑪蹁躚　音ㄆㄧㄢˊ　ㄒㄧㄢ，原指旋轉的舞姿，此處形容儀態曼妙。

錢鵬志常常撫著她的腮對她這樣說道。她聽了總是心裡一酸，許多的委屈卻是沒法訴的。難道她還能怨錢鵬志嗎？是她自己心甘情願的。錢鵬志娶她的時候就分明和她說清楚了：他是為著聽了她的「遊園驚夢」才想把她接回去伴他的晚年的。可是她妹子月月紅說的呢，錢鵬志好當她的爺爺了，她還要希冀什麼？到底應了得月臺瞎子師娘那把鐵嘴：五姑娘，你們這種人只有嫁給年紀大的，當女兒一般疼惜算了，年輕的，那裡靠得住？可是瞎子師娘偏偏又捏著她的手，眨巴著一雙青光眼嘆息道：榮華富貴你是享定了，藍田玉，只可惜你長錯了一根骨頭，也是你前世的冤孽！不是冤孽還是什麼？除卻天上的月亮摘不到，世上的金銀財寶，錢鵬志怕不都設法捧了來討她的歡心。她體驗得出錢鵬志那番苦心。錢鵬志怕她念著出身低微，在達官貴人面前氣餒膽怯，總是百般慫恿著她，講排場，耍派頭。梅園新村錢夫人宴客的款式怕不噪反了整個南京城，錢公館裡的酒席錢，「袁大頭」就用得罪過花啦的。單就替桂枝香請生日酒那天吧，梅園新村的公館裡一擺就是十檯，擫笛的是仙霓社裡的第一把笛子吳聲豪，大廚師卻是花了十塊大洋特別從桃葉渡的綠柳居接來的。

「竇夫人，你們大師傅是哪兒請來的呀？來到臺灣我還是頭一次吃到這麼講究的魚翅呢。」賴夫人說道。

「他原是黃欽之黃部長家在上海時候的廚子，來臺灣才到我們這兒的。」竇夫人答道。

「那就難怪了，」余參軍長接口道：「黃欽公是有名的吃家呢。」

「哪天要能借到府上的大師傅去燒個翅，請起客來就風光了。」賴夫人說道。

「那還不容易？我也樂得去白吃一餐呢！」竇夫人說，客人們都笑了起來。

「錢夫人，請用碗翅吧。」程參謀盛了一碗紅燒魚翅，加了一匙羹鎮江醋，擱在錢夫人面前，然後又低聲笑道：

「這道菜，是我們公館裡出了名的。」

錢夫人還沒來得及嚐魚翅，竇夫人卻從隔壁桌子走了過來，敬了一輪酒，特別又叫程參謀替她斟滿了，走到錢夫人身邊，按著她的肩膀笑道：

「五妹妹，我們倆兒好久沒對過杯了。」

說完便和錢夫人碰了一下杯，一口喝盡，錢夫人也細細的乾掉了。竇夫人離開時又對程參謀說道：

「程參謀，好好替我勸酒啊。你長官不在，你就在那一桌替他做主人吧。」

程參謀立起來，執了一把銀酒壺，彎了身，笑吟吟便往錢夫人杯裡篩酒，錢夫人忙阻止道：

「程參謀，你替別人斟吧，我的酒量有限得很。」

程參謀卻站著不動，望著錢夫人笑道：

「夫人，花雕不比別的酒，最易發散。我知道夫人回頭還要用嗓子，這個酒暖過了，少喝點兒，不會傷喉嚨的。」

「錢夫人是海量，不要饒過她！」

坐在錢夫人對面的蔣碧月卻走了過來，也不用人讓，自己先斟滿了一杯，舉到錢夫人面前笑道：

「五阿姊，我也好久沒有和你喝過雙盅兒了。」

錢夫人推開了蔣碧月的手，輕輕咳了一下說道：

「碧月，這樣喝法要醉了。」

「到底是不賞妹子的臉，我喝雙份兒好啦，回頭醉了，最多讓他們抬回去就是啦。」

蔣碧月一仰頭便乾了一杯，程參謀連忙捧上另一杯，她也接過去一氣乾了，然後把個銀酒杯倒過來，在錢夫人臉上一晃。客人們都鼓起掌來喝道：

「到底是蔣小姐豪興！」

錢夫人只得舉起了杯子，緩緩的將一杯花雕飲盡。酒倒是燙得暖暖的，一下喉，就像一股熱流般，周身遊蕩起來了。可是臺灣的花雕到底不及大陸的那麼醇厚，飲下去終究有點割喉。雖說花雕容易發散，飲急了，後勁才兇呢。沒想到真正從紹興辦來的那些陳年花雕也那麼傷人。那晚到底中了她們的道兒！她們大夥兒都說，幾杯花雕那裡就能把嗓子喝啞了？難得是桂枝香的好日子，姊妹們不知何日才能聚得齊，主人尚且不開懷，客人哪能恣意呢？連月月紅十七也夾在裡面起哄：姊姊，我們姊妹倆兒也來乾一杯，親熱親熱一下。月月紅穿了一身大金大紅的緞子旗袍，豔得像隻鸚哥兒，一雙眼睛，鶻伶伶地盡是水光。姊姊不賞臉，她說，姊姊到底不賞妹子的臉，她說道。逞夠了強，揀夠了便宜，還要趕著說風涼話。難怪桂枝香嘆息：是親妹子才專揀自己的姊姊往腳下踹呢。月月紅——就算她年輕不懂事，可是他鄭彥青就不該也跟了來胡鬧了。他也捧了滿滿的一杯酒，咧著一口雪白的牙齒說道：夫人，我也來敬夫人一杯。他喝得兩顴鮮紅，眼睛燒得像兩團黑水，一雙帶刺的馬靴啪噠一聲併在一起，彎著身腰柔柔的叫道：夫人——

「這下該輪到我了，夫人。」程參謀立起身，雙手舉起了酒杯，笑吟吟地說道。

「真的不行了，程參謀。」錢夫人微俯著首，喃喃說道。

「我先乾三杯，表示敬意，夫人請隨意好了。」

程參謀一連便喝了三杯，一片酒暈把他整張臉都蓋了過去了。他的額頭發出了亮光，鼻尖上也冒出幾顆汗珠子來。錢夫人端起了酒杯，在脣邊略略沾了一下。程參謀替錢夫人拈了一隻貴妃雞的肉翅，自己也挾了一個雞頭來過酒。

「噯唷，你敬的是什麼酒呀？」

對面蔣碧月站起來，伸頭前去嗅了一下余參軍長手裡那杯酒，尖著嗓門叫了起來，余參軍長正捧著一隻與眾不同的金色雞缸杯[12]在敬蔣碧月的酒。

「小姐，這杯是『通宵酒』哪，」余參軍長笑嘻嘻的說道，他那張黑紅臉早已喝得像豬肝似的了。」

「『呀呀啐，何人與你們通宵哪！』」蔣碧月把手一揮，打起京白說道。

「蔣小姐，百花亭裡還沒擺起來，你先就『醉酒』了。」賴夫人隔著桌子笑著叫道，客人們又一聲鬨笑起來。竇夫人也站了起來對客人們說道：

「我們也該上場了，請各位到客廳那邊去吧。」

客人們都立了起來，賴夫人帶頭，魚貫而入進到客廳裡，分別坐下。幾位男票友卻走到那檔屏風面前幾張紅木椅子就了座，一邊調弄起管弦來。六個人，除了胡琴外，一個拉二胡，一個彈月琴，一個管小鼓拍板，另外兩個人立著，一個擎了一對鐃鈸，一個手裡卻吊了一面大銅鑼。

[12] 雞缸杯　一種瓷杯，杯身較矮，杯口頗寬，繪有雌雄雞、花草等圖案。

「夫人，那位楊先生真是把好胡琴，他的笛子，臺灣還找不出第二個人呢，回頭你聽他一吹，就知道了。」

程參謀指著那位拉胡琴姓楊的票友，在錢夫人耳根下說道。錢夫人微微斜靠在一張單人沙發上，程參謀在她身旁一張皮墊矮圓凳上坐了下來。他又替錢夫人沏了一盅茉莉香片，錢夫人一面品著茶，一面順著程參謀的手，朝那位姓楊的票友望去。那位姓楊的票友約莫五十上下，穿了一件古銅色起暗團花的熟羅長衫，面貌十分清癯，一雙手指修長，潔白得像十管白玉一般，他將一柄胡琴從布袋子裡抽了出來，腿上墊上一塊青搭布，將胡琴擱在上面，架上了弦弓，隨便咿呀的調了一下，微微將頭一垂，一揚手，猛地一聲胡琴，便像拋線一般竄了起來，一段【夜深沉】，奏得十分清脆滑溜，一奏畢，余參軍長頭一個便跳了起來叫了聲：「好胡琴！」客人們便也都鼓起掌來。接著鑼鼓齊鳴，奏出了一支【將軍令】的上場牌子來。竇夫人也跟著滿客廳一一去延請客人們上場演唱，正當客人們互相推讓間，余參軍長已經擁著蔣碧月走到胡琴那邊，然後打起丑腔叫道：

「啟娘娘，這便是百花亭了。」

蔣碧月雙手搗著嘴，笑得前俯後仰，兩隻腕上幾個扭花金鐲子，錚錚鏘鏘的抖響著。客人們都跟著喝采，胡琴便奏出了「貴妃醉酒⑬」裡的【四平調】。蔣碧月身也不轉，面朝了客人便唱了起來。唱到過門的時候，余參軍長跑出去托了一個朱紅茶盤進來，上面擱了那隻金色的雞缸杯，一手撩了袍子，在蔣碧月跟前做了半跪的姿勢，效那高力士叫道：

「啟娘娘，奴婢敬酒。」

蔣碧月果然裝了醉態，東歪西倒的做出了種種身段，一個臥魚⑭彎下身去，用嘴將那隻酒杯啣了起來，然後又把杯子噹啷一聲擲到地上，唱出了兩句：

人生在世如春夢

且自開懷飲幾盅

客人們早笑得滾做了一團，竇夫人笑得岔了氣，沙著喉嚨對賴夫人喊道：

「我看我們碧月今晚真的醉了！」

賴夫人笑得直用絹子揩眼淚，一面大聲叫道：

「蔣小姐醉了倒不要緊，只要莫學那楊玉環又去喝一缸醋就行了。」

客人們正在鬧著要蔣碧月唱下去，蔣碧月卻搖搖擺擺的走了下來，把那位徐太太給抬了上去，然後對客人們宣布道：

「崑曲大王來給我們唱『遊園』了，回頭再請另一位崑曲泰斗——錢夫人來接唱『驚夢』。」

錢夫人趕忙抬起了頭來，將手裡的茶杯擱到左邊的矮几上，她看見徐太太已經站到了那檔屏風前面，半背著身子，一隻手卻扶在插笙簫的那隻烏木架上。她穿了一身淨黑的絲絨旗袍，腦後

⑬貴妃醉酒　京劇名作，演唐明皇與楊貴妃相約在百花亭赴宴，楊貴妃久候唐明皇不至，方知陛下轉駕西宮臨幸梅妃，又怨又惱的滿懷愁緒難以排遣，遂獨自一人在百花亭喝起悶酒，直至大醉，方才回宮。

⑭臥魚　戲曲身段，身體蜷曲，由站立而旋轉至背部貼地，彷彿盤臥的姿勢。在貴妃醉酒中表示楊貴妃俯身嗅聞花香，醉倒花叢之意。

鬆鬆的挽了一個貴婦髻，半面臉微微向外，瑩白的耳垂露在髮外，上面吊著一丸翠綠的墜子。客廳裡幾隻喇叭形的座燈像數道注光，把徐太太那細挑的身影，娉娉娜娜⑮地推到那檔雲母屏風上去。

「五阿姊，你仔細聽聽，看看徐太太的『遊園』跟你唱的可有個高下。」蔣碧月走了過來，一下子便坐到了程參謀的身邊，伸過頭來，一隻手搭著錢夫人的肩，悄聲笑著說道。

「夫人，今晚總算我有緣，能領教夫人的『崑腔』了。」程參謀也轉過頭來，望著錢夫人笑道。錢夫人睇⑯著蔣碧月手腕上那隻金光亂竄的扭花鐲子，她忽然感到一陣微微的暈眩，一股酒意湧上了她的腦門似的，剛才灌下去的那幾杯花雕好像漸漸著力了，她覺得兩眼發熱，視線都有點朦朧起來。蔣碧月身上那襲紅旗袍如同一團火焰，一下子明晃晃的燒到了程參謀的身上，程參謀衣領上那幾枚金梅花，便像火星子般，跳躍了起來。蔣碧月的一對眼睛像兩丸黑水銀在她醉紅的臉上溜轉著，程參謀那雙細長的眼睛卻瞇成了一條縫，射出了逼人的銳光，兩張臉都向著她，一齊咧著整齊的白牙，朝她微笑著，兩張紅得發油光的臉龐漸漸的靠攏起來，湊在一塊兒，咧著白牙，朝她笑著。笛子和洞簫都鳴了起來，笛音如同流水，把靡靡下沉的簫聲又托了起來，送進「遊園」的【皂羅袍】中去——

原來奼紫嫣紅⑰開遍

似這般都付與斷井頹垣

良辰美景奈何天

便賞心樂事誰家院——

杜麗娘唱的這段「崑腔」便算是崑曲裡的警句了。連吳聲豪也說：錢夫人，您這段【皂羅袍】便是梅蘭芳也不能過的。可是吳聲豪的笛子卻偏偏吹得那麼高（吳師傅，今晚讓她們灌多了，嗓子靠不住，吹低些吧。）吳聲豪說，練嗓子的人，第一要忌酒；然而月月紅十七卻端著那杯花雕過來說道：姊姊，我們姊妹倆兒也來乾一杯。她穿得大金大紅的，還要說：姊姊，你不賞臉。不是這樣說，妹子，不是姊姊不賞臉，實在為著他是姊姊命中的冤孽。瞎子師娘不是說過：榮華富貴——藍田玉，可惜你長錯了一根骨頭。冤孽呵。他可不就是姊姊命中招的冤孽了？懂嗎？妹子，冤孽。然而他也捧著酒杯過來叫道：夫人。他籠著斜皮帶，戴著金亮的領章，腰幹子紮得挺細，一雙帶白銅刺的長統馬靴烏光水滑的啪噠一聲靠在一起，眼皮都喝得泛了桃花，卻叫道：夫人。誰不知道南京梅園新村的錢夫人呢？錢鵬公，錢將軍的夫人啊。錢鵬志的夫人。錢鵬志的隨從參謀。錢將軍的夫人。錢將軍的參謀。錢將軍。難為你了，老五，錢鵬志說道，可憐你還那麼年輕。然而年輕人那裡會有良心呢？瞎子師娘說，你們這種人，只有年紀大的才懂得疼惜啊。榮華富貴——只可惜長錯了一根骨頭。懂嗎？妹子，他就是姊姊命中招的冤孽了。錢將軍的夫人。

⑮嫋嫋娜娜　音ㄋㄧㄠˇ ㄋㄧㄠˇ ㄋㄨㄛˊ ㄋㄨㄛˊ，形容柔美的樣子。
⑯睇　音ㄉㄧˋ，凝神觀看。
⑰姹紫嫣紅　形容花朵盛開，鮮豔繽紛的色彩。姹，音ㄔㄚˋ。

錢將軍的隨從參謀。將軍夫人。隨從參謀。冤孽。我說。冤孽，我說。（吳師傅，吹得低一些，我的嗓子有點不行了。哎，這段【山坡羊】。）

沒亂裡⑱春情難遣⑲
驀地裡⑳懷人幽怨
則為俺生小嬋娟㉑
揀名門一例一例裡神仙眷
甚良緣把青春拋的遠
倚的睡情誰見——

那團紅火焰又熊熊的冒了起來了，燒得那兩道飛揚的眉毛，發出了青湮的汗光。兩張醉紅的臉又漸漸的靠攏在一處，一齊咧著白牙，笑了起來。笛子上那幾根玉管子似的手指，上下飛躍著。那襲嫋嫋的身影兒，在那檔雪青的雲母屏風上，隨著燈光，髣髣髴髴的搖曳起來。笛聲愈來愈低沉，愈來愈淒咽，好像把杜麗娘滿腔的怨情都吹了出來似的。杜麗娘快要入夢了，柳夢梅也該上場了。可是吳聲豪卻說，「驚夢」裡幽會那一段，最是露骨不過的。（吳師傅吹低一點，今晚我喝多了酒。）然而他卻偏捧著酒杯過來叫道：夫人。他那雙烏光水滑的馬靴啪噠一聲靠在一處，一雙白銅馬刺扎得人的眼睛都發疼了。他喝得眼皮泛了桃花，還要那麼叫道：夫人，我來扶你上馬，夫人，他說道，他的馬褲把兩條修長的腿子繃得滾圓，夾在馬肚子上，像一雙鉗子。他的馬是白的，路也是白的，樹幹子也是白的，他那匹白馬在猛烈的太陽底下照得發了亮。他們說：到中山陵的那條路上兩旁種滿了白樺樹。他那匹白馬在樺樹林子裡奔跑起來，活像一頭麥稈叢中亂竄的兔兒。太陽照在馬背上，蒸出了一縷縷的白煙來。一匹白的，一匹黑的——兩匹馬都在流汗了。而他身上卻沾滿了觸鼻的馬汗。他的眉毛變得碧青，眼睛像兩團燒著了的黑火，汗珠子一行行從他額上流到他鮮紅的顴上來。太陽，我叫道。太陽照得人的眼睛都睜不開了。那些樹幹子，又白淨，又細滑，一層層的樹皮都卸掉了，露出裡面赤裸裸的嫩肉來。他們說：那條路上種滿了白樺樹。太陽，我叫道，太陽直射到人的眼睛上來了。於是他便放柔了聲音喚道：夫人。錢將軍的夫人。錢將軍的隨從參謀。錢將軍的——老五，錢鵬志叫道，他的喉嚨已經咽住了。老五，他瘖啞的喊道，你要珍重嚇。他的頭髮亂得像一叢枯白的茅草，他的眼睛坑出了兩隻黑窟窿，他從白床單下伸出他那隻瘦黑的手來，說道，珍重嚇，老五。他抖索索的打開了那隻描金的百寶匣兒，這是祖母綠，他取出了第一層抽屜。這是貓兒眼。這是翡翠葉子。珍重嚇，老五，他那烏青的嘴皮顫抖著，可憐你還這麼年輕。榮華富貴——只可惜你長錯了一根骨頭。冤孽，妹子，他就是姊姊命中招的冤孽了。你聽我說，妹子，冤孽呵。榮華富貴——可是我只活過那麼一次。懂嗎？妹子，他就是我的冤孽了。榮華富貴——只有那一次。榮華富貴——我只活過一次。懂嗎？妹子，你聽我說，妹子。姊姊不賞臉，月月紅卻端著酒過來說道，她的眼睛亮得剩了兩泡水。姊姊

⑱沒亂裡　形容心緒煩亂。
⑲遣　排解。
⑳驀地裡　忽然之間。驀，音ㄇㄛˋ。
㉑嬋娟　形容女子容貌美好。

到底不賞妹子的臉，她穿得一身大金大紅的，像一團火一般，坐到了他的身邊去。（吳師傅，我喝多了花雕。）

遷延[22]，這衷懷那處言

淹煎[23]，潑殘生[24]除問天——

就是那一刻，潑殘生——就是那一刻，她坐到他身邊，一身大金大紅的，就是那一刻，那兩張醉紅的面孔漸漸的湊攏在一起，就在那一刻，我看到了他們的眼睛：她的眼睛，他的眼睛。完了，我知道，就在那一刻，除問天——（吳師傅，我的嗓子。）完了，我的喉嚨，摸摸我的喉嚨，在發抖嗎？完了，在發抖嗎？天——（吳師傅，我唱不出來了。）天——完了，榮華富貴——可是我只活過一次，——冤孽、冤孽、冤孽——天——（吳師傅，我的嗓子。）——就在那一刻：就在那一刻，啞掉了——天——天——天——

「五阿姊，該是你『驚夢』的時候了。」蔣碧月站了起來，走到錢夫人面前，伸出了她那一雙戴滿了扭花金絲鐲的手臂，笑吟吟的說道。

「夫人——」程參謀也立了起來，站在錢夫人跟前，微微傾著身子，輕輕的叫道。

「五妹妹，請你上場吧。」竇夫人走了過來，一面向錢夫人伸出手說道。

鑼鼓笙簫一齊鳴了起來，奏出了一支【萬年歡】的牌子。客人們都倏地離了座，錢夫人看見滿客廳裡都是些手臂交揮拍擊，把徐太太團團圍在客廳中央。笙簫管笛愈吹愈急切，那面銅鑼高高的舉了起來，敲得金光亂閃。

「我不能唱了。」錢夫人望著蔣碧月，微微搖了搖兩下頭，喃喃說道。

「那可不行，」蔣碧月一把捉住了錢夫人的雙手，「五阿姊，你這位名角兒今晚無論如何逃不掉的。」

「我的嗓子啞了，」錢夫人突然用力摔開了蔣碧月的雙手，嗄聲說道，她覺得全身的血液一下子都湧到頭上來了似的，兩腮滾熱，喉頭好像讓刀片猛割了一下，一陣陣的刺痛起來，她聽見竇夫人插進來說：

「五妹妹不唱算了——余參軍長，我看今晚還是你這位黑頭㉕來壓軸吧。」

「好呀，好呀，」那邊賴夫人馬上響應道：「我有好久沒有領教余參軍長的『霸王別姬㉖』了。」

說著賴夫人便把余參軍長推到了鑼鼓那邊。余參軍長一站上去，便拱手朝下面道了聲「獻醜」，客人們一陣鬨笑，他便開始唱起「霸王別姬」中的幾句詩來：「力拔山兮氣蓋世，時不利兮騅不逝——」；一面唱著，一面又撩起袍子，做了個上馬的姿勢，踏著馬步便在客廳中央環走起

㉒遷延　耽擱時間，此指一直沒有美好的愛情。
㉓淹煎　遭受煎熬與折磨。
㉔潑殘生　厭惡這殘餘的日子。潑，表示厭惡的罵人之語。殘生，指殘存的生命。
㉕黑頭　指京劇淨角，俗稱花臉，因以扮演黑臉的包公聞名，故稱「黑頭」。
㉖霸王別姬　京劇名作，演楚漢相爭末期，楚霸王項羽被圍困在垓下，四面楚歌之際，虞姬舞劍勸慰解憂，最終自刎，以使項羽放心突圍，而項羽雖殺出重圍，眼見大勢已去，無顏見江東父老，竟在烏江邊了卻殘生。

來。他那張寬肥的醉臉脹得紫紅，雙眼圓睜，兩道粗眉一齊豎起，幾聲吶喊，暗嗚叱吒，把伴奏都壓了下去。賴夫人笑得彎了腰，跑上去，跟在余參軍長後頭直拍著手，蔣碧月即刻上去加入了他們的行列，不停的尖起嗓子叫著：「好黑頭！好黑頭！」另外幾位女客也上去跟了她們喝采，團團圍走，於是客廳裡的笑聲便一陣比一陣暴漲了起來。余參軍長一唱畢，幾個著白衣黑褲的女傭已經端了一碗碗的紅棗桂圓湯進來讓客人們潤喉了。

竇夫人引了客人們走到屋外露臺上的時候，外面的空氣裡早充滿了風露，客人們都穿上了大衣，竇夫人卻圍了一張白絲的大披肩，走到了臺階的下端去。錢夫人立在露臺的石欄旁邊，往天上望去，她看見那片秋月恰恰的昇到中天，把竇公館花園裡的樹木路階都照得鍍了一層白霜，露臺上那十幾盆桂花，香氣卻比先前濃了許多，像一陣溼霧似的，一下子罩到了她的面上來。

「賴將軍夫人的車子來了。」劉副官站在臺階下面，往上大聲通報各家的汽車。頭一輛開進來的，便是賴夫人那架黑色嶄新的林肯，一個穿著制服的司機趕忙跳了下來，打開車門，彎了腰畢恭畢敬的候著。賴夫人走下臺階，和竇夫人道了別，把余參軍長也帶上了車，坐進去後，卻伸出頭來向竇夫人笑道：

「竇夫人，府上這一夜戲，就是當年梅蘭芳和金少山㉗也不能過的。」

「可是呢，」竇夫人笑著答道：「余參軍長的黑頭真是賽過金霸王了。」

立在臺階上的客人都笑了起來，一齊向賴夫人揮手作別。第二輛開進來的，卻是竇夫人自己的小轎車，把幾位票友客人都送走了。接著程參謀自己開了一輛軍用吉普進來，蔣碧月馬上走了下去，撈起旗袍，跨上車子去，程參謀趕著過來，把她扶上了司機旁邊的座位上，蔣碧月卻歪出半個身子來笑道：

「這架吉普車連門都沒有，回頭怕不把我摔出馬路上去呢！」

「小心點開啊，程參謀。」竇夫人說道，又把程參謀叫了過去，附耳囑咐了幾句，程參謀直點著頭笑應道：

「夫人請放心。」

然後他朝著錢夫人，立了正，深深的行了一個禮，抬起頭來笑道：

「錢夫人，我先告辭了。」

說完便俐落的跳上了車子，發了火，開動起來。

「三阿姊再見！五阿姊再見！」

蔣碧月從車門伸出手來，不停的招揮著，錢夫人看見她臂上那一串扭花鐲子，在空中劃了幾個金圈圈。

「錢夫人的車子呢？」客人快走盡的時候，竇夫人站在臺階下問劉副官道：

「報告夫人，錢將軍夫人是坐計程車來的。」劉副官立了正答道。

「三阿姊──」錢夫人站在露臺上叫了一聲，她老早就想跟竇夫人說替她叫一輛計程車來了，可是剛才客人多，她總覺得有點堵口。

「那麼我的汽車回來，立刻傳進來送錢夫人吧。」竇夫人馬上接口道。

㉗金少山　生於清光緒六年（西元一八八〇年），卒於一九四八年，著名京劇淨角演員，以雄渾磅礴的表演風格著稱，能戲甚多，因成功塑造楚霸王的形象，有金霸王之稱，曾與梅蘭芳合演霸王別姬。

「是，夫人。」劉副官接了命令便退走了。

竇夫人回轉身，便向著露臺走了上來，錢夫人看見她身上那塊白披肩，在月光下，像朵雲似的簇擁著她。一陣風掠過去，周遭的椰樹都沙沙地鳴了起來，把竇夫人身上那塊大披肩吹得姍姍揚起，錢夫人趕忙用手把大衣領子鎖了起來，連連打了兩個寒噤，剛才滾熱的面腮，吃這陣涼風一逼，汗毛都張開了。

「我們進去吧，五妹妹。」竇夫人伸出手來，摟著錢夫人的肩膀往屋內走去，「我去叫人沏壺茶來，我們倆兒正好談談心——你這麼久沒來，可發覺臺北變了些沒有？」

錢夫人沉吟了半晌，側過頭來答道：

「變多嘍。」

走到房子門口的時候，她又輕輕的加了一句：

「變得我都快不認識了——起了好多新的高樓大廈。」

作家檔案

白先勇，西元一九三七年生於中國廣西，為北伐名將白崇禧將軍之子。輾轉居住過重慶、南京、上海、香港等地，一九五二年來臺。畢業於臺灣大學外文系，後獲美國愛荷華大學作家工作坊文學創作碩士。長年任教於美國加州大學聖塔芭芭拉分校，教授中國語言文學，現已退休。

白先勇就讀臺大期間，發表第一篇短篇小說金大奶奶，頗受夏濟安教授賞識；後與王文興、歐陽子、陳若曦、李歐梵等創辦現代文學雜誌，在創作中試驗、摸索不同的藝術形式和風格。奠定白先勇文壇地位的作品為短篇小說集臺北人，書寫一九四九年前後，隨政府來臺的外省族群。他們離鄉背井，在時代的洪流中浮沉，人到中年，但總不能擺脫過去的繁華榮耀與青春璀璨，甚至不肯放棄過去，於是活在糾纏著現在與過去的現實與幻覺中，「今昔之比」為其一貫之主題。白先勇唯一的長篇小說孽子，主角為一九七〇年代，臺北一群不被主流社會接納、聚集於新公園的少年男同性戀者，他以悲憫之心書寫男同志飽受壓抑的邊緣處境與對自我追尋的認同。

白先勇的文學創作以短篇小說為主，被夏志清教授譽為「當代短篇小說家中少見的奇才」。白先勇的創作，具有融合中西文化的特質，小說內容演繹的是傳統的人物與故事，但以西方現代主義等手法撰寫，形塑獨具一格的文字特質。著有短篇小說集臺北人、寂寞的十七歲、紐約客，長篇小說孽子，散文集驀然回首、樹猶如此，舞臺劇劇本遊園驚夢，電影劇本金大班的最後一夜、孤戀花等，作品被譯為多國文字，改編成舞臺劇、電視劇、電影上演。

國文老師賞析

林佳儀

遊園驚夢是白先勇技巧最成熟的小說之一，寫錢夫人在年華老去時回思過往，故事性不強，但營造出充滿詩意的氣氛。作品以竇夫人（桂枝香）在臺北天母公館舉辦的宴會為起始，穿插錢夫人（藍田玉）回憶當年在南京梅園新村錢公館，為桂枝香舉辦的三十歲生日宴席，以平行寫作的技巧，書寫錢夫人等流亡的貴族們，從南京到臺北，沉緬於過去的美好來寄寓當下的生命；並吸收轉化中國古典戲劇——崑曲牡丹亭．遊園驚夢，以意識流的寫作手法，呈現錢夫人內心流動的情思。

主角錢夫人，出身南京得月臺清唱歌女，藝名藍田玉，擅長崑曲，後被年近六十的錢鵬志將軍娶回做填房夫人，年輕的錢夫人曾與錢將軍的參謀鄭彥青有過一次交歡繾綣的經驗，然則在梅園新村的一場宴會上，親妹妹月月紅竟橫刀奪愛，與鄭彥青親熱起來。來臺後，錢夫人獨居於南部，此次是應姊姊竇夫人之邀，赴臺北天母的竇公館參加晚宴，宴會後還有戲曲清唱，觸動錢夫人，前塵往事湧上心頭。小說中，在南京集榮華富貴於一身的錢夫人——錢鵬志——鄭彥青——月月紅，這一組人物，到了臺北已是風華遠去，但另有一組平行對應的人物：竇夫人（總算熬出頭，由三房夫人扶正了）——竇瑞生——程參謀——天辣椒，透過兩組人物的錯位出現、命運對比，寫出如夢人生的輪迴，甚至是遠離家鄉、避居臺北的「臺北人」共同之命運。

小說在以錢夫人為主要觀點的敘事中，多次穿插出現過去南京與現在臺北的兩次宴會場景，同樣都有大廚職掌、同樣都清唱崑曲遊園驚夢、同樣都有妹妹與姊姊的戀人過分親熱，在今昔對比的敘事中，最精采的是鄰近結尾處，順著錢夫人的思緒流洩而出，運用意識流手法寫作的段落：錢夫人在臺北的宴會中，頂著花雕酒後勁的醺醺然，從聽聞徐太太唱遊園開始，心中情思幾度輾轉，於是穿越時空，徘徊於內心幻境與當下真實；而作為連接過渡的，則是湯顯祖遊園驚夢的曲文——「原來奼紫嫣紅開遍」一段，是從臺北宴會中徐太太的清唱，嫁接至當年南京的宴會上，喝多了酒的錢夫人清唱遊園；而「沒亂裡春情難遣」一段，則是當年唱驚夢時，錢夫人順著杜麗娘傷春和對愛情的期盼，墮入與鄭彥青幽會，在種滿白樺樹的路上縱馬奔馳的回憶；最後「遷延，這衷懷那處言」一段，則是頂著烈酒割喉之痛，奮力唱曲的錢夫人，看到鄭彥青與月月紅眼神中擦出的火花，刺得她嗓子瘖啞，再也唱不下去！這一段意識流，乃是錢夫人從杜麗娘與柳夢梅夢中纏綿悱惻的交歡，恍恍惚惚回到自己生命中那一次與鄭彥青春風繾綣的甜蜜；卻也從如今宴會上程參謀與天辣椒紅得發油光的臉龐漸漸靠攏，憶起當年南京的宴會上，親睹妹妹月月紅與鄭彥青漸漸湊攏的醉紅臉孔，以致驚夢無法終曲的錐心之痛。歲月悠悠，錢夫人蟄居臺灣南部，深閨寂寞，難得來臺北，都快不認識眼前多變的景象了；而她自己的生命華彩，仍然停滯在南京，美玉般的光澤，正逐漸黯淡褪去。

遊園驚夢不僅是一篇出色的小說，日後還由白先勇改編為舞臺劇，並於臺灣、中國、美國等地上演，為臺灣當代戲劇的里程碑之一；而小說中節錄的幾段牡丹亭曲文、崑曲的聲音，也間接促成白先勇日後製作崑劇青春版牡丹亭，一圓多年的夢想。

小說家解謎

許榮哲

常常有人問我：「為什麼每次寫小說，都會爆字數？」幾乎沒有一次例外，說這種話的傢伙通常都帶著一張躁佻的臉。「回去Google一下『三一律』。」我說。「什麼意思？你直接告訴我不就得了。」果然是個躁佻的傢伙，他無法容忍迂迴，他想立刻知道答案。「意思是你的情節太雜、場景太多、時間太長。」

「三一律」是亞里士多德歸納古希臘戲劇所得到的結果：故事通常在一天之內，同一個地方發生，而且情節統一，沒有其他支線。對小說創作而言，沒有任何非得遵守不可的規範。「三一律」不過是提供三張看不見的網，好讓躁佻的傢伙稍稍安靜下來，不要徒勞無功地亂跑、亂叫、亂跳。對我而言，「三一律」像水晶球，拙劣的小說家被困在裡頭，綁手綁腳；但聰明的小說家知道，一顆小小的水晶球就足以把全世界吸納進來。

以白先勇遊園驚夢為例。遊園驚夢敘述錢夫人到竇公館參加一場宴會，從進門到出門，一個晚上的時間，地點就在竇公館。宴會開始之後，沒人進來，也沒人出去，完全符合三一律。

「三一律」將小說擠壓成水晶球，但小說家卻用「意識流」將主人翁拉到時空的千里之外。所謂意識流，就是「內心獨白」＋「自由聯想」。在臺灣，幾乎每個小說家都寫過意識流小說，不過我個人認為遊園驚夢是最頂尖的一篇。因為醉酒，因為眼前相似的人物組合，啟動錢夫人的意識流。於是，現在、過去兩組相似的人物不停交互出現，看似現在的時空，一個巧妙的轉場（崑曲遊園驚夢笛音），已經不知不覺回到過去時空。意識流領著錢夫人回到十多年前的一場生日趴，揭露一個不能說的祕密。錢將軍的隨從參謀扶著錢夫人上馬，兩人騎著白馬，在白太陽下，在白樺樹林裡奔跑了起來。上了馬的兩人，究竟做了什麼？錢夫人的意識是如此流動的……

> 太陽照在馬背上，蒸出了一縷縷的白煙來。一匹白的，一匹黑的——兩匹馬都在流汗了……那些樹幹子，又白淨，又細滑，一層層的樹皮都卸掉了，露出裡面赤裸裸的嫩肉來。

如果看不懂他們究竟做了什麼，可以參考十九世紀小說家福婁拜的包法利夫人。一對偷情的男女，坐在馬車裡，不停對著馬夫狂暴地喊：「走啊，一直走，不管去哪都好，只要不停下來就行了。」一整個陽光燦爛的下午，偷情男女乘坐馬車，大街小巷胡亂穿梭，簡直就是逛大街。小說裡，缺乏想像力的馬夫不曉得車子裡的兩人發了什麼狂，一直不要停憩。可是聰明的讀者知道，他們就像那兩匹被使勁抽打的瘦馬一樣，正汗水淋漓。其實也不需要太聰明，當年某位法官就認定包法利夫人嚴重違反善良風俗，於是決定起訴福婁拜。福婁拜利用讀者的想像力幫他完成了偷情的情節，白先勇也採用類似的手法處理同樣的情節。只不過一個用白描，一個用意識流。

白先勇用意識流的手法，將那個難以啟齒的偷情場面呈現出來。因為難以啟齒，所以只好斷裂、隱晦。因為斷裂、隱晦，反而輻射出最大的可能性。理解意識流，你才能撥開層層簾幕，進入一層又一層的故事。理解這是一個關於背叛，但卻又無悔的故事，你才能瞧見錢夫人心底真正「不能說的祕密」。表面上，不能說的祕密是偷情，但骨子裡最令錢夫人難堪的是：那次的偷情，竟是她這輩子最值得活的一次。就像小說裡反覆出現的：榮華富貴——可是我只活過那麼一次。

小說家的寫作課——意識流　許榮哲

所謂意識流，最簡單的說法，就是「內心獨白」+「自由聯想」。

小說新手容易把意識流當作炫技，但寫出來的作品，卻一點也不炫，反倒比較像是把一大段條理分明的敘事剪成一塊塊，然後隨便抓一把，撒豆一樣，隨意丟在地上，渴望它們自己成兵。

雖然意識流的精神來自於「自由聯想」，但你不能漫無邊際、天馬行空地胡亂拼湊，然後把解讀的責任推給讀者。沒有東西，要怎麼解讀？你得先找出最想表達的核心，然後挑選合適的片段，以造成充滿想像空間的排列組合。舉白先勇遊園驚夢裡，最具想像空間的一段意識流為例：

太陽照在馬背上，蒸出了一縷縷的白煙來。一匹白的，一匹黑的——兩匹馬都在流汗了……那些樹幹子，又白淨，又細滑，一層層的樹皮都卸掉了，露出裡面赤裸裸的嫩肉來。

一匹白的、一匹黑的，指的是兩匹馬嗎？有沒有可能是兩個人，一男、一女？如果是一男一女，為何都淌著汗？表面上是太陽照射，但欲望的熱是不是更合理一些？為何莫名其妙地把焦點瞄準樹幹子？沒道理啊！隨後的白淨、細滑、卸掉樹皮、赤裸裸的嫩肉，更沒有道理。但如果這裡的樹幹子指的是錢夫人呢？那麼赤裸裸的嫩肉就有了驚人的意義了。

因為合適的剪裁，以及有效的排列（其實就是電影裡的蒙太奇剪接），錢夫人的意識流成功地造成了讀者巨大的不安，同時也完成小說裡最重要的情節指涉。

小說家的書架——許榮哲

1. 維吉尼亞·吳爾芙戴洛維夫人，高寶。2. 福克納聲音與憤怒，桂冠。

小人物有苦難言之謎

10 惹事

吳新榮：「賴和在臺灣，正如魯迅在中國、高爾基在蘇聯，任何權威都不能漠視其存在。」

賴和

一個二十左右的青年，雖使他有一個由戀愛結合的妻，無事給他去做，要他安安守在家裡，我想一定是不可能，況且又是未有娶妻的人。在這年紀上那些較活潑的青年，多會愛慕風流，去求取性的歡樂。但是我所受的道德教訓，所得的性格薰陶，早把我這性的自然要求，壓抑到不能發現，不僅僅是因為怕被笑作墮落青年。

不用講不能去做那有益人生的事業，只是利益自己的事，也無可做。處在這樣環境裡，要消遣這無聊的時光，只有趁著有閒階級尋求娛樂，打球麻雀①是最時行②，要去和他們一較輸贏，卻自缺少勇氣。市街廟院、村莊郊野，多已行過，別無值得賞玩的去處。那末幫做家裡的工作？這卻又非所能，曾試挑過小時常挑的水桶水，腰竟不能立直，便不敢再去試試較粗重的；小弟妹常被我弄哭，多不親近我；尋朋友去閒談，談得來的朋友，有誰像我閒著？看小說，尚在學校的時代，被課程所迫，每恨沒有時間，常藏在衣袋裡，帶進教室去，等先生注意不到，便即偷讀，現在時間餘裕得過多，小說也看著到起厭。唉！真是無可消遣？——啊，打獵釣魚，是，這不用去招夥伴，真是自由的消遣法。不過擁護人類權益的銃器[3]，我已失去所持的自由，而且平時沒有習過，也使用它不來，只有釣魚於我較合適。

啊！是，釣魚去。

準備好釣竿靠架，便自己動手去炒香糠，釣魚器具算備齊了，攜著也就出門，卻無帶著魚筐，這有點醉翁之意不在乎酒的做作。出了門不知到什麼所在去好，一下躊躕便行向愚村方面去。在街的末端流著一條圳溝[4]，這所在是東面諸村莊入街的咽喉，市聲步履，囂然雜踏[5]，脫出這擾攘的包圍，便看見竹圍田圃，在竹圍裡一口池塘貯滿著水，微風過處池水粼粼盪漾，反射著西斜日光，似呈著笑臉在歡迎我。這魚池的主人，與我有面識，也就不怕嫌疑，走向池岸上，在竹蔭中尋一個較好下釣的所在，移來幾粒石頭，鋪好一個坐位，安好靠竿的架子撒下香糠，鉤上香餌，就把釣絲垂下去坐等魚來上釣。正是炎暑的夏天，風來水面時涼，比食冰西瓜更快意，雖釣不到魚，也足藉以避暑。

「喂！這魚池不許釣。」

---

①麻雀　此指麻將。
②時行　閩南語詞彙，意為流行。
③銃器　一種槍械火器。銃，音ㄔㄨㄥˋ。
④圳溝　水溝。圳，音ㄗㄨㄣˋ。
⑤雜踏　多而紛亂的樣子，亦作「雜遝」。

……

「喂！臭耳人[6]甚[7]？這魚池不許釣！」

「怎樣？不能釣？」

「不許釣就不能釣！怎樣？」

「囝阿兄[8]！那用惡到這樣？」

「你的主人啊？主人幹嗎？」

「我就是主人，要怎樣？這魚池已經贌[9]給我們養魚。」

「你無有禁釣的告示，誰都好釣。」

「講笑話，我就不准你釣。」

「你沒有告示，我已撒下香糠，不許釣？你不是騙人來給你飼魚？」

「講恷話？誰叫你撒？」

「我要釣魚啊。」

「我不許釣！」

「我偏要釣。」

「我就敢給你戽水[10]。」

「試試看！你不怕到池裡去喝水？」

「放屁！」

「試看咧！」

泊泊泊，開始有潑水的飛濺聲。

「好！你真要。」繼之有憤怒的叫聲。

「唉，啊！」驚喊聲。

撲通，重物的墜水聲。

「娘的！好，看你敢淹死我？」是復讎的狂喊聲，拍拍拍，肉的搏擊聲。

撲通，再一次的墜水聲。

「啊啊！娘的，死鱸鰻⑪！著不要走！」這是弱者被侮辱時，無可奈何，聊以洩憤，帶著悲嗚的威嚇。

「哈哈！好漢！怎也會哭？」嘲笑之後又有「喂！不要哭！拿幾點錢去買餅喰⑫！」的輕蔑。

「死鱸鰻。」

當這喜劇要開幕時，因為也有吵嘴的鬧臺鑼鼓，所以圍來不少觀客，看看要動起真刀真槍的時候，有的觀客便來勸阻，有的卻興高采烈在拍手歡迎，武劇終於扮演下去，等到閉幕觀客還不散去，隨後便有評戲的議論，有的講那囝仔演得不錯，這就是在譏誚我演了有些不應該，有的卻

---

⑥臭耳人——閩南語詞彙，意為耳聾。
⑦甚——閩南語詞彙，意為是不是。
⑧囝阿兄 閩南語詞彙，意為小兄弟。
⑨贌——閩南語詞彙，意為承租。
⑩戽水——閩南語詞彙，意為潑水。
⑪鱸鰻——閩南語詞彙，意為流氓。
⑫喰——閩南語詞彙，意為吃。

直接在講我的橫逆，這也難怪，人的心本來是對於弱者劣敗者表示同情，對於強勝者懷抱嫉妒和憎惡，對於理的曲直是無暇去考察，可是在這「力即是理」的天下，我真是受了不少冤枉，有幾個認識我的，便在我難於下場的時帶著不可思議的面容，來勸我回去，我也就很掃興地把釣具收起。

是將近黃昏的時候，我家裡忽然來了一個訪客，這訪客像是帶來很重大的事情，所以同時跟來不少好事的人，把門口圍繞著，在等待看有什麼值得他們開心的事發生。

「請問咧！這裡不是有一個叫做豐的？」

「有什麼貴事？那就是小犬。」父親不曉得什麼事由，看見這款式，很有驚疑不安的臉色，雖然卻也很從容地應答著。

「我也聽講是你的公子，所以專工來訴給你聽，這事情不知道他有什麼道理好講？」這訪客具有強健的身軀，沒有被袖管遮去的兩臂，露出很有氣力的筋肉，講話時兩個拳頭握得要流出汁來。

「哦！去得罪著你嗎？我完全不知道，他是回來不久，罕到外面去，……」

「他去釣我們的魚，我那個十三歲的囝仔去阻止，他竟把伊推落池裡去。」

「嗄！真有這樣事？你怎這樣亂來？」父親帶著微怒而又不相信似的聲音轉向我。

「他就是你的孩子嗎？」我看見事情不是小可，便抱定覺悟，面對著那訪客，反問起他。

「你怎把他推落池裡？」這句話很充分地含有問罪的口氣。

「他潑我一身軀泥水，你自己沒有問問看？」我也反問起他的責任。

「難道你以為打得過他，就把他推下去嗎？」

「我替你教示⑬，你不喜歡嗎？他那款亂來，沒有教示，若是碰到別人，一定要受著大大的喫虧。」聽著這句話，父親似著了一驚，但是我卻看見他在抑制著口角的微笑，一方那訪客竟握緊著拳頭立了起來。

「多謝你的教示，兩次落到水裡去，喝了一腹肚水，你還以為不是喫虧嗎？」看到形勢這樣緊張，圍在門口的閒人中，忽鑽出了幾個人，竟自踏進我的廳裡來，這幾人是和我家較有交陪⑭的，萬一相打起來，很可助我一臂的健者，我的膽也就壯了許多。

「還不至淹死，有什麼相干。」

「呸！亂來，給我進去！」父親也再不能放任，也再不能沒有一些教訓的表示了。

「你不是讀書人？你以為打得來就算數？」

「你的兒子無禮，你總不講。」

「你不來告訴我？」

「你沒有預先告示，我怎會識得他是你的兒子。」

「給我進去！」父親又有了責任上的訓話。

「你實在有些橫逆，若碰到和你一樣的人呢？」

那訪客的氣勢，到這時候似有些衰落，話的力量已較軟和。

「若會把我推下水去，也只有自認晦氣。」

「不許開嘴！給我進去！」父親真有點生氣了。

⑬教示　閩南語詞彙，意為教訓。

⑭交陪　閩南語詞彙，意為交情。

「看我的薄面，不用理他，對令郎我總要賠個不是。」

「是咯，這樣就可以了，恭叔也在責罵他。」幾個閒人，便也插下嘴，給我們和解。

「他還以為我是可以欺負的。」

「少年人不識世故，休去理他，恭叔自己要教責⑮就好了。」又是閒人的勸解。

「既然是相痛疼⑯，總看我的薄面。」

「是咯！算了罷！」不管那訪客怎樣，幾個閒人便硬把訪客挽了出去。

「不過我不能不來講一聲。」那訪客留了這最後的一言。

「勞煩大家，真多謝。」父親也向著了人們表表謝意。這一次累到他老人家賠了不少不是，而我也受到教母親去代承受的叱責，我曉得免不了有一番教訓，就早便閃到外面去，所以父親只有向著我的母親去發話。

「喲——號——喲，咬——咬——」種菜的人拍手擲腳在喊雞。

「娘的，畜生也會傍著勢頭⑰來蹧蹸人。」喝喊既嚇牠不走，隨著便是咒罵。

一群雞母雞仔在菜畑⑱裡覓食，腳抓嘴啄，把蔬菜毀壞去不少。這時候像是聽到「咬」的喊聲，有些驚恐的樣子，「嘓嘓嘓」，雞母昂起頭來叫兩三聲，似是在警告雞仔。但是過了一少時⑲，看見沒有危險發生，便又嘓嘓嘓地招呼雞仔去覓食。

「畜生！也真欺負人！」種菜的看用嘴嚇不走，便又無可奈何地咒罵起來，憤憤地放下工作，向雞群走去，卻不敢用土塊擲牠，只想借腳步聲要把雞嚇走。雞母正啄著半條蚯蚓，展開翅膀嘓嘓地在招呼雞仔，聽到腳步聲，似覺到危險將要發生，放下蚯蚓，走向前去，用牠翅膀遮蔽著雞仔，嘓嘓地要去啄種菜的腳。

「畜生！比演武亭鳥仔⑳更大膽。」種菜的一面罵，一面隨手拾起一支竹莿，輕輕向雞母的翅膀上一擊，這一擊纔挫下牠的雌威，便見牠向生滿菅草的籬下走入去，穿出籬外又嘓嘓地在呼喚雞仔，雞仔也吱吱叫叫地跟著走。

「咬——」種菜的又發一聲洩不了的餘憤。

這一群雞走出菜畑，一路吱吱叫叫，像是受著很大的侮辱，抱著憤憤的不平，要去訴訟主人一樣。

大家要知道，這群雞是維持這一部落的安寧秩序，保護這區域裡的人民幸福，那衙門裡的大人㉑所飼的，「拍狗也須看著主人」，因為有這樣關係，這群雞也特別受到人家的畏敬。衙門就在這一條街上，街後便是菜畑，透㉒菜畑內的路，就在衙門邊；路邊，和衙門的牆圍相對，有一間破草厝，住著一家貧苦的人，一個中年寡婦和一對幼小的男女，寡婦是給人洗衣及做針黹㉓，

⑮教責　閩南語詞彙，意為教導責備。
⑯痛疼　閩南語詞彙，意為疼惜照顧。
⑰傍著勢頭　仗著主人的威勢，主人為警察大人。
⑱菜畑　閩南語詞彙，意為菜園。
⑲一少時　閩南語詞彙，意為一些時間。
⑳演武亭鳥仔　臺灣有「演武亭的雀鳥仔——不驚槍」的歇後語，故此指膽大之意。
㉑大人　日治時期，臺灣人民對警察的尊稱。
㉒透　閩南語詞彙，意為通往。
㉓針黹　縫紉、刺繡等針線工作。黹，音ㄓˇ。

來養活她這被幸福的神所擯棄㉔的子女。

這群雞母雞仔走到草厝口，不知是否被飯的香氣所引誘，竟把憤憤的不平忘掉，走入草厝內去，把放在桌下預備飼豬的飯，抓到滿地上。雞母嘓嘓地招呼雞仔，像是講著：「這是好食的，快快！」但是雞母又尚不滿足，竟跳上桌頂，再要找些更好的來給牠可愛的雞仔食。桌的邊緣上放著一腳空籃，盛有幾片破布，雞母在桌頂找不到什麼，便又跳上籃去，纔踏著籃邊，籃便翻落到地面去，雞仔正在這底下啄飯，湊巧有一隻走不及，被罩在籃內，這一下驚恐，比種菜的空口喝喊，有加倍效力，雞母由桌頂跌下來，拖著翅膀，嘓嘓地招呼著雞仔，像是在講：「快走快走！禍事到了。」匆匆徨徨走出草厝去。

大人正在庭裡渥花㉕，看見雞母雞仔這樣驚慌走返來，就曉得一定是有事故，趕緊把雞仔算算看，「怎樣？減去一隻？」他便抬起頭看看天空，看不著有挾雞仔的飛鳶，「那就奇，不是被種菜的撲死了嗎？」大人心裡便這樣懷疑起來，因為這一群雞常去毀壞蔬菜，他是自前就知道的，而且也曾親眼看過。一面他又相信伊所飼的雞，一定無人敢偷拿去，所以只有種菜的可疑了，「哼，大膽至極，敢撲死我的雞！」大人赫然生氣了，放下水漏㉖，走出衙門，向菜畑去。

「喂！你仔，你怎樣撲死我的雞仔？」

「大人，無，我無。」受著意外的責問，而且問的又是大人，種菜的很是驚恐。

「無？無我的雞仔怎減去一隻？」

「這！這我就不知。」

「不知？方纔那一群雞，不是有來過此處？」

「有……有，我只用嘴喊走牠，因為蔬菜被毀壞得太多，大人你看！所以……」

「你無去撲牠或擲牠？」

「實在無，大人。」

「好！你著仔細，若被我尋到死雞仔。」大人像是只因為一隻雞仔，不大介意，所以種菜的能得著寬大的訊問，雖然不介意，也似有些不甘心，還是四處找尋，糞窖、水堀、竹莿內、籬巴腳，總尋不見雞仔的死體。

「老實講，棄在何處？」大人不禁有些憤憤。

「大人！無啦，實在無撲死牠。」

「無？好。」既然尋不到證據，哼！「撲死更滅屍」，大人只氣憤在腹裡。

大人離開菜畑，沿路還是斟酌，到那寡婦門口，被他聽見鷄仔的喊救聲，「嗄，這就奇，」大人心裡很是怪訝，雞仔聲竟由草厝裡出來，「出來時專想要去責問種菜的，所以不聽見嗎？」大人自己省悟著，他遂走進草厝內。厝內空空，併無人在，雞仔在籃底叫喊，這一發見，使他很是歡喜，他心裡想：「這寡婦就是小偷，可見世人的話全不可信，怎講她是刻苦的人，自己一支手骨在維持一家，保正㉗甚至要替她申請表彰，就真好笑了。」他又想到有一晚，自己提出幾塊錢要給她，竟被拒絕，險至弄出事來，那未消的餘憤，一時又湧上心頭。「哈，這樣人乃會裝做

㉔擯棄　遺棄。擯，音ㄅㄧㄣˋ。

㉕渥花　閩南語詞彙，意為澆花。

㉖水漏　閩南語詞彙，意為盛水的器具。

㉗保正　每十戶為一甲，每十甲為一保，每一保推舉一位保正，負責訓誨保內居民、監督甲長、徵收稅賦等事宜。

，好，尚有幾處被盜，還未搜查出犯人，一切可以推在她身上。」大人主意一決，不就去放出雞仔，便先搜起家宅，搜查後不發見有什麼可以證明她犯案的物件，「大概還有窩家，這附近講她好話的人，一定和她串通。」大人心裡又添上一點懷疑，「不相干，現在已有確實的物證，這一隻雞仔便充足了」，他心裡還不失望，就去掀開倒罩的空籃，認一認所罩是不是他的雞仔，認得確實無錯，纔去厝邊問那寡婦的去處，既曉得是去圳溝洗衣，同時也就命令她厝邊去召喚。

那寡婦呢？她每日早起就有工課，料理給八歲的兒子去上學校，料理給九歲的女兒去燭仔店做工，兩個兒女出了門，她纔捧著一大桶衫褲去圳溝洗，到衫褲洗完已是將近中午，這時候她纔有工夫喰早飯，她每日只喰兩頓，儉省些起來飼豬，因為飼豬是她唯一賺錢的手段，飼大豬是她最大的願望。

今早她照向來的習慣，門也不關就到圳溝邊去，她厝裡本沒有值錢的物，而且她的艱苦也值得做賊仔人同情，所以她每要出去，總沒有感覺到有關門的必要。當厝邊來喚她時，衫褲還未洗完，又聽講是大人的呼喚，她的心裡很徨惑起來。

「啥事？在何處？」她想向厝邊問明究竟。

「不知，在你厝裡。」厝邊也只能照實回答。

「不知——是啥事呢？」她不思議地獨語著。

「像是搜查過你的厝內。」厝邊已報盡他的所知。

「搜查？啊？有什麼事情呢？」她的心禁不住搏跳起來，很不安地跟厝邊返去，還未跨入門內，看見大人帶有怒氣的尊嚴面孔，已先自戰慄著，趨向大人的面前，不知要怎樣講。

「你，偷拿雞有幾擺？」受到這意外的問話，她一時竟應答不出。

「喂！有幾擺？老實講！」

「無！無，無這樣事。」

「無？你再講虛詞㉘。」

「無，實在無。」

「證據在此，你還強辯，」拍，便是一下嘴巴的肉響，「籃掀起來看！」這又是大人的命令，寡婦到這時候纔看見籃翻落在地上，籃裡似有雞仔聲，這使她分外恐慌起來，她覺到被疑為偷拿雞的有理由了，她亦要看牠究竟是什麼，趕緊去把籃掀起。

「啊！徼倖㉙喲！這是那一個作孽，這樣害人。」她看見罩在裡面是大人的雞仔，禁不住這樣驚喊起來。

「免講！雞仔拿來，衙門去！」

「大人這冤枉，我……」寡婦話講未了，「拍」又使她嘴巴多受一下虧。

「加講話㉚，拿來去！」大人又氣憤地叱著。她絕望了，她看見他奸滑的得意的面容，同時回想起他有一晚上的嬉皮笑臉，她痛恨之極，憤怒之極，她不想活了，她要和他拚命，纔舉起手，已被他覺察到，「拍」，這一下更加兇猛，她覺得天空頓時暗黑去，眼前卻迸出火花，地面也

㉘講虛詞——閩南語詞彙，意為說不真實的話。
㉙徼倖——閩南語詞彙，意為缺德。
㉚加講話——閩南語詞彙，意為還再講話。

自動搖起來，使她立腳不住。

「要怎樣？不去？著要縛不是？」她聽到這怒叱，纔覺得自己的嘴巴有些熱烘烘，不似痛反有似乎麻木，她這時候纔覺到自己是無能力者，不能反抗他，她的眼眶開始著悲哀的露珠。

「看！看！偷拿雞的。」兒童驚奇地在街上呼喊著噪著，我也被這呼聲喚出門外。

「奇怪？怎這婦人怎會偷拿雞？」我很不相信，但是事像竟明白地現在眼前，她手裡抱著一隻小雞，被巡查押著走，想是要送過司法。我腦裡充滿了懷疑，「不是做著幻夢嗎？」一面想把事實否定，一面又無意識地走向她的厝去。她的兒女還未回家，只有幾位厝邊各現著不思議的面容，立在門前談論這突然的怪事。

「是怎樣呢？」我問著在門前談論的厝邊。

「講她把雞仔偷拿去罩起來。」有人回答我。

「是怎樣罩著？」

「講是用那個籃罩在廳裡。」

「奇怪？若是偷拿的，怎罩在這容易看見所在，那會有這樣道理？」

「就是奇怪，我也不信她會偷拿雞。」

「這必有什麼緣故，雞仔當不是自己走進籃去。」

我因為覺得奇怪，就走進廳裡看看是什麼樣，廳裡那個籃還放著，地上散著幾片破布碎，地面也散有不少飯粒，籃裡也還有布屑，桌面上印著分明的雞腳跡，由這情形，我約略推想出雞仔被罩住的原因，我便講給她的厝邊聽，大家都承認有道理，而且我們談論的中間，有一個種菜的走來講他的意見。他講：

「這樣事，實在太冤枉了。」

「怎知道她是冤枉？」我反問種菜的。

「這群雞先是在我的菜園覓食，蔬菜被踏死得很多，所以我把牠趕過去。」

「你看見雞走進她厝裡？」

「雞走了我就不再去注意，但是大人失去了雞仔，疑是我撲死牠，曾來責問我。」

「你報給他雞走進這厝裡來嗎？」

「沒有，這是他自己看到的，但是那寡婦去洗衣是在先，雞仔被我趕過去尚在後。」

「你確實知道嗎？」

「她去洗衣是我親見過的。」

由這證明，愈堅強我所推想的情形，是近乎事實的信念。

「對於事情不詳細考察，隨便指人做賊。」我一面替那寡婦不平悲哀，一面就對那大人抱著反感，同時我所知道這幾月中間他的劣跡，便又在我腦裡再現出來「捻滅路燈，偷開門戶，對一電話姬[31]強姦未遂的喜劇，毒打向他討錢的小販的悲劇，和乞食撕打的滑稽劇。」這些回想，愈增添我的憎惡。「排斥去[32]，這種東西讓他在此得意橫行，百姓不知要怎受殃。」我一時不知何故，竟生起和自己力量不相應的俠義心來。

㉛姬—日語詞彙，意為小姐。

㉜排斥去—閩南語詞彙，意為趕走。

「排斥？」怎會排斥他去，我一時想無好的方法，「向監察他的上司，提出告訴。」這能有效力嗎？他是保持法的尊嚴的實行者，而且會有人可以做證嗎？現時的人若得自己平安就好，誰要管閒事？況兼這又是帶有點危險，誣告詭證這個罪名，還容易擔得麼？投書？這未免卑怯，想來總想不出好方法。

已經是隔日了，我們的保正奉了大人的命令，來調集甲長會議。「啊！這不是可以利用一下看？」我心裡有了主意，便對著保正試試我的說辭。

「保正伯！那寡婦的事情，你想敢是真的！」

「證據明明，敢會是冤枉？」保正是極端信賴官府，以為他們的行為，就是神的意志，絕無錯誤，但是由這句話的語氣，我已覺到保正對這件，也有點懷疑。

「在我想，雞仔不上半斤，刣[33]來也不能喰，賣來也不值錢，她偷拿去有什路用，而且大家都曉得是大人飼的雞仔，她那會有這樣大膽。」

「你講得都也有點理氣，但是……」

「這不單是推想的，還有確實的證據，昨早我曾去她厝內，看是怎樣情形，看了後，我就曉得籃是放在桌頂，被雞母跳飜[34]落來，下面的雞仔走不及，被罩住的。」

「事情怎會有這樣湊巧？」

「菜畑的種菜的可以做證。」

「現在已經無法度啦，講有什麼用？」

「講雖然無用，但是這種人讓他在，後來不知誰要再受虧呢？我自己也真寒心。」

「已經是碰到他，算是命裡注定的……」
「不好來把他趕走嗎？」
「趕走他？」
「是！」
「要怎樣去趕走他？——他很得到上司的信任，因為他告發的罰金成績佔第一位。」
「我自己一個人自然是沒有力量，你們若要讚成，便有方法。」
「什麼方法，不相干？」
「不相干！只要這次的會議，給他開不成，允當就可以趕走他。」
「上司若有話說的時候呢？」
「這可以推在我的身上。」
「不會惹出是非來？」
「是非？那是我的責成㉟。」
「要怎樣才開不成。」
「就用這理由，講給各人聽，教他不用出席……。」
「別人不知怎樣呢？」

㉝刣　閩南語詞彙，意為殺。
㉞飜　同「翻」。
㉟責成　閩南語詞彙，意為責任。

「我去試看怎樣，若是大家讚成，就照所講的來實行。」

「這裡很有幾個要討他好的人，若被漏洩，怕就費事。」

「自然，形勢怎樣，我總會見機。」

這次活動的結果，得到出乎預期的成績，大家都講這是公憤，誰敢不讚成？而且對於我的奔走，也有褒獎的言辭，這很使我欣慰，我也就再費了一日的工夫，再去調查他，我所不知的劣跡，準備要在他上司的面前，把一切暴露出來。

一晚——這是預定開會的一晚，日間我因為有事出外去，到事辦完，就趕緊回來，要看大家的態度如何。跨下火車，驛[36]裡掛鐘的短針正指在「八」字，我不覺放開大步，走向歸家的路上，行到公眾聚會所前，看見裡面坐滿了人，我覺得有些意外，近前去再看詳細，我突然感著一種不可名狀的悲哀，失望羞恥，有如墮落深淵，水正沒[37]過了頭部，只存有朦朧知覺，又如趕不上隊商，迷失在沙漠裡的孤客似地徬徨，也覺得像正在懷春的時候，被人發見了祕密的處女一樣，腆靦，現在是我已被眾人所遺棄，被眾人所不信，被眾人所嘲弄，我感覺著面上的血管一時漲大起來，遍身的血液全聚到頭上來，我再沒有在此立腳的勇氣，翻轉身要走，這時候忽被那保正伯看見了，他便招呼我：

「進來！進來坐吧，你有什麼意見？」他們正通過了給大人修理浴室及總鋪[38]的費用，各保的負擔分費，尚未妥當，這保正伯是首先和我表同意的，我聽見他的招呼，覺得了很大的侮辱，一時興奮起來便不管前後，走到聚會所的門口，立在門限[39]上講起我的意見來，我滿腹怒氣正無可發洩，便把這大人的劣跡橫暴一一曝露出來，連及這一些人的不近人情、卑怯騙人也一併罵到，話講完我也不等待他們有無反駁，跨下門限，走回家裡，晚飯雖不曾喫過，這時候也把飢餓忘卻去，鑽進自己的床中亂想了一夜。

翌早我還未喫飯，就聽見父親喚聲（因為昨夜失眠，早上起來較晏[40]），走廳裡一看，那保正伯正在和父親對談，看見我便笑著問：

「你昨晚飲過酒麼？」

「無，無有酒。」由這句問話我已曉得保正的來意了。

「你講過的話，尚還記得？」

「自己講的話，那便會忘記。」

「大人很生氣，我替你婉轉[41]，恐怕你是酒醉。」

「我怕他！」

「你想想看，大人講你犯著三、四條罪，公務執行妨害、侮辱官吏、搧動、毀損名譽。」

「由他去講，我不怕！」

「少年人，攏無想前顧後，話要講就講。」父親憤憤地責罵起來，以為我又惹了禍。

㊱驛　車站。
㊲沒　音ㄇㄛˋ，淹沒。
㊳總鋪　閩南語詞彙，意為床鋪。
㊴門限　即門檻，門下的橫木，為內外之分界。
㊵晏　晚。
㊶婉轉　調停。

「你返來以後，我們大家和大人講了不少話替你講情，大人纔……不過你須去向他陪一下不是。」保正伯竟然不怕被我想為恐嚇，殷殷地勸說著。

「我不能，由他要怎樣。」

「你不給我去，保正伯和你一同。」父親又發話了，似有一些不安的樣子。

「……」

「少年人，不可因了一時之氣。」保正伯又是殷勤勸導。

「總不知死活，生命在人手頭。」父親又是罵。

我覺得這款式，對於我很不利，恰好關於就職問題，學校有了通知，我想暫時走向島都㊷，遂入裡面去向母親要些旅費，不帶行裝，就要出門，來到廳裡，父親和保正伯尚在商量，看見我要出門，父親便喝：

「要到何處去！」

我一聲也不應，走出門來，直向驛頭，所有後事，讓父親和保正伯去安排。

㊷島都　指臺北。

作家檔案

賴和，西元一八九四年生於臺灣彰化。本名賴河，筆名有懶雲、安都生等。十六歲進入臺灣總督府醫學校（今臺灣大學醫學院前身）就讀，畢業後回故鄉懸壺濟世。一九一六年創辦賴和醫院，不僅是位良醫，還救濟貧苦病人，被稱為「和仔仙」、「彰化媽祖」。一九二三年因「治警事件」首次入獄，一九四一年無故被拘捕，後因病重出獄，於一九四三年逝世，得年五十歲。

賴和從小學習漢文，就讀醫學校時開始接觸新思潮，一九二一年加入臺灣文化協會，參與新文化運動，在「臺灣人喉舌」的臺灣民報發表文章，為日治時期思想啟蒙的重要人物。後以白話文寫作，作品中時見對重大事件的關注，如一九二五年首次發表新詩覺悟下的犧牲——寄二林的同志，即與二林蔗農事件有關；一九三〇年霧社事件發生時，則撰有南國哀歌。

賴和於一九二五年發表首篇白話小說鬥鬧熱，其後則有著名的一桿『稱仔』。日治時期，賴和不願與統治者妥協，這類作品中強烈的抗議精神最能代表其風格；然而，賴和作品批評的不僅是統治者，對於臺灣人民的表現，也難掩失望之情，如惹事主人公豐面對村民膽小怕事的態度，決定離鄉另謀發展。晚年的獄中日記，則不復見昂揚的批判精神，而是無可奈何的沉重心情。

賴和的文學成就，不僅在他能夠兼融古典與現代，以多樣的遣詞用句技巧創作不同文類、不同內容的作品；更在他樂於提攜後進，在擔任臺灣民報文藝欄的編輯期間，發掘許多文藝人才。賴和被譽為「臺灣的魯迅」、「臺灣新文學之父」，作品匯聚為賴和全集。

國文老師賞析

林佳儀

惹事由兩個短篇組成：第一個描述一位剛從學校畢業，叫做豐的青年，賦閒在家，為了打發時間，遂到一個相識的魚池主人處垂釣，不想被主人的小孩制止，豐咬定此處沒有禁止垂釣的告示，與小孩發生爭執，竟把他推落池裡；傍晚，魚池主人登門告狀，豐雖然不服氣，但父親頻頻道歉，最後雙方和氣收場。第二個則是關於日本警察走失的雞，由於警察粗率地認定是出門洗衣的寡婦所偷，引來議論紛紛；豐鼓動大家拒絕出席甲長會議，以便趕走這位警察，眾人紛紛響應，怎知到了開會那天，屋裡坐滿了人，豐感到悲哀、失望與羞恥，一時氣憤，將大人的劣跡一一暴露；隔天，保正來與豐的父親商量該如何處理，豐趁著學校通知就職，遠走臺北，離開家鄉。

這篇小說塑造了三種不同類型的人物：首先登場且貫串全篇的是具有「鱸鰻」性格的青年——豐，所謂「鱸鰻」，在賴和浪漫外紀小說裡，是「浪漫」的諧音，不是羅曼蒂克，而是帶有不妥協、不安份的特質，甚至藐視權威；其次是仗勢欺人的日本警察，他的勢力，從種菜的見他飼養的雞闖入菜園，只敢喝喊咒罵，連拿土塊擲都不敢，就可見一斑，更不要說是懷著報復的心態，隨便就指責寡婦為偷雞的賊，甚至想要栽贓其他罪狀；再來是膽小怕事的鄉民，他們雖然對於偷雞事件有許多疑惑，但只敢竊竊私語，當青年邀他們群起反抗，拒絕開會時，他們雖然嘴上答應，心裡卻還是一味服從。其中最值得一提的就是主人公豐的性格，看似不相關的兩個短篇，人物性格卻是連貫的：第一個短篇裡，他據理力爭，得理不饒人之際，竟把小孩推落水裡；第二個短篇裡，這種講道理的性格更為鮮明：他走入寡婦屋內觀察，探究小雞被籃子罩住的原因，又生了一股俠義之氣，想要為寡婦脫罪，甚至把惡形惡狀的警察趕走，這樣的反抗性格，不論成功與否，實可視為賴和心目中理想性格的典範。

結合小說題目「惹事」來看，究竟是誰惹事了？第一個短篇，惹事的是青年豐無疑，但第二個短篇，表面上看來仍然是豐惹事，但最先引起事端的其實是警察飼養的母雞。而「惹事」的說法，其實是從鄉民的角度來看的，在豐這一方，他並不認為自己在惹事，甚至對於事件後續的震盪，總以一走了之來應付。而鄉民保守的性格，對於惹出的事端，往往只想到息事寧人，勸解魚池事件的鄉民是如此；母雞事件裡，除了豐，想反抗的只有被冤枉的寡婦（雖然她的反抗及被壓制，只是一分鐘內的事情），其他鄉民都是膽怯又畏縮的，甚至會議裡還以分攤維修費用來討好警察。這篇作品的主題，仍然具有強烈的抗議精神，但抗議的對象不只是作威作福的日本警察大人，還有臺灣鄉民的自私與缺乏爭取正義的勇氣，豐最後不發一言離開故鄉，正是無言卻沉痛的抗議，當他鼓動親近的鄉鄰起而反抗，得到的卻是言詞敷衍與行動背叛時，真是情何以堪！

在寫作特色方面，惹事裡運用大量對話，讓不同人物的口吻畢現，如警察到菜園責問的一段，一出口就是「喂！你仔，你怎樣撲死我的雞仔？」雖是小說中第一次與人對話，但他那自以為是的嘴臉栩栩如生。小說中也穿插許多閩南語詞彙，與主體的白話文互相揉合，既能表現鄉民的語氣，讀者接受度也高，如罵人的「死鱸鰻」，日常用語「不許開嘴」、「蹧躂人」等。再來就是博喻的使用，豐見到聚會所內坐滿了人，那種失望羞恥的心情，以墮落深淵、趕不上隊商的孤客、懷春的處女等來形容，可見賴和嫻熟運用白話文創作的功力。

小說家解謎

許榮哲

德國有句俗諺：「只發生一次的事，等於沒發生。」

這句話聽起來十分刺耳，難道非得要被雷劈中兩次，才算被雷劈過？這是哪門子道理？現實生活中，這句話恐怕很難說得通，但在文學戲劇裡，它卻再精確不過，因為它指向的是人物的「性格」。性格絕不會只出現一次，它會一而再再而三地出現。賴和惹事為這句話做了完美的詮釋。

就情節來看，小說分成兩部分，前半部是釣魚衝突，後半部是偷雞事件。大部分的讀者都把焦點擺在後半部的偷雞事件，因為它把日本警察的蠻橫，以及臺灣人的懦弱表露無遺。至於前半部的釣魚衝突則成了可有可無的情節，因為它一來沒有對抗外來強權，二來還把主人翁寫成欺負小孩子的鱸鰻青年（流氓）。但我卻認為這部分非常重要，一旦拿掉，這篇小說就不值一提了。何以如此？我們分幾個層面來談。

一、全文刪去

少了釣魚衝突的性格鋪陳，「我」成了道具，是為了凸顯日本警察的惡，所刻意創造出來的假人（只發生一次）。小說純粹為作者服務，沒有自己的生命。

二、把魚池的衝突對象換成大人

表面上，這樣的處理，刪去了強凌弱，以及孩子氣的表現，把「我」的性格修飾得更完美，然而這種修飾其實是把角色平庸化了，「我」變成了一般的好人。

三、保留原文

主人翁完全沒有因為對方是個十三歲的小孩，就遷就他、容忍他、包容他，照樣無比認真地跟對方講理，直到對方潑水，才動怒將他推下水。就算對方家長找上門來了，就算父親一而再地斥責，自認有理的「我」也不願意低頭，而是「閃到外面去」。此處不只埋下性格的伏筆，也埋下了結局的伏筆。

這時的主人翁不只有了性格，而且還是一種「特異」的性格——不思考後果，只要認為是對的事，不管對方是誰，也一路蠻幹到底。主人翁帶著這樣的性格，進入主情節，這次即使對抗的是日本警察，他依然執著於「理」的追求，一點也不肯妥協，就算有生命危險，也絲毫不肯退讓半步。最後，主人翁「一聲也不應，走出門來，直向驛頭，所有後事，讓父親和保正伯去安排」。

日治時代的小說主角，大都是弱小，無力反抗強權的小人物（如惹事裡被誣陷偷雞的可憐寡婦），但賴和卻利用釣魚這個看似微不足道，又帶著那麼一點有違常理的小衝突（與小孩子計較），創造了「豐」這樣一個二十出頭，血氣方剛，因為講理過了頭，而讓人覺得不成熟、不負責任的年輕人。

「豐」的獨特性格，讓他有勇氣（不考慮後果）去面對那個可怕的、難以撼動的強權。更重要的是「惹事」之後，「豐」絕不會低頭認錯，更不會束手就擒，而是選擇離開，繼續下一次的「惹事」。因為釣魚這件不起眼的小事，小說家賴和創造了一個令人驚豔的小說人物「豐」，他讓讀者看到了未來，以及其所帶來的可能性——唯有像豐這樣不怕惹事，不肯低頭的人前仆後繼地出現，對抗強權這件事才有可能獲致最後的成功。

小說家的寫作課——解圍

許榮哲

如果戲劇可以濃縮再濃縮，最後會濃縮成兩個字——衝突。正所謂「戲劇就是衝突」。但衝突並不是戲劇最終的目的，而是一個有效的手段，它能把人物慢慢地帶往最終的命運。

從最初的「衝突」，到最終的「命運」，中間還有兩個過程，分別是「解圍」和「性格」。這四者之間環環相扣，形成了一個有效的戲劇網絡，詳見如下：

一、戲劇就是「衝突」。

二、衝突是為了「解圍」。

三、解圍型塑了「性格」。

四、性格決定「命運」。

戲劇裡，衝突、性格、命運這三者經常被提及，解圍則比較少被關注。但從創造力的角度來看，解圍才是重點。以賴和惹事為例，主人翁豐因為釣魚和一個小孩起了衝突，而他解圍的方法是據理力爭，隨後因為被潑水，而氣得把對方推下水。這個看似突兀的解圍方式，有效地型塑了豐的性格。當他下次面臨一個更大的衝突時，就有了參考的座標，他會出現類似的解圍舉動。正是這樣一次又一次類似的解圍模式，角色的命運已經在遙遠的地方，等著他了。

小說家的書架——許榮哲

1.紀君祥趙氏孤兒，元雜劇。2.阿嘉莎．克莉絲蒂一個都不留，遠流。

11 植有木瓜樹的小鎮（節錄）

龍瑛宗 著
張良澤 譯

葉山嘉樹：「這不是臺灣人的悲吟，而是地球上所有受虐待階級的悲吟。其精神與普錫金、柯立奇、魯迅相通；也與日本的普羅作家相通，十分具備了至高的文學精神內涵。」

午後，陳有三來到這小鎮。

雖說是九月底，但還是很熱。被製糖會社①經營的五分仔車搖晃了將近兩個小時，步出小車站，便被赫赫②的陽光刺得眼睛都要發痛似地暈眩。街道靜悄悄地，不見人影。

走在乾裂的馬路上，汗水熱熱地爬在臉上。

街道汙穢而陰暗，亭仔腳（騎廊）的柱子熏得黑黑，被白蟻蛀蝕得即將傾倒。為了遮蔽強烈的日晒，每間房子都張著上面書寫粗大店號——老合成、金泰和——的布蓬。

走進巷裡，並排的房子更顯得髒兮兮地，因風雨而剝落的土角牆壁，狹窄地壓迫胸口；小路

①會社　日本稱公司為「會社」。
②赫赫　炎旱。

似乎因為晒不到太陽，溼溼地，孩子們隨處大小便的臭氣，與蒸發的熱氣，混合而昇起。通過街道，馬上就看到M製糖會社。一片青青而高高的甘蔗園，動也不動；高聳著煙囪的工廠的巨體，閃閃映著白色。

來到事務所前的砂礫場時，洪天送露著白齒笑迎出來。戴著大帽盔的黝黑的臉，油光滿面。

「來了啊，打算住——」

「還沒有決定。想要拜託你，所以先來拜訪你。」

「哦？這兒要找個適當的地方，可不容易呀。暫時住我那兒怎樣？」

「那真是求之不得的呢。恐怕太打擾你了。」

「我現在獨個兒住著。無論如何就這麼辦。」

本來陳有三就是為這事而來的，沒想到一談即成，頓時鬆了一口氣，小聲道：

「那在我找到房子之前就麻煩你了。」說著，才開始吹氣拭汗。

從會社順著甘蔗田的小道走約半里路，有一條泥溝；馬口鐵皮葺的矮長屋擠在一起。推開貼有紅紙——上面寫著「福壽」二字的門，裡面隔成二間，前面是泥土間，放置著炭爐和水甕等廚房用具，屋頂被煤煙薰得黑漆漆，蜘蛛絲像樹鬚一般垂下來。

後面是寢室，高腳床上鋪著草蓆，角落裡除了柳條行李箱與棉被之外，散著兩三本講談雜誌。板壁上用圖釘釘著出浴的裸女畫像。

「X點下班，這段時間你請慢慢準備。」

洪天送說著，便倉皇走出去。

陳有三把籃子放在床上，脫下溼淋淋的襯衣，絞乾之後，晾在籃子上。房間裡只有一個極小的格子窗，從窗口可望見綠油油的蔗園那邊工廠像白色的城堡。但馬口鐵皮屋頂所吸收的熱量，壓縮全身似地暑熱。被晒成褐色的臉上，油汗黏黏；裎裸的身體，不斷地冒出大粒的汗珠。

他把上身投到床上仰臥。閉上眼睛，無數的星星像火花地出現、散落。

翌日，陳有三來到潔淨的紅磚砌成的街役場（即今之鎮公所），從滿腮鬍渣兒、目光威嚴的小谷街長接過派令，上寫著：命雇，月給二十四圓也。

陪著高個兒而膚色皙白的黃助役巡迴向全體吏員拜會。回到助役座位的黃助役以矯作而透明的聲音說：

「你是從多數的志願者選拔出來的優秀青年，本次能入本街役場，頗值慶賀。希望你不辜負同仁的期望，以誠意、努力奮勵於事務。工作是先當會計助理，關於此，金崎會計將指導你一切。」以演講的口調說完之後，從容地起立，帶領到櫃臺的會計課，屈弓著背，笑容可掬地說：「金崎先生，陳君拜託您照顧了。」

金崎會計好像在臺灣住了很久，顴骨晒得赭黑而突出，蓄著小鬍子。像木偶似地無表情，僵硬的聲音說：

「嗯，是陳有三君吧。那就開始吧，你先做做點鈔的練習。」

說著就遞給陳有三一束百張的紙幣大小的牛皮紙，並教他數法。但金崎會計好像不甚熟練於會計事務，點鈔的手法不太高明。陳有三一心不亂地用堅硬的手，一張一張翻數著。這種機械的動作，持續到近中午的時候，身心已感到相當疲憊。牛皮紙被海棉的水沾得溼溼地，腕部像要折斷似地酸痺。

「陳先生，吃午飯去吧。」

真幸運，一個長得高高的男人走過來邀約。他有挺銳的鼻梁和窪陷的眼睛，但說話聲帶著妞妞地女性溫柔。

「但大家還沒離開，可以嗎？」

「午砲已響了吧，可以自由出去了。」

陳有三向金崎躬腰：「對不起，先告退。」看看裡邊，只有黃助役支著肘，壓著桌子的樣子，吭吭地發著鼻響，一邊看報。陳有三老遠地行了一禮走過。

出到外邊，正午的太陽像要燒焦腦門那般強烈照射著。街上滿溢白光。路上只看到一個從山上來的年輕女子，扁擔壓得彎彎地挑著一擔木柴走過去。穿著短黑褲仔和藍色上衣，她的茶褐色的臉上，汗水淋漓，神色像燃燒的玫瑰色，微微的困憊停留在美麗的雙頰上。

市場大約在小鎮中央，對於這貧窮的小鎮而言，市場倒是相當大而漂亮的紅磚建築物。

踏進市場內，意外地發覺人潮殷盛。掛著豚③肉的屋臺排成長列，腑臟及滴著血的頭骸骨陳列著，婠媒（婦人）們來往於其前，討價還價著。也有以粗垢的手，從腰包裡取出白硬幣，用心地數著。

過了豚肉店，便是掛著燻烤燒鳥、紫紅香腸的飲食店。那是令人目眩的食慾風景。

濛濛混濁的吵雜聲中，有的蹲下來買半角錢的蕎麥，拚命扒進嘴裡；有的端一杯白酒，像煮熟而朦朧的眼睛陶然自得；有的蹲在長椅上，一邊吸著鼻涕，一邊鼓腮咬著豚肉片。——由於煤煙與油脂而發出黑光的食堂，人們一齊把脖子伸進濃味油膩的食慾中。

傴僂[4]而豬脖子的怪模樣的男人一邊擦著滿是油脂的手，一邊裂嘴而笑地走出來。因為是嚼檳榔的關係，牙齒染得赤黑。

「請坐。戴先生，要吃些什麼？」

「雜菜湯、燒雞，再來上等飯，啊，拿一瓶啤酒來。」戴好像想起來：「今天早上，黃助役雖已介紹過，我就是這個名字……。」

他遞出名片，上面印著「戴秋湖」。

走過杉板粗糙的柵圍，坐下漆朱的桌邊。這是特別室。一個穿著古風的長中國服，看來像是儒學家的老先生，透過銅框的小眼鏡，瞅了一眼過來。他的衣服到處縫補又汙垢。滿佈深皺紋的嘴邊，一邊嚼動著，一邊用乾瘦而有斑點的長指甲，笨拙地剝著烤鹹鯽魚。

不一會兒，冒著熱氣的飯菜端來了。戴秋湖老練地拔掉啤酒瓶蓋，滿滿地斟了一杯遞給陳有三。他自己的一杯也一飲而乾，邊擦掉嘴邊的泡沫，一邊暢談起來：

「那個會計的金崎先生，你看他那可怕的臉孔，其實是個很好的人。那個人長年在鄉下當過警察，為保持威嚴，自然就變成那種苦喪臉。有時講話好像很重，但內心倒很善良，你不必太掛意他。對啦，那個小谷街長也是幹過K郡警察課長的人。還有那個黃助役，他只是公學校（小學

③豚　小豬。亦泛指豬。

④傴僂　音ㄩˇ　ㄌㄡˊ，背脊彎曲的病。

）畢業而已，為了幹上助役，好像奔波獵官不少。那傢伙對我們下級人員就驟變了，作威作福，對上級或對內地人（日本人），就畢恭畢敬，真是卑屈的家畜。總之，他對上級的逢迎，就是我們效法的範本。連日本話也講不好的公學校畢業生，擁有中等學校出身的部下，這似乎太滿足了他的自尊心。那傢伙，明明是虛榮家，卻又單純，唯唯諾諾追隨他，奉承他就可以了。」

戴秋湖凹陷的眼睛閃閃發亮，顴骨附近微微泛著血色。

「對啦，現在賃租在哪兒呢？」

「哈，還沒決定，暫時麻煩洪天送君。」

「哦，那我也得努力找找看。」

對於講話爽快的戴秋湖，陳有三不自禁地覺得他是親切而值得交遊的朋友。

「有空務必請你來我家玩一趟。我的地方洪天送很熟悉。」

戴秋湖為了付賬，拍拍手，傴僂的男人飛奔過來，像春貓的叫聲：「要回去了嗎？」呸！吐出一口赤黑的檳榔汁。

那天黃昏，從馬口鐵皮屋頂昇起的薄煙，裊裊⑤地溶進暗濁的天空；蚊蟲成群，慌亂地交飛著。陳有三與洪天送沿著泥溝，走過滿是灰土的凸凹路，回到了住處。晚飯後，陳有三穿一件汗衫，洪天送則日人式地穿著寬敞的浴衣⑥，搖著扇子。但洪天送的油光黑臉，穿上浴衣的姿態，顯出一種異樣風采。

走到街的入口處，右邊連翹的圍牆內，日人住宅舒暢地並排著，周圍長著很多木瓜樹，穩重的綠色大葉下，結著纍纍橢圓形的果實，被夕陽的微弱茜草⑦色塗上異彩。

「這裡是社員的住宅。我要是再忍耐五年，便可從那豚欄小屋搬到這裡來住。但是其他的人就可憐了，對他們而言，這裡不過是『望樓興嘆』而已，因為他們沒讀中等學校。」

洪天送昂然挺胸，搖擺著身體說著。

圍牆邊兩個穿著衣連裙的日本女人，無顧忌地聳肩而笑談著。被風吹動窗簾的側廊，一個胖敦敦的中年男子穿著內褲，兩手叉腰，凝視著遠方。

「現在住在社員住宅的本島人只有兩人，一個高農，一個工業學校畢業。」洪天送補充說明。他在這世間唯一的希望是忍耐幾年之後，升任一定的位置，住日本式房子，過日本式生活。他似乎陶醉於那種快樂與得意，瞇眼含笑著。

街道愈來愈窄，小房子雜亂並處。打赤膊的男人們好像都吃過晚飲，聚集團坐在一起。露著粟色肋骨的年輕男子，以靈巧的手法拉著胡琴。尖銳的旋律，像錐子似地鑽進黃昏。

垂著乾癟乳房的五十來歲的老女，拍著棕梠扇子，誇大地嘟喃著：

「今年真特別熱呀。」

這時候，洪天送突然撞了一下陳有三的肘部，壓低聲音，囁嚅道：

「喂，看前面的女人！」

⑤裊裊　音ㄋㄧㄠˇ ㄋㄧㄠˇ，縈迴繚繞的樣子。

⑥浴衣　洗澡前後所穿的寬鬆袍子。亦稱為「浴袍」。

⑦茜草　植物名。秋季開穗狀花，花後結黑色球狀果實。根黃赤色，可做紅色染料。

眉毛的濃描與豔妝而豐滿的女人，坐在椅子上而促起一隻膝蓋。從捲起的褲仔腳，可窺見白嫩的大腿股。無客氣的視線追趕過來。

「可能是賣淫的女人。」

洪天送邊回顧邊說道。

來到壁與壁之間只能通一個人的窄路，通過窄道，便有三間壁板腐朽的古老日本式房子。前後左右都被家屋包圍著，角落的小塊空地可能是垃圾場，令人反胃的惡臭陣陣撲鼻。

「喂，在家嗎？」洪天送發出宏亮的聲音。

「誰？」同時打開紙扉，伸出一個怪鳥似的頭，透過暗道，探究這邊。隔了一會兒，才認出來：「原來是洪君，還有客人呢。來，請上來！」

洪天送介紹之後，才知道這個人是他的前輩，叫蘇德芳，現服務於某役場。

蘇德芳的高突的顴骨，和收縮的小嘴邊，顯得乾燥而無血色，身體虛弱而多骨，顯示營養不良的情狀。陷落的瞳孔，奇妙地注滿悲悽的底光。那是青春的遺痕吧。

在隔壁的房間，剛給嬰兒吸過奶吧!?一個憔悴而蒼白的女人，一邊扣著上衣的鈕扣，一邊打開紙扉。

「歡迎來坐。」兩手伏地，深深垂了頭。

「是內人。」蘇德芳在旁邊說。

女人也是很瘦，下顎像削過似地尖細。即刻站起來，退回去，一會兒廚房傳來格格的聲音。大概是在泡茶。黃暈的裸電燈底下，三人盤腿圍坐著。搖著扇子。

一點也沒有風的沉澱的空氣，好像要蒸熟身體。

趕快問這附近有沒有房子要出租。

「這附近好像沒有的樣子，但我可打聽一下。」

蘇德芳扭著頭回答，接著說：

「我也是到處找尋，最後才到這地方。六疊他他米兩間，玄關二疊寬，房租每月六圓，還算便宜，但你看四周被包圍，空氣流通不好，陰氣沉沉，害得小孩子常年生病，很想搬家。這種生活真受不了。本島人沒有房租津貼，薪水又低，每月家計可真艱苦。雖可租本島人房子，但衛生設備奇差，房租也得四、五圓，為了顧全體統，結果也就在這裡落根了。但餓鬼的病，可真吃不消。……」

話語突然中斷，俯身凝視陳有三道：

「陳先生，因為你剛從學校畢業，所以告訴你，結婚不能太早呀。殷鑑不遠[⑧]，我就是最好的影子。雙親無理的強迫也有關係，也是因為我沒有堅定的信念所造成的結果。只是沒有想到那破綻會來得那麼快。家母虛榮心甚強，我剛剛中學畢業就了職，便以為這個兒子功成名就了，非趕快叫他結婚不可。於是唆使好好先生的家父，令我早日完婚。我畢竟是剛從學校出來，雖然先予拒絕了，但家母那傢伙便哭哭啼啼說什麼不孝子啦，說對方讀女校門當戶對啦，終於那年春天便決定了T市的女學校畢業現在的內人了。你也知道女學校畢業的聘金（如同內地人的結納金，本島人是買賣婚姻），比起公學校畢業的貴得不像話；還好，內人雖是女學校畢業，比起來還算

⑧殷鑑不遠　比喻可供借鏡的事例近在眼前。

便宜一千三百圓。家裡沒有那麼多資金，借了八百左右，裝飾了華麗的外觀。但婚後第二年，家父突然去世，家裡共欠了二千圓的債。大部分投注在結婚費與我的學費，而原有的一點田地全部賣光，也還留下相當龐大的債務，這些債務就落到我的肩上來。現在可慘了。結婚那年我二十，內人十九，現在才熬到三十歲就有五個餓鬼，最小的孩子現在患肺炎，這個月又要紅字了。薪水遲遲不升，現在還是低薪得不像話。家用節節升高，幾乎無法應付。債務不但不能還，還愈來愈多。被家庭拖垮的我，誰知道學生時代是出盡鋒頭的網球選手，且創了母校的黃金時代。帶病而瘦得像猴子的內人，你可知道從前她曾有過楚楚可憐的年輕女學生時代。想到時代在暗中轉變之速，真令人感慨無限！」

蘇德芳好像要笑似的，歪著嘴脣，痙攣著嘴角。

「寶寶的病情好轉了嗎？」等長話講完，洪天送急迫問道。

「啊，總算渡過難關了。」

紙扉用舊報紙糊，格子扉被孩子們玩得滿是洞洞；褪色的壁上，滿是塗塗寫寫的痕跡；屋裡一片雜亂。

這時隔壁的房間傳出爆裂的哭聲。

陳有三最後再拜託一次租屋的事情，便告辭了。來到街上，洪天送露出同情的臉色說：

「蘇先生的薪水還在四十圓邊緣呢。而孩子那麼多，好像老傢伙也很頭痛。我們要是也到那個地步就完了。」

這句話在陳有三的心上，烙下沉重的陰影。

「到公園去繞一圈才回去吧。」

說著，洪天送步向沒有人走的暗寂街路去。

公園裡熱帶林亭亭高聳。坐在長凳上，恰似森林的寂靜逼迫上來。長凳後面，橡膠樹茂密地造成強韌的暗闃⑨。腳下的小路微白地彎曲，而後被吞食於黑夜中。前面草地的邊上，有一群木瓜樹，靜靜地吸著剛上升的上弦月光。地上投射淡淡的樹影。

「啊，好涼爽。我們那個馬口鐵皮的矮屋真叫人受不了。過十二點，還是那麼悶熱。」

「說實在的，我一個晚上就累垮了。」

「到能住進社員住宅為止，還要五年的忍耐。但鄰居們的沒有教養，令人吃驚。嬸媒們整天大聲嘵舌⑩，餓鬼們髒得比泥鼠還髒，男人們喝了白酒就高談猥褻；跟那些人住在一起，我們都變得卑俗無味。連隔兩三間談話的聲音，也像傳聲筒似地聽得一清二楚。深夜裡鄰居睡覺翻身的聲音，也無遺漏地聽得到呢。」

洪天送的聲音漸漸沉澱下去，直到餘音消失於黑夜時，突然陰森森的寂寞淹蓋過來。

溶於月光的青霞夜氣，漸漸深沉。

四周靜寂得有些恐懼感。

「走，回去吧。」說著，伸了一個腰，站起來。

他們白色的衣服被樹影浸染著，如同潛水游於樹下。

⑨闃　音ㄑㄩˋ，寂靜無聲。

⑩嘵舌　多話，喋喋不休。嘵，音ㄒㄧㄠ。

沿著公園的垣牆，慢慢走著，不意仰望夜空，月亮清爽地搖晃於高高的椰子樹葉尖。

由於洪天送的奔走，好不容易才找到住處。房子在街的東郊，屋後田園連綿，種植香蕉及落花生等作物。家屋是本島人傳統的凹型構造，賃租了側翼的一間。

當然是土角造的，可能建造未久，那穀殼與泥土混合的牆壁呈現穩重的深茶色。房間也是泥土間，溼氣很重，但本島人的家屋來說較有大窗子。房租幾經折衝的結果議定每月三圓。

伙食決定自炊。因為農家煮的飯都摻了很多地瓜，煮得稀稀爛爛，在來米少得意思意思而已；菜餚則早晚都有豆腐乳與蘿蔔乾。儘管貧寒出身如陳有三，也不得不想規避一下。自炊的話，既經濟，又可吃些想吃的東西，剛畢業的生活力充沛著。

自炊工具都準備好了，也請洪天送代買了一張臺灣竹床。這是花四圓買來的便宜貨，稍一搖動，就發出吱吱聲音。壁上貼了白紙，屋裡一下變得明亮起來。在牆壁右上角貼了幾個大字：「精神一到，何事不成」。

還掛著一幅背著手作沉思狀的拿破崙畫像。

一切都就緒了。從現在開始就要拚命用功了，陳有三內心強有力地說著。他立志在明年之內要考上普通文官考試，十年之內考上律師考試。這看來像是血氣方剛的青少年常有的夢想，但對陳有三而言，由於下列幾點原因，當看成帶有相當可能實現的要求。

第一、從經濟觀點而來的對現狀之不滿。他可被計算的生涯，在這多夢的時代裡，是無法忍受的。

最確實的是一年昇給一圓，十年後月薪也不過三十四圓。這期間假如結婚的話，就像前輩蘇德芳那樣地成為一個被生活追趕的殘骸。

第二、陳有三以優秀的成績畢業於T市的中學校，這事使他有充分的信心：憑自己的腦筋與努力，可以開拓自己的境遇。

陳有三既已畢業，（他之所以進中學，是因為鄉下無學的父親聽說兒子的同學都志願考中學，便讓兒子也跟人家去考試，原先並無定見；中學畢業之後，就沒有更高級的學校可進。）遊蕩了四、五年，得悉這個街役場有缺員，便趕緊報名應徵，擊敗了二十幾名報考者，通過任用考試，這還不是憑努力就可解決一切嗎？陳有三滿懷美夢。

他在中學時代讀過的書，除了教科書之外，便是修養書，偉人傳，成功立志傳之類。這些書裡所描寫的人物，都是出身貧困、卑賤，經過任何的荊棘之道，才積成巨萬之富，或成為社會的木鐸⑪，貢獻於人類福祉。這些成功的背後，只有滲血般的努力。啊，或許窮困才是值得讚美也說不定。因為貧苦是成功的契機。

然則，陳有三並沒有成為一代風雲人物或萬人之上的荒唐想法。在他看著美夢的眼中，罩翳著幾許時代的陰影。

第三，他對本島人的一種輕蔑。

吝嗇、無教養、低俗而骯髒的集團，不正是他的同胞嗎？僅為一分錢而破口大罵，怒目相對的纏足老媼們，平生一毛不拔而婚喪喜慶時借錢來大吃大鬧、多詐欺、好訴訟及狡猾的商人，這些人在中等學校畢業的所謂新知識階級的陳有三眼中，像不知長進而蔓延於陰暗生活面的卑屈的

⑪木鐸　比喻宣揚教化的人。鐸，音ㄉㄨㄛˊ。

醜草。陳有三厭惡於被看成與他們同列的人。看下情則知其所以然：

有時候，陳有三被日本人叫「狸仔」（即「汝也」的臺語，含有對本島人侮蔑之意）時，便蹙緊眉頭，現出不愉快的臉色，表示不願意回答的樣子。

因此他也常穿和服，使用日語，力爭上游，認定自己是不同於同族的存在，感到一種自慰。

但是如同倉庫的月租三圓正的泥土間，憑靠著竹製的臺灣床，看著陳有三的和服姿態，真是滑稽透頂的場面。再說那也許是無法實現的想望，運氣好的話，跟日本人的姑娘戀愛進而結婚吧。不是為此而公佈了「內臺共婚法」嗎？

但要結婚的話，還是成為對方的養子較好，因為改為內地人戶籍，薪水可加六成，還有其他種種利益。不，不，把這些功利的想頭一概摒除，只要能跟那絕對順從、高度教養、如花豔麗的日本姑娘結婚，即使縮短十年、二十年壽命都無話可說。然而這份低薪的話，無論如何都成不了事。對啦，用功吧！努力吧！必能解決一切境遇。

……

有一天，陳有三想起黃助役對著金崎會計故意說得很大聲的話：

「我認為社會的不幸，在於因為知識過剩。知識經常隨伴著不滿。因為它使對社會客觀性的認識不足的血性方剛的青少年，或反抗社會，或陷於自暴自棄。所以在公所服務的人，與其要找有知識的人，還不如找個全神貫注於職務、工作正確而字體漂亮的實用性人物。」

這句話現在還清清楚楚地迴響於他的耳邊，非變成無知的機械不可。

抽出青春與知識之後的無依無靠的生活，就像漂泊於絕望而虛無之中，感到目標與意志飛散而去，經常像脫殼似地坐在竹床上。經濟上可算得出來的生活，二十四圓的薪水，除非有奇蹟出現，否則幾年後便由雙親的意志，跟不認識的鄉村的姑娘結婚吧。而後繼續生出相應於熱帶地方的餓鬼們。如牛馬般勞動，被家庭拖垮，變成卑屈的俗物。餓鬼們因為營養不良而枯萎，變成青色的小猴子似地。

嗚呼！我才不幹哩。

陳有三湧起一股莫名的憤怒，但並沒有持續多久，便漸漸淡薄，終於敗滅的暗淡心緒浸蝕腳跟，漸漸漲高，開始浸溺腦漿。如同蜘蛛網上掙扎的可憐蟲，一種莫名的巨大力量的宿命俘虜了他，隨著日子的增加，強烈地啃食他的肉體。

這段日子，陳有三像隻野狗，漫步到郊外很遠的地方。三月末的斜陽投射橘色的輕盈光華在原野上、森林上。森林多屬蒼鬱的長青樹，其中也混雜著落葉的裸木與紅葉樹。森林的上方，青磁色的天空連接遠方。走在路邊植有相思樹的路上，看到散落於田野間的富裕的白壁農家或低矮傾斜的貧農的土角厝，只有木瓜樹是一樣的，直立高聳，張著大八手狀的葉子，淡黃而滋潤的果實，纍纍地聚掛於榦上。這美麗色彩而豐盛的南國風景，溫暖了他的心；在空洞的生活裡，微弱的陽光透射進來。

林杏南來勸說：「一個人燒飯很麻煩，不如來跟我一起住，正好房間空了一間。」當陳有三接受了這建議之後，才徹底看出林杏南的劣根性。對於同事們批評林杏南的為了賺幾個錢的心情，陳有三感到莫可名狀的憐憫與侮辱。這個肥胖鬆弛肉體的四十歲男人，經常表露無動於衷的寂寞表情。他被同事輕蔑與疏遠。因為老朽而無能，謠傳他隨時會被殺頭（解聘），所以他除了拍上司的馬屁之外，就像啃住桌子似地，慢吞吞地工作。比他年輕甚多的黃助役，以指責學生的口氣稍一說他，便唯唯喏喏地現出恭順諂媚的樣子，如同家畜那樣可悲的畫面。陳有三經常想起自己也像他那樣慘不忍睹的姿態，便增加了心中的暗淡。

林杏南的吝嗇是無人不知的有名，一雙破鞋，加上十年如一日的褪色而手肘磨損的藍嗶嘰服，一身古色蒼然的姿態，即使汙垢的一分銅錢，他也愛得像生命那樣無限執著。

陳有三對自炊工作已感到厭倦，而林杏南說房租、餐費、洗衣費合計每月十二圓。那跟現在的費用相差無幾，且對他的好意無法拒絕，終於答應了。

陳有三搬家過去的那天晚上，他殺了雞、買了老紅酒款待。他浮腫的臉即刻變紅，呼呼地吐著艱苦的氣息。

「你好像不抽煙吧。我也是活到這把年紀從未抽過。而且酒我也不行，這樣喝得滿面通紅，實在很失禮。今後和你同在一個屋頂下，就像一家人同住，沒有比這更高興的事。」林杏南從未有過這樣熱情的言語。

陳有三也感到全身血管熱脹，悸動高鳴。

「陳君，你還年輕，不知金錢的可貴。金錢是這世間最重要的東西。有的人重視金錢勝過父母，有的人為了一點錢而陷害朋友。最近住在這條街底的一個人，為了想要朋友的五圓，竟把朋友撞落崖下，搶了五圓逃走，直到屍體腐爛才被發覺。——金錢是這般程度的可怕。決定人的幸與不幸，絕不在於知識與道德，而是金錢。在金錢之前，沒有道德，也沒有人情、憐憫與道理。一個飢餓的哲學家，為了獲得食物，恐怕也難辭當個街頭化粧廣告人；否則死嗎？留下來的妻與子怎麼辦？曾看到街上的老儒學先生，經常諤諤而論孔子之言行，但為了貧窮而詐欺他人，結果雙手被縛於後，悄然被帶走。陳君，背後有人說我老朽啦無能啦，我雖很遺憾，但也不得不承認。我的殺頭恐怕也不會太久。想起這，我幾乎要發瘋。養了七個子女，而況勞動的手只靠我一人，我想你也會同情我吧。到今日為止，只為了餵食這群狼犬，就已使盡渾身解數了。一旦失業的話，怎麼辦呢？你看吧，我這樣的身體，還能受得了肉體勞動嗎？再說要第二次進會社或役場，像我這般年齡是絕對不可能的。到時候，家人就非迷失於街頭不可了。所以，我非緊緊咬住現在的位置不可，即使延長一天也好。為此，受到嘲笑與屈辱也不介意。而且不幸的是，我所寄望的長子竟長久臥病不起，醫治也不見起色，恐怕活的日子也不多。次子於今年春天好不容易才畢業公學校，現在當了S會社的工友，多少幫助了一點家計。再想到底下的幼小狼群，要養到稍微長大為止的長久歲月，心裡就像在暗淡的地獄裡煎熬似地。尤其是長子，十四歲以優異成績畢業於公學校，馬上就到T市的某商店當學徒，晚上讀夜校，二十歲那年通過了檢定考試，但也因此而完全搞壞了身體。因為他自小身體就不很好，但腦筋很好；而且很孝順，每月從未間斷地寄錢回家。想起來，真是個可憐的孩子。」

受到黃色燈光照射的林杏南的雙頰，難得像這樣的帶著光澤，口角痙攣著，目光閃爍。

那一夜，陳有三因喝酒而無法入眠，無止境的思潮在胸中翻滾。黃色土角壁上，一隻守宮（壁虎）一動也不動地停止著。隨著夜闌人靜，漸漸聽到一陣接一陣的咳嗽聲。那是臥病的長子的咳嗽吧。

翌晨，陳有三異於平時地早起。這時候，林杏南正在照顧孩子們，看到陳有三，便笑容可掬地說：

「起得好早呀。」

「是呀，還不習慣於新環境，一早就醒過來了。」

說著，想要去刷牙，便走向廚房那邊去。正當跨進門檻的時候，他突然楞住了。灶邊站著一個薄水色上衣、黑褲仔的少女。她也好像嚇了一跳似地，身體無所措置地垂下頭，故意不加理睬。陳有三甚感意外。她一定是林杏南的女兒。陳有三自然地覺得自己變熱起來，提起勇氣偷看了一眼少女端正白皙而豐滿的側臉。也有十七八吧。陳有三心想：真是淑惠美麗的牡丹似的少女。

朝陽從小矩形的窗口溶化進來。看樣子很能吃的孩子們已坐在桌邊，陳有三呆然地盯視他們。當S會社工友的第二個兒子，向他親切地點了頭。

豆腐、花生、醬菜與味噌湯——這是在餐桌上並排的菜肴。

第二個兒子在飯裡澆些醬油，不配菜就扒光。孩子們忙著動筷子，不停地吸著鼻涕。

細雨濛濛的晚上，好久沒來的戴秋湖陪著同事雷德一齊來訪。

「好久不見。還在用功嗎？」戴秋湖陷落的眼睛掠過陰影。

「屁用功已經停止了。但打發餘暇也很費勁。」自暴自棄地回答。

「對的啦。鄉下地方是不適合接受新知識的單身漢呢。既無刺激，也沒有適當的娛樂。」雷德同感地說。

「因為陳先生一點也不和人交際，所以才寂寞啦。歡迎你隨時來玩呀。」戴秋湖親切地說：

「走吧，今夜到哪裡去玩吧，是嗎？雷君。」

「是的。這麼寂寞的夜晚，令人渾身不自在。到哪裡去解解悶吧。」

「陳先生，快準備。這麼沉悶的晚上，關在家裡也不是辦法，出去玩吧。」

「到底去哪裡呢？」

「不要管它。走吧，走吧！」

失去光明與希望的倦怠的心，終於無法抗拒這邀約。

年輕的身體無法虛度，總要企求某種刺激。

穿著高腳木屐，打轉著傘，三個人一齊出門去了。路黑暗，踩過積水處，就濺起泥水。街路與商店全部溼淋淋地，一片黑漆漆，所有的雜音都消失了，沉寂寂的。

小雨已止。十字路口淡淡的路燈，滲透到視界裡來。

通過小巷，沿著曲折小路走，忽然來到一家好像人家的後門。戴秋湖推一下快要朽爛的門，吱咿一聲被推開了。裡面連著暗暗的走廊，右邊是廁所，沾滿斑點的燈泡下，金蠅飛繞著。可能因為雨後的關係，從廁所發出的臭氣特別強烈，令肺臟翻滾欲嘔。小庭院裡，橘樹的銹葉只有受到燈光部分，發出油光。

正好廁所的門開了，一個穿著深藍色長衫的女人，急急忙忙地飛奔出來。長衫開衩的裾角，露了一下白色肌膚的大腿。

「喲，明珠──」戴秋湖尖銳地叫了一聲。

「啊啦，請坐。雷先生也來了，還帶了一位新客呢。」

「對，對，這位是陳先生，生平還沒有接觸過女人的童貞呢，給他好好招待一下呀——」

戴秋湖說著，就跟那女人肩靠肩，酣醉也似地走在前頭。雷德也不住嗤嗤笑著跟在後頭。

兩側隔間的房屋長長並排著。明珠的房間在第三間。房間狹窄，從粗劣的木板的縫隙裡，可以窺見隔壁的房間。鋪著草蓆的地板的角落裡，疊著淡花紋的棉被。架上有一個籃子，所有女人的用物都放在籃裡。明珠遞香煙給大家，並點了火。兩三個女人一擁而進來。她們向第一次來的陳有三好奇地看著，且頻頻送深情的秋波。她們穿著鮮豔色彩的單色長衫，也有穿著洋裝的。都像河童似地剪了短髮，一樣地塗著令人目眩的白粉，濃濃的口紅，還有用力地描著弓形的眉毛，露出黃色的牙床。這些敗類女人把吱吱的嬌聲充滿房間。有人光把臉伸進房間，掃一下貪慾的視線，而後走開。雷德垂著眼角，和女人們無所不談地饒舌著。戴秋湖從剛才便一直和明珠扯個不停，完全脫離了現場。只有陳有三閒得無聊，身心拘謹得一刻也想早點從這不適且厭惡的空氣中逃遁。

「對啦，我忘了介紹黃助役的愛人。這個名叫愛珠的美人，便是黃助役的第X夫人。」

被雷德所指的女人是一個身材小巧，穿著緊身綠色長衫，呈露出婀娜肢體的女人。

「啊啦，討厭。」

那個叫愛珠的女人，含羞帶笑地睨著雷德。接著將昂熱的目光投向陳有三。

看來像是初出茅蘆的十六七歲姑娘。

「黃助役這個人，一看就知道是這方面的猛將呢。」雷德揚著輕飄的聲音。

「如何？陳君，這小姐可愛吧。黃助役寵愛的女人，今夜就讓她服侍你吧。」雷德獨個兒樂陶陶地瞇著眼睛。「愛珠，大膽地給他服務好啦。那個骯髒的黃助役把他拂袖而去。」

「但，這位先生看來好正經呢。」

「嗯，生平一次也沒有觸到女人的童貞先生嘛。」

「今夜痛快地鬧一陣吧！」

戴秋湖突然舉起一手，好像宣誓地叫著，並拍手高呼。不知從哪裡「嗨！」地傳來暗肉聲，一個眼光溜溜的男人猛地進來。

「燒雞一盤，八寶菜一盤，再來福祿酒兩瓶。」

「嗨！」男人鞠了一躬。

留下明珠與愛珠兩人，其餘女人依依地離去。

料理熱騰騰地端來了。

「來！首先為陳君乾一杯！」

「好呀！」

雷德應和著，三個杯子碰了一下，發出清脆的聲音。

「一杯黃酒解千愁。」雷德吟詩似地說：「陳君，要沒有女人陪酒的話，我便失去活在這世上的一切希望。至少，她們拯救了我的絕望。」

陳有三在這場合，看不到調和的自己；感覺一方面嫌惡這醜俗，一方面推向本能的蠱惑⑫而自我分裂的自己。一刻也想早些逃遁這場所的感情，與不知什麼力量強烈吸引著的感情，這兩種

⑫蠱惑　誘惑，使人心意迷亂。

感情的交錯裡，嚴重地傷害了他的矜持。

「我是口琴演奏的名手，這街上的音樂家。可惜沒帶口琴來，那就獨唱一曲吧，諸君請洗耳恭聽！」戴秋湖巡視了在座的人，說完之後，取了一個靜氣的姿態，徐徐唱出十九歲的青春。唱完之後，自己說再唱一支，就唱了急馳的蓬馬車。

「棒！棒！」雷德拍拍掌聲，揮著酒杯叫道：「為不知巴哈和舒伯特的音樂家乾杯！」

同座漸漸沉酣，忽然雷德砰地敲響桌子說：

「諸位，今夜為不幸的音樂家戴秋湖君講幾句話。吾友遭遇極為不幸的婚姻生活，他以唱歌、喝酒與女人補償婚姻的不幸。話說數年前，他母親出殯的幾天前，不知哪裡弄來一個陌生女子，悄悄坐著紅轎被迎進來，便宣告是他的妻子，強迫結了婚。因為本島人的習慣，父母死後三年內忌諱結婚。吾友戴君是本島人，且達到適婚年齡，而父親愛子心切，也為了節約經費，便由他的父親及親長們決定，一氣呵成地處理了。接受新知識的吾友大為反對，遂到友人家裡躲藏了一個禮拜。但終非成為舊習的敗北者不可。爾後迄今從未看過吾友與他太太交談過，然而去年他的太太竟生了如玉的男兒，吾友人們大為吃驚。戴君有了希望，希望存錢幾年後買個小妾。買小妾在本島人社會並不需強迫作任何道德上的反省。蓄妾的年輕人多得很。戴君是精明的守財奴。雖然他視錢如命，但用錢如割身仍非喝酒不可，可見他對婚姻不滿的程度。」

戴秋湖把手搭在女人的肩上，不住微笑地聽著。最後他說：「說對了，說對了。」並叫著「為雷的莫須有饒舌乾杯！」

酒把理性扛起並玩弄它，把感情的外皮一層一層地脫下並露出真面目來。陳有三感覺愛珠熾熱的瞳孔像年輕的蛇，不懷好意地捲襲著他。愛珠扭著胴體，靠近他囁嚅道：

「你，以前都不來呢。為什麼不來呢？」

「啊，那……」他一時講不出話來。但突然他又想起來似地：「黃助役常來嗎？」

「常來哇，但我討厭他。」

「嘿？為什麼？」

「那個人吝嗇又好色，人家不喜歡他嘛。」

陳有三想起黃助役平時那張妄自尊大的嚴肅臉孔。一下子，某種嫌惡的感情便充滿了胸間。菜都吃光了，兩瓶酒也空了，戴秋湖與明珠橫躺著，腳與腳交疊著，時時作耳邊細語。雷德仰臥成大字，張著嘴巴像狐狸精佯睡著。

陳有三突然發覺自己坐得無聊，而且感到愛珠的視線不斷地流入自己的體內，似乎受到喘不過氣來的壓迫。

陳有三搖著雷德的膝蓋。雷德張開無神的眼，驀地起來。「走，結賬回去吧。」

戴秋湖慌慌張張地抬頭道：

「要回去了？還早嘛。」

明珠也接著說：

「啊啦，還早得很呢。哪，慢慢再坐會兒喲。」

笑笑，停了一下，又揚起銀鈴般的高聲：

「結賬啦！」

「陳君，我馬上就來，你們先走。」

背後戴秋湖說著，陳有三與雷德便出去了。雷德為那句意味深長的話而頷首⑬微笑。只有愛珠送到門口，含情地向陳有三細聲說：

「請你再來呀。」

雨已經完全停了。雷德走出馬路，即刻面向牆壁，沙沙地拉了一泡尿。從狹窄的屋頂與屋頂之間，不意仰望夜空，兩三顆星星溼溼地閃爍著。

一到六月，天氣愈來愈熱，如同白銀的陽光，閃閃膨脹；蟬聲不住高鳴，滲入被綠蔭籠罩的整個閑散的小鎮。

陳有三的心為一件事情而燃燒著。那是對林杏南的女兒翠娥脈脈的思慕之情。那含著嬌羞的虔敬眼光，又像苦悶的寂寞的眼光，深情而溼濡的眼光，畏懼別人的眼光而注視著自己的翠娥，給陳有三感到無限的純淨。

陳有三描繪她為崇高的美，獨自沉溺於快樂的空想中。

這一來，生活突然變得生氣盎然，希望也復甦了，無止境的美麗聯想擴大著。

天氣好的早晨，林杏南的長子常常搬出椅子到庭前的龍眼樹下，瘦得像白蠟的身體坐在那兒休息。

銳利的眼窪與額頭，映著理智的雪白影子。

一個星期日的早上，陳有三問了他：「今天情況怎樣？」兩人便不覺地聊了起來。

「最近您好像較少看書的樣子。」

「啊，一點也沒有心情讀書。」陳有三直率地回答。

「這小鎮的空氣很可怕。好像腐爛的水果。青年們彷徨於絕望的泥沼中。」他蹙起眉頭，自言自語：「我的生命也許已迫於旦夕之間。但在我的肉體與精神將消失於永遠的虛無之瞬間為止，我要追求真實。不放棄我的追求。塞在我們眼前的黑暗的絕望時代，將如此永久下去嗎？還是如同烏托邦的和樂社會必然出現？只有不摻雜感傷與空想的嚴正的科學思索，才能帶來鮮明的答案。正當真實的知識解釋現象的時候，會把我們拉進痛苦的深淵也說不定；但任何現象都是歷史法則所顯示出來的姿態，吾人不該詛咒。幸福要沒有痛苦與努力將無法達成。我們處在這陰鬱的社會，唯有以正確的知識探究歷史的動向，切勿輕易陷入絕望與墮落，非正確的活下去不可。然而想到連買書錢都沒有的我，便感到無限寂寞與鬱悶。光是醫藥費就叫家裡吃不消。雖然我也託臺北的友人寄些舊雜誌和舊書，但僅能買一點而已，雜誌是買隔月的ＸＸ，因為ＸＸ雜誌不但分析日本的現象，而且也大為介紹海外的思潮。也介紹朝鮮與中國的作家，文學作品也不錯呢。我雖只作文學欣賞，但看得出中國作家們的作品在藝術水準方面稍差幾分，然而這也是因為國際戰亂影響了創作。可是佐藤春夫讀魯某的故鄉，卻深受感動。另外單行本方面，深受感動的是恩伽斯的家族、私有財產、國家的起源。我完全被折服了，原來的觀念零零落落地崩潰了。忍受再大的困苦，也只希望能讀讀書。真想讀阿Q正傳，高爾基的作品以及莫爾根的古代社會之研究等書，但臺北的友人說均買不到舊書，買新書又沒有錢，這真是沒辦法。再說我的病，我的病也只要有錢就可治好呢。」

⑬頷首　點頭以示准許。頷，音ㄏㄢˋ。

幾乎令人不覺得是病人的年輕熱情，漲於清秀的額際，以激烈的語調說著。

但這些話在陳有三聽來，不過是空空洞洞的話而已。他只沉醉於翠娥的美姿。對啦，早點去求婚。慢吞吞的話，說不定誰就捷足先登。求婚！一想到這，他就羞澀地全體燃燒起來。失去她的話，就如同再一次把他撞入絕望的黑暗深淵，僅存的一點希望也被剝奪殆盡。她就是他的求生之道與生命之光。把事情說開，去拜託較為親近的洪天送吧。

六月末的某一天，陳有三終於去拜託洪天送。拜託之後，他才為羞赧與不安而胸中滾滾，甚至覺得一刻也不敢停在林杏南和他的家人面前。

回答完全是不幸的。林杏南的傳話是：「你是一個溫和、有為的青年，一向很敬服您。但關於成家之事，很遺憾不能順從尊意。改天我將把我的苦衷直接向你陳述。」

陳有三雖然笑著，但咽喉梗塞，嘴角抽搐，不禁眼淚奪眶而出。

幾天後，林杏南叫著陳有三：「陳先生，請……」便帶他到龍眼樹下，難以啟齒似地說：

「洪先生來說的事情我知道了。像你這樣的人，能把我的女兒託付給你，是最感高興的事。你的性情我很了解，女兒當然也最高興。但很遺憾的，你也知道我的家計很不如意，還要養一個病人。再加上我的職業也保不了多久，一旦我失了業，一家人便非即刻迷失街頭不可。想到這，女兒最可憐，成為一家人的犧牲，希望能把她賣高一點價錢。所幸女兒的美貌不錯，已經有鄰村的富豪家來提親，目前已經談得差不多了。你正是年富力壯的有為青年，不難娶個更好的女人，請把這件事當一場噩夢忘掉吧。再重複說一遍，我的本意是比誰都願意把女兒託付給你，但無可奈何的環境逼得無法達成你的希望，至為遺憾。這件事，有一天你一定可以了解的。」

陳有三覺得一刻也無法待在這家裡，希望早點搬到別處去。他為了逃遁窒息的空氣，常常跑去找戴秋湖與雷德聊天。絕望、空虛與黑暗層層包圍得轉不過身來的樣子，咬緊牙關想要排除也除不掉。酒——為了喝酒，他主動去邀朋友。戴秋湖與雷德都為了陳有三的變貌而嚇得目瞪口呆。當體內的酒如火燄般擴張的時候，莫可名狀的哀怨與反抗，像蠍子似地亂翻亂滾。

「黑暗，實在黑暗。」陳有三閃著眼睛，詠嘆著。

「對本島人而言，失戀是奢侈的災難呢。」雷德總是囁嚅細語。

他決定搬家的那天下午，林杏南的長子悲傷著眼神，走進他的房間來。

「就要離別了吧。我們就這樣恐怕永遠不再見面也說不定。對於你的苦衷，我什麼也不能說；只覺得淑惠而心地善良的妹妹也很可憐，但也不能過於責備父親。一切都是無可奈何的。和你離別我會感到很寂寞喲。我沒有什麼東西贈別，只是最近我隨手寫了一點感想，算是對你的餞別吧。最後還要向你說的是，個人的力量雖然微弱，但在可能的範圍內，非改善生活、正確地活下去不可。」

遞給陳有三的是一張古舊的稿紙。

臨別的最後晚上，陳有三喝得醉醺醺地，蹣跚在深夜的歸路上。醉潰的感情深處，一脈寂寞冷澈。當他來到庭前的時候，他的心砰然被擊了一下。承受十六夜月光的龍眼樹下，翠娥一個人站在那兒。酒醉一下子清醒過來，胃變硬，感到有點痛。於是突然變得大膽，無忌憚地走向前去。

「怎麼了呢？」

「……」

翠娥默默無語，低著頭。

這場合陳有三不知怎麼辦才好，只感覺呼吸異常困難。

陳有三凝然注視著她的嫩白頸部，連搭手在她肩上的勇氣都沒有。

他無法忍受某種焦躁，不禁果斷地說：

「翠娥小姐，再見。恐怕後會無期了。」

他走開了。

翠娥驚訝的抬起頭來。同時在她圓圓的瞳孔裡，眼淚如真珠似的閃耀，沾濡了端莊美麗的臉頰。寂寞的白花，深夜嘆息的花，在滾落感傷與起伏的激動中，陳有三像隻受傷的野獸，迷失於黑暗的山野中。

陳有三靠在床邊，注視著從小窗口洩進來的月光，全身投在無限膨脹的感情中。熱情的火炬活生生地焚燒著他的胸口——為什麼不跟她多講幾句話呢？為什麼沒觸到她就匆匆告別呢？這一想，就更敲擊著他內心痛苦的絕壁。但是，多跟她講幾句話，又能怎樣呢？太過於行動化的話，豈不加深她的痛苦？

在這理不清的感情之中，陳有三無意伸手進褲袋裡，才想起林杏南的長子給他的原稿。取出它，張開皺紋，讀著如下文章：

「一切都接近死亡。

在路上被踐踏的小蟲，咬在樹上的空蟬與落葉，走過黃昏街上的葬列，……

啊，逝者再也不回來。我的肉體，我的思想，我的一切的一切，一旦逝去再也不歸。

死——

死已經在那裡了。

青春是什麼，戀愛是什麼，那種奇怪的感覺到底何價？

而我非靜靜地橫臥在冰冷、黝黑的土地下不可。蛆蟲等著在我的橫腹、胸腔穿洞。不久，墓邊雜草叢生，群樹執拗地紮根，緊緊絡住我的臉、胸、手腳，一邊吸著養分，一邊開花。在明朗的春之天空下，可愛的花朵顫顫搖動，歡怡著行人的眼目。

那就好了。

二十三年的歲月也許很短。

我的肉體已毀滅，但我的精神卻活了五十歲、六十歲。

我以深刻的思惟與真知，獲得了事物的詮解。

現在雖是無限黑暗與悲哀，但不久美麗的社會將會來臨。

我願一邊描畫著人間充滿幸福的美姿，一邊走向冰冷的地下而長眠。」

又是仲夏時節。

燃燒的太陽曝晒在這個小鎮。被濃綠遮蔽的小鎮似乎懾服⑭於猛烈的大自然，畏縮地蹲著。陳有三已不再寄錢回家，一味地把理性與感情沉溺於酒中。在那種生活中，湧上未曾有過的陰暗的喜樂，拋棄所有的矜持、知識、向上與內省，抓住露骨的本能，徐徐下沉的頹廢之身，恍見一片黃昏的荒野。

⑭懾服　因畏懼威勢而屈服。懾，音ㄓㄜˊ。

一個猛烈仲夏日的午後——厚厚土角造的屋子裡，陰暗而潮溼，只有一扇的小窗口；高照的日光像少女雪白的肉體，堵塞了窗口。

陳有三買兩分錢的花生米，五分錢的白酒，獨自啜飲著。那時候，女主人告知他林杏南的長子之死。

「長年患了肺病，今晨終於死了。是個乖順的兒子呢。又是林杏南先生辭掉役場之後不久……。」

長長的夏天也過去了，太陽一天比一天衰弱。

南國的初秋——十一月末的一個黃昏，陳有三坐在公園的長凳上，從略帶微黃的美麗綠色的木瓜葉間，眺望著無窮深邃的青碧天空而發呆。

這豐裕的大自然不同平常地投射溫和的影子於人心中。

不久，陳有三站起來，抖抖肩膀，低頭漫步著。

剛好來到公園的入口處，一群孩子不知圍著什麼東西騷嚷著。走過時無意窺探了一下，竟是變得慘不忍睹的林杏南。

衣服破裂，頭髮蓬亂，失神的眼睛，合著汙泥的手掌，跪向天空祈禱膜拜。嘴中唸唸有詞，不知在招喚什麼。

這個戰戰兢兢的男人，終於發瘋了。

街道與群樹，在淡血色的夕暉中，投射著長長的影子。

陳有三於醉眼的白色幻像中，浮起死者的遺言：有如黑暗洞窟的心中，吹來一陣寒風，突然渾身戰慄起來。

作家檔案

龍瑛宗，本名劉榮宗，新竹北埔人，生於西元一九一一年，卒於一九九九年。臺灣商工學校畢業後，任職於金融界。一九三七年以處女作植有木瓜樹的小鎮獲日本改造雜誌第九屆懸賞小說「佳作推荐獎」。一九三九年參加臺灣文藝家協會，出任文化部委員；一九四〇年文藝臺灣創刊時，擔任編輯委員；一九四二年辭去銀行工作，擔任臺灣日日新報編輯。同年，日本於東京召開「第一回大東亞文學者大會」，龍瑛宗獲選為臺灣地區代表，為戰爭時期最活躍的作家之一。臺灣光復後，擔任中華日報日文版主任；一九四九年回到合作金庫服務，退休後潛心創作。一九八〇年，原使用日文寫作的龍瑛宗以七十歲高齡，克服語言的障礙，以中文書寫小說杜甫在長安，創作不輟的精神和毅力，令人感佩。

由於受到日本與西方現代文學的影響，再加上處於日治時代末期，臺灣的經濟由農業轉為工商業的過渡時期，其中又有皇民化運動以及戰爭的威脅，龍瑛宗的創作表現出市民心靈的頹唐以及生活的抑鬱，以知識分子的角度探討庶民的內心世界，其中有懷疑、苦悶、頹廢、及對於現實的不滿。

著有短篇小說植有木瓜樹的小鎮、蓮霧的庭園等，中篇小說媽祖宮的姑娘們，長篇小說紅塵、斷雲等，以及文學評論集孤獨的蠹魚。

國文老師賞析

——王怡芬

故事的主角陳有三是一個五年制中學畢業生，畢業後在鎮公所當會計助理，薪水微薄。陳有三剛來到這個植有木瓜樹的小鎮時，透過作者的描寫，我們可以看到在日本殖民統治下臺灣人的生活：「街道汙穢而陰暗，……走進巷裡，並排的房子更顯得髒兮兮地，……孩子們隨處大小便的臭氣，與蒸發的熱氣，混合而昇起。」在這樣的環境下，陳有三心中懷抱著理想與上進的心，在工作之餘，他努力讀書，希望將來可以考取普通文官考試，然後成為一位律師。陳有三和他的同事們一生最大的願望，就是希望能夠脫離現在的生活，升任一定的職位，搬到明亮的社區裡，住日本式的房子，過日本式的生活。在他們眼中，本島的同胞們吝嗇、無教養、低俗而骯髒，他們恥於和本島人同流合汙，以免自己變得卑俗無味，於是，陳有三「以經常穿著和服，使用日本語，胸中燃燒著理想，向上之念，從中感覺自己有別於同族的存在作為自慰」。

陳有三對自己的未來雖懷抱著理想，但他身邊的人不是善於巴結的奴才，就是被生活的重擔壓得喘不過氣來的可憐人，其中有精於算計甚或是幾近於買賣的婚姻，還有人經濟狀況不佳還養了一群嗷嗷待哺的孩子……，他們為了生活疲於奔命，被現實的生活推著走，或者醉生夢死。居住在見不到光明的小房子裡，前途一片黑暗，這正是身處殖民地的知識分子看不見光明未來的寫照。

在小說裡，部分篇幅討論到有關知識、金錢等人生的哲理，由其中的對話可以看出當時知識分子內心的苦悶與心靈的荒無。他們對於現實生活不滿，卻沒有辦法與體制對抗，無力改變現狀，想得愈多似乎只是自找麻煩，最後只好隨波逐流。故事的最後，陳有三對讀書感到倦怠，小鎮的怠惰性格漸漸地滲入陳有三的肉體，對陳有三的意志發生了風化作用。在林杏南打算將女兒翠娥嫁給鄰村的富豪而拒絕陳有三的提親後，陳有三日日沉溺於酒中，不再有鬥志。周圍冷酷而黑暗的現實，使陳有三身不由己地一步步陷入苦悶的深淵，沮喪頹廢而無法自拔。

在這個故事裡，我們看到了臺灣底層的知識分子如陳有三等人，在殖民的統治之下，他們仰慕統治者的文明與進步，藐視自己的民族與文化，他們不是日本人，沒有顯赫的家世背景，在工作以及地位上升遷困難，於是產生了性格上的扭曲，在精神上找不到出路，最後只好走上墮落頹廢之路。

龍瑛宗的這篇小說，在臺灣文學史上具有重要的地位，評論家葉石濤說：「到了龍瑛宗以後，臺灣的小說裡才出現了現代人心理的挫折、哲學的冥想以及濃厚的人道主義。」羅純成在龍瑛宗研究中亦說：「這篇作品毫無疑問帶有現實批判的精神，而其批判精神就隱藏在這樣一幅沉痛的世紀末畫面裡。但他也告訴我們時代已有別於賴和、楊逵等的高唱民族意識，抵抗精神的時代了。龍瑛宗筆下的知識分子，對現實社會失望，對明日絕望，更失去了民族意識，這種扭曲的心態以及脆弱得不堪一擊的空虛心靈，正構成了戰爭期間黑暗的法西斯世界來臨的前夕之縮圖。」

植有木瓜樹的小鎮描繪受到扭曲、壓抑的殖民地裡，青年內心的苦悶、彷徨與幽怨，呈現了另一種形式的寫實，也是另一種形式的批判和抵抗。

小說家解謎

許榮哲

植有木瓜樹的小鎮總讓我不自覺地想起科幻大師海萊因夏之門的開場：「那地方有十一扇通往外面的門。如果彼得的門也算，那就有十二扇，牠有個不變的信念，其中至少有一扇門必然通往溫暖的夏天。」

這句話有邏輯上的問題，一間房子就算有再多扇的門，也不可能只有一扇門通往溫暖的夏天。因為門外是同一個世界，冰天雪地是全面性，鋪天蓋地而來的，所以再多的門也沒用。

所以……彼得是笨蛋囉？不，牠是一隻沒記性的貓。

今天受挫了，明天就忘了，所以彼得一而再再而三地相信：至少有一扇門通往溫暖的夏天。但人可不是貓。

植有木瓜樹的小鎮裡，懷著小小理想的知識青年陳有三來到小鎮之後，打開一扇又一扇的門，每一扇門都走進來一個人，他們接力似地告訴陳有三：你的理想不可能實現，未來只會越來越糟，不信你看看我們身上慘不忍睹的傷。

何以如此？原因很簡單，和夏之門的開場一樣，每扇不同的門都通往同一個世界。陳有三打開的每一扇門，遇到的每一個人都來自「植有木瓜樹的小鎮」，問題出在「地方」，人不過是地方的產物。

每一扇門都是一個打擊，一個接著一個的打擊，終於讓陳有三沉淪了，他用酒色麻痺自己。

最後，只剩下一扇門了，溫暖的夏天究竟存不存在？

故事結尾，千瘡百孔的陳有三打開最後一扇門，門外的人是林杏南，小說裡最卑微，卑微到只能像家畜一樣活著的男人，但同時也是最努力，用盡全身力氣想要活下去的人。

他的結局是「這個戰戰兢兢的男人，終於發瘋了」。

正是這句話澈底擊潰了陳有三，如果連這個受了一輩子折磨，按理已經習慣的人都撐不住了，那他有什麼理由撐得下去？

不過短短一年，陳有三就成了這座絕望小鎮的其中一扇門，他取代了林杏南的長子——懷抱理想，二十三歲便被疾病、生活、理想折磨至死的青年——他的悲劇正是為了通過檢定考試，而把身體完全搞壞了。不管從哪一個面向來看，他幾乎就是未來的陳有三。

如果陳有三不放棄理想的話，悲劇很快就要誕生了。

當下一個懷抱理想的青年來到小鎮的時候，陳有三會無比認真地告訴他：「黑暗啊，黑暗。這小鎮的空氣很可怕，好像腐爛的水果，青年們彷徨於絕望的泥沼中……」

小說家的寫作課——不協調的環境——許榮哲

我喜歡把說故事的人分成兩類，一是考古學家型，一是水手型。考古學家的故事是「挖掘」來的，至於水手的故事則是「冒險」而來的。水手的故事通常帶著那麼一點獵奇的況味，原因在於他們不斷地來到一個「不協調的環境」。在這種環境底下，不須怎麼費力，故事就會自動一個接著一個冒出來。最明顯的例子，就是狄福魯賓遜漂流記，當一個人被拋到無人島時，文明的一切統統不適用。屆時，生命中的每一天，甚至每一餐，都有新鮮的故事。

不過，這裡的「環境」指的是廣義的環境，它包括了人、事、物在內，尤其是人，舉龍瑛宗植有木瓜樹的小鎮為例。懷抱理想的知識青年陳有三來到小鎮，但小鎮裡的每個人都與主人翁懷抱的理想格格不入，正是這些格格不入打造了一個「不協調的小鎮」。他們的任務很簡單，就是接力「消滅」主人翁的理想。

說故事真的很簡單，只要把你的主人翁丟到一個會讓他情緒激動的地方，故事的開關就會自己啟動。不過切記，千萬別急著把你的主人翁丟進小人國、鯨魚島、女人國……那只會讓你看起來有點幼稚。你應該做的是好好問一問主人翁心底最在意的是什麼。如此一來，你就知道對主人翁而言，最不協調的環境在哪裡了。

小說家的書架——許榮哲

1. 狄福魯賓遜漂流記，希代。2. 李汝珍鏡花緣，臺灣書房。

12

兒子的大玩偶

許悔之：「他（黃春明）關心的，是人家不寫的，寬廣世界照不到的角落。」

黃春明

在外國有一種活兒①，他們把它叫做「Sandwich-man②」。小鎮上，有一天突然也出現了這種活兒。但是在此地卻找不到一個專有的名詞，也沒有人知道這活兒應該叫什麼。經過一段時日，不知道哪一個人先叫起的，叫這活兒做「廣告的」。等到有人發覺這活兒已經有了名字的時候，小鎮裡大大小小的都管它叫「廣告的」了。甚至於，連手抱的小孩，一聽到母親的哄騙說：「看哪！廣告的來了！」馬上就停止吵鬧，而舉頭東張西望。

一團火球在頭頂上滾動著緊隨每一個人，逼得叫人不住發汗。一身從頭到腳都很怪異的、仿

①活兒　此指工作。

②Sandwich-man　將兩片廣告木板掛在前胸後背，行走於各地做廣告的人。因為人夾在木板中間，彷彿三明治，故英文稱為三明治人。

十九世紀歐洲軍官模樣打扮的坤樹，實在難熬這種熱天。除了他的打扮令人注意之外，在這種大熱天，那樣厚厚的穿著也是特別引人的；反正這活兒就是要吸引人注意。

臉上的粉墨，叫汗水給沖得像一尊逐漸熔化的蠟像。塞在鼻孔的小鬍子，吸滿了汗水，逼得他不得不張著嘴巴呼吸。頭頂上圓筒高帽的羽毛，倒是顯得涼快地飄顫著。他何嘗不想走進走廊避避熱，但是舉在肩上的電影廣告牌，叫他走進不得。新近，身前身後又多掛了兩張廣告牌；前面的是百草茶，後面的是蛔蟲藥。這樣子他走路的姿態就得像木偶般地受拘束了。累倒是累多了，能多要到幾個錢，總比不累的好。他一直安慰著自己。

從幹這活兒開始的那一天，他就後悔得急著想另找一樣活兒幹。對這種活兒他愈想愈覺得可笑，如果別人不笑話他，他自己也要笑的；這種精神上的自虐，時時縈繞③在腦際，尤其在他覺得受累的時候倒逞強得很。想另換一樣活兒吧。單單這般地想，也有一年多了。

近前光晃晃的柏油路面，熱得實在看不到什麼了。稍遠一點的地方的景象，都給蒙在一層黃膽色的空氣的背後，他再也不敢穿望那一層帶有顏色的空氣看遠處。萬一真的如腦子裡那樣晃動著倒下去，那不是都完了嗎？他用意志去和眼前的那一層將置他於死地的色彩掙扎著：他媽的！這簡直就不是人幹的。但是這該怪誰？

「老闆，你的電影院是新開的，不妨試試看。試一個月如果沒有效果，不用給錢算了。海報的廣告總不會比我把上演的消息帶到每一個人的面前好吧？」

「那麼你說的服裝呢？」

（與其說我的話打動了他，倒不如說是我那副可憐相令人同情吧。）

「只要你答應，別的都包在我身上。」

（為這件活兒他媽的！我把生平最興奮的情緒都付給了它。）

「你總算找到工作了。」

（他媽的，阿珠還為這活兒喜極而泣呢。）

「阿珠，小孩子不要打掉了。」

（為這事情哭泣倒是很應該的。阿珠不能不算是一個很堅強的女人吧。我第一次看到她那麼軟弱而號啕地大哭起來。我知道她太高興了。）

想到這裡，坤樹禁不住也掉下淚來。一方面他沒有多餘的手擦拭，一方面他這樣想：管他媽的蛋！誰知道我是流汗或是流淚。經這麼一想，淚似乎受到慫恿，而不斷地滾出來。在這大熱天底下，他的臉肌還可以感到兩行熱熱的淚水簌簌地滑落。不抑制淚水湧出的感受，竟然是這般痛快；他還是頭一次發覺的哪。

「坤樹！你看你！你這像什麼鬼樣子！人不像人，鬼不像鬼，你！你怎麼會變成這個模樣來呢?!」

（幹這活兒的第二天晚上：阿珠說他白天就來了好幾趟了。那時正在卸裝，他一進門就嚷了起來。）

「大伯仔……」

（早就不該叫他大伯仔了。大伯仔。屁大伯仔哩！）

③縈繞 纏繞。縈，音一ㄥˊ。

「你這樣的打扮誰是你的大伯仔！」

「大伯仔聽我說……」

「還有什麼可說的！難道沒有別的活兒幹啦？我就不相信，敢做牛還怕沒有犁拖？我話給你說在前面，你要現世④給我滾到別地方去！不要在這裡汙穢人家的地頭。你不聽話到時候不要說這個大伯仔反臉不認人！」

「我一直到處找工作……」

「怎麼？到處找就找到這沒出息的鳥活幹了?!」

「實在沒有辦法，向你借米也借不到……」

「怎麼？那是我應該的？我應該的？我，我也沒有多餘的米，我的米都是零星買的，怎麼？這和你的鳥活何干？你少廢話！你！」

（廢話？誰廢話？真氣人。大伯仔，大伯仔又怎麼樣？娘哩！）

「那你就不要管！不要管不要管不要管——」

（呵呵，逼得我差點發瘋。）

「畜生，好好，你這個畜生！你竟敢忤逆我，你敢忤逆我。從今以後我不是你坤樹的大伯！切斷！」

「切斷就切斷，我有你這樣的大伯仔反而會餓死。」

（應得好，怎麼去想出這樣的話來？他離開時還暴跳地罵了一大堆話。隔日，真不想去幹活兒了。倒不是怕得罪大伯仔，就不知道為什麼灰心得提不起精神來。要不是看到阿珠的眼淚，使我想到我答應她說：「阿珠，小孩子不要打掉了。」的話；還有那兩帖原先準備打胎用的柴頭仔⑤也都扔掉了；我真不會再有勇氣走出門。）

想，是坤樹唯一能打發時間的辦法，不然，從天亮到夜晚，小鎮裡所有的大街小巷，那得走上幾十趟，每天同樣的繞圈子，如此的時間，真是漫長得怕人。寂寞與孤獨自然而然地叫他去做腦子裡的活動；對於未來他很少去想像，縱使有的話，也是幾天以後的現實問題，除此之外，大半都是過去的回憶，以及以現在的想法去批判。

頭頂上的一團火球緊跟著他離開柏油路，稍前面一點的那一層黃膽色的空氣並沒有消失，他懨懨⑥地感到被裹在裡面令他著急。而這種被迫的焦灼的情緒，有一點類似每天天亮時給他的感覺；躺在床上，看到曙光從壁縫漏進來，整個屋裡四周的昏暗與寂靜，還有那家裡特有的潮溼的氣味。他的情緒驟然地即從寧靜中躍出恐懼，雖然是一種習慣的現象，但是，每天都像一個新的事件發生。真的，每月的收入並不好，不過和其他工作比起來，還算是不差的啦。工作的枯燥和可笑，激人欲狂。可是現在家裡沒有這些錢，起碼的生活就馬上成問題。怎麼樣？最後，他說服了自己，不安地還帶著某種的慚愧爬了起來，坐在阿珠的小梳妝臺前，從抽屜裡拿出粉塊，望著鏡子，塗抹他的臉，望著鏡子，淒然地留半邊臉苦笑。白茫茫的波濤在腦子裡翻騰。

他想他身體裡面一定一滴水都沒有了，向來就沒有這般的渴過。育英國校旁的那條花街⑦，

④現世　出醜、丟臉。
⑤柴頭仔　此指中藥草。
⑥懨懨　無精打采的樣子。懨，音ㄧㄢ。
⑦花街　妓女聚集的地方。

妓女們穿著睡衣，拖著木屐圍在零食攤吃零食，有的坐在門口施粉，有的就茫然地倚在門邊，也有埋首在連環圖畫裡面，看那樣子倒是很逍遙。其中夾在花街的幾戶人家，緊緊地閉著門戶，不然即是用欄柵橫在門口，並且這些人家的門邊的牆壁上，很醒眼地用紅漆大大地寫著「平家⑧」兩個字。

「呀！廣告的來了！」圍在零食攤裡的一個妓女叫了出來。其餘的人紛紛轉過臉來，看著坤樹頭頂上的那一塊廣告牌子。

他機械地走近零食攤。

「喂！樂宮演什麼啊？」有一位妓女等廣告的走過他們的身邊時問。

他機械地走過去。

「他發了什麼神經病，這個人向來都不講話的。」有人對著向坤樹問話的那個妓女這樣地笑她。

「他是不是啞巴？」妓女們談著。

「誰知道他？」

「也沒看他笑過，那副臉永遠都是那麼死死的。」

他才離開她們沒幾步，她們的話他都聽在心裡。

「喂！廣告的，來呀！我等你。」有一個妓女的吆喝向他追過來，在笑聲中有人說：

「如果他真的來了不把你嚇死才怪。」

他走遠了，還聽到那一個妓女又一句挑撥的吆喝。在巷尾，他笑了。

要的，要是我有了錢我一定要。我要找仙樂那一家剛才倚在門旁發呆的那一個，他這樣想著。走過這條花街，倒一時令他忘了許多勞累。

看看人家的鐘，也快三點十五分了。他得趕到火車站和那一班從北來的旅客沖個照面⑨；這都是和老闆事先訂的約，例如在工廠下班、中學放學等等都得去和人潮沖個照面。

時間也控制得很好，不必放快腳步，也不必故意繞近，當他走出東明里轉向站前路，那一班下車的旅客正好紛紛地從柵口走出來，靠著馬路的左邊迎前走去：這是他幹這活的原則，陽光仍然熱得可以烤番薯，下車的旅客匆忙地穿過空地，一下子就鑽進貨運公司這邊的走廊。除了少數幾個外來的旅客，再也沒有人對他感到興趣，要不是那幾張生疏而好奇的面孔，對他有所鼓勵的話，他真不知怎麼辦才好；他是有把握的，隨便捉一個人，他都可以辨認是外地的或是鎮上的，甚至於可以說出那個人大部分在什麼時間、什麼地方出現。

無論怎麼，單靠幾張生疏的面孔，這個飯碗是保不住，老闆遲早也會發現。他為了目前反應，心都頹⑩了。

（我得另做打算吧。）

此刻，他心裡極端地矛盾著。

「看哪！看哪！」

（開始那一段日子，路上人群的那種驚奇，真像見了鬼似的。）

⑧平家　一般的百姓人家。
⑨沖個照面　即打個照面，正面相遇或彼此眼神交會。
⑩頹　委靡不振的樣子。

「他是誰呀？」

「哪兒來的？」

「咱們鎮裡的人嗎？」

「不是吧！」

「唷！是樂宮戲院的廣告。」

「到底是哪裡的人呢？」

（真莫名其妙，注意我幹什麼？怎麼不多看看廣告牌？那一陣子，人們對我的興趣真大，我是他們的謎。他媽的，現在他們知道我是坤樹仔，謎底一揭穿就不理了。這干我什麼？廣告不是經常在變換嗎？那些冷酷和好奇的眼睛，還亮著哪！）

反正幹這種活，引起人注意和被奚落，對坤樹同樣是一件苦惱。

他在車站打了一回轉，被游離般地走回站前路。心裡和體外的那種無法調合的冷熱，向他挑戰。坤樹的反抗只止於內心裡面咒詛而已。五六公尺外的那一層黃膽色的空氣又隱約地顯現，他口渴得喉嚨就要裂開，這時候，家，強而有力地吸引著他回去。

（不會為昨晚的事情，今天就不為我泡茶吧？唉！中午沒回去吃飯就太不應該了，上午也應該回去喝茶。阿珠一定更深一層的誤會。他媽的該死！）

「你到底生什麼氣，氣到我身上來。小聲一點怎麼樣，阿龍在睡覺。」

（我不應該遷怒於她。都是吝嗇鬼不好，建議他給我換一套服裝他不幹，他說：「那是你自己的事！」我的事？真是他媽的狗屎！這件消防衣改的，已經引不起別人的興趣了，同時也不是這種大熱天能穿的啊！）

「我就這麼大聲！」

（嘖！太過分了。但是一肚子氣怎麼辦？我又累得很，阿珠真笨，怎麼不替我想想，還向我頂嘴。）

「你真的要逼人嗎？」

「逼人就逼人！」

（該死，阿珠，我是無心的。）

「真的？」

「不要說了！」嘶著喉嚨叫；「住嘴！我！我打人啦啊！」當時把拳頭握得很緊，然後猛力地往桌子搥擊。

（總算生效了，她住嘴了，我真怕她逞強。我想我會無法壓制地打阿珠。但是我絕對是無心的。把阿龍嚇醒過來真不應該。阿珠那樣緊緊地抱著阿龍哭的樣子，真叫人可憐。我的喉嚨受不了，我看今天喝不到茶了吧？活該！不，我真渴著哪。）

坤樹一路想著昨晚的事情，不覺中已經到了家門口，一股悸動把他引回到現實。門是掩著，他先用腳去碰它，板門輕輕地開了。他放下廣告牌子，把帽子抱在一邊走了進去。飯桌上罩著竹筐，大茶壺擱在旁邊，嘴上還套著那個綠色的大塑膠杯子。她泡了！一陣溫暖流過坤樹的心頭，覺得寬舒了起來。他倒滿了一大杯茶，駛直喉嚨灌⑪。這是阿珠從今年夏天開始，每天為他準備

⑪駛直喉嚨灌　直接往喉嚨灌。

的薑母茶，裡頭還下了赤糖，等坤樹每次路過家門進來喝的。阿珠曾聽別人說，薑母茶對勞累的人很有裨益。他渴得倒滿了第二杯，同時心裡的驚疑也滿了起來。平時回來喝茶水不見阿珠倒不怎麼，但為了昨晚無理地發了一陣子牛脾氣的聯想，使他焦灼而不安。他放下茶，打開桌罩和銅蓋，發覺菜飯都沒動，床上不見阿龍睡覺，阿珠替人洗的衣服疊得好好的。哪裡去了？

阿珠從坤樹不吃早飯就出門後，心也跟著懸得高高的放不下來，本來想叫他吃飯的，但是她猶豫了一下，坤樹已經過了馬路了。他們一句話都沒說。阿珠揹著阿龍和平時一樣地去替人家洗衣服。她不安得真不知怎做才好，用力在水裡搓著衣服，身體的擺動，使阿龍沒有辦法將握在手裡的肥皂盒，放在口裡滿足他的吸吮。小孩把肥皂盒丟開，氣得放聲哭了。阿珠還是用力地搓衣服。小孩愈哭愈大聲，她似乎沒聽見；過去她沒讓阿龍這般可憐地哭著而不理。

「阿珠。」就在水龍頭上頭的廁所窗口，女主人喊她。

她仍然埋首搓衣服。

「阿珠。」這位一向和氣的女主人，不能不更大聲地叫她。

阿珠驚慌地停手，站起來想聽清楚女主人的話時，同時也意識到阿龍的哭鬧，她一邊用溼溼的手溫和地拍著阿龍的屁股，一邊側頭望著女主人。

「小孩子在你的背上哭得死去活來，你都不知道嗎？」雖然帶有點責備，但是口氣還是十分溫和。

「這小孩子。」她實在也沒什麼話可說。「給了他肥皂盒他還哭！」她放斜左邊的肩膀，回過頭向小孩：「你的盒子呢？」她很快地發現掉在地上的肥皂盒，馬上俯身拾過來在水盆裡一沾，然後甩了一下，又往後拿給阿龍了。她蹲下來，拿起衣服還沒搓的時候，女主人又說話了。

「你手上拿著的這一件紗是新買的，洗的時候輕一點搓。」

她實在記不起來她是怎麼搓衣服，不過她覺得女主人的話是多餘的。

好不容易把洗好的衣服晾起來，她匆匆忙忙地揹著阿龍往街上跑。她穿過市場，她沿著鬧區的街道奔走，兩隻焦灼的眼，一直搜尋到盡頭，她什麼都沒發現。她腦子裡忙亂地判斷著可能尋找到他的路。最後終於在往鎮公所的民權路上，遠遠地看到坤樹高高地舉在頭頂上的廣告牌，她高與地再往前跑了一段，坤樹的整個背影都收入她的眼裡了。她斜放左肩，讓阿龍的頭和她的臉相貼在一起說：

「阿龍，你看！爸爸在那裡。」她指著坤樹的手和她講話的聲音一樣，不能公然地而帶有某種自卑的畏縮。他們距離得很遠，阿龍什麼都不知道。她站在路旁目送著坤樹的背影消失在叉路口，這時，內心的憂慮剝了其中最外的一層。她不能明白坤樹這個時候在想些什麼，他不吃飯就表示有什麼。不過，看他還是和平常一樣地舉著廣告牌走；唯有這一點叫她安心。但是這和其他令她不安的情形糅雜⑫在一起，變得比原先的恐懼更難負荷的複雜，充塞在整個腦際裡。見了坤樹的前後，阿珠只是變換了不同的情緒，心裡仍然是焦灼的。她想她該回去替第二家人家洗衣服去了。

當她又替人洗完衣服回到家裡，馬上就去打開壺蓋。茶還是整壺滿滿的，稀飯也沒動，這證明坤樹還是沒回來過。他一定有什麼的，她想。本來想把睡著了的阿龍放下來，現在她不能夠。

⑫糅雜　混合交錯。糅，音ㄖㄡˇ。

她匆忙地把門一掩，又跑到外頭去了。

頭頂上的火球正開始猛烈地燒著，大部分路上的行人，都已紛紛地躲進走廊。所以阿珠要找坤樹容易得多了。她站在路上，往兩端看看，很快地就可以知道他不在這一條路上。這次阿珠在中正北路的鋸木廠附近看到他了，他正向媽祖廟那邊走去。她距離坤樹有七八個房子那麼遠，偷偷地跟在後頭，還小心地提防他可能回過頭來。在背後始終看不出坤樹有什麼異樣，有幾次，阿珠借著走廊的柱子遮避，她趕到前面距離坤樹背後兩三間房的地方觀察他。仍然看不出有什麼異樣的地方。但是，不吃飯、不喝茶的事，卻令阿珠大大地不安。她一直不能相信她所觀察的結果，而深信一定有什麼，她擔憂著什麼事將在他們之間發生。這時阿珠突然想看看坤樹的正面。她想，也許在坤樹的臉上可以看到什麼。她跟到十字路口的地方，看坤樹並沒有拐彎而直走。於是她半跑地穿過幾段路，就躲在媽祖廟附近的攤位背後，等坤樹從前面走過來。她急促忐忑的心，跟著坤樹的逼近，逐漸地高亢起來。面臨著自己適才的意願的頃刻，她竟不顧旁人對她的驚奇，她很快地蹲到攤位底下，然後連接著側過頭，看從她旁邊閃過的坤樹。在這剎那間，她只看到不堪燠熱的坤樹的側臉，那汗水的流跡，使她也意識到自己的額頭亦不斷地發汗。阿龍也流了一身汗。

那包紮著一個核心的多層的憂慮，雖然經她這麼跟蹤而剝去了一些，而接近裡層的核心，卻敏感地只稍一觸及即感到痛楚。阿珠又把自己不能確知什麼的期待，放在中午飯的時候。她把最後的一家衣服也洗了。接著準備好中午飯，一邊給阿龍餵奶一邊等著坤樹。但是過了些時，還不見坤樹的影子踏進門，這使得她又激起極大的不安。

她揹著阿龍在公園的路上找到坤樹。有幾次，她真想鼓起勇氣，跟上前懇求他回家吃飯。但是她稍微一走近坤樹，突然就感到所有的勇氣又消失了。於是，她只好保持一段距離，默默地且傷心地跟著坤樹。這條路走過那一條路，這條巷子轉到另一條巷子，沿途她還責備自己，說昨晚根本就不該頂嘴，害得他今天這麼辛苦，兩頓飯沒吃，茶水也沒喝，在這樣的大熱天，不斷地走路……。她流著淚，走幾步路，總得牽揹巾頭擦拭一下。

最後看到坤樹轉向往家裡走的路，她高與得有點緊張。她從另一條路先趕回到家門口的另一條巷口的地方，在那裡可以看到坤樹怎麼走進屋子裡，看他有沒有吃飯。坤樹走過來了。終於在門口停下來了。阿珠看到他走進屋子裡的時候，流出了更多眼淚，她只好用雙手掩面，而將頭頂在巷口的牆上，支柱著放鬆她的心緒。坤樹在屋裡的一舉一動，她都看在眼裡了。她也猜測到坤樹的心裡，正焦急地找她，這種想法，使她覺得多少還是幸福的。

當坤樹在屋裡納悶而急不可待地想踏出外面，阿珠揹著阿龍低著頭閃了進來。阿珠在對面竊視到坤樹喝了茶，一股喜悅地跨過來的時間，正好是坤樹納悶的整段。看到妻子回來了，另一邊看到丈夫喝了茶了，兩個人的心頭像同時一下子放了重擔。阿珠還是低著頭，忙著把桌罩掀掉，接著替坤樹添飯。坤樹把前後的廣告牌子卸下來放在一邊，將胸口的鈕子解開，坐下來拿起碗筷默默地吃了，阿珠也添了飯，坐在坤樹的對面用飯。他們一直沉默著，整個屋子裡面，只能聽到類似豬圈裡餵豬時的嚼嚼的聲音。坤樹站起來添飯，阿珠趕快地抬起頭看看他的背後，又很快地低下頭扒飯。等阿珠站起來，坤樹迅速地看了看她的背後，在她轉身過來之前，亦將視線移到別的地方。坤樹終於耐不住這種沉默：

「阿龍睡了？」他知道阿龍在母親背後睡著了。

「睡了。」她還是低著頭。

又是一段沉默。

坤樹看著阿珠，但是以為阿珠這一動將抬頭時，他馬上又把視線移開。他又說話了：

「今天早上紅瓦厝的打鐵店著火了你知道不知道？」

「知道。」

這樣的回答，坤樹的話又被阻塞了。又停了一會。

「上午米粉間那裡的路上死了兩個小孩。」

「唷！」她猛一抬頭，看到坤樹也正從飯碗裡將要抬頭時，很快地又把頭低了下去，「怎麼死的？」她內心是急切想知道這問題的，但語調上已經沒有開始的驚嘆那麼來得激動。

「一輛運米的牛車，滑下來幾包米，把吊在車尾的小孩壓死了。」

坤樹從幹了這活以後，幾乎變成了阿珠專屬的地方新聞記者，將他每天在小鎮裡所發現的事情，一五一十地告訴她，有時也有號外的消息，例如有一次，坤樹在公園路看到一排長龍從天主教堂的側門排到路上，他很快地專程地趕回家，告訴阿珠說天主教堂又在賑濟麵粉了。等他晚上回來，兩大口的麵粉和一聽奶粉好好地擺在桌上。

雖然某種尷尬影響了他們談話的投機，但總算和和氣氣地溝通了。坤樹把胸釦扣好，打點了一下道具，不耐沉默地又說：

「阿龍睡了？」

（廢話，剛才不是說了！）

「睡著了。」她說。

但是，坤樹為了前句話，窘得沒聽到阿珠的回答。他有點匆忙地走出門外，連頭也不回地走了，這時阿珠才站在門口，搖晃著背後的阿龍，一邊輕拍小孩的屁股目送著丈夫消失。這一段和解的時間約有半個小時的光景，然而他們之間的目光卻沒有真正地接觸過。

農會的米倉，不但牆築得很高，同時長得給人感到怪異。這裡的空氣因巨牆的關係，有一團氣流在這裡旋轉，牆的巨影蓋住了另一邊的矮房，坤樹正向這邊走過來。他的精神好多了，眼前直穿到盡頭，再也看不到那一層黃膽色的阻隔，那麻木不覺的臂膀，重新恢復了舉在頭頂上的廣告牌子的重量感。他估量天色的時分和晚上的時間，埋怨此刻不是晚上，他實在想睡覺的事。他有這種經驗，只要這麼經過，他和阿珠之間的尷尬即可全消。其實為了消融夫妻之間的尷尬算是附帶的，不知怎麼，夫妻之間有了尷尬，而到了某一種程度的時候，性慾就勃發起來。這麼白亮的時光，真受坤樹咒詛，倉庫的四周，麻雀吱吱喳喳地叫個不停，他想到自己的童年，那時這一排矮房子還是一片空地，他常常和幾個小朋友跑到這裡打麻雀；當時他練得一手好彈弓。電線上的幾隻麻雀有的正偏著頭望他，他略微側著頭望上去，仍舊不變腳步地走著，側仰的頭和眼球的角度，跟著他每一步的步伐在變，突然後面有人跑過來的腳步聲，使他驚嚇得回轉過頭。這和他以前提防看倉庫的那位老頭子一樣。他為他這動作感到好笑。那位老頭，早在他到這裡來打麻雀的時候就死掉了，屍體還是他們在倉庫邊的井旁發現的。想啊想地，電線上的麻雀已落在他的後頭了。

一群在路旁玩土的小孩，放棄他們的遊戲，嘻嘻哈哈地向他這邊跑來，他們和他保持警戒的距離跟著他走，有的在他的前面，面向著他倒退著走。在阿龍還沒有出生以前，街童的纏繞曾經引起他的氣惱。但現在不然了，對小孩他還會向他們做做鬼臉，這不但小孩子高興，無意中他也得到了莫大的愉快。每次逗著阿龍笑的時候，都可以得到這種感覺。

「阿龍，阿龍——」

「你管你自己走吧，誰要你撒嬌。」

「阿龍——再見，再見……」

他們幾乎每天都是這樣地在門口分手。阿龍看到坤樹走了他總是要哭鬧一場，有時從母親的懷抱中，將身體往後仰翻過去，想挽留去工作的父親。這時，坤樹往往由阿珠再說一句：「孩子是你的，你回來他還在。」之類的話，他才死心走開。

（這孩子這樣喜歡我。）

坤樹十分高興。這份活兒使他有了阿龍，有了阿龍叫他忍耐這活兒的艱苦。

「鬼咧！你以為阿龍真正喜歡你嗎？這孩子以為真的有你現在的這樣一個人哪！」

（那時我差一點聽錯阿珠這句話。）

「你早上出門，不是他睡覺，就是我揹出去洗衣服。醒著的時候，大半的時間你都打扮好這般模樣，晚上你回來他又睡了。」

（不至於吧，但這孩子越來越怕生了。）

「他喜歡你這般打扮做鬼臉，那還用說，你是他的大玩偶。」

（呵呵，我是阿龍的大玩偶，大玩偶?!）

那位在坤樹前面倒退著走的小街童，指著他嚷：

「哈哈，你們快來看，廣告的笑了，廣告的眼睛和嘴巴說這樣這樣地歪著哪！」

幾個在後頭的都跑到前面來看他。

（我是大玩偶，我是大玩偶。）

他笑著。影子長長地投在前面，有了頭頂上的牌子，看起來不像人的影子。街童踩著他的影子玩，遠遠地背後有一位小孩子的母親在喊，小孩子即時停下來，以惋惜的眼睛目送他，而也以羨慕的眼睛注視其他沒有母親出來阻止的朋友。坤樹心裡暗地裡讚賞阿珠的聰明，他一再地回味著她的比喻：「大玩偶，大玩偶。」

「龍年生的，叫阿龍不是很好嗎？」

（阿珠如果讀了書一定是不錯的。但是讀了書也就不會是坤樹的妻子了。）

「許阿龍。」

「是不是這個龍？」

「鼠牛虎兔龍的龍。」

（戶籍課的人也真是，明知道我不大熟悉字才請他替我填表，他還這麼大聲地問。）

「六月生的，怎麼不早來報出生？」

「超出三個月未報出生要罰十五元。」

「連要報出生我們都不知道咧。」

「不知道？那你們怎麼知道生小孩？」

（真不該這樣挖苦我，那麼大聲引得整個公所裡面的人都望著我笑。）

中學生放學了，至少他們比一般人好奇，他們讀著廣告牌的片名，有的拿電影當著話題，甚至於有人對他說：「有什麼用？教官又不讓我們看！」他不能明白他的意思，但是他很愉快，看到每一個中學生的書包，脹得鼓鼓的，心裡由衷地敬佩。

（我們有三代人沒讀過書了。阿龍總不至於吧！就怕他不長進。聽說註冊需要很多錢哪！他們真是幸福的一群！）

兩排高大的桉樹的路樹，有一邊的影子斑花⑬地映在路面，從那一端工業地區走出來的人，他們沒有中學生那麼興奮，滿臉帶著疲倦的神色，默默地犁著空氣，即使有人談笑也只是那麼小聲和輕淡。找這活幹以前，坤樹亦曾到紙廠、鋸木廠、肥料廠去應徵過，他很羨慕這群人的工作，每天規律地在這個時候，通過這涼爽的高桉路回家休息。除此之外，他們還有禮拜天哪。他始終不明白為什麼被拒絕。他檢討過。他是無論如何也想不通的。

「你家裡幾個人？」

「我和我妻子，父母早就去世了。我的……」

「好了好了，我知道。」

（真莫名其妙！他知道什麼？我還沒說完咧。他媽的！好容易排了半天隊輪到我就問這幾句話？有些人連問都沒有，他只是點點頭笑一笑，那個應徵的人隨即顯得那麼得意。）

黃昏了。

坤樹向將墜入海裡的太陽瞟了一眼，自然而然不經心地快樂起來。等他回到樂宮戲院的門口，經理正在外面看著櫥窗。他轉過臉來說：

「你回來的正好，我找你。」

對坤樹來說，這是很不尋常的。他愣了一下，不安地說：

「什麼事？」

「有事和你商量。」

他腦子裡一時忙亂地推測著經理的話和此時那冷淡的表情。他小心地將廣告牌子靠在櫥窗的空牆，把前後兩塊廣告也卸下來，抱著高帽的手有點發顫。他真想多拖延一點時間，但能拖延的動作都做了，是他該說話了。他憂慮重重地轉過身來，那溼了後又乾的頭髮，牢牢地貼在頭皮，額頭和顴骨⑭兩邊的白粉，早已被汗水沖淤在眉毛和向內凹入的兩頰的上沿，露出來的皮膚粗糙得像患了病。最後，他無意地把小鬍子也摘下來，眼巴巴地站在那裡，那模樣就像不能說話的怪異的人形。

經理問他說：

「你覺得這樣的廣告還有效果嗎？」

「我，我……。」他急得說不出話來。

（終於料到了。完了！）

⑬斑花　形容樹影灑在地上，顏色深淺交雜。

⑭顴骨　眼下鼻旁高起的四邊形骨頭。顴，音ㄑㄩㄢˊ。

「是不是應該換個方式？」

「我想是的。」坤樹毫無意義地說。

（他媽的完了也好！這樣的工作有什麼出息。）

「你會不會踏三輪車？」

「三輪車？」他很失望。

（糟糕！）

坤樹又說：「我，我不大會。」

「沒什麼困難，騎一兩趟就熟了。」

「是。」

「我們的宣傳想改用三輪車。你除了踏三輪車以外，晚上還是照樣幫忙到散場。薪水照舊。」

「好！」

（嗨！好緊張呀！我以為完了。）

「明天早上和我到車行把車子騎回來。」

「這個不要了？」他指著靠牆的那張廣告牌，那意思是說不用再這樣打扮了？

經理裝著沒聽到他的話走進去……。

（傻瓜！還用問。）

他覺得很好笑。然而到底有什麼好笑？他不能確知。他張大著嘴巴沒出聲地笑著。回家的途中，他隨便地將道具扛在肩上，反而引起路人驚訝的注視，還有那頂高帽掖⑮在他的腋下的樣子，也是小鎮裡的人所沒見過的。

「看吧！這是你們最後的一次。」他禁不住內心的愉快，真像飛起來的感覺。是很可笑的一種活兒哪！他想：記得小時候，不知道哪裡來的巡迴電影。對了，是教會的，就在教會的門口，和阿星他們爬到相思樹上看的。其中就有這樣打扮著廣告的人的鏡頭；一群小孩子纏繞著他。那印象給我們小孩太深刻了，日後我們還打扮成類似的模樣做遊戲，想不到長大了卻成了事實。太可笑了。

「他媽的！那麼短短的鏡頭，竟他媽的這樣，他媽的可笑。」坤樹沿途想著，且喃喃自言自語地說個不完。

往事一幕一幕地又重現在腦際。

「阿珠，如果再找不到工作，肚子裡的小孩就不能留了。這些柴頭藥據說一個月的孕期還有效。不用怕，所有的都化成血水流出來而已。」

（好險哪！）

「阿珠，小孩子不要打掉了。」

（那麼說，那時候沒趕上看那場露天的電影，有沒有阿龍還是一個問題哪！幸虧我爬上相思樹看。）

奇怪的是，他對這本來想拋也拋不掉的活，每天受他咒詛不停，現在他倒有些敬愛起來。不過敬愛還是歸於敬愛，他內心的新的喜悅總比其他的情緒強烈得多。

⑮掖　音ㄧㄝ，塞、藏。

「坤樹，你回來了！」站在路上遠遠望到丈夫回來的阿珠，出乎尋常的興奮地叫了起來。坤樹驚訝極了。他想不透阿珠怎麼知道了？如果不是這麼回事，阿珠這般親熱的表現，坤樹認為太突然而過於大膽了；在平時他遇到這種情形，一定會窘上半天。

當坤樹走近來，他覺得還不適於說話的距離時，阿珠搶先地說：

「我就知道你走運了。」她好像恨不得把所有的話都說出來。坤樹卻真正地嚇了一跳。她接著說：「你會不會踏三輪車？其實不會也沒關係，騎一兩趟就會熟的。金池想把三輪車頂讓給你咧。詳細的情形……」

他聽到此地才明白過來。他想索性就和她開個玩笑吧，於是他說：

「我都知道了。」

「剛看你回來的樣子，我猜想你也知道了。你覺得怎麼樣？我想不會錯吧！」

「不錯是不錯，但是——」他差一點也抑不住那令他快樂的消息，欲言又作罷了。

阿珠不安地逼著問：

「有什麼問題嗎？」

「如果經理不高興我們這樣做的話，我想就不該接受金池的好意了。」

「為什麼？」

「你想想，當時我們要是沒有這件差事，那真是不堪想像，說不定阿龍就不會有。現在我們一有其他工作，一下子就把這工作丟了，這未免太過分吧！」這完全是他臨時想出來的話。但經他說了出來之後，馬上覺察到話的嚴肅與重要性，他突然變得很正經，與其說阿珠了解他的話，倒不如說是被他此刻的態度懾住了。她顯然是失望的，但至少有一點義理支持她，她沉默地跟著坤樹走進屋子裡，在一團困惑的思緒中，清楚地意識到對坤樹有一種新的尊敬。可能提到和阿龍有關係的緣故吧，她很容易地接受了這種說法。

晚飯，他們和平常一樣地吃著，所不同的是坤樹常常很神祕地望著阿珠不說話，除了有一點奇怪之外，阿珠倒是很安心，她在對方的眼神中，隱約地看到善良的笑意。在意識裡，阿珠覺得她好像把坤樹踏三輪車以後的生活計畫都說了出來，而不顧慮有欠恩情於對方的利益，似乎自責得很厲害。坤樹有意要把真正好的消息，留在散場回來時告訴她。他放下飯碗，走過去看看熟睡的阿龍。

「這孩子一天到晚就是睡。」

「能睡總是好的囉。不然，我什麼事情都不能做，註生娘娘算是很幫我們忙，給我們這麼乖的孩子。」

他去戲院工作了。

他後悔沒及時將事情告訴阿珠。因此他覺得還有三個小時才散場的時間是長不可耐的，也許在別人看來這是一件平凡的小事情。但是，對坤樹來說，無論如何是裝不了的，像什麼東西一直溢出來令他焦急。

（在洗澡的時候，差點說出來。說了出來不就好了嗎？）

「你怎麼把帽子弄扁了呢？」那時阿珠問。

（阿珠一向是很聰明的，她是嗅出一點味道來了。）

「噢！是嗎？」

「要不要我替你弄平？」

「不用了。」

（她的眼睛想望穿帽子，看看有什麼祕密。）

「好，把它弄平吧。」

「你怎麼這樣不小心，把帽子弄得這麼糟糕。」

（乾脆說了算了。嘖！真是。）

這樣錯綜地去想過去的事情，已經變成了坤樹的習慣。縱使他用心提防再不這樣去想也是枉然的了。

他失神地坐在工作室，思索著過去生活的片段，即使是當時感到痛苦與苦惱的事情，現在浮現在腦際裡亦能撲得他的笑意。

「坤樹。」

他出神地沒有動。

「坤樹。」比前一句大聲地。

他受驚地轉過身，露出尷尬的笑容望著經理。

「快散場了，去把太平門打開，然後到寄車間幫忙。」

一天總算真正地過去了。他不像過去那樣覺得疲倦。回到家，阿珠抱著阿龍在外面走動。

「怎麼還沒睡？」

「屋子裡太熱了，阿龍睡不著。」

「來，阿龍——爸爸抱。」

阿珠把小孩子遞給他，跟著走進屋子裡。但是阿龍竟突然地哭起來，儘管坤樹怎麼搖，怎麼逗他都沒有用，阿龍愈哭愈大聲。

「傻孩子，爸爸抱有什麼不好？你不喜歡爸爸了嗎？乖乖，不哭不哭。」

阿龍不但哭得大聲，還掙扎著將身子往後倒翻過去，像早上坤樹打扮好要出門之前，在阿珠的懷抱中想掙脫到坤樹這邊來的情形一樣。

「不乖不乖，爸爸抱還哭什麼。你不喜歡爸爸了？傻孩子，是爸爸啊！是爸爸啊！」坤樹一再提醒阿龍似的：「是爸爸啊，爸爸抱阿龍，看！」他扮鬼臉，他「嗚魯嗚魯」地怪叫，但是一點用處都沒有。阿龍哭得很可憐。

「來啦，我抱。」

坤樹把小孩子還給阿珠，心突然沉下來。他走到阿珠的小梳妝臺，坐下來，躊躇地打開抽屜，取出粉塊，深深地望著鏡子，慢慢地把臉塗抹起來。

「你瘋了！現在你打臉幹什麼？」阿珠真的被坤樹的這種舉動嚇壞了。

沉默了片刻。

「我，」因為抑制著什麼的原因，坤樹的話有點顫然地，「我，我，我……」

作家檔案

黃春明，西元一九三五年生於宜蘭羅東，八歲喪母，由於活潑、好動、反抗性格強烈，求學過程頗為周折，從頭城中學、羅東中學、臺北師範、臺南師範，最終於一九五八年畢業於屏東師範。歷經電器行學徒、小學教師、電臺記者、廣告企劃等工作，得以近距離觀察各種市井人物的生活，亦成為其寫作取材的對象。自一九五六年發表第一篇小說清道夫的孩子後，創作不輟。

黃春明是個很會說故事的人，以極具地方特色的語言，書寫小人物面對生活的悲喜交織，反應臺灣社會變遷過程的多種面貌，這些短篇小說往往充滿親情與溫馨。其六〇、七〇年代的作品，在擺脫當時流行的現代主義西化迷思之後，逐漸形塑了書寫鄉土小人物的獨特風格，如看海的日子、兒子的大玩偶；也有書寫對於外來文化的好奇、疑惑與戒慎，如蘋果的滋味。黃春明是出色的鄉土小說作家，作品中最引人注目的是老人、小孩與妓女。一九六九年，第一本小說集兒子的大玩偶出版，此後新舊小說集在市面上流通的版本，多達數十種，可見受歡迎之程度。

黃春明不僅是小說家，他還以一貫的人道關懷之情，揮灑創作之筆，如：散文等待一朵花的名字，撕畫童話黃春明童話系列，編導兒童劇小麻雀與稻草人等，編導歌仔戲愛吃糖的皇帝等。一九九三年回到家鄉宜蘭，成立吉祥巷工作室、創辦黃大魚兒童劇團、九彎十八拐雙月刊等，致力於本土語言及文化的採集與傳承、兒童文學的推廣、社區總體營造等。曾獲國家文藝獎、行政院文化獎等，以深具創意的獨特風格、對文壇的影響及累積性成就備受肯定。

國文老師賞析

林佳儀

兒子的大玩偶是黃春明最具代表性的短篇小說之一，據此改編的同名電影，主角坤樹無奈卻堅毅的面貌，同樣扣人心弦。小說寫的是一個頂著電影廣告看板，穿街走巷做廣告的「三明治人」坤樹，以他在熾熱的豔陽下繞行小鎮一天為主要內容，穿插鎮上發生的事情、夫妻吵架後暗自關心、腦海裡浮現的生活記憶等；篇名「兒子的大玩偶」，乍看彷佛父子同樂，但真正的意涵卻是稚幼的兒子只認得為了工作，滿臉塗抹鮮豔色彩的容顏，卻對父親的本來面貌感到驚惶失措。

寫實小說有如某個時期社會的縮影，諸如：新開張的電影院、新片上映、廣告手法；窮到衣食無著，不敢把小孩生下來，只好去買墮胎藥；將畫上濃妝做廣告的，視為戲子之流，打從心底瞧不起；因為貴人出現，扭轉命運，對他人的恩情銘記在心等；都足以讓人追想臺灣早期農業社會裡生存的艱辛、保守的風氣，還有敦厚的人情。而小說的語言，穿插著閩南語方言，甚至是粗俗的罵人話語，除了帶領讀者走進小鎮的氛圍，還可讓讀者一窺人物最率直、毫不隱瞞的一面。

兒子的大玩偶以第三人稱全知觀點敘事，主要視角落在工作時臉上面無表情也不說話，腳下拖著步伐，思緒不斷流動的坤樹上；但也穿插其他視角，如描寫夫妻吵架之後的行蹤，視角就是在坤樹、阿珠之間交替。為了應付生存之所需，身分卑微的他們，只要有機會賺取微薄的收入，再忙再累也會咬緊牙關：坤樹是電影院的活動廣告看板，即使在烈日下，眼前蒙著一層黃膽色的空氣，身體裡面一滴水也沒有了，過往人群又指點訕笑，想到阿龍，他還是用意志力掙扎著走下去；阿珠在忙於家務事之餘，還背著阿龍去幫幾戶人家洗衣服，一雙粗糙的手搓搓洗洗，汗珠從額間滴下，家裡的開銷總算又有著落了。

小說最溫馨的部分，是坤樹因為工作服裝，對阿珠發了一頓牛脾氣後，隔天雖然彼此不說話，但關心掛念對方的真摯之情。先說阿珠，她對坤樹二頓飯沒吃、也不回來喝茶的反常行為驚惶不已，甚至上街觀察、跟蹤坤樹，擔心兩人之間即將發生什麼事情，這股緊張的氣氛，直到坤樹終於轉進家門口，才放鬆下來。再說坤樹，口乾舌燥之際回到家中，原本擔心阿珠氣到不肯幫他泡茶，但當灌下滿滿一杯茶後，一陣溫暖流過心頭，只是平常應該在家的阿珠及阿龍卻不見蹤影，他焦急地在屋子內外張望。這一切，隱身遠處的阿珠都看在眼裡，急忙趕回，而坤樹看到阿珠，心頭的重擔也放下了。雖然，經歷一番折騰之後的午餐，並沒有熱絡的交談，他們沉默著，連眼神都沒有真正接觸過，只是彼此望著對方起身添飯的背影，有一種熟悉與安心。氣氛的確有些尷尬與沉悶，但不擅表達情感的他們，已在坤樹喝茶、阿珠進門的那一刻，得到滿足與幸福。

小說的最後，真是悲喜交集，終於擺脫三明治人的窘迫，交上雙重好運的坤樹，洋溢在歡樂的氣氛中，滿臉笑意，開心地要抱起阿龍來逗弄，哪知不管怎麼哄怎麼搖，孩子愈哭愈大聲，身子都要往後倒翻過去了。當坤樹把孩子還給阿珠，內心一沉，想起阿珠說過阿龍喜歡他打扮做小丑的樣子，自己是兒子的大玩偶，於是，帶著幾分躊躇，又蘊含著一片深情，坤樹慢慢地拿出粉塊，把臉塗抹起來，這個嚇壞阿珠舉動的背後，只是一個卑微而又單純的願望——希望讓孩子認出他。小說至此，迸發出一股令人心酸的震撼力！強烈的親情渴求，促使坤樹在有了新工作之後，不顧旁人對丑角打扮的嘲弄與諷刺，只要能夠讓兒子在他懷裡開心地笑著，他就心滿意足了！

小說家解謎

許榮哲

如果要我挑出心目中最好的小說結局，那麼黃春明兒子的大玩偶肯定名列前茅，因為它的結局幾乎已到了「點石成金」的地步。

但我們都知道，沒有一顆石頭會無緣無故變成黃金，除非它裡頭本來就藏著灰樸樸的寶藏。就像人們常講的，當事情發生的時候，它已經悄悄發生一段時間了。

小說結尾，主人翁坤樹為了兒子，又變回小丑這一段情節，把前面埋下的枝節全部串連起來了（一開始就是為了生孩子，坤樹才變成小丑的），更重要的是它強而有力地象徵了小人物永遠擺脫不了卑微小丑（命運的擺弄）的悲劇命運。

這個結局甚至改寫了臺灣的電影史。

當年才三十多歲的年輕導演侯孝賢因為改編兒子的大玩偶而改變了自己的命運，從商業導演變成充滿人文思索的作者導演，也掀起了臺灣電影的新浪潮，改寫了臺灣的電影史。

表面上，侯孝賢的電影忠實呈現了黃春明的小說，但實際上還是有些微的差異。底下，我們就針對這個影響至為關鍵的結局，來比較一下兩者的差異。

小說版的結尾是這樣描寫的：

主人翁坤樹終於有了好工作，不用再扮小丑。當坤樹喜咧咧地抱著兒子時，兒子突然嚎啕大哭，怎麼哄都沒用。最後，坤樹把小孩子還給阿珠，心突然沉下來。他走到阿珠的小梳粧臺，坐下來，躊躇地打開抽屜，取出粉塊，深深地望著鏡子，慢慢地把臉塗抹起來。／「我」，因為抑制著什麼的原因，坤樹的話有點顫然地：「我，我，我……」

電影版的結尾則是這麼處理的：

坤樹不理解兒子為何哭，老婆接過孩子後解釋：「就是你常常畫小丑臉，今天沒畫，他認不出來了。」坤樹臉一沉，思索了一下，隨即他「靈機一動」，又畫起了小丑臉，當太太困惑地問他在幹什麼時，坤樹「笑」著回答：「我，我，我……」最後畫面終止，但畫外音繼續：「我是兒子的大玩偶。」

電影版直接告訴觀眾兒子哭的理由，也讓坤樹親自說出重畫小丑妝的原因。但小說版卻讓讀者自己去想：坤樹到底感受到了什麼，他為何沉了下來？為何顫然地說不出話來？

表面上，電影版的文學性相對較低，因為「靈機一動」、「笑臉」合理化了人物的情緒轉折，但卻因此弱化了小人物的悲劇性。

真的是這樣嗎？其實不然！

仔細一聽，笑臉的背後響起的其實是「相反」的配樂。悲傷的配樂一起，「笑臉」瞬間產生了質變，它不再是表面上的直接情緒，而是主人翁強撐起來的相反情緒，悲傷於是有了層次。

小說家的寫作課——兩難

許榮哲

二選一：一百萬，還是拖鞋？

拖鞋有可能跟一百萬抗衡嗎？當然可能，你只要一次又一次地加碼上去就行了。第一次加碼：男友的拖鞋。第二次加碼：男友已經死了，這是他唯一留下來的東西。第三次加碼：男友為了幫你買拖鞋，不小心被車撞死，死前他懷裡還緊緊抱著拖鞋。

再怎麼不起眼的東西，都有加碼的空間。以黃春明兒子的大玩偶為例，故事裡也有一個兩難：「墮胎」和「小丑」。一開始，「小丑」完全不是「墮胎」的對手。墮胎的重量，簡單而明確，像一百萬，完全不用說明就有讓人喘不過氣來的重量，所以坤樹輕易地選擇了小丑。隨後，作者開始往「小丑」身上加碼，先是坤樹伯父的嚴厲批判，隨後是妓女的冷嘲熱諷，最後是主角內心的掙扎。三次加碼之後，小丑變得沉重起來，開始有了對抗的重量。

鄉土小說有一種常見的兩難：「生活的溫飽」vs.「生命的尊嚴」。前者具體明確，後者抽象難明。但抽象反而給作者創造空間，在一次次加碼過程中，讀者才有機會「看見」抽象的重量。

兩難是一面篩子，在篩子面前，人物痛苦掙扎。然而正因為有了這樣的歷程，小說人物心底那些看不見的東西，才有機會一點一滴篩漏出來。

小說家的書架

許榮哲

1. 海明威老人與海，桂冠。2. 張翎餘震，時報。

13

最後的獵人

吳錦發：「布農族淒美的山地之歌。」

拓拔斯・塔瑪匹瑪

傍晚，比雅日在柴房蹲著劈木材，眼神露出老人樣的痴呆，軋斷的木頭沒有以往乾淨，鬚鬚地像老鼠啃過的生豬肉。有時劈歪了，斧頭砍入泥土裡，他愈做愈煩，於是雙手托著斧頭，蹲著發呆。

「比雅日，快點好不好，火要熄了。」

比雅日身旁打盹的獵狗突然跳起來，豎起兩個大耳板，前腿半蹲，後腿拉直，擺出攻擊的姿態。比雅日依然低頭看著劈木頭遺下的薄木屑。獵狗伸長背脊，抖了幾個冷顫，又懶懶地躺下。帕蘇拉坐在小椅子上看到這幕景像，就要開口大笑，但看到自己的男人毫無反應，又氣又恨，她回到火爐旁取暖。

「比雅日，你想念誰啊？你是聾子嗎？如果你聽我的話到平地做臨時細工，買幾件毛衣，現在就不需為冷天劈木材，快快丟兩枝木頭過來。」說著並把小椅子丟到他腳前，右手插腰站了起來，咬緊牙齒，露出常被小孩調侃的大門牙。獵狗仍然懶懶地躺著。

「幹嘛發起脾氣？帕蘇拉，你把孩子的椅子摔在地上，上天將會懲罰我們，假使弄斷椅子的腳，可能會咒我們生下斷腳的孩子。」比雅日撿起椅子，順手丟三枝木頭給帕蘇拉。

去年夏天，她第一次懷胎，經過兩個月細心養護，有天夜晚不幸流產。比雅日同時也製好那張椅子，本來準備將來給孩子當禮物的，現在他看到椅子愈覺傷心，撫著椅子的四個腳，查看是否受到創傷。

「把椅子藏好，下次妳懷孕時再拿出來。」他將椅子藏在晒小米的臺架上，穿上夾克，然後走近帕蘇拉旁，伸開十指就近火堆取暖。今年冬天他依然穿舊夾克，袖子原來是乳白色，現在已看不出當年它在櫥窗時令他喜愛的樣子，背後破了兩個大洞，是他打獵時滑倒被木頭穿破的，但他不曾有丟掉它的念頭，反而愈來愈喜歡它。

「如果不是你家流傳詛咒的血、附有魔鬼的身子，今晚我不必蹲在火旁取暖，她應該是個女兒，現在應該長這麼大了，抱著剛好在兩個乳房之間。獵人、獵人，都是你的祖先。」她的聲音顫抖地罵道。

「不要吵，請妳不要再講，過去就算了，相信我們一定會有孩子。」

比雅日話還沒說完就叫起獵狗，快速跑出去，差點踢到他丟進來的木頭，一瞬間就跑出火光可達到的地方。

「出去就出去，不要回來。」

自從那次帕蘇拉流產以來，他們無法找出流產的真正原因，於是開始敵人似的生活，互相冷言嘲語，比雅日怪她的子宮沒有耐性，她怪他的種子適應能力差，加上她對比雅日的巫婆世家和祖先的咒語一直感到恐懼。半年以來她已習慣了比雅日的出走，半夜後比雅日會自己回來。

霧水開始籠罩整個部落，溼氣由牆縫緩緩噴進屋內，帕蘇拉縮著小肚與頸子，但無法與寒冷繼續抗衡下去，她反鎖房門，獨自回房鑽入被窩裡。

雲靄愈積愈厚，宛如雪崩那般猖狂地從山上滾下來，比雅日跟在獵狗後面，深怕走出小徑而跌入水溝裡，有次他跌進水溝，第三天才把鼻涕止住，他一直認為那是痛苦的故事。他從木窗探頭看看帕蘇拉是否已睡著，然後慢慢推開大門，見到房門已反鎖，就倒在長椅上，獵狗也爬上椅子與他相擁而睡。

比雅日無法入眠，想著雪崩、寒凍的空氣，那不就是野獸也下山來的時候嗎？於是他下定決心乾脆明天上山去打獵，家裡的氣氛簡直使他快窒息，壓得他失去了勇氣，他閉上眼睛把應帶的獵具想一遍，子彈藏在倉庫，鐵絲、袋子、火柴……，把這些在腦裡準備妥善之後，便安然睡著了。

凌晨，雲霧漸漸逃離山谷，向四周擴散，好像害怕人們知道是它們造成冰凍的夜晚似的，公雞叫聲此起彼落，男人劈柴的聲音與獵狗吠聲，也趁太陽未出來同時奏起，此時已有幾戶人家點起柴火，煙囪上吐著黑煙，在這裡從來沒有人想到黑煙會造成空氣汙染，因為部落的人相信黑煙會隨著雲升上天空。帕蘇拉坐在火爐旁，以乾竹子與木炭生火，烤紫色皮的地瓜，她無意叫醒椅子上的比雅日，火燄愈燒愈烈，她正把快烤黑的地瓜翻身，飯鍋蓋被蒸氣噴到地上，發出尖銳的響聲，比雅日和獵狗同時被驚醒。

「伊凡，去廚房看看，是不是老鼠偷吃剩飯。」

「來來，伊凡，是我啦，連你也對我兇巴巴！」

「帕蘇拉，你已經起床了，今天我要上山，昨天晚上我做了一個夢，就如爸爸他們相信『巴哈玉[1]』，獵人的夢絕對不會撒謊，你幫忙準備米和鹽巴，可要在森林渡過兩個晚上。」比雅日起身跟在伊凡後面對差點嚇昏的帕蘇拉說道。

「算了，不要再提託夢的事。你的祖先就不會託夢給你生孩子。」

比雅日於是自己動手，收拾打獵必備的東西。帕蘇拉夾住已熟透的地瓜，用口吹吹，在手裡拍拍。

「拿去吃罷，希望你捉到活的山鹿，賣給山腳下那個客家老板，你家的牆壁應該填補了，如果春天以前不能整修房子，我真的會回到我爸爸那裡，到時你別後悔。」

他笑笑，臉上出現冷冷的表情，右手提起背囊，把伊凡抬到機車汽油桶上，然後開動車子離去。

十二月的清晨，氣候凍寒，樹葉枯黃，山坡多了幾種色彩，由山谷到山峰，顏色由漆黑漸漸棕黃而亮白，像一幅童畫，沒有整齊劃一的設計，看來雜亂，但卻令部落的人不得不稱讚它們美妙的組合。土地乾裂，部落的人一直渴望著下雨，不再管天氣是否寒冷，他們只想著雲層快點轉黑，以解除冷且乾的空氣。東方的天空由粉紅漸漸泛白，比雅日在小路上穿梭，他個子高大，臉

①巴哈玉　布農族語音譯，意為夢中的暗示。

上長了一臉鬍子，像懶惰的農夫整理的草地，高低不平，眼窩深且寬、鼻梁兩側淺淺兩道溝痕，濃密的眉毛常隨著表情而變形，往往停在憂愁的形狀。他有七個姐妹，他是唯一的男丁，從他母親身上吸取最多的營養，胳臂堅強，現在家裡只有他們夫婦。他身穿著寬大天藍色的長袖毛衣，墨綠色長褲，黃色的長雨鞋，褲子上半部到處是縫縫補補的痕跡，他繼續加快車速，毫不在意冷風的吹襲。

比雅日擴展他寬大的胸板，用力吸一口溼溼的空氣，越過吊橋之後就離開了部落的視界。他愉快地再加快車速，車子在碎石路上碰碰跳跳，他故意駛過凹凸地，前輪跳離地面時把屁股抬高，伊凡很不安地趴在油桶上，他卻十分舒爽。

經過一家雜貨店前，那沾滿灰土的櫃子裡沒有幾樣貨品，但一年四季從不缺酒類與檳榔，老板是一對客家夫婦。

「嘿，俺要兩瓶米酒，三包青檳榔。」他停下車，以客家話向老板叫道。

「你要買什麼？關上引擎再告訴我好嗎？」老板把頭伸出門外，露出滿是皺紋的頸子，像烏龜般害怕地問比雅日。

「兩瓶米酒、三包檳榔，聽到沒有？」

「知道啦，怎麼不買高梁呢？我有賣金門的高梁酒，我自己也喜歡喝，米酒太淡了。」

「不要。烈酒是給快死的人喝的，留著吧，賣給那些悲傷的人，酒精可以洗去他們的痛苦，我只要清淡的老米酒，這是三十元。」比雅日摸摸口袋，幸好只有這三十元。

動身之前，他再檢查袋子裡的東西，鹽、火柴、米酒、檳榔，然後點點頭讚美自己的謹慎，且滿足於擁有這些可養活他在森林裡的糧食，他感到活潑、強壯且快樂，他重新發動引擎。

下霜季節來臨，田裡的稻桿收回倉庫，年青人都下山尋找臨時工作，補貼寒冬的取暖物品，多年以來，比雅日一直固執著他父親傳襲的念頭，不是農夫就是獵人，他知道他父親就因為固守這個原則，因此他小時候不曾有過愉快的冬天，皮膚皸裂的情形他永遠記得，看到同年齡的玩伴穿著布鞋在草地石堆上玩耍，更加憎恨他父親。秋末，他要勤奮地撿木柴，一到冬天，全家人圍著發黑煙的火爐，閉眼取暖，即使天天有山豬、飛鼠可吃，也轉不過他望著窗外的頭，他曾經埋著可怕的想法，父親年老無助時，他要報復，冬天時只管去打獵，不去理會柴房是否堆滿乾柴，但他已經沒有機會。

前年冬天帕蘇拉要他籌些錢，預備買些冬天降臨的嬰孩所需物品，他興趣十足地找工作，找到搬運貨物的臨時綑工，做了五天，老板因缺錢要辭掉一個人，偏偏選上強壯、勤快的比雅日，他氣憤地離開，忘了帶回一件長褲和工資八百元。從此他不再打消他父親的遺囑，農夫，獵人是他永不滅的印記。

太陽已升高到四十五度，在二千多公尺海拔高的森林裡，緯度已不是決定溫度的主要因素，路過陽光射不進的樹蔭時，他總夾緊兩腿加速越過樹林的影子。

「伊凡，你冷不冷？在森林裡你將不會寂寞，那裡的一聲一響都會激起你的野性。嗚呼！比雅日，你不會後悔吧！讓那混帳女人一個人寂寞地呆在家裡，可憐的帕蘇拉，哈！」他對著山谷大喊大叫，他喜歡幹這種勾當，或唱自編的罵人歌，甚至對著山下小便或放個屁，他的仇敵都在這裡被他凌辱，然後他的恨意便完全解除。

一路上，人煙無跡，除了站得直直的扁柏，他覺得很好，現在他看到人就感到厭惡，尤其是女人。他在一個破破的工寮前停車，工寮危悚地座落在路旁，白鐵皮鋪成的屋頂已變成銹紅色，扁柏堆成的牆看來還能撐住屋頂，防止雨水的滲透，但不能抵擋寒氣。獵狗跳下車查看屋內的情況，也許屋裡有山豬正在避寒，工寮旁有不間斷的水聲，發出緩慢且低沉的音響，水道粗如比雅日的小腿，泉水流過雪地，冰涼中還帶點甜味，比雅日摘下一片山芋葉摺成漏斗，撈泉水喝，然後坐到路中央晒太陽。

太陽正直射整片森林，比雅日靜靜地坐著，伸手往袋子裡摸索，他摸到裝有液體的瓶子，有一股強烈的熱氣在他的胸膛中翻騰，從袋子拿出米酒，用前臼齒拔開瓶蓋，蓋子還沒落地，酒已流到他的喉嚨。

「不行，不能喝太多，它不會醉倒我，但喝多了肚子會餓。」比雅日對著伊凡說道。

他又倒一口，來回在口中漱著，酒精在口裡四處擴散，然後讓酒慢慢流進食道，再喝一嘴，鎖上瓶蓋，一絲不止的熱氣把他弄得興奮起來，耳朵漸漸變紅，尤其是眼睛，頸子以上映出喝酒的訊號，難怪他一直無法瞞過他的女人。

「汪汪……。」伊凡突然跳起來跑向前。

比雅日臉上浮現出獵人本能的警戒，那並不是人類感到生命受威脅時的緊張害怕，而是他恐怕自己沒有完成攻擊的準備。他靈巧地躍出沉重的第一步，跟著伊凡的影子追去，伊凡停在路邊面向雜林吼叫，原來是一隻紅鳩。

「算了，伊凡，射殺紅鳩會破壞獵人的運氣，中午以前我們要越過這山頭，才能在日落前到達山洞。」

他喚回獵狗，然後踮步走回來，身體變得輕快起來，他對自己的敏捷和伊凡的機警感到滿足，認為獵人當中只有他擁有這份聰慧，部落裡已經沒有這般好的獵人。

他跳過一灘泥水，右腳踏到一片潮溼的綠色苔蘚，他的左手恰巧頂著地，否則就會像小孩子翻筋斗，然後在水中打滾，他趕緊伸直腰，轉頭看看四周，拍一下左手掌的泥土，好像害怕別人看到這種窘像。他悄悄地回到車上，他害怕著打獵的禁忌，如果滑倒，就不需繼續上山打獵，即使在森林周旋幾天也不會有收穫。

走過坡度很陡的彎路，空氣愈來愈冰，地面已凍得堅硬，天空像撒下冰粉，迎面來的水氣打得比雅日的兩頰紅痛，陣陣輕微的顫慄從腳底傳到頸子來，比雅日拉上衣襟。兩點鐘方向一座山頭覆著白雪，雲水製造了更多的飄雪，過了二十五個大彎路，陽光已透不進這地區，比雅日打開車燈慢慢行駛，路旁可以清晰看見昨晚醞釀成的殘雪，路面被融化的雪水弄溼了，行車更加不穩定，他的手一直顫抖著。

他躍過海拔三千多公尺高的產業道路，轉到面向西北的山路繼續行駛，太陽已經在西邊等著，他開始走下坡，比上坡時更費力，但車速快，經過檢查哨，看到小屋附近無人影，他大膽地溜過去。這哨站是為了監視盜林的不肖之徒而設的，禁獵的法令頒布之後，它不再是獵人休息的中途站，警察的態度也變了，不再和路過的獵人親切的招手，害得獵人猜不著那警察的為人，比雅日把機車停靠路邊，那兒已有兩臺機車停靠那裡。

比雅日開始點數袋子裡的東西，這段下坡路一直要到山谷，所以到這裡他尤其特別小心。走進一條獵路，放眼一望無際的箭竹林、草叢及黑壓壓像電線桿立著的松樹幹，十幾年前一場大火災，把森林燒成沙漠，現在已成為一片草原，只有從仍站立的炭木才看得出這裡原是一片森林，獵人常對年青獵人說，當林務局砍走貴重的原木，就放把火重新種植新樹苗，年輕人未必會相信林務局如此愚笨，但相信一定不是獵人造成的災禍，他們曉得森林裡的生命佔了大地生命的一半，其中大部分與獵人息息相關，比雅日確信他爸爸不會做出這種傻事。

他一面跑一面吹口哨，偶而即興唱山歌，步伐輕快且有規律，他停在一粒大石頭下，草原中這是唯一的陰涼處，他由石縫中拿出一瓶米酒瓶子，裡頭有將近一半的水，草原上沒有泉水，但有滴不完的露水，瓶子裡的水就是每夜積成的露水。

喝了兩口，瓶底有些蠕動的幼蟲，但他裝做沒看見，這兩口水可以幫助他走過這片草原，他坐下來吹著山風，抱住伊凡的兩腳，躺下避開太陽。

「人類最糟糕了，而女人又是最混蛋，比起你伊凡，女人沒有你的忠心和馴服，當然我不會與你結婚，我願意與你常在一起。」他摸著獵狗的頭說道。

「但是我對女人還是有興趣，我比較喜歡多愁善感的女人，厭惡樂觀的女人，帕蘇拉不曾為我的出門擔心，有一次我吞下橄欖核，她翻起白眼對我說，明天早上它會掉在大便坑裡。如果女人像森林多好，幽靜而壯麗，從森林內，從森林外，尤其從高處俯瞰森林的美麗是綠色和諧的組合，像牧師講道詞中伊甸園的世界，帕蘇拉，妳算什麼，妳只像秋天發紅的楓葉，冬天過後就失去媚力。」比雅日心裡想著。

然後低著頭自言自語：「我那女人如果有一天變得令人討厭，我還有這森林。」

伊凡突然似被什麼東西驚醒，疾速翻身拔腿往下衝，比雅日也跟著跳起來。伊凡最怕蛇，比雅日以為附近有蛇出現，他尚未搞清楚發生什麼狀況，向前望，原來有一個人跨大步走上來。

看那人走得步伐太不尋常，走路的姿態過於誇張，他後面是不是有女人，他看來多可愛啊！多肉的胸膛看起來很曖昧，他一定很溫柔，縮小腿的樣子看來很年輕，只可惜神色憔悴像養路的老兵，比雅日看著他一面想著。

「嘿！平安，原來是大獵人——比雅日。」伊凡跟那人走上來。

「平安！路卡，你的呼吸停了嗎？怎麼沒聽到你大聲喘氣，森林酋長，我的伊凡還喘著呃，你的背囊中一定裝滿肉塊？」比雅日兩眼轉個圈，斜看路卡看來空空的背囊。

「帕蘇拉的脾氣又發作了嗎？可憐的比雅日，你圓大的胸肌竟然無法讓她變乖？你不應娶她。」

「路卡！不要故意談你背囊以外的事，難道你要試探祖先的詛咒嗎？走向上坡的獵人應該分塊肉給下坡的獵人②，你應知道我祖母的故事，五個獵人親自送大塊肉上門來，才解除他們身上的詛咒。」

「背囊裡只有一隻松鼠，可能只有一歲，小得不能剖開，分給你的不夠你餵狗，算了吧！」

「來森林前你做些什麼夢，有沒有什麼『巴哈玉』，我來解說使你難堪的打獵。」

「那晚我夢見家裡有喜事，族人大吃大喝，吃城市那種放在漂亮瓷碗的菜，喝彩色的酒，那

②走向上坡的獵人應該分塊肉給下坡的獵人　打獵完要回家的獵人應該分享獵物給剛出發打獵的獵人。據作者說法，一般而言，原住民的住處通常位在比獵場更高海拔的地方，故「走向上坡」意謂打獵完準備回家，而「下坡」則指剛要出發打獵。

真是個好夢，我以為可以抓幾隻山鹿回家。」

「森林酋長，大家不該這樣稱呼你，你腦殼裡的東西不屬於酋長，摸摸你的耳朵，形狀是不是不一樣？像長在枯木的木耳，軟軟的且沒有力氣。」比雅日吞口水繼續說道。

「你既然大吃大喝，而且在大城市，怎麼可能用精緻的盤子盛野肉呢？那當然是不敬的。」

「最近我的運氣不好，也許……」

「動作快的獵人是不受運氣影響的！」

「你這趟打獵，也許像我一樣，背囊空空，只帶一身的疲勞回家，森林已經沒有什麼東西了。」路卡被比雅日鄙視的青臉氣昏，並暗暗地詛咒他。

「你的詛咒沒有用，它嚇不倒我，從小就跟著我爸爸的獵槍四處打獵，沒有一次背囊是空的，更何況野獸不可能因家庭計劃而被迫結紮，所以你那樣咒我是不對的。不然我只看看你的松鼠的樣子就好。」

路卡知道比雅日不會放過他，無法逃離他的糾纏，把背囊卸下，打開讓他瞧。

「路卡，這麼小一隻你還要帶回家嗎？如果是我早就在森林裡自己吃掉，免得回部落讓別人譏笑，就說到森林玩玩而已。」

「我只是想給孩子們吃，不需要太大。」

「牠比你剛才用手比的更小一點，算了，我應得的部分不要了。」

路卡氣得快哭出來了，他知道比雅日是部落裡有名的獵人，因此不再與他計較。

「比雅日，我要趕路，不能跟你再抬槓，等著瞧吧。」路卡迅速拿起背囊，悻悻③地離去。

比雅日撫摸兩腮看著路卡搖擺的臀部想著：我的臉不怎麼燙，我沒有生氣吧！獵人最忌諱被人知道沒捕到獵物，我不是故意的，早上到現在他是我唯一遇上的好人，怒氣不該弄痛他的心，也許我們可以坐下來，喝半瓶酒，唱唱森林的故事，可以談談山底下討厭的人，罵一罵那些棕色皮膚的公務員，他們的脊椎真變化多端。

「喂，路卡，告訴我女人，我會背大塊肉回部落。」比雅日大聲喊，要路卡把話帶回，但路卡再也沒有回頭。

比雅日站在原地許久，路卡漸漸消失在草叢裡，於是比雅日收拾東西繼續趕路，速度變得緩慢。

一路上從草叢走過柳杉林、楓樹林，比雅日不再注意火紅的楓葉，也不再注意腳下沙沙作響的落葉，更不曾回過頭，比雅日到達山洞時黃昏已過去。他卸下背囊，坐在石頭上喘著。

「自己原諒自己吧，今夜可以玩得痛快，哈哈。」他用雙手拉開兩邊的嘴角大笑，恨不得有面鏡子，對著鏡子把臉整理成笑臉。此時夜已降臨整個森林，他站起來，把背囊裡的東西掏出來檢查，檢查發現無誤之後，把預藏的槍拿出來擦亮，以粗鐵通槍管，將槍管裡過冬的螞蟻趕出來，獵槍的例行檢查完畢，套上槍藥帶子，起身沿著山谷在兩岸峭壁搜索。

晚上正是皮膜動物活動的時間，山谷是他們滑行的園地。在山谷穿梭約一小時光景，比雅日聽到遠處鬼號的山豬，距這山谷至少二公里以上，飛鼠低飛時也發出鳴叫聲，似乎牠們體力過剩，嚷著不曾停住，比雅日一直沒有機會放槍。

③悻悻　憤恨難平的樣子。

比雅日疲倦極了，四肢愈來愈沉重，他開始放慢腳步，腿酸、心神不定，頭腦漲得很痛，差點往後栽倒，腸胃不停地抽動，胃酸欲吐出，但又不自主地吞回去，嘴唇乾裂，舌尖不斷地伸出嘴外，溼潤發黑的嘴唇，一股冷風掠過他的胸膛，肚子縮得更小，緊緊握住槍托，他恨恨地想，只要一隻飛鼠，他就滿足了。

在一處寬二平方公尺的平臺上比雅日坐下來休息，他注意搖晃的杉樹枝，眼睛出現帕蘇拉烤地瓜的景象。於是放下朝天的獵槍，想著，早知道厚著臉皮向帕蘇拉討地瓜，現在就可以撿些木頭，再烤熱，好好吃一頓，不必受這種痛苦。

「伊凡，我們不要想帕蘇拉手中滾燙的地瓜，我絕對不會對自己說，留在家該多好。」他咬緊牙關對著伊凡說道。

比雅日起身繼續往樹林裡搜索，一面喃喃自語，喪失警戒心，他已餓得失去了控制，破口大罵道：「混帳，我的天啊！飛鼠快點出來，不要躲在洞裡，獵人餓死在森林是森林的恥辱……。」

不知不覺地走到河床來。他跨大步伐跑到水邊，倒下來把嘴伸到水裡喝水，河水冰冷，弄疼他蛀了蟲的大門牙。他利用月光的照明，找到一個河水的支流，撿一些樹枝、樹葉與細土，把另一個水道的水擋住，好讓水道的水流乾，不到五分鐘光滑的石頭一個個冒出來，留下幾處水坑，比雅日很輕鬆地抓了十幾條手掌大的魚，看不清抓到什麼魚，幸好森林沒有不可吃的魚。

比雅日不再感到寒冷，就在不遠的地方，有一處溫泉水窟，獵人喜歡談論的公共澡堂，走到水邊來，他搭起木頭來，點燃木頭烤魚，月亮漸漸移向天空的正中央，比雅日已吃飽，而且不見魚骨頭。

一陣陣尖叫，高呼、卡車喇叭聲似的嘶吼，唱撒布爾伊斯昂④的鳥也不停地叫著，牠們開始由樹頂往這山谷活動，在月光不再照明山谷之前，牠們陸陸續續鑽入樹幹裡的洞穴及山洞，牠們喜歡居住在洞穴裡，和人類一樣沒有安全感。

硫磺形成的煙幕使得他的鼻子感到不舒適，烟火加重對眼睛的刺激，眼球抹上一層淚水，比雅日熄了炭火，靜靜等候下來喝水的山鹿。突然一個黑影滑過他頭上，那黑影就要伏在他頭上，他往上看，零零亂亂的星星點綴著天空，原來是一片烏雲遮住了月光。他縮回下巴，努力想著昨晚到底有沒有夢的暗示，今天忙了一天，連一點值得懷疑的兆頭都沒有，他深信沒有夢的寄託，就如盲人在森林走路，他放下槍，鎖上保險，套上蓋子，以防露水沾溼火藥。

溫泉蒸發的水氣漸漸聚集成薄霧，冉冉驅散在樹林間，被晚風吹動在半空中形成漩渦，月亮在漩渦裡翻轉，使得森林越來越模糊。比雅日脫掉長雨鞋，把大衣及褲子用小石子壓在地上，然後撈一手掌的水，往前胸和額頭潑水，拍拍銹紅色的胸肌，引起全身一陣子的顫抖，但他仍得意於身體的結實，然後迅速躲入溫泉裡。

「來，伊凡，下來泡水，消毒今天的倒霉運，今天累了一天，疲勞會跟著汗珠一起排泄出去。」比雅日叫獵狗也下水，但伊凡吃飽就躺著睡著了。

比雅日走到水深之處，恰巧水淹到第六個頸椎骨，他把手洗洗，洗去魚腥味，用力搓頸子和胸大肌，全身用手磨了一遍，就找一個椅子大的石頭，坐著看月亮標示的時分。

十二月是比雅日出生的月份，布農族的曆法裡，十二月份是打耳祭的季節，男人帶未成年的

④撒布爾伊斯昂　布農族語音譯，是一種鳥名，這種鳥只在晚間出現。

男孩操練弓箭，在月光下射樹上吊著的山豬耳朵。突然間他想到他父親曾在這裡說過一件故事。

從前部落裡有個男人叫拓跋斯．搭斯卡比那日，有一次出外工作時將嬰兒留在樹蔭下，工作做完回來，孩子變得像晒乾的野葡萄，全身紫黑色而且乾皺，那時天上有兩個太陽，他對著太陽破口大罵，誓死要報復。出發尋仇之前，他在屋前種植一棵橘子樹，留下他年輕的女人，帶著弓箭前往最接近太陽的山頭，經過若干個冬天，族人不知他的下落，然而他的女人不曾變節。有一天的早晨，天空顯得比以往柔和，原來另一個太陽已被拓跋斯射中了，成為現在的月亮。拓跋斯離開之前，月亮對他說：人類從今以後要以月亮為生活的時間標準。當拓跋斯回到部落，那棵橘子樹正好結果子，他成為族人嚮往的勇士，他的女人也成為族人所稱讚的婦人。

「哇！好威風的名字。」比雅日想著，如果帕蘇拉沒有流產，不論是男或女，一定取名拓跋斯。

月亮已開始走下坡，比雅日緊縮頸子，不敢再想那故事，此時野獸都玩夠了，就將回巢洞裡休息。比雅日趕緊跳出來，穿上衣服走回山洞，且重新架起火堆取暖，今晚，他特別早睡。

早晨，比雅日醒來，拍下頭髮上未被陽光蒸散的露滴，他撿起一些枯葉和乾樹枝，堆在昨夜至今未熄的餘燼上生火，他還有三條魚，他一面烤一面想著，帕蘇拉一個人在棉被裡會不會冷，她是否也想到我昨晚睡不好。他下定決心，今天一定要獵到山豬、山羌。帶回家討好帕蘇拉。

有一片枯葉飄到火堆裡，他尚未確定是何種樹葉，樹葉也燒了大半，剩餘的已看不出它的原形，他抬頭往上望，一隻母猴正好走過去，他的肌肉卻毫無反應，好像手中就要烤熟的魚減低他對母猴的慾望，他繼續烤魚。

他吃掉兩條烤魚，將魚骨頭丟給伊凡吃，然後清理背囊，發現紙裡的鹽被汗水溶掉了一大半，他走回山洞，抓一把儲備用的鹽，裝妥之後，提起獵槍開始在森林裡搜索。

冬天的雨量少，而且山頭下著冰雪，河面上露出零零散散的石頭，比雅日不必費心脫去長褲，輕易地跳石過河，伊凡則游泳上岸來。他和伊凡又穿過一片草叢、山谷，開始走入原始森林，這裡已屬於比雅日的獵場，他擁有三個山頭，和一處水源及共用的溫泉，獵人們有這種槍下的規令，誰也不能擅入別人的獵場，事實上獵人不敢不遵守，因獵場裡有各式各樣的陷阱，闖入他人獵場，也就等於一隻動物一樣，也有被獵捕的可能。

伊凡重新追著深且新鮮的足跡。比雅日蹲下查看，他確定是隻獨自散步的山羌，五公斤多重，昨晚路過這裡。他緊跟著足跡，不到五公尺，大部分的足跡被山豬踏壞了，而又躲入柳樹林裡，比雅日也跑進去，這一帶鋪滿了石子與石片，再進去有一處寬闊的黑泥土空地，這裡有更多的足痕，到處是山羊、山豬的糞便，有一處像似窩巢的凹地，除了留下糞便，還有一撮黃棕色的毛，比雅日撿起來聞一聞。

「伊凡，快上來，這裡昨晚有野鹿住過，看住牠的腳。」

零亂的足印使得伊凡原地打轉，無法突穿，只好離開柳樹林。

他口渴且兩腿酸痛，他跨過一棵巨大倒下的樹幹，枝葉已腐爛得看不出叫什麼樹，長滿黃褐色片狀的靈芝，比雅日找一片當椅子坐，正當他擱下獵槍時，伊凡在草叢裡大叫。

就在二十公尺處，比雅日架起射擊姿態，但草堆裡毫無動靜，全身戒備的情況下，每條神經變得敏銳起來，他聞到一種怪味，不是腐木散發的味道，他跑進草堆裡，發現一隻閉口的狐狸，看來死前不曾發出聲，看來牠寧可死在陷阱裡，而不願被老鷹啄死。

他早已料到狐狸肚子長了蛆，他熟練地剖開腹膜，他儘量不看，把腹腔裡的東西割掉，往草堆丟掉，他把清理好的狐狸裝入背囊裡，此時已日正當中。

再走過去是一片人造林，他叫住伊凡不要前進，他知道那裡不會有任何奇蹟，於是他決定往另一山頭繼續尋找獵物。

天氣漸漸轉熱，陽光像筆直的杉樹幹直直插入大地，此時比雅日已看不到頭的影子，他在一棵櫸木樹蔭下卸下背囊休息，他沒有預備中餐，也沒有食慾，就拿兩個小石子在手掌心玩著。

一大早到現在不見走動的野獸，他歸罪於森林的日日縮減，他想到再過幾年森林到處是人聲、車聲，動物會因森林的浩劫而滅跡，從此獵人將在部落裡消失，森林是最後能使他得到安慰的地方，比雅日愈想愈孤獨，但他也為森林感到不平，應該把發福的公務員帶來山上，深探森林的祕密，也許他們真的是因森林的奧妙而恐懼，就像主管深怕每個部屬健壯、聰穎的成長，應該讓他們獨自在林中聽鳥、風、野獸和落葉的聲音，再走進山谷，瞻望雄偉的峭壁，脫下鞋子，腳踏純淨的泉水，欣賞未享受人類廢物的魚優美地游水，牠們單純的一點都不怕人，他們會理悟這謎般的森林，然後像獄裡將判刑的犯人一樣，懊悔當初為何不把眼光放亮一點。如果那些人看重的不單單是原木的粗細……。

不久，他漸漸進入恍惚的境地，像喝過一瓶米酒後的忘我狀態，神經放得更鬆，此刻如有隻狗熊來襲，將他吃進食道之後，他才發現自己的難堪，他努力睜開眼睛，但森林的寧靜、暖和的陽光和令人倦怠的樹蔭，接連不斷地包圍他，他終於被森林的魔法催眠了。

太陽很快地越過大樹，從他的腳底緩緩輾到他臉上，他被強光驚醒，以為是螞蟻爬上眼睫毛。起身之後，他顯得慵懶無力，突然想到治療疲勞、憂愁、各種疑難雜症的特效藥，於是喝下昨天剩餘的米酒。

他覺得體內的精力正慢慢恢復，血液在心臟火辣辣地奔竄，眼睛愈來愈敏銳，暗自得意於酒後的年輕，他感到很滿足。

午後，山谷變得淒清幽涼，山風彈動樹枝，落葉和折斷的樹枝發出沙沙聲，擾亂比雅日的聽覺。他放輕腳步，儘量不再增加聲音的干擾，最後他還是失望，山風愈吹愈烈，他走過一處山稜，一處臺狀草坪，依然沒有一點動靜。

他鑽入藏青色模糊的樹林裡，因為光線太暗，比雅日慢慢地走，他邊走邊想著他的帕蘇拉，想到她熟睡時的美態，她的豐滿影姿重新在比雅日腦中浮現，變得動人美麗，且每夜親切地歡迎他回床，把他壓得幾乎粉碎……。

比雅日腦海裡不斷地浮現帕蘇拉的影子，眼看太陽就要下山。突然一隻山羊由林裡竄出，停在離比雅日前三十公尺處，瞪著他。

發痴的比雅日被突然出現的龐然物所驚嚇，伊凡也嚇呆似的停頓了一下，山羊乘這段時間跑進草堆而消失。

「伊凡，怎麼不追呢？」

比雅日搖搖頭，自言自語說道：

「真可惜，帕蘇拉喜歡吃山羊的小腸，黃昏之前一定要打到獵物，不然回家得不到帕蘇拉的歡心，那路卡也許會在路上等我，想調弄我。」

他又折回去，格外注意四周的動靜，他一心一意想抓隻山羊回家，因此更加小心搜索。

山風在山谷流竄，把熱氣帶走，他感覺到黃昏就要來臨了，心裡越發著急，他走到山谷，沿著河床逆水而上，突然他望見五十公尺遠處的石頭後方，有個黑黃色細長形狀的東西，擺動的方向、頻率與附近的草不同，直覺上那是野獸的尾巴。他倒下仆伏前進槍已開好保險，伊凡也看了，就要衝去，被比雅日制止。

「噓！不要急，這次不能再讓牠跑掉。」他儘量小聲地叫住伊凡。

他爬了約二十公尺遠。牠正要走向山崖，比雅日不待牠露出全身，拉下板機，子彈落在牠的頭胸，牠以右腿磴地，似乎想要逃走，但是伊凡在牠倒地前就咬住牠的脖子，四肢不停地抽動，眼睛仍張開著，心跳愈來愈微弱，不久牠不再掙扎，那是一隻公的山羌。

比雅日傲然抬頭，撫著槍洋洋得意地想，大獵人是不靠運氣的。他把山羌由伊凡口中奪取，兩手稱稱重量，他非常滿意牠的肥大，裝入背囊，口中歡呼歌唱獵得山羌的歌，連跑帶跳地走回山洞。

回到山洞之後，他將獵槍用布袋包好，拿一個小紙團塞住槍口，埋在土裡，避免猴子來搗亂他的獵槍，清算背囊裡的東西，然後輕鬆愉快地回家。

晚上。他留在一棵老松樹下紮營，兩隻小腿已走酸，但心情一樣激昂，他想到羌肉可以給帕蘇拉補身體，流產之後，她的豐滿也隨併被沖走，而且她沒有再吃到山上的佳餚，羌肉足夠使她再肥起來，他砍下松樹的樹枝，在月光下可看清滴下的油脂，他點上火，捲曲身子睡著了。

昨夜他睡得很平靜，宛如死亡那麼安祥，他起來之後，才發現他已在海拔二千多公尺高的山上。

他收拾背囊，向火堆灑一泡尿，不留一點星火，然後快步走到產業道路，路上鋪了一層薄冰，他愈走愈緩慢，感覺到胸部難以擴展，氧氣似乎輸送不到大腦，頭感到昏眩，他兩邊的太陽穴汗水不斷流出來，內衣及長褲也溼了，最後的三百公尺，他花費了二十分鐘才到達摩托車停靠的地方。

比雅日高興地把機車由草堆裡拉出來，前天那兩輛機車已不見，他踩了好幾次發動桿，拍下油門上的霜，始終不能開動，他開始懷疑前天不高興的路卡，再踏三次後引擎發動了，然後把伊凡拉起放在油桶上。

快接近檢查哨時，一位衣冠畢挺的警察匆忙跑出來，趕緊放下柵欄。比雅日心驚膽跳看著那矮小的警察，他到底要幹嘛？他尚未想妥如何擺脫他各種盤問，機車已駛到那警察前。

警察先生約六十來歲，白髮已在耳邊漫延，眼睛瘦小，看來不很慈祥，左眼是鳳眼，眉毛細短，比雅日更驚訝的是他圓形狀的鼻翼，呼氣時像尋找食物的山豬，比雅日愈看愈覺得好玩，他發現警察的皮膚細白，可以猜出他不是臺灣人，鼻梁好像斷崖突然陷落，令人悚然。

「喂，番仔，看什麼鬼東西？你是幹什麼的咧？是打獵還是放火的？」

「我是人倫部落的人。」比雅日提高嗓子壓抑心裡的害怕，兩掌緊握著。

「你說什麼？你的國語太差了。」

「我來山上採蘭花，順便到森林玩玩，打開柵欄好嗎？請相信我。」

「這位大膽的獵人，進來我要你登記，我不會放過說謊的人。」

警察的胖臉逐漸佈滿鄙視的氣色，故意把胸章貼近比雅日的眼前，他是一條一星的大人，黑色制服很新，而且燙得直挺，看來像是巡佐以上的官人，他順手拔走機車的鑰匙，走進矮小漆黑的屋子。

比雅日眼看無逃走的機會，搖搖頭無奈地下車，跟著進屋子裡，頭差點碰上門。

屋裡沒有電燈，但有一具舊式黑色電話筒，看來警察剛吃過早餐，書架上擺了幾本簿子和漫畫，四周牆上沒有什麼裝飾，只有一面擺著香火的肖像，再進去是他的臥床，廚房還冒著煙火。

「看什麼？進來，你叫什麼名字？」

「比雅日。」

「警告你，不要開玩笑，我要的是國語名字。」

「哦，全國勝，住在人倫部落。」

警察一一記錄在本子上。

「禁獵的法令早已頒定，你一定知道，『媽裡卡比』，你膽大包天來違反法律，來破壞森林。」警察邊罵邊走近電話筒。

「你如果不承認，不講清楚，一通電話，你就可以直接住進監牢裡，那裡會自理安排。」

「是的，我是去打獵，但是用陷阱捕獵，我沒有獵槍。」比雅日的熱汗未乾，現在又冷汗夾背。

「操媽裡卡比，你讀過書嗎？真不知廉恥，老實說，你的獵槍射中什麼東西。」他看到比雅日的背囊染了血汙，更提高他的嗓子。

「你怎麼知道我有獵槍？你有聽到槍聲嗎？」

「當然有，不但如此，還聽得出那支是無照私槍，不是嗎？」

比雅日嚇得魂不附體，最近從村長口中聽說又有槍礮管制的法令。他無意間看到盤子裡的肉，看來像是路卡獵到的松鼠，他懷疑路卡告他的狀，他又想到路卡也許和自己一樣，然後以松鼠賄賂，才得以解脫。比雅日出現可怕的遐想，如果真的是路卡搞的鬼，一定要斬斷他的腿。

「喂，你們殘忍成性的山地人，本性難移，政府讓你們無憂無慮，免於外患，你們反而好吃懶做，骯髒不守法，你不懂法律嗎？應該把你們獵人都關進牢裡，好好教育一番。」

比雅日認了，他是獵人，獵人不能說一句假話，所以他一直不答話，他只是急著要回家。

「我這個人很仁慈，因為我不忍心動物被你們濫殺，所以不得不逮捕你，不管你有沒有獵槍，你盜取森林的產物，可說是小偷，法律不容許小偷存在。」

雲氣漸漸透進屋內，路上的雪逐漸加厚。警察看他不答腔，全身仔細打量一番，比雅日身材高大，至少高他一個頭，留著長長鬆散的黑頭髮，腰繫一支彎刀，警察看了心寒，口氣急遽緩和下來。

「你來森林打獵是什麼動機？你一定有苦衷，山下應當不缺肉，我則每天等柴車上來，才有新鮮的魚肉。」他指著外面吊著一小塊的乾豬肉。

「不是我貪吃，我跟太太吵架，她看不起我，笑我找不到工作，所以突然對森林熱衷起來。」

「好了，說說看你背囊有什麼東西？」

「一隻狐狸，一隻山羌，和其它小東西，山羌是給剛流產的女人補身體的。」比雅日看警察不再刁難，一五一十地告訴他。

「其實要你坐牢，我於心不忍，不然這樣好啦，你把獵物留下，這樣我好交差，你就可以平安無事。」

比雅日聽到警察不再追究，他為了想快回家與帕蘇拉重聚，他害怕帕蘇拉真的回她娘家，但他更害怕監獄的安靜，於是忍痛把山羌拿給警察，自己獲准擁有那隻狐狸。

「拿去，督揮⑤」比雅日用布農話咒他，暗想即使沒有獵槍他還會再來，然後接住車鎖，快速離開。

「喂！老兄，慢走，改個名重新做人吧，不要再叫獵人……。」

⑤督揮：布農族語音譯，意為土匪。

作家檔案

拓拔斯・塔瑪匹瑪，西元一九六〇年生於南投縣信義鄉，布農族人，漢名田雅各。拓拔斯十歲之後到平地的埔里讀書，因為膚色黝黑、語言不通，與同學相處有許多摩擦，也逐漸感受到原住民在都市生活的辛苦，及在社會上的許多不幸。讀中學時，在老師的鼓勵下，他開始接觸文學。就讀高雄醫學院醫學系時期，加入阿米巴詩社，並開始創作，他以自己為名的小說拓拔斯・塔瑪匹瑪，入選一九八三年爾雅出版社及前衛出版社的年度小說選。

拓拔斯在一九八六年以最後的獵人獲吳濁流文學獎，此後又把在高雄醫學院時期創作的小說集結為最後的獵人一書出版。他表示從事寫作有對內、對外兩個目的，對內是希望引起原住民創作的興趣，對外是希望促使不同文化的人彼此認識，達到族群和諧。拓拔斯的第二本短篇小說集情人與妓女，不僅書寫布農族的故事，也涵蓋其他原住民族群，且批判現實，如情人與妓女寫太魯閣族少女為了家庭經濟而墮入風塵；尋找名字寫布農族青年和祖父如何看待原住民正名運動。醫學系畢業後，拓拔斯以臺灣原住民醫療服務為職志。散文集蘭嶼行醫記，即以謙虛冷靜的態度書寫蘭嶼行醫的生涯，還有蘭嶼人在傳統信仰及現代醫學間的掙扎、面對外來文化的無奈。

拓拔斯本身為原住民，又具有醫生及作家雙重身分，經常與不同族群、身分各異的人接觸，作品中有溫厚的人道精神，深入思考原住民部落與都市文化的對比，豐富臺灣文學的內涵，深受好評，一九九一年獲第一屆賴和獎。著有小說集最後的獵人、情人與妓女、散文集蘭嶼行醫記等。

國文老師賞析

林佳儀

身為布農族的男子，闖蕩森林、獵捕動物，不僅是祖先傳下的生存方式，也是尋求自我認同、族群地位的重要憑藉，但，這一切都過去了。最後的獵人書寫一次成功的狩獵：小說中的比雅日飽嘗飢寒、難耐妻子帕蘇拉流產後的恐懼與冷落，在一個寒冷的冬夜裡，他決定上山打獵，雖然不負大獵人之名捕獲大山羌，但這重新開始的第一次，卻也是最後一次，下山時警察攔下他，警告獵槍及狩獵都是違法的，沒收他的獵物，還要他不要再叫獵人；儘管比雅日想要再來，但就算能逃過警察的盤查，遭到濫墾濫伐的森林，哪裡還能捕得大型動物？他空有族群的傳統、對山間形貌與獵物習性的敏銳，但這一代的獵人已無法立足於當代社會，他們是最後的獵人。

精采的摹寫文字，烙印了獵人眼中迷人的森林面貌，如寫十二月的凍寒，清晨的山坡「由山谷到山峰，顏色由漆黑而漸漸棕黃而亮白，像一幅童畫。……東方的天空由粉紅漸漸泛白。」以色彩暈染山谷的幽暗、日出的紅暈、天亮之後映著冰雪的一片亮白。又如「迎面來的水氣打得比雅日的兩頰紅痛」，以輕柔的水氣都能打得人又凍又痛，來寫冰凍的嚴寒。而寫燦爛的冬陽，則是「他被強光驚醒，以為是螞蟻爬上眼睫毛」，以觸覺生動描述陽光的威力。而奔走在山林間的比雅日，連形容人的外貌，也是取諸自然，他形容警察圓形的鼻翼「呼氣時像尋找食物的山豬」、「鼻梁好像斷崖突然陷落」，獵人面對人，一貫運用他對山林的敏銳觀察力。

小說以繽紛多彩的打獵的意象貫串全篇，諸如：布農人相信「巴哈玉」（夢中的暗示），認為獵人的夢一定不會撒謊。打獵除了有夢兆，也有禁忌，「射殺紅鳩會破壞獵人的運氣！」原來，傳說中，紅鳩對布農族的祖先有恩，曾幫忙布農族人在洪水來襲時，到孤島上取得火種。而在月光下，比雅日想起訓練男孩們成為獵人的「打耳祭」；想起父親說過的射日英雄拓跋斯的故事，因為他才使其中一個太陽變為月亮。而被比雅日弄得快哭出來的路卡，傷心的不僅是只捕獲一隻小松鼠，還在於獵人最忌諱被人知道沒捕著獵物。獵人們擁有敏銳的觀察力與野外求生能力，起初無法捕獲獵物，餓到喊叫「獵人餓死在森林是森林的恥辱」的比雅日，先是攔住水道捕了十幾條魚，最終注意到草叢中擺動方向不同的野獸尾巴，獵得一隻公的山羌。最後，「獵人不能說一句假話」，則是獵人強烈的自尊與自信，他們有貢獻部落的能力，也贏得族人的尊重，這是布農族的獵人文化，也是值得驕傲的傳統。只是，這份自尊與自信，卻也不得不對現實低頭，失去孩子的帕蘇拉以顫抖的聲音向比雅日抱怨：「獵人，獵人，都是你的祖先。」連布農族獵人的妻子都因為無法溫飽而充滿怨怒之氣，難以認同的背後，實可視為價值體系的崩解。

的確，今日原住民的生存有許多困境：若要維持傳統的狩獵，先要面臨森林被過度開發，導致野獸難以維生，數量銳減；繼而是頒佈槍礮管制、禁獵的法令，斷絕了取之於森林的可能。因而，年輕人必須在下霜季節下山尋找臨時工作，貼補寒冬的取暖物品；即使幸運找到，也可能像比雅日在雇主裁減員工時，雖然氣力強壯，卻首先被辭退。而更大的困境還在於漢人與原住民價值觀的差異：小說最後警察所說的「你們殘忍成性的山地人」，但比雅日只是為了生活去狩獵；而當森林成為國有地，狩獵竟是「盜取森林的產物，可說是小偷」。布農祖先傳下的以狩獵為中心，賴以生存的食物、方法、信仰，在主政者保育山林政策下，誰來關切原住民的文化體系？

小說家解謎

許榮哲

對大部分的人而言，生活意味的就是生活，但對少部分的人而言，他們的生活比小說更小說，例如原住民。

我曾有過這樣的經驗，與原住民朋友上山，途中遇到一條黑白相間的蛇。平地朋友H說，頭呈三角形小心有毒；平地朋友T則說，那是百步蛇，魯凱語叫Kamanian，是魯凱族心目中地位崇高的神。

我的原住民朋友則是一邊說「喔，他是我伯公啦，喝醉酒在馬路上小睡一下，小心不要踩到他」，一邊抓起百步蛇，放到草叢裡。

因為獨特的生活環境，產生了獨特的文化、信仰，以及萬物皆有靈的生命觀。

最後的獵人的設定很簡單：因為生活拮据，再加上禁獵令的雙重因素，獵人比雅日面臨痛苦的抉擇：放棄獵人的身分，到平地當臨時工？

打獵對原住民有不尋常的意義，對布農族人而言更是如此。因為擅於打獵，布農族甚至被排灣族稱為「有法術的獵人」，獵物不只是他們的食物，也是衣服，還是裝飾（角、牙），更重要的是「地位的象徵」，善於打獵的人會成為部落的英雄人物。

所以獵人身分的消失，不純粹是字面上的意思，對布農族而言，它還意味著人的價值出現了崩塌、瓦解。

最後，因為一個夢，比雅日選擇上山當獵人，原因是「獵人的夢絕對不會說謊」。

表面上，作者安排這一次的打獵是為了控訴（漢人文化入侵山林），然而小說卻找來一個不適合擔任控訴任務的人物當主角，所以顯然還有比控訴更重要的事。

主角比雅日是個信仰傳統，尊敬祖靈、相信森林，並且會認真去實踐的人。正因此，打獵的目的並不是為了對抗，而是為了從頭到尾，完完整整地呈現獵人生活，以及狩獵文化。

果然，跟著比雅日的腳步，讀者清楚地看到了一個布農族獵人，上山打獵的全部過程，不是和山豬、黑熊拚個你死我活的打獵技術，而是從祖靈那兒，一代一代傳承下來的生活與信仰。

從布農族的射日傳說，到對占卜的依賴「沒有夢的寄託，就如盲人在森林走路」，對禁忌、詛咒的重視「走向上坡的獵人，應該分塊肉給下坡的獵人」，以及對山林的態度「獵人餓死在森林是森林的恥辱」……內容之豐富，簡直就是一篇布農族的報導文學了。

所以讀最後的獵人時，千萬別急著翻到下一頁，因為故事情節不是這篇小說的重點，獵人的生活，獵人的文化，獵人的信仰，獵人的山林觀，才是這篇小說最美麗的風景。

就像馬奎斯不斷聲稱他筆下的魔幻故事全是真的一樣，最後的獵人小說裡的超現實、神話、夢占、詛咒、禁忌……也全都是真的。不需要虛構，就生猛地走到你的面前，張口告訴你一些難以置信的事。

沒有獵人，山林的風景純粹就只是風景；有了獵人，才有超現實、神話、夢占、詛咒、禁忌……獵人才是沿途的風景，旅程只是為了提醒獵人，別忘了這一路上，祖靈曾經教會你的事。

小說家的寫作課——魔幻寫實

許榮哲

魔幻寫實源自於拉丁美洲，在這塊文明尚未大規模入侵的土地上，奇聞、巫術、神話，隨手可得，它們簡直就是生活的一部分。在這裡，人、鬼、神之間沒有明顯的界限，他們不僅和平相處，有時甚至還會有福同享、有難同當。

舉拓拔斯最後的獵人為例，小說充斥著神話、禁忌，若以現代人的觀點來看，簡直就是一連串虛構的魔幻；但對布農獵人而言，小說裡的荒誕，再真實不過了，最荒誕的反倒是漢人的禁獵令。因此，許多小說新手筆下的魔幻寫實小說，多跟原住民有關。以原住民為寫作題材沒有問題，真正的問題出在當小說新手喜孜孜地以為自己創作出精采的魔幻時，其實是遺落了珍貴的寫實。因為魔幻這個詞太有魅力了，所以不只讀者，有時甚至連作者都會不小心冷落了寫實。所以談到魔幻寫實，我習慣把兩者的主從關係搞清楚。誰是主？誰是從？舉個例子，就像巧克力麵包一樣，擺在前面的是形容詞，放在後面的是名詞，意即魔幻是形容詞、是從；寫實是名詞、是主。

換句話說，魔幻是外在的包裝，寫實才是內容物。正因如此，魔幻寫實大師馬奎斯才再三強調：「我寫的東西都是真的。」因為他在意的是內容物，但讀者老是看到絢麗的外包裝。

小說家的書架

許榮哲

1. 馬奎斯百年孤寂，志文。2. 莫言紅高粱家族，洪範。

14 苦惱

契訶夫

凱瑟琳・曼斯菲爾德：「如果法國的全部短篇小說都毀於一炬，而苦惱留存下來的話，我也不會感到可惜。」

我向誰去訴說我的悲傷[①]？……

暮色昏暗。大片的溼雪繞著剛點亮的街燈懶洋洋地飄飛，落在房頂、馬背、肩膀、帽子上，積成又軟又薄的一層。車夫姚納・波達波夫周身雪白，像是一個幽靈。他在趕車座位上坐著，一動也不動，身子往前傴著，傴到了活人的身子所能傴到的最大限度。即使有一個大雪堆倒在他的身上，彷彿他也會覺得不必把身上的雪抖掉似的。……他那匹小馬也是一身白，也是一動都不動。它那呆呆不動的姿態、它那瘦骨棱棱[②]的身架、它那棍子般直挺挺的腿，使它活像那種花一個

①我向誰去訴說我的悲傷 引自宗教詩約瑟夫的哭泣和往事。
②瘦骨棱棱 瘦得只剩皮包骨的樣子。棱棱，音ㄌㄥˊ ㄌㄥˊ，亦作「稜稜」。

戈比就能買到的馬形蜜糖餅乾。它多半在想心思。不論是誰，只要被人從犁頭上硬拉開，從熟悉的灰色景致裡硬拉開，硬給丟到這兒來，丟到這個充滿古怪的亮光、不停的喧囂、熙攘③的行人的旋渦當中來，那他就不會不想心事。……

姚納和他的瘦馬已經有很久停在那個地方沒動了。他們還在午飯以前就從大車店裡出來，至今還沒拉到一趟生意。可是現在傍晚的暗影已經籠罩全城。街燈的黯淡的光已經變得明亮生動，街上也變得熱鬧起來了。

「趕車的，到維堡區去！」姚納聽見了喊聲。「趕車的！」

姚納猛的哆嗦④一下，從黏著雪花的睫毛裡望出去，看見一個軍人，穿一件帶風帽的軍大衣。

「到維堡區去！」軍人又喊了一遍。「你睡著了還是怎麼的？到維堡區去！」

為了表示同意，姚納就抖動一下韁繩，於是從馬背上和他肩膀上就有大片雪撒下來。……那個軍人坐上了雪橇。車夫吧嗒著嘴脣⑤叫馬往前走，然後像天鵝似的伸長了脖子，微微欠起身子⑥，與其說是由於必要，不如說是出於習慣地揮動一下鞭子。那匹瘦馬也伸長脖子，彎起它那像棍子一樣的腿，遲疑地離開原地走動起來了。……

「你往哪兒闖，鬼東西！」姚納立刻聽見那一團團川流不息的黑影當中發出了喊叫聲。「鬼把你支使到哪兒去啊？靠右走！」

「你連趕車都不會！靠右走！」軍人生氣地說。

一個趕轎式馬車的車夫破口大罵。一個行人惡狠狠地瞪他一眼，抖掉自己衣袖上的雪，行人剛剛穿過馬路，肩膀撞在那匹瘦馬的臉上。姚納在趕車座位上侷促不安⑦，像是坐在針尖上似的，往兩旁撐開胳膊肘，不住轉動眼珠，就跟有鬼附了體一樣，彷彿他不明白自己是在什麼地方，也不知道為什麼在那兒似的。

「這些傢伙真是混蛋！」那個軍人打趣地說。「他們簡直是故意來撞你，或者故意要撲到馬蹄底下去。他們這是互相串通好的。」

姚納回過頭去瞧著乘客，努動他的嘴脣。……他分明想要說話，然而從他的喉嚨裡卻沒有吐出一個字來，只發出噝噝⑧的聲音。

「什麼？」軍人問。

姚納撇著嘴苦笑一下，嗓子眼用一下勁，這才沙啞地說出口：

「老爺，那個，我的兒子……這個星期死了。」

「哦！……他是害什麼病死的？」

姚納掉轉整個身子朝著乘客說：

「誰知道呢！多半是得了熱病吧。……他在醫院裡躺了三天就死了。……這是上帝的旨意喲。」

「你拐彎啊，魔鬼！」黑地裡發出了喊叫聲。「你瞎了眼還是怎麼的，老狗！用眼睛瞧著！」

「趕你的車吧，趕你的車吧，……」乘客說。「照這樣走下去，明天也到不了。快點走！」

③熙攘　形容人來人往，忙碌紛紜。

④哆嗦　音ㄉㄨㄛ ．ㄙㄨㄛ，因寒冷或恐懼而身體發抖。

⑤吧噠著嘴脣　形容淺嘗食物或發出聲響時，嘴巴張合的動作。吧噠，音ㄅㄚ ㄉㄚˊ，狀聲詞。

⑥欠起身子　身體稍斜傾向上提，好像要站起來的樣子。

⑦侷促不安　形容緊張恐懼，不知所措的樣子。侷促，可形容空間狹小，或人不安適的樣子。亦作「跼促」。

⑧噝噝　音ㄙ ㄙ，狀聲詞，形容聲音沙啞、嘶啞。

車夫就又伸長脖子，微微欠起身子，用一種穩重的優雅姿勢揮動他的鞭子。後來他有好幾次回過頭去看他的乘客，可是乘客閉上眼睛，分明不願意再聽了。他把乘客拉到維堡區以後，就把雪橇趕到一家飯館旁邊停下來，坐在趕車座位上傴下腰，又不動了。……溼雪又把他和他的瘦馬塗得滿身是白。一個鐘頭過去，又一個鐘頭過去了。……

人行道上有三個年輕人路過，把套靴踩得很響，互相詬罵，其中兩個人又高又瘦，第三個卻矮而駝背。

「趕車的，到警察橋去！」那個駝子用破鑼般的聲音說。「一共三個人。……二十戈比！」

姚納抖動韁繩，吧嗟嘴唇。二十戈比的價錢是不公道的，然而他顧不上講價了。……一個盧布也罷，五戈比也罷，如今在他都是一樣，只要有乘客就行。……那幾個青年人就互相推搡著，嘴裡罵聲不絕，走到雪橇跟前，三個人一齊搶到座位上去。這就有一個問題需要解決：該哪兩個坐著，哪一個站著呢？經過長久的吵罵、變卦、責難以後，他們總算做出了決定：應該讓駝子站著，因為他最矮。

「好，走吧！」駝子站在那兒，用破鑼般的嗓音說，對著姚納的後腦殼噴氣。「快點跑！嘿，老兄，瞧瞧你的這頂帽子！全彼得堡也找不出比這更糟的了。……」

「嘻嘻，……嘻嘻，……」姚納笑著說。「湊合著戴吧。……」

「喂，你少廢話，趕車！莫非你要照這樣走一路？是嗎？要給你一個脖兒拐嗎？……」

「我的腦袋痛得要炸開了，……」一個高個子說。「昨天在杜克瑪索夫家裡，我跟瓦斯卡一塊兒喝了四瓶白蘭地。」

「我不明白，你何必胡說呢？」另一個高個子憤憤地說。「他胡說八道，就跟畜牲似的。」

「要是我說了假話，就叫上帝懲罰我！我說的是實情。……」

「要說這是實情，那末，虱子能咳嗽也是實情了。」

「嘻嘻！」姚納笑道。「這些老爺真快活！」

「呸，見你的鬼！……」駝子憤慨地說。「你到底趕不趕車，老不死的？難道就這樣趕車？你抽它一鞭子！唷，魔鬼！唷！使勁抽它！」

姚納感到他背後駝子的扭動的身子和顫動的聲音。他聽見那些罵他的話，看到這幾個人，孤單的感覺就逐漸從他的胸中消散了。駝子罵個不停，謅出一長串稀奇古怪的罵人話，直罵得透不過氣來，連連咳嗽。那兩個高個子講起一個叫娜杰日達•彼得羅芙娜的女人。姚納不住地回過頭去看他們。正好他們的談話短暫地停頓一下，他就再次回過頭去，嘟嘟噥噥[9]說：

「我的……那個……我的兒子這個星期死了！」

「大家都要死的，……」駝子咳了一陣，擦擦嘴唇，嘆口氣說。「得了，你趕車吧，你趕車吧！諸位先生，照這樣的走法我再也受不住了！他什麼時候才會把我們拉到呢？」

「那你就稍微鼓勵他一下，……給他一個脖兒拐！」

「老不死的，你聽見沒有？真的，我要揍你的脖子了！……跟你們這班人講客氣，那還不如索性走路的好！……你聽見沒有，老龍[10]？莫非你根本就不把我們的話放在心上？」

---

⑨嘟嘟噥噥　形容人自言自語，說個不停。

⑩老龍　原文是「高雷內奇龍」，俄國神話中的一條怪龍。在此用做罵人的話。

姚納與其說是感到，不如說是聽到他的後腦勺上啪的一響。

「嘻嘻，……」他笑道。「這些快活的老爺，……願上帝保佑你們！」

「趕車的，你有老婆嗎？」高個子問。

「我？嘻嘻，……這些快活的老爺！我的老婆現在成了爛泥地囉。……哈哈哈！……在墳墓裡！……現在我的兒子也死了，可是我還活著。……這真是怪事，死神認錯門了。……它原本應該來找我，卻去找了我的兒子。……」

姚納回轉身，想講一講他兒子是怎樣死的，可是這時候駝子輕鬆地呼出一口氣，聲明說，謝天謝地，他們終於到了。姚納收下二十戈比以後，久久地看著那幾個游蕩的人的背影，後來他們走進一個黑暗的大門口，不見了。他又孤身一人，寂靜又向他侵襲過來。……他的苦惱剛淡忘了不久，如今重又出現，更有力地撕扯他的胸膛。姚納的眼睛不安而痛苦地打量街道兩旁川流不息的人群：在這成千上萬的人當中有沒有一個人願意聽他傾訴衷曲呢？然而人群奔走不停，誰都沒有注意到他，更沒有注意到他的苦惱。……那種苦惱是廣大無垠⑪的。如果姚納的胸膛裂開，那種苦惱滾滾地湧出來，那它彷彿就會淹沒全世界，可是話雖如此，它卻是人看不見的。這種苦惱竟包藏在這麼一個渺小的軀殼裡，就連白天打著火把也看不見。……

姚納瞧見一個掃院子的僕人拿著一個小蒲包，就決定跟他攀談一下。

「老哥，現在幾點鐘了？」他問。

「九點多鐘。……你停在這兒幹什麼？把你的雪橇趕開！」

姚納把雪橇趕到幾步以外去，傴下腰，聽憑苦惱來折磨他。……他覺得向別人訴說也沒有用了。……可是五分鐘還沒過完，他就挺直身子，搖著頭，彷彿感到一陣劇烈的疼痛似的；他拉了拉韁繩。……他受不住了。

「回大車店去，」他想。「回大車店去！」

那匹瘦馬彷彿領會了他的想法，就小跑起來。大約過了一個半鐘頭，姚納已經在一個骯髒的大火爐旁邊坐著了。爐臺上，地板上，長凳上，人們鼾聲四起。空氣又臭又悶。姚納瞧著那些睡熟的人，搔了搔自己的身子，後悔不該這麼早就回來。……

「連買燕麥的錢都還沒掙到呢，」他想。「這就是我會這麼苦惱的緣故了。一個人要是會料理自己的事，……讓自己吃得飽飽的，自己的馬也吃得飽飽的，那他就會永遠心平氣和。……」

牆角上有一個年輕的車夫站起來，帶著睡意嗽一嗽喉嚨，往水桶那邊走去。

「你是想喝水吧？」姚納問。

「是啊，想喝水！」

「那就痛痛快快地喝吧。……我呢，老弟，我的兒子死了。……你聽說了嗎？這個星期在醫院裡死掉的。……竟有這樣的事！」

姚納看一下他的話產生了什麼影響，可是一點影響也沒看見。那個青年人已經蓋好被子，連頭蒙上，睡著了。老人就嘆氣，搔他的身子。……如同那個青年人渴望喝水一樣，他渴望說話。他的兒子去世快滿一個星期了，他卻至今還沒有跟任何人好好地談一下這件事。……應當有條有理，詳詳細細地講一講才是。……應當講一講他的兒子怎樣生病，怎樣痛苦，臨終說過些什麼話

⑪無垠　遼遠而無邊際。垠，音ㄧㄣˊ。

會哭起來。

，怎樣死掉。……應當描摹一下怎樣下葬，後來他怎樣到醫院裡去取死人的衣服。他有個女兒阿尼霞住在鄉下。……關於她也得講一講。……是啊，他現在可以講的還會少嗎？聽的人應當驚叫，嘆息，掉淚。……要是能跟娘們兒談一談，那就更好。她們雖然都是蠢貨，可是聽不上兩句就會哭起來。

「去看一看馬吧，」姚納想。「要睡覺，有的是時間。……不用擔心，總能睡夠的。」

他穿上衣服，走到馬房裡，他的馬就站在那兒。他想起燕麥、草料、天氣。……關於他的兒子，他獨自一人的時候是不能想的。……跟別人談一談倒還可以，至於想他，描摹他的模樣，那太可怕，他受不了。……

「你在吃草嗎？」姚納問他的馬說，看見了它的發亮的眼睛。「好，吃吧，吃吧。……既然買燕麥的錢沒有掙到，那咱們就吃草好了。……是啊。……我已經太老，不能趕車了。……該由我的兒子來趕車才對，我不行了。……他才是個地道的馬車夫。……只要他活著就好了。……」

姚納沉默了一會兒，繼續說：

「就是這樣嘛，我的小母馬。……庫茲瑪‧姚內奇不在了。……他去世了。……他無緣無故死了。……比方說，你現在有個小駒子，你就是這個小駒子的親娘。……忽然，比方說，這個小駒子去世了。……你不是要傷心嗎？」

那匹瘦馬嚼著草料，聽著，向它主人的手上呵氣。

姚納講得入了迷，就把他心裡的話統統對它講了。……

作家檔案

契訶夫（Anton P. Chekhov），西元一八六〇年出生於俄國塔甘羅格市。其祖先是農奴，祖父為自己及家人贖取人身自由。父親起初受僱為夥計，後來開了雜貨鋪，嚴厲的父親常常讓契訶夫站櫃檯、做買賣，他回憶童年時總覺得相當艱辛。當舉家遷往莫斯科避債時，只留契訶夫一人在家鄉繼續求學。他半工半讀完成高中學業後，獲獎學金進入莫斯科大學醫學院，並著手寫一些當時流行的諷刺、幽默的短篇小說，陸續刊登於各報刊雜誌以賺取稿費。

契訶夫一開始把寫作當作業餘愛好，一八八六年出版短篇小說集雜集，其中包括著名的苦惱。隔年得到了普希金獎，文學創作轉向藝術性。早期作品多是短篇小說，文字簡素，結構緊湊，筆調明快，寓意深刻。一八九〇年，他到流放政治犯的庫頁島考察後，創作出代表作：小說第六病室及報導文學薩哈林旅行記，揭露沙皇專制下生活的苦悶。中後期轉向戲劇創作，主要作品有伊凡諾夫、萬尼亞舅舅、三姊妹、櫻桃園，反映了俄國一九〇五年大革命前夕的苦悶騷動，獲得廣泛回響。契訶夫善於取材日常生活中的尋常人事，透過幽默諷刺的情節手法，塑造鮮明的形象，以此來反映當時俄國社會：小人物的不幸與軟弱、勞動階層的悲慘，和人們的庸俗猥瑣。其劇作取材於日常生活，情節進展平順，卻富有象徵意涵，令人回味無窮。

一九〇四年他因肺病惡化辭世，四十五歲的生命留下數百篇短篇小說，和多齣精彩的戲劇，創新了小說和戲劇藝術，影響後世之深，在俄國和世界的文學史上有著承先啟後的地位。

國文老師賞析

簡君玲

「我向誰去訴說我的悲傷？……」

昏暗暮色降臨，此際一片片的溼雪飄飛著，靜靜地飄過剛剛亮起的街燈，然後落在屋舍、車馬，隨著開場景象的定調，讀者視線隨著溼冷的雪沾染在某個角色的帽沿、肩上，讓我們初見主人公：他是一位有著瘦小孱弱的馬的車夫，身子向前傴著，正一動也不動地坐在這一片冷寂灰雪中，他的瘦馬彷彿呼應他似的，也在雪地上木然不動，街上卻滿是行人的喧囂，形成強烈反差。

滿懷心事的車夫姚納，一天下來在生意上一無所獲，於是我們很自然地以為姚納的苦惱來自經濟上，他灰樸樸的身影，引著讀者往同情社會低下階層的苦辛而去。然而很快地，姚納失魂落魄的駕車行為透露出線索，原來姚納別有心事，他的軍人乘客一開始還頗體諒地化解尷尬，主動說點打趣的話。此時，初接受到友善對待的姚納以為苦惱可以得到傾吐，回過頭去，他從沙啞的口中，撇著嘴吐一點話語：「我的兒子……這個星期死了。」乘客禮貌性地接話，詢問害了什麼病。這下姚納遇到了聽眾，簡直要掉轉整個身子來和乘客訴說他的心事，原來他的兒子害了熱病吧，躺在醫院三天就逝去了。「這是上帝的旨意呦。」正專注訴說著宿命的悲歌，而一路危險駕車的他，引來路人的咒罵聲。乘客終於忍不住禮貌地打斷他：「趕你的車吧。」姚納好幾次嘗試再回過頭去望著乘客，然而對方閉上眼，表示不願再聽了。姚納拉好車後，再一次傴著腰坐在趕車座位上，一動也不動地定成塑像一般，溼雪再一次地塗蓋了他與他的瘦馬。

一個又一個鐘頭過去，打破寂靜的是三個粗暴的乘客，談話粗魯又硬要殺價，這次，姚納又同樣地把話題帶到了他兒子的死，然而這組客人對他的窮困和遭遇只有冷嘲熱諷，到達目的地時，他們還謝天謝地地表示終於到了，姚納再一次地陷進了只屬於他的寂靜。契訶夫抒寫著這苦悶的心靈：那「成千上萬的人當中有沒有一個人願意聽他傾訴衷曲呢？然而人群奔走不停，誰都沒有注意到他，更沒有注意到他的苦惱。……那種苦惱是廣大無垠的。如果姚納的胸膛裂開，那種苦惱滾滾地湧出來，那它彷彿就會淹沒全世界。可是話雖如此，它卻是人們看不見的。」

後來，姚納收車時正巧撞見一位年輕車夫睡意朦朧地喝水，姚納試圖跟他講講自己的不幸，但年輕人很快地把被子蒙上，又睡熟了。最後，無可傾訴的姚納只好對著拉車的小母馬講了起來，他跟小母馬說：「比方說，你現在有個小駒子，你就是這個小駒子的親娘。……忽然，比方說，這個小駒子去世了。……你不是要傷心嗎？」他講得如此入迷，把心裡話一股腦兒全講出來了。

短短的小說至此戛然而止，在故事末尾，姚納的苦惱仍舊像是幽靈一般，不被世人所覺察——姚納的苦悶最終沒有出口。小說中重要的配角——那匹無一頓燕麥可飽餐的馬，至少還有姚納的擔憂與關懷，然而姚納的處境卻是真正的人不如馬。小說裡的時間流動僅僅是一個漫飛著溼雪的傍晚至深夜，卻深刻地展現了小人物的無依心酸、社會的冷漠炎涼。正如作者自言：「我善於長事短敘。」又曾說：「在短小的短篇小說裡，留有餘地要比說過頭為好」、「小說裡所欠缺的主觀成分讀者自己會加進去的」。契訶夫正是透過簡潔而精巧的設計，讓我們聽見了姚納和更多正苦惱著的人，他們所欲訴說的「悲傷」……

小說家解謎

許榮哲

有種修辭法叫「轉品」，詞性可以互換，最有名的例子要屬余光中的「星空，非常希臘」。詩人一個巧筆，原本是名詞的希臘，變成形容詞。希臘作為形容詞到底是什麼意思？你無法在教育部國語辭典裡找到單一、明確的解釋。正因此，它是活的，隨著不同的讀者，煥發不同的色彩。

詞性可以互換，那句子呢？當然也可以。中國吟唱詩人張楚有首歌叫姊姊，歌詞以弟弟為敘事者，欲言又止地敘說了一個不能說的祕密：父親性侵姊姊，弟弟挺身與父親對抗，最後流浪街頭。歌詞的敘事性很強，像極了一篇小說。副歌的部分，弟弟反覆吟唱道：

哦！姊姊！我想回家
牽著我的手
我有些睏了

哦！姊姊！我想回家
牽著我的手
你不用害怕

上下兩段歌詞的前二句，一模一樣，但因為底下接了不同的句子，而產生重大的質變。第一段接「我有些睏了」，這時「牽著我的手」會解讀成姊姊牽著弟弟的手。第二段接「你不用害怕」，這時「牽著我的手」的意思就會變成弟弟牽著姊姊的手。影響所及，第二段「我想回家」的家，也會從第一段裡溫暖的避風港，變成避之唯恐不及的地方，因為家裡有一個可怕的人。

詞與詞、句子與句子都在轉換的過程中，活化、深刻了起來。某個程度上，契訶夫苦惱，與上面兩個例子有異曲同工之妙。馬車夫姚納的兒子死了，傷心的他想找個人傾訴。一開始，他傾訴的對象是他的乘客，但一連兩次，一開口就被打斷了，沒人想知道他兒子是怎麼死的。於是姚納轉而向僕人、馬車夫同行傾訴，他們應該不會拒絕他，因為他們是同一類的人。很不幸的，雖然理由不同，但同樣沒人願意聽姚納傾訴。

苦惱明明是一篇悲傷的小說，但小說家卻先將悲傷收起來，轉而去描寫主人翁因為身分的卑微，而屢屢遭到眾人的拒絕，沒人願意停下來聽一個馬車夫內心的悲傷，於是悲慘慢慢變成了苦惱。但小說家真正想傳達的是苦惱嗎？當然不是！最後，姚納好不容易找到聽眾了，沒想到聽眾居然是一匹聽不懂人話的馬。於是苦惱又轉回了悲傷。

繞了一圈，又回到了悲傷，只是此處的悲傷與一開始的悲傷完全不一樣了。一開始的悲傷是喪子之痛，為此感到悲傷的是馬車夫姚納，讀者不過是個旁觀者。然而隨著情節往下推展，馬車夫姚納從悲傷慢慢轉變成苦惱的過程中，讀者卻從旁觀者的無感一點一滴變成悲傷，因為讀者察覺到一件不堪的事——悲微的小人物，連悲傷的權利都沒有！這時，讀者再也不是旁觀者，他被捲進來了，他為主人翁的苦惱感到悲傷。

直接說出口的悲傷，就只是悲傷而已。小說藉由主人翁的苦惱，將悲傷的層次往上拉。悲傷在轉換的過程中，從馬車夫姚納一個人的傷，變成了所有讀者的痛。

小說家的寫作課——home／away／home——許榮哲

有一種常見的說故事模式是這樣的：「home／away／home」（在家／離家／返家）。簡單來說就是故事主人翁因為出外經歷了一段旅程，旅程的點點滴滴改變了他，當他最後回到家的時候，外表未必有所改變，但內心已經完全不一樣了。前後兩個home，因為away的旅程，而有了完全不一樣的意義和價值。

尤其當故事的主人翁是兒童時，這樣的說故事模式幾乎成了公式，因為總不能讓孩子在外流浪，從此不回家吧！如果你不相信，可以去翻翻手邊以兒童（或青少年）為主角的文學作品。

仔細核對一下，契訶夫苦惱也有類似的結構，它說的是一個「悲傷／苦惱／悲傷」的故事。相對於「home／away／home」，苦惱的「悲傷／苦惱／悲傷」，重點完全不在故事的外在結構，而在內在的情緒感受上。前後兩個悲傷，因為主人翁經歷了一段沒人同情、沒人同理的「苦惱」歷程，因而有了根本上的改變。

「home／away／home」是一個非常好用的說故事公式，但切記，所有的公式都是三流的，唯有站在公式之上，才有可能看到更遠。

小說家的書架——許榮哲

1.李潼少年噶瑪蘭，天衛文化。2.史蒂文生金銀島，天下雜誌。

時代・衝突，
人生還有更多謎

15 狂人日記

夏志清：「狂人日記是魯迅最成功的作品之一，其中的諷刺和藝術技巧，是和作者對主題的精心闡明緊密結合的，大半是運用意象派和象徵派的手法。」

魯迅

某君昆仲，今隱其名，皆余昔日在中學時良友；分隔多年，消息漸闕。日前偶聞其一大病；適歸故鄉，迂道[1]往訪，則僅晤一人，言病者其弟也。勞君遠道來視，然已早愈，赴某地候補[2]矣。因大笑，出示日記二冊，謂可見當日病狀，不妨獻諸舊友。持歸閱一過，知所患蓋「迫害狂」之類。語頗錯雜無倫次，又多荒唐之言；亦不著月日，惟墨色字體不一，知非一時所書。間亦有略具聯絡者，今撮[3]錄一篇，以供醫家研究。記中語誤，一字不易；惟人名雖皆村人，不為世間所知，無關大體，然亦悉易去。至於書名，則本人愈後所題，不復改也。七年四月二日識[4]。

一

今天晚上，很好的月光。

我不見他，已是三十多年；今天見了，精神分外爽快。纔知道以前的三十多年，全是發昏；

然而須十分小心。不然，那趙家的狗，何以看我兩眼呢？

我怕得有理。

二

今天全沒月光，我知道不妙。早上小心出門，趙貴翁的眼色便怪：似乎怕我，似乎想害我。還有七八個人，交頭接耳的議論我。又怕我看見。一路上的人，都是如此。其中最兇的一個人，張著嘴，對我笑了一笑；我便從頭直冷到腳跟，曉得他們布置，都已妥當了。

我可不怕，仍舊走我的路。前面一夥小孩子，也在那裡議論我；眼色也同趙貴翁一樣，臉色也都鐵青。我想我同小孩子有什麼讎，他也這樣。忍不住大聲說：「你告訴我！」他們可就跑了。

我想：我同趙貴翁有什麼讎，同路上的人又有什麼讎；只有廿年以前，把古久先生的陳年流水簿子⑤，踹了一腳，古久先生很不高興。趙貴翁雖然不認識他，一定也聽到風聲，代抱不平；約定路上的人，同我作冤對。但是小孩子呢？那時候，他們還沒有出世，何以今天也睜著怪眼睛，似乎怕我，似乎想害我。這真教我怕，教我納罕⑥而且傷心。

我明白了。這是他們娘老子教的！

---

①迂道　繞道。

②候補　等待遞補缺額。清代官制，通過科舉或捐納等途徑取得官銜，但還沒有實際職務的中下級官員，由吏部抽籤分發到某部或某省，聽候委用，稱為候補。

③撮　音ㄘㄨㄛ，摘錄。

④識　音ㄓˋ，記憶、記住。通「誌」。

⑤流水簿子　按時間且不分類記錄收支的簿子，亦稱為「流水帳」。此處喻有「中國封建社會歷史長久」之意。

⑥納罕　驚異、奇怪。

三

晚上總是睡不著。凡事須得研究，纔會明白。

他們——也有給知縣打枷⑦過的，也有給紳士掌過嘴的，也有衙役佔了他妻子的，也有老子娘被債主逼死的；他們那時候的臉色，全沒有昨天這麼怕，也沒有這麼兇。

最奇怪的是昨天街上的那個女人，打他兒子，嘴裡說道：「老子呀！我要咬你幾口纔出氣！」他眼睛卻看著我。我出了一驚，遮掩不住；那青面獠牙的一夥人，便都哄笑起來。陳老五趕上前，硬把我拖回家中了。

拖我回家，家裡的人都裝作不認識我；他們的臉色，也全同別人一樣。進了書房，便反扣上門，宛然是關了一隻雞鴨。這一件事，越教我猜不出底細。

前幾天，狼子村的佃戶⑧來告荒，對我大哥說，他們村裡的一個大惡人，給大家打死了；幾個人便挖出他的心肝來，用油煎炒了喫，可以壯壯膽子。我插了一句嘴，佃戶和大哥便都看我幾眼。今天纔曉得他們的眼光，全同外面的那夥人一模一樣。

想起來，我從頂上直冷到腳跟。

他們會喫人，就未必不會喫我。

你看那女人「咬你幾口」的話，和一夥青面獠牙人的笑，和前天佃戶的話，明明是暗號。我看出他話中全是毒，笑中全是刀。他們的牙齒，全是白厲厲的排著，這就是喫人的家伙。

照我自己想，雖然不是惡人，自從踹了古家的簿子，可就難說了。他們似乎別有心思，我全猜不出。況且他們一翻臉，便說人是惡人。我還記得大哥教我做論，無論怎樣好人，翻他幾句，他便打上幾個圈；原諒壞人幾句，他便說：「翻天妙手，與眾不同。」我那裡猜得到他們的心思，究竟怎樣；況且是要喫的時候。

凡事總須研究，纔會明白。古來時常喫人，我也還記得，可是不甚清楚。我翻開歷史一查，這歷史沒有年代，歪歪斜斜的每頁上都寫著「仁義道德」幾個字。我橫豎睡不著，仔細看了半夜，纔從字縫裡看出字來，滿本都寫著兩個字是「喫人」！

書上寫著這許多字，佃戶說了這許多話，卻都笑吟吟的睜著怪眼睛看我。

我也是人，他們想要喫我了！

四

早上，我靜坐了一會。陳老五送進飯來，一碗菜，一碗蒸魚；這魚的眼睛，白而且硬，張著嘴，同那一夥想喫人的人一樣。喫了幾筷，滑溜溜的不知是魚是人，便把他兜肚連腸的吐出。

我說：「老五，對大哥說，我悶得慌，想到園裡走走。」老五不答應，走了，停一會，可就來開了門。

我也不動，研究他們如何擺佈我；知道他們一定不肯放鬆。果然！我大哥引了一個老頭子，慢慢走來；他滿眼兇光，怕我看出，只是低頭向著地，從眼鏡橫邊暗暗看我。大哥說：「今天你彷彿很好。」我說：「是的。」大哥說：「今天請何先生來，給你診一診。」我說：「可以！」其實我豈不知道這老頭子是劊子手扮的！無非借了看脈這名目，揣一揣肥瘠：因這功勞，也分一

⑦打枷　指於犯人脖子上裝上枷鎖，以防止逃脫。枷，音ㄐㄧㄚ，古時加於犯人頸間的刑具。

⑧佃戶　租借他人土地耕種，按期納租的農家。佃，音ㄉㄧㄢˋ。

片肉喫。我也不怕；雖然不喫人，膽子卻比他們還壯。伸出兩個拳頭，看他如何下手。老頭子坐著，閉了眼睛，摸了好一會，呆了好一會；便張開他鬼眼睛說：「不要亂想。靜靜的養幾天，就好了。」

不要亂想，靜靜的養！養肥了，他們是自然可以多喫；我有什麼好處，怎麼會「好了」？他們這群人，又想喫人，又是鬼鬼祟祟，想法子遮掩，不敢直捷下手，真要令我笑死。我忍不住，便放聲大笑起來，十分快活。自己曉得這笑聲裡面，有的是義勇和正氣。老頭子和大哥，都失了色，被我這勇氣正氣鎮壓住了。

但是我有勇氣，他們便越想喫我，沾光一點這勇氣。老頭子跨出門，走不多遠，便低聲對大哥說道：「趕緊喫罷！」大哥點點頭。原來也有你！這一件大發見，雖似意外，也在意中：合夥喫我的人，便是我的哥哥！

喫人的是我哥哥！

我是喫人的人的兄弟！

我自己被人喫了，可仍然是喫人的人的兄弟！

五

這幾天是退一步想：假使那老頭子不是劊子手扮的，真是醫生，也仍然是喫人的人。他們的祖師李時珍做的「本草什麼[9]」上，明明寫著人肉可以煎喫；他還能說自己不喫人麼？

至於我家大哥，也毫不冤枉他。他對我講書的時候，親口說過可以「易子而食[10]」；又一回偶然議論起一個不好的人，他便說不但該殺，還當「食肉寢皮[11]」。我那時年紀還小，心跳了好半天。前天狼子村佃戶來說喫心肝的事，他也毫不奇怪，不住的點頭。可見心思是同從前一樣狠。既然可以「易子而食」，便什麼都易得，什麼人都喫得。我從前單聽他講道理，也糊塗過去；現在曉得他講道理的時候，不但脣邊還抹著人油，而且心裡滿裝著喫人的意思。

六

黑漆漆的，不知是日是夜。趙家的狗又叫起來了。

獅子似的凶心，兔子的怯弱，狐狸的狡猾，……

七

我曉得他們的方法，直捷殺了，是不肯的，而且也不敢，怕有禍祟。所以他們大家連絡，布滿了羅網，逼我自戕⑫。試看前幾天街上男女的樣子，和這幾天我大哥的作為，便足可悟出八九分了。最好是解下腰帶，掛在梁上，自己緊緊勒死；他們沒有殺人的罪名，又償了心願，自然都歡天喜地的發出一種嗚嗚咽咽的笑聲。否則驚嚇憂愁死了，雖則略瘦，也還可以首肯幾下。

他們是只會喫死肉的！——記得什麼書上說，有一種東西，叫「海乙那⑬」的，眼光和樣子都很難看；時常喫死肉，連極大的骨頭，都細細嚼爛，嚥下肚子去，想起來也教人害怕。「海乙

⑨本草什麼　指本草綱目，明代醫家李時珍的藥學著作。該書曾提及唐代陳藏器本草拾遺中以人肉醫治癆的記載，並表示異議。小說此處說李時珍的書「明明寫著人肉可以煎喫」，當是「狂人」日記的誤植。

⑩易子而食　交換小孩煮食充饑。形容天災人禍時，極飢餓的慘況。

⑪食肉寢皮　形容痛恨到極點。

⑫自戕　自殺或自己傷害自己。戕，音ㄑㄧㄤˊ。

⑬海乙那　英語 hyena 的音譯，即鬣狗（又名土狼），一種食肉獸，常跟在獅虎等猛獸之後，以牠們吃剩的獸類殘屍為食。

那」是狼的親眷，狼是狗的本家。前天趙家的狗，看我幾眼，可見他也同謀，早已接洽。老頭子眼看著地。豈能瞞得我過。

最可憐的是我的大哥，他也是人，何以毫不害怕；而且合夥喫我呢？還是歷來慣了，不以為非呢？還是喪了良心，明知故犯呢？

我詛咒喫人的人，先從他起頭；要勸轉喫人的人，也先從他下手。

八

其實這種道理，到了現在，他們也該早已懂得，……

忽然來了一個人；年紀不過二十左右，相貌是不很看得清楚，滿面笑容，對了我點頭，他的笑也不像真笑。我便問他，「喫人的事，對麼？」他仍然笑著說：「不是荒年，怎麼會喫人。」我立刻就曉得，他也是一夥，喜歡喫人的；便自勇氣百倍，偏要問他。

「對麼？」

「這等事問他甚麼。你真會……說笑話。……今天天氣很好。」

天氣是好，月色也很亮了。可是我要問你，「對麼？」

他不以為然了。含含胡胡的答道，「不……」

「不對？他們何以竟喫?!」

「沒有的事……」

「沒有的事？狼子村現喫；還有書上都寫著，通紅斬新！」

他便變了臉，鐵一般青。睜著眼說，「也許有的，這是從來如此……」

「從來如此，便對麼？」

「我不同你講這些道理；總之你不該說，你說便是你錯！」

我直跳起來，張開眼，這人便不見了。全身出了一大片汗。他的年紀，比我大哥小得遠，居然也是一夥；這一定是他娘老子先教的。還怕已經教給他兒子了；所以連小孩子，也都惡狠狠的看我。

九

自己想喫人，又怕被別人喫了，都用著疑心極深的眼光，面面相覷。……

去了這心思，放心做事走路喫飯睡覺，何等舒服。這只是一條門檻，一個關頭。他們可是父子、兄弟、夫婦、朋友、師生、仇敵和各不相識的人，都結成一夥，互相勸勉，互相牽掣⑭，死也不肯跨過這一步。

十

大清早，去尋我大哥；他立在堂門外看天，我便走到他背後，攔住門，格外沉靜，格外和氣的對他說；

「大哥，我有話告訴你。」

「你說就是。」他趕緊回過臉來，點點頭。

「我只有幾句話，可是說不出來。大哥，大約當初野蠻的人，都喫過一點人。後來因為心思不同，有的不喫人了，一味要好，便變了人，變了真的人。有的卻還喫，——也同蟲子一樣，有

⑭牽掣　牽纏受制，行動不能自由，亦作「牽制」。掣，音ㄔㄜˋ，牽引、牽動。

的變了魚、鳥、猴子，一直變到人。有的不要好，至今還是蟲子。這喫人的人比不喫人的人，何等慚愧。怕比蟲子的慚愧猴子，還差得很遠很遠。

「易牙蒸了他兒子，給桀紂喫⑮，還是一直從前的事。誰曉得從盤古開闢天地以後，一直喫到易牙的兒子；從易牙的兒子，一直喫到徐錫林⑯；從徐錫林，又一直喫到狼子村捉住的人。去年城裡殺了犯人，還有一個生癆病的人，用饅頭蘸血舐。」

「他們要喫我，你一個人，原也無法可想；然而又何必去入夥。喫人的人，什麼事做不出；他們會喫我，也會喫你，一夥裡面，也會自喫。但只要轉一步，只要立刻改了，也就是人人太平。雖然從來如此，我們今天也可以格外要好，說是不能！大哥，我相信你能說，前天佃戶要減租，你說過不能。」

當初，他還只是冷笑，隨後眼光便凶狠起來，一到說破他們的隱情，那就滿臉都變成青色了。大門外立著一夥人，趙貴翁和他的狗，也在裡面，都探頭探腦的挨進來。有的是看不出面貌，似乎用布蒙著；有的是仍舊青面獠牙，抿著嘴笑。我認識他們是一夥，都是喫人的人。可是也曉得他們心思很不一樣，一種是以為從來如此，應該喫的；一種是知道不該喫，可是仍然要喫，又怕別人說破他，所以聽了我的話，越發氣憤不過，可是抿著嘴冷笑。

這時候，大哥也忽然顯出凶相，高聲喝道：

「都出去！瘋子有什麼好看！」

這時候，我又懂得一件他們的巧妙了。他們豈但不肯改，而且早已布置；預備下一個瘋子的名目罩上我。將來喫了，不但太平無事，怕還會有人見情。佃戶說的大家喫了一個惡人，正是這方法。這是他們的老譜⑰！

陳老五也氣憤憤的直走進來。如何按得住我的口，我偏要對這夥人說，

「你們可以改了，從真心改起！要曉得將來容不得喫人的人，活在世上。」

「你們要不改，自己也會喫盡。即使生得多，也會給真的人除滅了，同獵人打完狼子一樣！——同蟲子一樣！」

那一夥人，都被陳老五趕走了。大哥也不知那裡去了。陳老五勸我回屋子裡去。屋裡面全是黑沉沉的。橫梁和椽子都在頭上發抖；抖了一會，就大起來，堆在我身上。

萬分沉重，動彈不得；他的意思是要我死。我曉得他的沉重是假的，便掙扎出來，出了一身汗。可是偏要說，

「你們立刻改了，從真心改起！你們要曉得將來是容不得喫人的人，……」

十一

太陽也不出，門也不開，日日是兩頓飯。

我捏起筷子，便想起我大哥；曉得妹子死掉的緣故，也全在他。那時我妹子纔五歲，可愛可

⑮易牙蒸了他兒子給桀紂吃　桀、紂各為夏朝和商朝的末代之君，易牙和他們不是同時代人，可視作狂人「語頗錯雜無倫次」的表現。易牙，春秋齊國人，為齊桓公的內侍。擅烹調、逢迎，甚得桓公的寵愛。齊桓公好美味，相傳他為了討好桓公，曾殺了自己的兒子，蒸好後獻給齊桓公享用。桓公死後，易牙與豎刁等謀亂，立公子無虧即位，導致齊國大亂。

⑯徐錫林　隱指徐錫麟，字伯蓀，浙江紹興人，清末革命志士。光緒三十三年，與秋瑾準備在浙、皖兩省發動安慶起義，借巡警學堂畢業典禮之際，槍殺安徽巡撫恩銘，與清軍激戰四小時，終因寡不敵眾被捕。徐錫麟受審時陳詞「蓄志排滿已十餘年矣，今日始達目的」。翌日晨受刑，睪丸被砸碎，遭剖腹挖心，心肝被士兵所吃，當時稱「吃烈士」。

⑰老譜　老方法、舊規矩。或稱為「老譜兒」。

憐的樣子，還在眼前。母親哭個不住，他卻勸母親不要哭；大約因為自己喫了，哭起來不免有點過意不去。如果還能過意不去，……

妹子是被大哥喫了，母親知道沒有，我可不得而知。

母親想也知道；不過哭的時候，卻並沒有說明，大約也以為應當的了。記得我四五歲時，坐在堂前乘涼，大哥說爺娘生病，做兒子的須割下一片肉來，煮熟了請他喫，纔算好人；母親也沒有說不行。一片喫得，整個的自然也喫得。但是那天的哭法，現在想起來，實在還教人傷心，這真是奇極的事！

十二

不能想了。

四千年來時時喫人的地方，今天纔明白，我也在其中混了多年；大哥正管著家務，妹子恰恰死了，他未必不和在飯菜裡，暗暗給我們喫。

我未必無意之中，不喫了我妹子的幾片肉，現在也輪到我自己，……

有了四千年喫人履歷的我，當初雖然不知道，現在明白，難見真的人！

十三

沒有喫過人的孩子，或者還有？

救救孩子……

作家檔案

魯迅，生於西元一八八一年，卒於一九三六年，中國浙江人。成長於傳統士大夫家庭，年少時祖父因科場案下獄，父親亦隨後病故，家道中落。啟蒙於鄉里幼學三味書屋，習古籍經典，課餘喜讀野史筆記及地方文史。一八九八年考入南京江南水師學堂，翌年改入江南陸師學堂附設礦務鐵路學堂，因閱讀時務報、天演論，始感到維新思潮和進化論學說的衝擊。以優異成績畢業後，隨即赴日留學，入仙臺醫學專門學校。

魯迅有感於民族根性的積弊難治，毅然棄醫從文，在辛亥革命前返國與陳獨秀等知識分子辦雜誌、譯介外國文學思潮。他們反帝制與封建，抨擊幾千年來舊文化之沉痾。其自嘲詩云：「橫眉冷對千夫指，俯首甘為孺子牛。」正是其一生積極提倡新文化的自況。

魯迅擅長寫作小說、雜文，以之為「文學革命」以至於「思想革命」的戰鬥利器。一九一八年，魯迅於新青年雜誌發表狂人日記，為中國第一篇白話文小說，以象徵筆法直指中國舊社會之陳腐與怪狂。其後更陸續創作了孔乙己、藥、阿Q正傳等名篇，筆觸深刻而思辯批判，為五四運動的先驅與中國現代文學奠基者。魯迅又是中國現代雜文的開拓者，他曾說：「生存的小品文，必須是匕首，是投搶，能和讀者一同殺出一條生存的血路的東西。」賦予舊文體一種新內涵。代表作品有：小說集吶喊、彷徨，散文集朝花夕拾、野草，雜文集墳、熱風、華蓋集等，後人輯有魯迅全集。作品被譯為多國語言，有「中國現代小說之父」之譽。

國文老師賞析

簡君玲

此篇分成兩部分，以閱讀日記者的文言體與後段「狂人」的白話日記組成。一開始敘事者便破題點出當他去訪友時，友人此病「早愈」，甚且已遠赴某地等待做官，瘋狂情狀已不復見，唯有自題「狂人日記」的兩冊書卷記錄了這段過程。

魯迅以「吃」做為貫穿通篇的文眼，中華文化中的「吃」源遠流長，在禮記禮運中提到：「飲食男女，人之大欲存焉。」吃，是人類賴以維生的尋常行為，是最重要的欲望之一，但作者藉由「吃人」這件事情，去指控傳統、社會、人群之間對彼此的橫征暴歛與侵略，有具體餐桌上的吃（魚眼珠跟人眼珠類比）、有歷史上的吃子故事（易牙烹子獻齊桓公）與文化典籍（本草綱目）、更有政治迫害的現實（影射革命志士徐錫麟心肝被挖炒一事），而狂人的鄰居、鄰童、鄰狗、甚至至親等都是結構共犯，在文中他們抑或有厲牙，抑或眼色不善，渲染出這幅「人為刀俎，亦為魚肉」的饕餮圖。

就章法結構來看，作者以滿紙荒唐言彰顯批判意識。起，在第一至第三小節：先點出狂人的「被害狂」是懼怕被吃，連孩童的眼神也解讀成加害。而從滿紙「仁義道德」的歷史裡，了悟到封建傳統正是迫害。承，則是文中的第四小節至第六小節，推展這「吃人」的可怕細部：「合夥喫我的人，便是我的哥哥！」讀者可將這裡的「兄弟」解讀為有同樣血脈、國族的群眾象徵，封建社會的種種腐敗闇愚，往往同胞自戕而不自知。轉，則在第七小節至第十小節，倡議改革的人，被冠上瘋子汙名，然而狂人仍鏗鏘地說：「你們立刻改了，從真心改起！你們要曉得將來是容不得喫人的人。」此段話既控訴封建餘毒，更對改革懷抱著信仰。合，則在第十一小節至第十三小節。那似知喫人實況而「大約也以為應當的了」的母親形象，正是作者對明知受苦卻不願「跨過門檻」的群眾奴性，做出了批判。狂人亦反省自己，是否無意之間也吃了自己妹子幾片肉，而終於輪到自己遭遇被吃的命運了。小說中「四千年」，讓小鎮明確成為「中國」的意象符碼，文末「救救孩子……」既是狂人的求救，亦是魯迅對於有志之士的呼喚。

「請救我出去！把我拉出去！給我一輛快得像旋風般的三頭馬車！我的車夫啊！請就位！我的鈴啊！響吧！馬啊！跳躍起來！然後把我運出這個世界！」這是魯迅相當推崇的俄國作家果戈裡狂人日記小說的最後一節。魯迅之所以棄醫從文，也是因為想搖醒沉睡的中國人，大家一起醒來掙脫這四千年傳統的鐵窗，逃出這牢籠外去。狂人日記雖然有個諷刺的結尾，主人公的病癒，恰恰代表著麻木亦蔓延到他自己身上——某種程度上他已經被「吃」了，他自己被吞化為那些每頁都用歪斜字體寫著「仁義道德」的歷史的一部分；文中的狂人，最終沒能逃出這吃人的世界，然而魯迅吶喊出的劇烈回聲，的確搖醒了近代中國，餘音至今不去。

小說家解謎

許榮哲

幾年前我到大陸，一位不熟識的詩人朋友送了我一本詩集。回程的路上，登機之後，起飛之前，我拿起詩集打發時間，隨手一翻是一篇叫流浪漢的短詩。

流浪漢遠遠地看著一個塑製警察／他看到它一動不動／認為那是真的，他的行乞路線有了變化

他走到我窗下說：求求你／給點吧，我剛才被一個民警揍了（作者：葉輝）

第一時間，我搖搖頭認定這是一首爛詩，內容不過是小人物的生存之道。闔上詩集，塞進前座乘客的置物袋，望向窗外，一個指天罵地，不知道在對誰嚷嚷的航警抓住了我的目光，瞬間一個念頭跑了過去。我急忙抽出詩集，翻到流浪漢那一頁：為什麼流浪漢看到警察時，會迸發「我被一個民警揍了」的詐欺念頭？原因是——在流浪漢生活的這塊土地上，「被民警揍」是一件天天發生的事，所以足以拿來取信他人，並搏取同情。如果詩的背後，沒有上述相應的巨大生活背景，那麼這首詩將虛虛浮浮，完全立不起來。

狂人日記便是在與流浪漢相似的脈絡底下，創造出來的作品。主人翁「我」每一句瘋言瘋語背後，都有其明確的批判對象。因此如果不把「封建中國」這個藏身於「我」背後的主角抓出來，那麼讀者大概只能繞著「我」是狂人，還是瘋子之類的雞毛蒜皮小事打轉。

舉個例子，主人翁「我」瘋病的源頭是二十年前，踹了古久先生的陳年流水簿子一腳。誰是古久先生？流水簿子又是什麼？答案是封建中國底下的僵固歷史。隨後，疑神疑鬼的「我」翻開

歷史一查，每一頁都寫著「仁義道德」，再仔細一瞧，字縫裡滿滿都是「喫人」兩個字。最後，懷疑自己喫了妹妹的肉的「我」認為沒喫過人的，大概只剩孩子了，因而大聲疾呼「救救孩子」。幾乎已到了伸出手，指著對方的頭，強烈指責批判的地步了。因此，後人提起狂人日記時，甚少提及小說的藝術面向，只關注「禮教吃人」、「救救孩子」，這幾句通往政治、革命的話上。

但如果真是一個蘿蔔一個坑，一個譬喻一個指涉，那這篇作品就近乎拙劣了。事實上，小說做了幾個巧妙的處理，讓「我」踩了幾次煞車，讓小說不至於一面倒地往憤怒、批判的道路衝過去。為了證明身處「喫人」的世界，「我」一連舉了幾個歷史上的證據，例如李時珍本草綱目裡寫著人肉可以煎喫，此話似是而非，因為書上寫的是李時珍對唐代陳藏器本草拾遺一書中的「人肉治癆」提出異議；又例如易牙蒸了他兒子給桀紂喫這件事，也大有問題，易牙與桀紂身處不同年代，易牙確實蒸了兒子，但是給齊桓公喫……正是這些不斷出現的謬誤，才使得狂人日記沒有百分之百地依附在它所指涉的事物上。謬誤造成了灰色地帶，產生了一個迴旋的空間，讓狂人回到狂人，讓瘋病回到瘋病，即使只是稍縱即逝的短暫火花，但也稍稍阻止了小說變成全然的「控訴」。對我而言，狂人日記最精采之處絕不在如影隨形的批判，而在一處「原因不明」的地方。

依照小說表面敘述，狂人患了迫害妄想症一類的瘋病，最後卻痊癒，甚至當官去了。痊癒後的「我」還把病中的日記題名為「狂人日記」。果真如此？當然不是，而且正好相反。因為如果狂人真是個瘋子，那麼他所有的懷疑和批判將全部落空，回歸到不可信的瘋言瘋語。所以「我」的痊癒，再明白不過，它指的是：最後「我」也被這個喫人的社會喫了，他才是真正的狂人。

如果你已經分不清誰是真瘋子，誰是假瘋子，那麼請仔細咀嚼法國精神分析大師拉岡（他同時也是研究妄想症的專家）的話：「國王以為自己是國王，比瘋子以為自己是國王還要瘋狂。」

小說家的寫作課——日記體小說——許榮哲

試著想一想，你會在日記裡寫些什麼？日記裡的什麼東西可以轉化成小說中閃閃發亮的鑽石？答案不是「流水帳」，而是「不能說的祕密」。

以魯迅狂人日記為例，主人翁「我」懷疑自己活在一個人吃人的世界，自己很快就要被吃了，並且舉證歷歷。不過，這是一個不能說的祕密，不只因為沒人相信，更重要的是說了可能遭致提早被吃的命運，所以只好偷偷地把這一切都寫進日記裡。

但日記外卻說，這一切都是「我」患了迫害妄想症一類的瘋病，才會胡思亂想，不過現在已經痊癒了。到底是日記裡為真，還是日記外為真？

表面上，日記外的說明，既理智又有條理，可信度百分百；日記內的內容，則是瘋言瘋語、顛三倒四，讓人頻頻搖頭。然而實際上正好相反，就像某些戲劇裡，西裝筆挺、冷靜沉著的精神療養院院長，和一天到晚尖叫，高喊「我沒病」的精神病患，兩者之間極可能處在一個危險的平衡裡。

聰明的創作者，一個巧妙的手法就能把兩者的身分調換過來。但前提是你得事先在兩者之間，埋下足以令人信服的伏筆。

小說家的書架——許榮哲

1. 丁玲莎菲女士的日記，駱駝。2. 安妮．法蘭克安妮的日記，印刻。

16 鐵漿

朱西甯

歐陽子：「〈鐵漿〉以熟練的敘述手法，藉孟家的故事影射時代的遽變；把中國傳統的保守生活方式與價值觀念受外力猛烈衝擊之歷史時代現象，用明示與暗示方法，傳達得淋漓盡致。」

人們的臉上都映著雪光，這場少見的大雪足足飛落了兩夜零一天。打前一天的下午起，三點二十分的那班慢車就因雪阻沒有開過來。

雪住了，天沒有放晴，小鎮的街道被封死。店門打開，門外的雪牆有一人高，總算還能看到白冷冷的天，沒有把人悶死在裡頭。人們跟鄰居打招呼，聽見聲音，看不見人，可是都很高興，覺得老天爺跟他們開了一個大玩笑，溫溫和和的大玩笑，挺新鮮有意思。

所以孟憲貴那個鴉片煙鬼子死在東嶽廟裡，直到這天過了晌午才被發覺，不知什麼時候就死了。這個死信很快傳開來。小鎮的街道中間，從深雪裡開出一條窄路，人們就像走在地道裡，兩邊的雪牆高過頭頂，多少年都沒有過這樣的大雪。人們見面之下，似乎老想拱拱手，道一聲喜。雪壕裡傳報著孟憲貴的死信，熱痰吐在雪壁上，就打深進去一個淡綠淡綠的小洞。深深的嘆口氣吧，對於死者總該表示一點厚道，可是心裡卻都覺得這跟這場大雪差不多一樣的新鮮。

火車停駛了，灰煙和鐵輪的聲響，不再擾亂這個小鎮，忽然這又回到二十年前的那樣安靜。

幾條狗圍坐在屍體的四周，耐心的不知道等上多久了。人們趕來以後，這幾條狗遠遠的坐開，還不甘心就走掉。屍首蜷曲在一堆凌亂的麥穰[1]底下，好像死時有些害羞；要躲藏也不曾躲藏好，露出一條光腿留在外邊。麥穰清除完了，站上的鐵路工人平時很少來到東嶽廟，也趕來幫忙給死者安排後事。

僵硬的軀體扳不直，就那樣蜷曲著，被翻過來，懶惰的由著人扯他，抬他。帶著故意裝睡的神情，取笑誰似的。人睡熟的時候也會那樣半張著口，半闔著眼睛。而凍死的人臉上總是笑著。孟家已經斷了後代，也沒有親族來認屍。地方上給湊合起一口薄薄的棺木。雪壕太窄了，棺材抬不到東嶽廟這邊來。屍首老停放在廟裡，怕給狗類啃了，要讓外鎮的人說話。一定得在天黑以前成殮[2]才行。

屍體也抬不進狹窄的雪壕，人們只有用死者遺下的那張磨光了毛的狗皮給繫上兩根繩索，屍體放在上面，一路拖往鎮北鐵路旁的華聾子木匠鋪西邊的大塘邊兒上。那兒靠近火車站，過鐵道不遠就是亂葬崗。

屍體在雪地上沙沙的被拖著走，蜷曲成一團兒。一隻僵直的手臂伸到狗皮外邊，劃在踏硬的雪路上，被起伏的雪塊擋住，又彈回來，不斷的那樣划動，屬於什麼手藝上的一種單調的動作。他一輩子可並沒有動手做過什麼手藝，人們只能想到這人在世的最後這幾年，總是這樣歪在廟堂的廊簷下燒泡子[3]的情景，直到這場大雪之前還是那樣，腦袋枕著一塊黑磚，不怕墊得痛。鎮上的更夫跟在後面，拎一隻小包袱，包袱裡露出半截兒煙槍[4]。孟憲貴身後只遺下這個。更夫一路撒著紙錢。

圓圓的一張又一張黃裱紙，飄在深深的雪壕裡。

薄薄的棺材沒有上漆。大約上一層漆的價錢，又可以打一口同樣的棺材。柳木材的原色是白的，放在雪地上，卻襯成屍肉的顏色。

行車號誌的揚旗桿，有半面都包鑲上雪箍，幾個路工在那邊清除變軌閘口的積雪。棺材停在大塘岸邊的一遍空地上。僵曲的屍體很難裝進那樣狹窄的木匣裡，似乎死者不很樂意這樣草率的成殮，執拗的在作最後的請求，有人提議給他多燒點錫箔，那隻最擋事的胳膊或許就能收攏進去。

「你把他煙槍先放進去吧，不放進去，他不死心哪！」

有人這麼提醒更夫，老太太們也忍不住要生氣，把手裡一疊火紙[5]摔到死者的臉上。「對得起你啦，煙鬼子！臨了還現什麼世[6]！」

人們只有硬把那隻豎直的胳膊搉[7]彎過來——也許折斷了，這才勉強蓋上棺蓋。拎著斧頭等

①穰　音ㄖㄤˊ，稻、麥的莖。
②成殮　入殮。
③燒泡子　抽鴉片之前，用煙籤挑取一點煙膏，就著燈烤烤搓搓，揉成棗核狀。
④煙槍　吸食鴉片用的長管，多為竹製，在一端裝置煙斗。
⑤火紙　一種上面塗硝，易於燃燒的紙。可製成點火用的火媒子，或祭拜用的紙錢等。
⑥現什麼世　丟什麼臉。現世，指丟臉、出醜。
⑦搉　音ㄑㄩㄝˋ，敲擊。

候許久的華聾子於是趕緊釘棺釘。六寸的大鐵釘，三斧兩斧就釘進去，可是就不顯得他的木匠手藝好，倒有點慌慌張張的神色，深恐死者當真又掙扎了出來。

決定棺材就停放在這兒，等化雪才能入土。除非他孟憲貴死後犯上天狗星⑧，那麼薄的棺材真經不住狗們撞上幾腦袋，準就撞散了板兒。結果還是讓更夫調一罐石灰水，澆澆棺。

已經傍晚了，人們零星散去，雪地上留下一口孤伶的新棺，四周是零亂的足跡。焚化錫箔的輕灰，在融化的雪坑裡打著旋，那些紙錢隨著寒風飄散到結著厚冰的大塘裡，一張追逐著一張，一張追逐著一張。

有隻黑狗遠遠坐在道外雪堆上，尖尖的鼻子不時向空中劃動。孩子們用雪團去扔，趕不走牠。鐵道那一邊也有市面，叫做道外，二十年前沒有什麼道裡道外的。

人們替死者算算，看是多少年的工夫，那樣一份家業敗落到這般地步。算算沒有多少年，三十歲的人就還記得爭包官鹽槽⑨的那些光景。那個年月裡，鐵路剛開始鋪築到這兒，小鎮上沒有現在這些生意和行商，只有一座官廳放包的鹽槽，給小鎮招來一些外鄉人，遠到山西爪仔⑩，口外⑪來的回回⑫。

築鐵路那幾年，小鎮上人心惶惶亂亂的。人們絕望的準備迎受一項不能想像的大災難。對於這些半農半商的鎮民，似乎除了那些旱災、澇災、蝗災和瘟疫，屬於初民的原始恐懼以外，他們的生活是平和安詳的。

一個巨大的怪物要闖來了，哪吒的風火輪只在唱本裡唱唱，閒書裡說說，火車就要往這裡開來，沒有誰見過。傳說裡，多高多大多長呀，一條大黑龍，冒煙又冒火，吼著滾著，拉直線不轉彎的，專攝小孩子的小魂魄，房屋要震塌，墳裡的祖宗也得翻個身。傳說是朝廷讓洋人打敗仗，就得聽任洋人用這個來收拾老百姓。

量路線的時節就鬧過人命案，縣太老爺下鄉來調處也不作用；朝廷縱人挖老百姓的祖塋嗎？死也要護的呀！督辦大人詹老爺帶了綠旗營⑬的兵勇，一路挑著聖旨下來，朝廷也得講理呀。鐵路鋪成功，到北京城只要一天的工夫。這是鬼話，快馬也得五天，起旱⑭步輦兒⑮半個月還到不了。誰又去北京城去幹嗎？千代萬世沒去過北京城，田裡的莊稼一樣結籽粒，生意買賣一樣的將本求利⑯呀！誰又要一天之內趕到北京去幹嗎啦？趕命嗎？三百六十個太陽才夠一個年，月份都懶得去記。要記生日，只說收麥那個時節，大豆開花的那個時節。古人把一個晝夜分作十二個時辰，已經嫌囉嗦。再分成八萬六千四百秒，就該更加沒意思。

鐵路量過兩年整，一直沒有火車的影兒。人們以為吹了。估猜朝廷又把洋人抗住了。不管人們怎樣的仇視、惶懼、胡亂的猜疑，鐵路只管一天天向這裡伸展，從南向北鋪，從北向南鋪。人

⑧天狗星　星名。天狼之北七星為天狗，主守財。此處「犯上天狗星」指的是與狗類犯沖。
⑨鹽槽　鹽行，地區總批發的鹽商。舊時鹽的買賣權掌握於政府，地方鹽商必須取得官方授權，才能進行買賣。
⑩山西爪仔　形容山西人善於理財，對於金錢「一把抓」。
⑪口外　長城以北地區，主要包括張家口以北的河北省北部和內蒙古中部。因長城關隘多稱口，如古北口、張家口，故稱為「口外」。亦稱為「口北」。
⑫回回　信仰伊斯蘭教的教徒，又稱「回子」。
⑬綠旗營　清制分八旗軍，漢人所組織的軍隊皆用綠旗。
⑭起旱　由陸地行走。
⑮步輦兒　北平方言，指步行。輦，音ㄋㄧㄢˇ。
⑯將本求利　拿本錢作買賣圖得利潤。

們像是傳報什麼凶信，謠傳著鐵路鋪到什麼集，什麼堡。發大水的年頭，就是這樣傳報著水頭到了哪裡，到了哪裡，人們的心情也就是這樣。在那麼多惶亂拿不出主意的人們當中，大約只有老太太們沉住氣些；上廟去求神，香煙繚繞裡，笑咪咪的菩薩沒有拍胸脯給人保什麼，總讓老太太們比誰都多點兒指望。

督辦大人唐老爺再度下來時，鎮上有頭有臉的都去攔道長跪了。督辦大人也是跟菩薩一樣咪咪笑，怎樣笑也不當用。詹大老爺不著朝服，面孔晒得黧黑黧黑的，袖子捲起兩三道，手腕上綁一隻小時鐘。在鎮上住了一宿，可並不是宿在鎮董[17]的府上，縣太老爺也跟著一起委屈了。第二天，大人們趕一個絕早，循著路基南巡去了，除去那家客棧老闆捧著詹大人親題的店招到處去亮相，百姓們仍然沒有一個不咒罵，什麼指望也沒了，等著火車這個洋妖精帶來劫難吧！

「在劫在數[18]呀！」

人們咒罵著，也就這樣的知命了。

鋪鐵路的同時，鎮上另一樁大事在鼓動，官鹽又到轉包的年頭。鎮上只有六百多戶的人家，連同近鄉近村的居戶，投包[19]的總有三十多家。開標的時候，孟憲貴的老子孟昭有，一萬一千一百九十九兩銀子上了標。可是上標的不是他一個，沈長發跟他一兩銀子也不差。

官家的底標呆定就是那麼些，重標時，官廳就著派老爺下來當面捻鬮[20]。

孟沈這兩家上一代就有宿仇；上一代就曾為了爭包鹽槽弄得一敗兩傷。為那個，孟昭有一輩子瞧不起他老子。如今一對冤家偏巧碰上頭，官衙洪老爺兩番下來排解，扭不開這兩家一定非血拚不可。

孟家兩代都是耍人兒㉑的，又不完全是不務正業，多半因為有那麼一些恆產。孟昭有比他老子更有那一身流氣，那一身義氣。平時要強鬥勝耍慣了，遇上這樣爭到嘴邊就要發定五年大財運的肥肉，藉勢要洗掉上一代的冤氣，誰用什麼能逼他讓開？

「我姓孟的熬了兩代，我孟昭有熬到了，別妄想我再跟我們老頭一樣的窩囊。」守著縣衙門著派下來的洪老爺，孟昭有拔出裹腿裡的一柄小鑲子㉒，鮫皮鞘上綴著大紅穗。

「姓沈的，有種咱們硬碰硬吧！」

沈長發是個說他什麼樣的人、就是什麼樣的人的那種人；硬的讓著，軟的壓著。唯獨這一回是例外，五年的大財運，可以把張王李趙全都捏成一個模樣兒。

「誰含糊，誰是孫子！」沈長發捲著皮襖袖子，露出手脖上一大塊長長的硃砂痣。洪老爺坐在太師椅上抽他的水煙，想起鬥鵪鶉。手抄到背後，扯一下壓在身底下太緊的辮子梢。

沈長發心裡撥著自家的算盤珠兒；鐵路佔去他九畝六分地，正要包下鹽槽補這個虧損。不過戳兩刀的滋味要比虧損九畝六分地大約要痛些。

---

⑰鎮董　相當於地方公認的自治領袖。

⑱在劫在數　命中註定的災禍。

⑲投包　即投標，凡招辦建築工程或買賣大宗貨品，先將圖案、材料、貨樣、說明等公告於眾。凡是願意承攬者，可按公告情況，估計價目，填具標單。

⑳拈鬮　從預先做好記號的紙卷或紙團中，隨意拈取一個，來決定事情。鬮，音ㄐㄧㄡ。

㉑耍人兒　好鬥逞勇。

㉒小鑲子　匕首、短刀之類的兵器。

「去！」衝著他跟前的三小子喝一聲：「回家去拿你爺爺那把刀子來——姓沈的沒弱過給誰。三十年前沈家爺爺就憑那把寶刀得天下，財星這又落到沈家瓦屋頂，一點不含糊！」

這話真使孟昭有掉進醋缸裡，渾身螫著痛。只見他嗤的一聲，把套褲筒割開大半邊，一腳踏上長條凳。這是在鎮董府上的大客廳裡。

「洪老爺明鑑，各位兄臺也請做個憑證。」

孟昭有握著短刀給四周拱拱手，連連三刀刺進自己的小腿肚。小鑲子戳進肉裡透亮過，擰一個轉兒拔出來，做得又誇張，又乾淨，似乎不是他的腿，他的肉。腿子舉起來，擔在太師椅的後背上頭，數給大家看，三刀六個眼兒，血作六行往下流，地上六遍血窩子。

「小意思！」

孟昭有一隻腿挺立在地上，靜等著黑黑紫紫黏黏的血滴往下滴，落在大客廳的羅底磚㉓上。那張生就的赤紅臉膛子，真的一點也沒有變色。在場的人聽得見鮮血嗒嗒的滴落，遠處有鐵榔頭敲擊枕木上的道釘，空氣裡震盪著金石聲。鐵路已經築過小鎮，快和鄰縣那邊接上軌。

孟昭有的女人送了一包頭髮灰來給他止血，被他扔掉了。羅底磚上六遍血窩子就快合成了一遍。

沈家的三小子這才取來那柄刀。原是一柄宰羊刀，沈長發的上一代靠它從孟家手裡贏來包鹽槽的標，事後才配上烏木料嵌蚌雕梅花又鑲了銀的刀柄和鞘子。刀子拔出來，顯得多不襯，粗工細工配不到一起，儘管刀身磨得明晃晃，不生一點點的銹斑。

沈長發一雙眼睛被地上的血跡染紅了，外表看不太出，膽子已經有點兒寒。不臨到自己動刀，總不知道上人創那番家業有多英豪。一咬牙，頭一刀刺下去用過了勁兒，小腿肚的另一邊露出半個刀身，許久不見血，刀子焊住㉔了。上來兩個人幫忙才拔出來。

客廳裡兩灘血，這場沒誰贏，沒誰輸，洪老爺打道回衙，這份排解的差事交給錢董替他照顧了。

什麼樣的糾紛都好調處，唯有這樣的事誰也插不上嘴，由著兩家拚，眼看著這兩個對手各拿自己的皮肉耍。

過不兩天，一副托盤捧到鎮董府上去，托盤裡鋪著一大塊大紅洋標布，三隻連根剁掉的手指頭橫放在上面。

孟昭有手上裹著布，露出大拇指和二拇指。家邦親鄰勸著不聽，外面世路上的朋友們跑來勸說，也不生作用。

「難道沈長發那麼個兔種，我姓孟的還輸給他？」

彷彿誰若不鼓動他拚下去，誰就犯嫌疑，替沈家做了說客。

「我們那位老爺子業已讓我馱上三十年的石碑了；瞧著吧，鹽槽我是拿穩了。」

托盤原樣捧回來，上面多出三隻血淋淋的手指頭。一看就認出是沈長發的，隻隻都是木雕似的厚厚的灰指甲。

孟昭有沒有料想到姓沈的也有他這一手。一氣之下踢翻玻璃絲鑲嵌的屏風，飛濺著唾沫，暴

㉓羅底磚　一種正方形地磚。
㉔焊住　卡住，拔不出來。

雷似的吼叫起來：

「誰敢再攔著我？誰再攔著我，誰是我兒！」

他兒子可只有一個。那個二十歲的孟憲貴，快就要帶媳婦，該算是成年的人了；白白瘦瘦的細高䠷兒，身上總像少長兩根骨頭，站在哪兒非找個靠首不可。走道兒三掉彎㉕，小旦出臺走的是什麼身段，他就是那個樣子，創業守業都不是那塊料。他老子拚成這樣血慘慘的，早就把他嚇得躲到十里外的姥姥家。

鐵路已經鋪到了那邊，孟憲貴就整天趕著看熱鬧似的跟前又跟後，總也看不厭。多冷的天氣多寒的風，也礙不著他。鐵路接通的日子，第一列火車掛著龍旗和彩紅。一節節的車廂，人們沒見過這樣裝著鐵轂轆㉖的漂亮小房屋，一幢連一幢，飛快的奔來，又飛快的奔去。天上正落著雪，火車雪裡來，雪裡去，留下一股低低的灰煙，留下神奇和威風，人們的恐懼和憤恨似乎有些兒被驅散，留給孟憲貴一種說不出的悵惘，指不住他這一生有否坐火車的命。

正當他立下誓願，這輩子非要坐一次火車不可的當兒，家裡卻來了人、冒著風雪來報喪，他爹爹到底把一條性命拚上了。

趕回來奔喪，一路上坐在東倒西歪的騾車裡，哭一陣，想一陣。過過年，官鹽槽就是他繼承，坐火車的誓願真的就該如願了。可是一見他爹死得那樣慘，他可把魂魄兒嚇掉了。

飄雪的天，鎮董門前聚上不少人。

鎮董是個有過功名的人家，門前豎著大旗桿，旗桿斗歪斜著，長年不曾上過漆，斗沿兒上盡是雀子糞，彷彿原本就漆過一道白鑲邊。

沒有人像孟昭有這樣子的死。

遊鄉串鎮的生鐵匠來在小鎮上，支起鼓風爐做手藝。沒有什麼行業會比他們更得到歡迎，在許久沒有看到猴兒戲和野臺子戲的時候，幾乎這就是一種頂有趣兒的娛樂。

鼓風爐四周擺滿沙模子，有犁頭、有燠子㉗、火銃子槍筒和鐵鍋。人們提著糧食、漏鍋、破犁頭，來換現鑄的新傢什。

鼓風爐噴著藍火焰，紅火焰。兩個大漢踏著大風箱，不停的踏。把紅藍火焰鼓動得直發抖，抖著往上衝。爐口朝著天，吞下整簍整簍的焦煤，又吞下生鐵塊。人們呼嚷著，這個要幾寸的鍋，那個要幾號的犁，爭著要頭一爐出的貨。

鼓風爐的底口扭開來，鮮紅鮮紅的生鐵漿流進耐火的端臼裡。

煉生鐵的老師傅握長鐵杖，撥去鐵漿表層的浮渣，打一個手勢就退開了。踏風箱的兩個漢子腿上綁著水牛皮，笨笨的趕過來，抬起沉沉的端臼，跟著老師傅鐵杖的指點，濃稠的紅鐵漿，挨個挨個灌進那些沙模子。

這是頭一爐，一周遭澆灌下來，兩個大漢掛著滿臉的大汗珠。鐵漿把周圍五尺以內都給烤熱了。

「西瓜湯，真像西瓜湯。」

㉕走道兒三掉彎　形容走路弱不禁風的樣子。

㉖轂轆　音ㄍㄨ ˙ㄌㄨ，指車輪。

㉗燠子　平而略凸的炊具，可用來烙餅。燠，音ㄩˋ。

看熱鬧的人忘記了雪，忘記了冷，臉讓鐵漿的高熱烤紅了，想起紅瓤㉘西瓜擠出的甜汁子。

「好一個西瓜湯，才真是大補品。」

「可不是大補的！誰喝罷，喝下去這輩子不用吃饃㉙啦。」

就這麼當做笑話說，人們打鬧著逗樂兒。只怪那兩個冤家不該在這兒碰了頭。

孟昭有尋思出不少難倒人的鬼主意，總覺得不是絕招兒，這可給他抓住了。

「姓沈的，聽見沒？大補的西瓜湯。」

這兩個都失去三個指頭，都捱上三刀的對頭，隔著一座鼓風爐瞪眼睛。

「有種嗎，姓孟的？有種的話，我沈長發一定奉陪。」

爭鬧時，又有人跑來報信，火車真的要來了。不知這是多少趟，老是傳說著要來，要來。跑來的人呼呼喘，說這一次真的要來了，火車已經早就開到貓兒窩。

人們不知受過多少回的騙，仍是沉不住氣，一撥一撥趕往鎮北去。

鎮董門前剩下不幾個人，雪花有的沒的在飄飛。

「鎮董爺，你老可是咱們的憑證！」

孟昭有把長辮子纏到脖頸上。「我那個不爭氣的老爺子，捱我咒上一輩子了，我還再落到我兒子嘴巴裡嚼咕一輩子？」

鎮董正跟老師傅計算這行手藝能有多大的出息；問他出一爐生鐵要多少焦煤，兩個夥計多少工錢，一天多少的開銷。

「我姓孟的不能上輩子不如人，這輩又捱人踩在腳底下。」

「我勸你們兩家還是和解吧！」鎮董正經的規勸著，還沒完全聽懂孟昭有跟他叫喊些什麼。

「昭有，聽我的，兩家對半交包銀，對半分子利。你要是拚上性命，可帶不去一顆鹽粒子進到棺材裡。你多去想想我家老三給你說的那些新學理。」

鎮董有個三兒子在北京城的京師大學堂，鎮上的人都喊他洋狀元，他勸過孟昭有：「要是你鬧意氣，就沒說的了。要是你還迷著五年大財運，只怕很難。」

洋狀元除掉剪去了辮子，帶半口京腔，一點也不洋氣。「我說了你不會信，鐵路一通你甭想還能把鹽槽辦下去，有你傾家蕩產的一天，說了你不信……」

這話不光是孟昭有聽不入耳，誰聽了也不相信的。包下官鹽槽而不走財運，真該沒天理，千古以來沒有這例子。

遠遠傳來轟轟隆隆怪異的聲音，人們從沒聽過這聲音，除了那位回家過年的洋狀元。

立刻場上的人們又跑去了一批。

鼓風爐的火力旺到了頂點，藍色的火焰，紅色和黃色的火焰，抖動著，抖出刺鼻的硫磺臭。老師傅的鐵杖探進爐裡去攪動，雪花和噴出的火星廝混成一團兒。

鼓風爐的底口扭開來，第二爐鐵漿緩緩的流出，端臼裡鮮紅濃稠的岩液一點點的增多。落雪的天氣，孟昭有忽然把上身脫光了，雖然少掉三個指頭，紮裹的布帶上血跡似還很新鮮

㉘瓤 音ㄖㄤˊ，瓜、果內部可食的部分。

㉙饃 音ㄇㄛˊ，餅類食品。

，脫起衣服卻非常溜活㉚。脫掉的袍子往地上一扔。雪落了許久，地上還不曾留住一片雪花。孟大娘正在家裡忙年，帶著一手的麵粉趕了來，可惜來不及，在場的人也沒有防備他這一手。

「各位，我孟昭有包定了；是我兒子的了！」

這人赤著膊，長辮子盤在脖頸上扣一個結子，一個縱身跳上去，托起已經流進半下子的端臼。

「我包定了！」

他衝著對手沈長發吼出最後一聲，擎起雙手，托起了鐵漿臼，擎得高高的，高高的。人們沒有誰敢搶上去攔阻，那樣高熱的岩漿有誰敢不顧死活去沾惹？鑄鐵的老師傅也愣愣的不敢近前一步。

大家眼睜睜，眼睜睜的看著他把鮮紅的鐵漿像是灌進沙模子一樣的灌進張大的嘴巴裡。那只算是很短促很短促的一瞥，又哪裡是灌進嘴巴裡，鐵漿劈頭蓋臉澆下來，一陣子黃煙裹著乳白的蒸氣衝上天際去，發出生菜投進滾油裡的炸裂聲，那股子肉類焦燎的惡臭隨即飄散開來。人們似乎都被這高熱的岩漿澆到了，驚懼的狂叫著。人們似乎聽見孟昭有最後一聲的尖叫，幾乎像耳鳴一樣的貼在耳朵的鼓膜上，許久許久不散失。

然而那是火車的汽笛在長鳴，響亮的，長長的一聲。

孟昭有在那一陣衝天的煙氣裡倒下去，仰面挺倒在地上。

鐵漿迅速就變做一條條脈絡似的黑色的固體，覆蓋著他那赤黑的身子。凝固的生鐵如同一隻黑色的大爪，緊緊抓住這一堆燒焦的肉。

一隻彎曲的腿，失去主能的還在微弱的顫抖。

整個腦袋完全焦黑透了，無法辨認那上面哪兒是鼻子，哪兒是嘴巴——剛剛還在叫嚷著：「我包定了！」的那張嘴巴。

頭髮的黑灰隨著一小股旋風，習習盤旋著，然後就飄散了。煙氣兀自裊裊的從屍身的裡面升上來，棉褲兀自燃燒著，只是沒有火焰再跳動。

一陣震懾人心的鐵輪聲從鎮北傳過來，急驟的擊打著什麼鐵器似的。又彷彿無數的鐵騎奔馳在結冰的大地上。烏黑烏黑的灰煙遮去半邊天，天色越發陰黯了。

在場的不多幾個人，臉上都失去了人色，徨惶的彼此怔視著，不知是為孟昭有的慘死，還是為那個隱含著妖氣和災殃的火車真的來到，而驚懼成這份神色。

風雪一陣緊似一陣，天黑的時辰，地卻白了。大雪要把小鎮埋進去，埋得這樣子沉寂。只有婦人哀哀的啼哭，哀哀的數落，劃破這片寂靜。

不受諒解和歡迎的火車，就此不分晝夜的騷擾這個小鎮。它自管來了，自管去了，吼呀，叫呀，強制著人們認命的習慣它。

火車帶給人們不需要也不重要的新東西；傳信局在鎮上蓋房屋，外鄉人到來推銷洋油、報紙和洋鹼[31]，火車強要人們知道一天幾點鐘，一個鐘頭多少分。

通車有半年，鎮上只有兩個人膽敢走進那條大黑龍的肚腹裡，洋狀元和官鹽槽的少主人孟憲貴。

[30] 溜活　動作靈活。
[31] 洋鹼　肥皂。下文「洋胰子」亦同。

鹽槽抓在孟家的手裡，半年下來淨落進三千兩銀子，這算是頂頂忠厚的辦官鹽。頭一年年底一結帳，淨賺七千六百兩。孟憲貴置地又蓋樓，討進媳婦又納了丫環，鴉片煙跟著也抽上了癮。

火車不曾給小鎮帶來什麼災難，除掉孟昭有凶死得那樣悽慘。大家說，孟昭有是神差鬼使的派他破了凶煞氣。然而洋狀元的預言沒落空；到第二年，鹽商的鹽包裝上火車了，經過小鎮不落站。這一年淨賠一頃多田。鎮上開始使用起煤油燈，洋胰子。人們要得算定了幾點幾分趕火車。要說人們對它還有多麼大的不快意，那該是只興人等它，不興它等人——無情無意的洋玩意！

五年過去了，十年二十年也過去了，鐵道旁深深的雪地裡停放著一口澆上石灰水的白棺材。這夜月亮從雲層裡透出來，照著刺眼的雪地，照著雪封的鐵道，也照在這口孤零的棺材上，周圍的狗群守候著。

有一隻白狗很不安，走來走去，只可看見雪地上牠的影子移動著。

雪層往南方移動，卻像月亮在向北面匆匆的飛馳。

狗群裡不知哪一隻肯去撞上第一頭。

那隻白狗望著揚旗號誌上的半月，齜出雪白的牙齒，低微的吼叫。然後牠憤恨的刨劃著蹄爪，揚起一遍又一遍的雪煙，雪地上刨出一個深坑，於是牠臥進去，牠的影子消失了，仍在低沉的吼哮。

那一盞半月又被浮雲暫時的遮去。夜有多深呢？人們都在沉睡了，深深的沉睡了。

作家檔案

朱西甯，西元一九二七年生，中國山東人。本名朱青海，後更名朱西寧，其後改寧為甯字。杭州藝專肄業後投筆從戎，一九七二年以上校職退伍。朱西甯的創作以小說為主，兼及散文。一九四七年在南京中央日報副刊發表短篇小說洋化，此後創作不輟，一九五二年出版第一本小說大火炬的愛。早期作品如鐵漿、狼、破曉時分，皆觀察力敏銳，運用地方方言，描繪人性的欲望與善惡，寫活了鄉野人物的心理，也傳達了時代造就的悲劇氣氛，為臺灣懷鄉書寫的重要作家。

除了小說創作外，朱西甯亦曾於軍中之聲、新文藝月刊擔任編輯；一九七一年協助籌組黎明出版社，並擔任總編輯；曾任中國文化大學中文系兼任教授等；同時也是馬叔禮、丁亞民、朱天文發起的三三集團重要的精神導師。朱西甯妻劉慕沙為日本文學翻譯名家，女朱天文、朱天心、朱天衣亦都從事創作，女婿謝材俊除著作外也翻譯西洋推理小說，文學家族陣容龐大。

一九九八年，朱西甯因病辭世，遺作華太平家傳出版後榮獲中國時報開卷及聯合報讀書人年度十大好書推荐。全書五十五萬餘言，七度易稿，嘔心瀝血，寫作態度十分嚴謹，雖只寫完他預期的四分之一，但其妻劉慕沙認為朱西甯所要表達的理念已全部涵括在其中了。

朱西甯在長達半世紀的寫作生涯中，完整見證了臺灣文學的發展，著有長篇小說貓、八二三注，短篇小說集鐵漿、狼、春城無處不飛花，散文集朱西甯隨筆、微言篇等三十餘部作品，在質與量上皆十分可觀。曾獲中國文藝協會文藝獎章、時報文學推荐獎、聯合報文學特別獎等。

國文老師賞析

——王怡芬

文章的開始一片雪白，白色的大雪，白色的雪牆，一口白色的棺材，乃至於最後白狗齜出雪白的牙齒，從頭到尾白色的意象籠罩著整篇文章，讓文章多了一份冷肅淒涼之感。相對於白色，孟昭有豪氣灌下的鐵漿，鮮紅、炙熱，與孟憲貴死時的蒼白淒涼，形成很大的對比。

文章以孟、沈兩家為了爭取包鹽槽結下宿仇為主線。為了包官鹽，孟昭有拿刀刺進自己的小腿肚，剁掉三根手指頭，甚至吞下滾燙的鐵漿，以表明自己的決心，最後雖得償宿願，卻也喪失了寶貴的生命。文中孟昭有將鐵漿一飲而盡的片段，讓人感到不可思議，卻可由此看到真實的人性。沈長發的決心似乎不比孟昭有堅決，孟昭有表明決心時是「小鑹子戳進肉裡透亮過，擰一個轉兒拔出來，做得又誇張，又乾淨，似乎不是他的腿，他的肉」。反觀沈長發，他覺得「戳兩刀的滋味要比虧損九畝六分地大約要痛些」，於是當他拿著刀時，「外表看不太出，膽子已經有點兒寒」。你拚我鬥到最後拚的只是一股意氣，誰也不願低頭認輸，包鹽槽得利難道比自己的生命還重要？在這裡與其說我們看到了英雄血氣，不如說是看到貪婪、自負等人性黑暗的一面。

孟昭有用命換來的鹽槽經營權，並沒有為他的兒子和家族帶來美好的未來，就如洋狀元說的，包了鹽槽未必會走財運。到了火車通車的第二年，鹽商的鹽包裝上火車了，經過小鎮也不落地。孟家沒落了，孟憲貴無以承繼祖業，卻仍任意的揮霍，染上了鴉片的煙癮，最後把家也給敗光了，淒淒涼涼、窩窩囊囊的死在東嶽廟裡，連個收屍的親族後代也沒有，孟昭有當時的犧牲，實在枉然。孟昭有沒有爭到包鹽槽勢不罷休，壯烈的死於火車的通車之日；而孟憲貴卻落魄的死在火車停駛的大雪之日。相較於孟昭有的豪氣，孟憲貴的下場可謂是極大的對比和諷刺。

順著孟、沈兩家宿怨這個主線輻輳出來的，是傳統農村在面臨現代化如鐵路般鋪天蓋地而來時的恐懼和無奈。對於築鐵路這件事情，小鎮上的居民將它視為一個「不能想像的大災難」，甚至比旱災、澇災、蝗災和瘟疫還要來得讓人害怕，對於生活的即將改變感到恐懼，他們不求了解，不思進步，說火車「專攝小孩子的魂魄，房屋要震塌，墳裡的祖宗也得翻個身」，連孟昭有的死也穿鑿附會地說「孟昭有是神差鬼使的派他破了凶煞氣」。在文章中，鐵道的建立、火車的駛來，象徵著現代文明的入侵，在臺灣現代文學中亦多有類似的象徵與寫作題材。小鎮上的居民對此先是恐懼、抵抗、到後來無奈的妥協，以至最後習以為常時會發現其實它也沒那麼可怕，所有的恐懼只是來自於面對新事物時不思了解的態度與不求改變的心態罷了。

在文章當中，火車是一個重要的象徵，孟昭有與沈長發鬥狠比勇的時候，「在場的人聽得見鮮血嗒嗒的滴落，遠處有鐵榔頭敲擊枕木的道釘，空氣裡震盪著金石聲」；孟昭有慘死之剎那，火車汽笛正巧發出第一聲長鳴。新時代已然來臨，小說中的人物卻仍執著於傳統的思維，他們為了確保傳統而表現出來的愚頑傲氣，終究抵擋不了時代的改變。

朱西甯以熟練的敘述手法，運用地方語言、生活習俗，融入人性的慾望與善惡，藉著清末地方鄉紳不見時代轉變，而傾全力、甚至傾命投入一個注定敗局生意的故事，來影射時代的遽變；把中國傳統保守的生活方式與價值觀念受到外力猛烈衝擊時的現象，描寫得淋漓盡致。時代終究會過去，但人性的貪婪、自私與昏昧，卻永遠在不同的地方上演著。

小說家解謎

許榮哲

作為一個人，我討厭敵人；但作為一個讀者，我喜歡敵人，因為他會帶來衝突，有了衝突，小說就有了張力。從戲劇的角度來看，鐵漿無疑是一部充滿力量之作，讀完之後讓人心跳加速、腋下發汗，甚至背脊發冷。既然強烈感受到力量，那麼我們就來尋找力量的源頭。

如果可以把戲劇簡化成兩個字，那麼戲劇就是衝突。衝突又分三種：人與自己、人與他人、人與環境的衝突。只要仔細檢視主人翁的三種衝突，就不難找出力量源頭，以及它所造成的影響。

一、主角vs.自己

小說的主人翁孟昭有一心想贏得鹽槽經營權，除了它是筆可以發五年大財的肥肉之外，更重要的是他想藉此洗刷上一代落敗之恥，於是他不停加碼往自己身上捅刀、割肉，最後甚至吞下滾燙的鐵漿，喪了命。從爭經營權，到最後逞血氣之勇而喪了命，過程中完全看不到主人翁的兩難與矛盾，甚至連一丁點的惶惑也沒有。整個行動就像一列全面啟動的火車，直線到底，完全沒有轉彎，甚至連一點煞車的動作都沒有。由此可見，主角是個空心磚，他與自己沒有任何的衝突！

二、主角vs.他人

至於主人翁的敵手沈長發根本是個假人，沒有主見，又不肯認輸，對手怎麼幹，沈長發就拿著香對拜。對手往自己身上捅，他就跟著往身上捅；對手自斷三指，他也跟著自斷三指，明眼人一看就知道，沈長發是個假人，完全是為了服務情節而活。他所造成的衝突是假的。

三、主角vs.環境

如果我們把焦點擺在前兩者，那麼無疑的，這是一篇失敗的小說。或者說，這不過就是一篇傳奇，它的任務僅止於創造一個離奇而超乎尋常的人物，就像看B級恐怖片一樣，所有的驚嚇都是為了娛樂。但如果我們把焦點挪動一下，小說就有了奇異的光芒。主人翁真正的敵人不是自己，也不是他人，而是大環境。

一切都是因為火車。早在爭鹽槽經營權之前，鐵路就已經來了，首先抵達的是想像力：大黑龍，冒煙又冒火，專攝小孩子的魂魄……隨著主人翁越賭越大，火車越來越接近小鎮，最後終於黃金交叉。火車在主人翁灌下鐵漿，喪命的瞬間，開抵了小鎮，且看底下這段敘述——

> 人們似乎聽見孟昭有最後的一聲尖叫，幾乎像耳鳴一樣地貼在耳朵的鼓膜上，許久許久不散失。然而那是火車汽笛在長鳴，響亮的，長長的一聲。

鐵漿落喉的瞬間，主人翁肯定叫了，但不論他叫得再大聲，再淒厲，依然叫不過火車。沒有人擋得住洶湧而來的時代。表面上，小說裡的主人翁有三個敵人，他們分別是自己孟昭有、他人沈長發，以及通往小鎮的巨大怪物——火車。但只要一一檢視，眼尖的讀者就會發現這三個敵人，一個是空的，一個是假的，只有一個才是貨真價實的！不只貨真價實，而且還擁有磁鐵一般「扭曲現實」的能力。

大時代這個敵人不需要跟主人翁肉搏交手，它只要靜靜地存在，就足以讓主人翁的努力成了徒勞，勝利成了落敗，鬧劇成了悲劇，一個人的傳奇成了大時代一代人的悲劇。一切都是因為大時代這個敵人，鐵漿從一篇驚悚的傳奇，成了震撼人心的時代寓言。

小說家的寫作課——衝突　許榮哲

你肯定有過類似的經驗，電視看著看著，突然不耐地說「真難看，一點戲都沒有」，隨後就轉臺了。其實你口中的「戲」，指的就是衝突，正所謂「戲劇就是衝突」。

大體上，衝突可以分成三種：人與自己、人與他人、人與環境（包含社會、自然、國家等）。什麼情況下會造成衝突？簡單來說，就是當目標（欲望）遭遇到「勢均力敵」的阻礙時，衝突就會爆發（目標＋阻礙＝衝突）。「勢均力敵」是重要的關鍵字。舉例來說，順流而下的大洪水，任何東西都會被衝走，形成不了衝突，除非有一個勢均力敵的障礙物出現，衝突才可能爆發。

以朱西甯鐵漿為例，主人翁一心想贏得鹽槽的經營權，但他的對手一點也不肯退讓，於是「人與他人」的衝突出現了。但鐵漿讀來之所以如此驚心動魄，在於小說家創造了一個可怕的「勢均力敵」。故事裡先是放大了目標（洗刷上一代落敗之恥），隨後不斷加強阻礙（對手展現了可怕的決心：不斷自殘），最後終於累積出一個瘋狂不足以形容的劇烈衝突。目標越大，阻礙越強，衝突就會越劇烈。

然而，必須特別注意的是，上面提及的三種衝突鮮少單獨出現，彼此之間會有一種連鎖反應。意即，當第一個衝突出現時，往往會造成第二個衝突，甚至第三個衝突的出現。

小說家的書架——許榮哲

1. 莎士比亞哈姆雷特，遠東。2. 莎士比亞奧賽羅，遠東。

17 送行

袁哲生

張大春：「〈送行中〉每一個人物都給人一種不知所終的感覺。」

零點五分北上的火車就要進站，一名憲兵推開軍人服務臺的綠紗門，另一個手上銬住一名逃兵的憲兵也跟著走出來。他們三人往地下道的入口走去，準備前往第二月臺搭這班北上的普通車。這名逃兵看似已過兵役年齡，中等偏瘦的體格，身著一件白色背心和褐色條紋窄管西裝褲，腳上還趿著梅春旅社的塑膠拖鞋，疲憊而黝黑的臉上，顯現出一層重大挫折之後特有的麻木表情，短髮下一雙乾乾的眼球裡透露出一種沉默，好像對周遭的一切已沒有半點感受。不過，眼前迎面而立的兩個人影卻使他的臉部露出一抹訝異，只一眨眼，旋又平息下來。

佇立在地下道入口的這一老一少是他父親和弟弟，他們也要搭這班北上的火車。他只低垂著頭從他們眼前走過，那兩位憲兵並沒感到異狀，以為他們只是一般好奇的旅客而已。待他們三人進入地下道後，老父親肩上斜掛著一個航空公司贈送的旅行袋，左手拎起一只綠白相間寬條紋的大帆布袋，右手拉著小兒子，尾隨在他們後方，大約保持十公尺的距離。小兒子剛讀一學期國中，早已不習慣父親牽他了，但眼前靜肅的氣氛使他沒了主意。空空的地下道磨石地板傳來兩雙長筒皮靴的叩地聲，橐、橐、橐的聲響強化了那副手銬所發出的冷寒光澤。他默默地跟在父親身旁，這是他第一次見到真實的手銬，感覺像一堵牆。

小鎮的深夜，月臺上顯得很空曠，間隔幾公尺的圓形鋁皮燈罩一共三只，從拱形的鐵架石綿瓦頂棚投下昏黃的光束。下午的一場雷雨使空氣中瀰漫著一股帶霉味的溼熱氣流，不知從何處鑽出的大群白蟻圍著燈罩旋繞衝撞，月臺上不斷響起嗒、嗒、嗒的撞擊聲，許多白蟻掉到水泥地上折斷了翅膀，在原地繞圈子。大批的白蟻落下，更多的白蟻又聚集過來，遮去了更多的光線。

月臺上唯一的長條木椅的一邊，一位老婆婆和一位少婦帶著一個小女兒各占據一頭，靠背另一邊的椅面已經損壞，木椅背上依稀可以從剝蝕的油漆中辨認出是綠油精和翹鬍子仁丹的舊廣告畫。

火車還未進站，小男孩望了一眼鐵棚上吊下來的一個方形精工牌石英掛鐘，零點十二分。普通車時常慢分的，這他早有經驗。他來到月臺邊，漫步在黃色的導盲磚上。月臺的另一端有幾截被漆成綠色的大水泥管裡種了幾棵酒瓶椰子。較遠處的幾線鐵軌上停放了三輛柴電機車頭，前方兩個圓鼓鼓的頭燈，好似睜大了雙眼在觀察四周的動靜。枕木和鐵軌四周的碎石在深夜中泛著一層鏽漬的鐵褐色，一直蔓延到鐵道邊緣的那排水泥柵欄，和淡黃色的絲瓜花連成一片。

零點二十五分，老婆婆似從鐘面上感到了些異樣，於是直覺地找上與警察模樣差不多的兩名憲兵要向他們詢問，但是憲兵們木然不動，於是她轉向那位逃兵，他的頭往下低了一些，沒有說話。老婆婆連問三次覺得莫名其妙，無趣地走開，走向手提布袋站在鐵柱邊的老父親。老先生顯得很熱心，拉大了嗓門向她解說，但是他帶著濃厚鄉音的國語並不能讓她聽懂，折騰了一會兒，老先生叫來他的小兒子用臺語解說。老婆婆不住地用手靠著耳朵，但他不願大聲說話，最後還是老先生用古怪的音調來模仿小兒子的臺語才暫時安撫了老婆婆，讓她坐回到長椅上。之後，她喃喃地向身邊的少婦發出一連串的嘀咕。

火車停妥之後，包著藍布頭巾的老婆婆挽著一個花布包袱，拎起地上裝了兩隻大公雞的竹籃子，率先登上火車。她先把竹籃子放置在車門階梯上的平臺，然後再使勁地抬高細皺的雙腿，跨上火車。那只籃子是她早上才削去竹皮臨時編成的，表面還泛著一層溼而利的青光。

在少婦和憲兵都上火車之後，老父親才領著小兒子上車廂，揀定靠近廁所的位置坐下。偌大的鐵皮車廂，側對座的兩排綠色膠皮座椅，兩名憲兵押著逃犯坐在車廂中間的位子。老太太揀在憲兵對面坐下，或者是感到安心。少婦在車廂另一瑞，正抱著綁了兩條小辮子的女兒哄她睡覺。一些白蟻被車廂內的日光燈吸引飛了進來。有一只圓吊扇有些故障，每轉到同一處就發出嘎啦、嘎啦的聲響。

火車開動之後，老先生見對面的兩片電動門沒闔上，便上前檢查，在車門邊的紅綠鈕上瞎按了幾下見無效，於是解下鐵鍊攔門腰扣上。

火車平穩地向前滑行，車輪在鐵軌上發出的登、的登規律的顫音，造成一種搖籃似的效果，老婆婆、少婦和小女兒不一會兒便歪著頭睡著了。老先生想向前和那兩位憲兵打個招呼，但卻不知如何開場。窗外不停地灌進涼颼颼的空氣，老父親於是從布袋裡搜出一件老式的大尖領花格子襯衫，向車廂中段走去，表明自己是逃兵的父親，希望讓自己的孩子套件衣服，其中未銬手銬的憲兵起身示意老先生後退，然後接過襯衫檢查一番之後，交到逃兵手上。他沒有抬頭，接過襯衫，只把它捲小了放在腿上，和他銬在一起的憲兵也沒有暫且解開手銬的意思。老父親尷尬地站立了一會兒，想不出話來，還是回到小兒子旁邊的空位坐下。

車窗外黑濛濛一片。老先生取出一條美製軍毯準備讓小兒子蓋肚子，軍毯中夾帶的一瓶陳年高粱也一起取了出來，這是昨晚打包時放進去的。

火車又停靠進站了兩次，老先生已喝去了大半瓶，就這麼酒瓶湊近嘴巴往裡倒，不知不覺便手握著酒瓶杵在皮腰帶上闔眼了，寤寐中，他看見車頂上的白蟻愈聚愈多，一群群從車門邊的隙縫飛出來；從座墊的破洞裡鑽出來；接著更洶湧地從窗外成群撞進來，先是被電扇的葉片打下許多，接著由於數目實在太多，電風扇幾乎動彈不得了，地上鋪了厚厚一層白蟻的殘肢，最後，白蟻啃光了車頂，開始啃食車廂內的乘客，爬了滿身白蟻的憲兵驚慌地拔槍朝蟻群連續射擊⋯⋯。

嘎啦、嘎啦、嘎啦，舊吊扇在沉默中發出突兀的聲音，老先生揉揉眼睛，小兒子還躺在身邊睡著，老婆婆、婦人和她的小女兒也都歪斜著身體，只有車廂中段的兩名憲兵還直挺挺地坐著，他的大兒子坐在他們中間，手肘抵在半開的鋁窗上，側身面向窗外，看著很遠的地方。老先生從地上撿起瓶蓋，拴上酒瓶，收進大布袋裡，感覺酒氣打鼻孔裡不斷冒出來，頭有些疼，眼角很重。直到老婆婆腳邊竹籃子裡的雞啼第三次的時候，老父親才又淺淺地睡著。

凌晨五點三十五分的時候，快到臺北了，列車查票員從車廂的這一頭出現，查到老婆婆的時候，她翻起衣角，從暗袋裡拿出一張摺得小小的紙條，上面寫了一個地址和電話，叫查票員替她看看，確定這個地址是否在臺北下車。

確定了之後，她又不放心，便走到對面那兩個警察模樣的憲兵面前，要他們帶她去坐車。那兩名憲兵並不作聲，她以為得到了默許，便把雞籃子和包袱移到憲兵的身旁坐下，等待和他們一起下車。

穿入一段地下鐵道，火車停靠在臺北車站第三月臺，距離通勤的人潮還有一段時間，月臺上只有零星的乘客，還有幾個用推車打包垃圾袋的清潔工人。老婆婆見憲兵起身要下車，便拉著其中未銬手銬的憲兵的袖子，要他幫她提竹編的雞籠子，那憲兵沒有理會她，逕往前走去，老婆婆依然緊跟不捨。

老父親從車窗內看著他們，倏地追到車外，他請求讓他的大兒子穿上襯衫。這時老婆婆也上前來糾纏，她伸手拿著那張小紙條，說她不識字，要他們帶她去找。老父親見憲兵們停了下來，便上前拿起襯衫要替他大兒子穿上，穿了一隻手，另一隻有手銬銬著穿不了，這時，憲兵又開步往前走，第一月臺上憲兵隊車站分隊已有便衣人員前來接應，兩名憲兵加快了步伐，老婆婆也吃力地追上去，她邊喘氣邊喊他們等她，竹籃子裡的雞因搖晃得太厲害而咕咕地叫了起來，月臺上僅有的幾個人影也都回過頭來看著他們。逃兵回頭望了父親一眼，示意他回去車上，老父親因為擔心火車開走，便往回走，走了兩步，又折回，快步趕上他們。他邊走邊動手將那件襯衫褪下來，再捲起，交回大兒子用手拿著。

當他們步入出口的時候，火車仍未開動，老父親和他的小兒子從車窗裡看著他們消失在地下道的入口。

又一個小時，火車開到基隆。出了車站，老父親帶著小兒子去公共廁所刷牙、洗臉。婦人抱著小女孩出車站之後，便直接穿過大馬路到車站對面，在掬水軒情人禮盒的大招牌底下——基隆客運的候車站裡等人。

他不只一次和父親坐夜車上基隆了。洗完臉，他們並不直接到車站對面的海港大樓去，這時也還沒到辦公的時刻，他們穿過幾個巷子往鐵道邊的老人茶館走去，到了那裡，已有其他三位上同一條船的老船員先到了。這兒的茶座像教室般排列著密密麻麻的竹躺椅，一直延伸到騎樓外面來，因為天光還不怎麼亮，那三人正有一搭沒一搭地看報，嗑瓜子，每個人身邊的小几上都放了一個白磁的茶杯。

老先生打過招呼，安置好行李，便領了小兒子到另一條街上喝豆漿，之後再到大菜場的老雜貨鋪裡買了些牙粉、醬菜和乾電池等東西，又給小兒子買了幾件內褲。回到茶館的時候，有人已去海港大樓的船務公司取回了一些個人的報關出海資料。老先生抽出上衣口袋裡的老花眼鏡和派克鋼筆來填寫，其中一名同事不會寫字，便要小孩子代筆，他記得上一回也是他代填的。他用生硬的字體一欄欄地填寫：陳遜，男，民國二十三年生，職務：廚工，緊急連絡人……。

填寫過表格，接下來便是等船公司的九人座小包車載他們進碼頭上船了。司機小王待會兒便會開車過來茶館這裡，每回都是如此，也就成了不成文的規定了。他的父親催促他趕快去搭市公車回寄宿學校去，雖然學校的規定是在下午五點以後才禁止學生進出，但是做父親的希望他早些回去溫習功課，而且上學期他在班上成績一直落後，加上請假過長，學校老師已有些擔心。他很禮貌地向那三位叔叔伯伯告別，然後轉身要離開茶館，正要走的時候，他父親想起上次跑船之前答應要送他一個高倍的望遠鏡，但是忘了買，他把小兒子叫住，從旅行袋裡搜出他保管的公務望遠鏡，交給小兒子，心想，這趟到了美國再到海員俱樂部附近的跳蚤市場買一個賠回去。他囑咐他不要用衛生紙擦拭鏡頭，還有不要對著大太陽看。

他將望遠鏡收進背包裡，再重新背上背包，往基隆客運公車站的方向走去。穿過幾條巷弄，兩旁大多是黑玻璃窗加上壓克力招牌的簡陋茶室，門口多半或倚或坐一、兩個濃妝豔抹、年紀偏高的風塵味女人。他不否認自己並不排斥她們，甚或有些好感。打從小他就喜歡看見她們，但他知道自己年紀還不到走向她們的時候，他只是慢慢地經過這些晦暗中半掩的門扉。

雨港的早晨是灰色調的，整座城市的大街小巷都像被鹽水泡過似的。中藥房、咖啡廳、補習班、電器行都還未營業。他步上基信陸橋，從這兒可以望見整個基隆碼頭的大半邊，他看著那些全部漆成白色，桅杆頂有個雷達的小型軍用艦，還有另一邊光禿禿的灰色鐵殼船，再遠一點的地方，商船停泊處有一艘已完成裝櫃的大約五萬噸的貨櫃輪，那大概就是待會兒父親要上的船，他取出望遠鏡來看那艘漆成半黑半紅的大船，上面有一個看似管輪模樣的人在走動，還有立在甲板上用大水管沖水的人，他可以想像得出父親穿了雨鞋在那欄杆邊打鐵銹和刷油漆的身影。他也知道一些船員的工作守則和分科項目，但他從來不想當一個水手。

步下陸橋，往火車站的方向走去，途經一家體育用品店，他望了一會兒櫥窗，便走了進去。陳列架上形形色色的棒球手套吸引了他全部的目光，他摸摸口袋裡，今早父親鎖門之後給他的一卷鈔票，打定主意，就走出體育用品店，找到一個公用電話，打給他一位上學期輟學的男同學，他想約他出來打棒球，這是他現在最想做的事。

接電話的正巧是他的同學，他們簡短地談了一下，同學問他是否有帶手套出來，他說有。因為同學要搭公車過來，於是兩人便約了十點半在基隆客運的候車處碰面。他掛上電話，心裡快活了許多，想到現正在學校上數學或童軍課的同學，心中更是浮上一絲快意。快步走回體育用品店，他很仔細地檢查了球套的縫線及稱手與否的問題，然後，他花了幾千塊的零用錢買了兩個名牌的內野手套，他的夢想是做個滴水不漏的三壘手，他認為快傳一壘封殺跑者是一件令人感動的事情。完成夢想的兩個半圓現在即將聚合，這值得他再買兩個職業比賽指定用的紅線球。

他提著裝球具的大膠袋來到候車處，不期然地看見早上搭同一班火車的婦人和她的小女兒，由於感到一些尷尬，他便避免眼睛朝她們的方向看去。他取出買給自己的那個深褐色手套，輕輕地將手伸進去，感到手套皮質上的一層油光泛起一圈圈向外擴大的能量；他把球放到手套中，從各種不同的角度來欣賞它們，包裹在皮網格中的球就像搖籃中的嬰兒一般舒泰而安穩。他知道這手套不久便會增添許多刮損的痕跡，但這就像戰士的傷疤一樣更增加它的光榮。

大約過了十五分鐘，一名男子，大約是婦人的丈夫來到候車室，他的模樣似乎是剛從工作中抽身前來的，臉上掛著一副不太愉快的神情，用簡短和冷淡的話語和婦人交談了幾句。過了一會兒，他們一家三口便搭上一班一〇一路前往和平島的公車。

他又在候車處的椅子上等了一個鐘頭，同學仍然沒有來。他想去打個電話，又怕同學在自己離開的時候到達，後來因為肚子實在太餓了，便決定去打電話；接聽的是一個小女生，他很吃力地說明了自己是誰，還有要找的人，那個小女生停頓了一會兒沒出聲，接著說她和他要找的人早就沒有說話了，便把電話掛斷。他感到有些難堪，不知該怎麼辦。猶豫了一會兒，他又鼓起勇氣撥電話，接聽的仍是同一個人，由於緊張，他便倏地把電話聽筒掛上。

他到平價商店買了一個熱狗大亨堡，回到候車處的塑膠殼椅上繼續等候。每當前方有公車駛來的時候，他便注意看車門後準備下車的乘客之中，有沒有他同學的影子；大約等了十多班公車，他都失望了，他知道他的同學不會來了。

他提起球具，背起背包，晃到公車停車場旁的國際牌霓虹燈大招牌下，從這裡可以很近地望見碼頭的船隻。他父親的船已經離岸了，另一艘更大型的油輪停在原來的位置。下午兩、三點的太陽依然熱辣辣地從海面上反射刺眼的波光，稍遠一點的地方就全看不見了。

由於昨天坐夜車沒睡足，他感到脖子開始痠疼起來，眼皮也重重的。他決定回停車處去搭下一班公車，趁五點學校關大門以前回到山上的寄宿學校去。

一班和平島回來的公車靠站，婦人和她的丈夫、女兒一行三人從車上走下來，那男的在前面怒氣沖沖地下了車，快步地直往陸橋的方向走去，婦人抱著女兒慌忙地跟在後面，小女兒手上拿著一枝在和平島買的五色風車迎風快速地旋轉起來。

她們一行三人上了陸橋，不一會兒，只見婦人抱了小孩神色悲傷地又從陸橋走了下來。他避免正視她們，但婦人已認出他來了，並且把他視為救星一般。她告訴他說她現在要去追孩子的父親，因為穿高跟鞋又抱著小孩很不方便，希望他幫忙看顧一下東西和小孩，她去找一下馬上就回來；她睜著兩個紅紅的眼圈向他苦笑了一下，他點點頭，她便讓小孩站到地上，交給他牽著，放下行李，很快地轉身往天橋方向走去。

他牽了小女孩在候車室的四周繞著，讓風轉動她的風車，她的胸前掛著一只奶嘴隨著她不穩的腳步一左一右來回地擺動著。走了好一會兒，小女孩不肯走了，他去票亭旁的攤販買了兩個火筒筒巧克力冰淇淋，兩個人坐在座位上吃著，小女孩吃得慢，融化的冰淇淋朝下巴、脖子流到衣服上，胸前的小花邊給染成一大片深咖啡色的水漬。吃完冰淇淋，他拿出球來哄她，他把球從地板上滾給她，叫她把球扔回來，玩了幾回，她一個沒扔好，將球向後扔到候車棚外，她想跑去撿的同時，一輛公車正準備靠站，他趕緊衝上前把她抱起來放到座椅上，在驚嚇之餘自己也坐了下來。

婦人回來的時候，或許是沒追上她丈夫；或許是追上了又聽了幾句狠話，她眼眶周圍黑色的眼影已漫漶開來。她抱起小女孩，不住地用硬咽的聲音向他道謝。在他回學校的公車進站之前，她禮貌性地問了他一些事情，還有關於火車上的人跟他的關係，他很簡略地回答了。待他上公車時，婦人再次道謝，小女孩也不斷地揮動風車向他說再見。

搭上公車，他坐在公車最後面的座位上，把球具放在腿上用來枕著頭，公車駛離市區在山路上繞了幾轉，他便睡著了。一直到了終點站時他才被司機叫醒下車，他必須往回走兩站才能回到學校。

經過公車上的睡眠，他的體力和精神都恢復了許多，提著背包和球具往下坡路走，並不覺得累，山路雖有點陰森森的，但不時有車輛或機車從他身邊駛過，兩旁路燈也還明亮。走到一處沿路種植高大龍柏的馬路再向右迴轉，爬上一個斜坡，學校就到了。他從遠遠的地方就望見大鐵門旁校警老黃的窗戶從樹縫裡透出一抹暈黃的光線。

他走到玻璃窗下，將行李放在地上，敲了敲窗玻璃，老黃正喝著茶在收看晚間新聞，聽到有人敲窗，放下手上那杯熱龍井，扯著大嗓門問道：

「誰啊？」

作家檔案

袁哲生，西元一九六六生於高雄岡山，畢業於淡江大學西洋語文研究所。

袁哲生以送行獲得第十七屆時報文學獎短篇小說首獎，恰逢其工作的補習班老闆欲創設出版社，於是集結袁哲生的送行與其他作品，出版了靜止在樹上的羊一書。該出版社因為經營問題旋即結束，袁哲生的出版之路也隨著他研究所畢業、入伍服兵役而暫告一個段落。退伍之後，他先於自由時報副刊擔任編輯，未忘情創作的他，陸續以沒有窗戶的房間獲聯合報文學獎短篇小說評審獎，以秀才的手錶獲時報文學獎短篇小說首獎，並出版短篇小說集寂寞的遊戲。這些文學獎項使許多前輩作家漸漸注意到這位文壇新人的潛力。之後，他轉換工作跑道至FHM男人幫雜誌擔任編輯，其間出版了秀才的手錶和倪亞達系列作品共四冊，他的工作與創作才華漸漸嶄露頭角，曾與袁哲生同為自由時報副刊同事的前輩作家愛亞，稱讚他為「張大春之後最有希望的小說家」。然而，袁哲生於二〇〇四年四月五日疑因躁鬱症自殺身亡，留給文壇不少欷噓。過世後，出版社將他未曾發表的小說、副刊專欄文章，及私人札記等收錄出版為靜止在：最初與最終一書。

袁哲生的小說在九〇年代的臺灣文壇獨樹一格，當時政治認同的聲浪眾聲喧嘩，而他的作品更多的是透露對社會中下階層的關懷，往往在幽默中見到小人物在階級流動中的掙扎與酸楚。代表作有小說集寂寞的遊戲、秀才的手錶和倪亞達系列作品等，二〇一〇年倪亞達系列作品被改編為電視劇。

國文老師賞析

簡君玲

托爾斯泰在安娜・卡列妮娜一開頭便說：「所有的幸福家庭都相似，而不幸的家庭卻各有各自的不幸。」這句話也很可以用在為袁哲生這篇送行做判語，這小說中共出現了幾個主配角：憲兵、逃兵、逃兵的老父親、逃兵的弟弟、提著公雞的老婆婆以及少婦和她女兒……這幾個角色的煩惱有輕有重，但都是各懷心事地搭上這輛夜行列車。

小說前半段的送行開始在午夜遲到的火車與白蟻盤旋的老舊月臺，火車開動後，我們看到老父親對大小兒子各有照顧：「從布袋裡搜出一件老式的大尖領花格子襯衫」要幫逃兵大兒子套上，然而大兒子並不太承情：「他沒有抬頭，接過襯衫，只把它捲小了放在腿上」，老先生只好回到座位上，再拿出一條軍毯讓小兒子蓋，一邊喝高粱酒，然後夢見白蟻湧出、吞食了整個車廂。

這個夢境是一個重要的轉折點，老父親的不安透過高粱酒的催化，具象化成夢境中吞食一切（希望）的白蟻。「北上列車」原是離開破蔽故鄉的唯一希望，然而父親與兩個兒子卻都不怎麼體面地踏上這行旅：「梅春旅社的塑膠拖鞋」、「航空公司贈送的旅行袋」都加強了主角家庭成員的落魄感；遲到的列車與關不上只好用鐵鍊暫且扣住的車門，則顯示出這車廂本身的不可靠。而呼應著這個夢境，他的逃兵兒子最後在地下道的入口跟憲兵押解的身影一起隱沒。

送走了大兒子，這段「送行」還沒有結束，老父親跟小兒子一路向北，繼續往基隆坐去，小說至此才透露出老父親的職業為一貨櫃船的海員，而小兒子在某個寄宿學校就讀國一。跟前半段一樣，小說家用了許多看似瑣碎的物事刻畫出父親性格，包括牙粉、醬菜與乾電池、幫小兒子買的內褲和給他的一卷鈔票，還有口袋裡的老花眼鏡和派克鋼筆，原來父親對小兒子是如此不吝惜地給予所有資源，而他自己卻是簡省地以牙粉、醬菜這些粗廉物品過活。胸前口袋裡的派克鋼筆則是對比，象徵著這海員老父親性格裡對知識的欽重，但是這一點浪漫在現實生活裡如此無能為力，鋼筆的唯一用途，是為他不識字甚且名字不太高雅的同仁「陳遜」填報關資料。

故事的中後段則是父與子的交叉送行，最後兩者的願望都往兩處發散、沒有交集：父親即將搭上公司小包車，於是催促小兒子回學校溫書（但父親的這個想像沒有達成），小兒子一邊往站牌走，一邊看著父親即將出海的輪船，他「從來不想當一個水手」。他的夢想是「做個滴水不漏的三壘手」，於是約了一個輟學的同學一起打球。在這裡也用幾件小事勾勒出小兒子的性格：花了幾千塊零用錢買了名牌手套、平價商店買了一個熱狗大亨堡、幫婦人照顧小女孩時還買火箭筒巧克力冰淇淋一起吃……少年花了幾千元買名牌手套，就跟老父親如此不吝惜把最好的東西都給他一樣，因為那是他人生的夢想與希望所繫，對比於他在買手套時的一擲千金，他充飢時買大亨堡的舉動表示出他並非一個揮霍的少年，而巧克力冰淇淋則顯露出他跟小女孩一樣童稚都還是孩子，也凸顯出他性格中良善待人的一面。

少年的最後一段路，是沒有任何人送行的一段山路，大哥早在旅程的半途便先行離去，而此刻父親業已在開往遠洋的輪船上，期待的同學始終沒有到來，夢想的兩個半圓始終沒有聚合，他獨自走向學校。校警老黃的那聲：「誰啊？」末尾問號為讀者留下想像空間，這少年得自己繼續走向前方，在不久的未來，他會成為「誰」呢？這是小說家拋給我們的問號。

小說家解謎

許榮哲

如果從情節的角度來看，這是一篇讓人摸不著頭緒的小說。小說直到最後，好不容易才冒出這麼一句「誰啊」，隨即就「突兀」地結束了。至此，讀者一定也很想問：「誰啊？究竟是誰啊？」

小說裡的老婆婆是誰？她提了一堆東西要去找誰？帶著女兒的少婦是誰？她和「那個男的」怎麼了？電話那頭的小女生是誰？她和「那個人」為什麼不說話了？沒有原因的小說，令人不安。

當然，我們可以睜一隻眼閉一隻眼，把標準放寬一點，將上面的人物統統當成生命的過客，愛怎麼來就怎麼來，愛怎麼去就怎麼去（但別忘了，他們各佔了不少篇幅，尤其是少婦和她的小女兒）。即使如此，問題依然存在，不信我們來看小說裡與主角關係密切的兩個角色（他們肯定不是過場人物）——逃兵被抓的哥哥，以及約好一起打棒球的同學。他們一個是故事的開端，一個是故事的結尾。但他們同樣令人不安，因為讀者直到最後還是不知道哥哥為什麼逃兵？同學為什麼最後沒有出現？我們幾乎可以這麼說……這是一篇無始無終的小說。

現在我們終於觸碰到問題的核心了：「為什麼小說裡，人物的出現和離開，都沒有原因？為什麼不清楚告訴讀者，他是誰？從何而來？為何而去？」

不清不楚的「那個人」讓人聯想到法國劇作家貝克特的等待果陀。兩個流浪漢在一條小徑，等待一個叫「果陀」的人。但問題就出在，果陀不知道什麼時候來？更麻煩的是「誰是果陀」？

直到最後，讀者依然不知道果陀是誰？他來，還是不來？顯然，果陀不是一個人，它是一個抽象的概念，可能是富貴，可能是權勢，也可能是愛，一種你一直在等待，卻遲遲不來的東西。

某個程度上，送行有那麼一點像等待果陀，除了「不清不楚的那個人」之外，另一個原因是它們同樣「什麼事情都沒發生」。只是這兩者，還是有一點本質上的差異，等待果陀之所以沒事情發生，是因為根本沒有「人」，所以無法溝通，但送行卻是因為人與人之間的「無效溝通」。

沒錯，一切都是因為無效的溝通。

小說刻意砍斷了人物彼此之間溝通的可能——父親與老婆婆（語言不通），老婆婆與憲兵（礙於值勤），父親與兒子（因為內疚），少婦與男孩（因為那個年紀無法洞穿的人情世故），男孩與同學（因為鬧彆扭的妹妹）……除了自己之外，完全不知道別人到底是怎麼一回事，他們為何出現在這裡，下一步要往哪裡去。

小說完全不依賴因果關係來推動情節，反而是以「無效的溝通」默默無語地一步一步往前走。沒有溝通，人物就無法產生有力的聯結，就像下不了錨，就上不了岸一樣，於是小說裡的人物不斷地往後退（模糊化），退到變成場景的一部分。小男孩的一天，遇到的所有人都是風景，他們在一天之中，出現在小男孩的生命裡，隨即又紛紛離開。因為留不住，所以只能送行，有些是明確的送行（逃兵哥哥、船員父親），有些是不明確的送行（老婆婆、少婦、小女生）。有些送走了，還會回來；有些送走了，就一輩子再也見不著面了。

這時，我們才稍稍理解，為何一般人無法進入這篇小說，因為它說的不是具體的故事，而是抽象的人生處境，只有極少數人才能偶然一瞥的生命風景。

小說家的寫作課——留白

許榮哲

繪畫、攝影裡有一種構圖的技法叫「留白」，利用「無」，生出「有」。

文學裡則有一種創作技法與留白相近，那就是小說家海明威服膺的「冰山理論」。因為密度小於海水的緣故，冰山會浮起來，但真正浮出海面的只佔1／8；海面底下，看不見的冰山高達7／8。正因此，冰山被海明威拿來當作小說創作的依據。表面上，小說家只寫了1／8，但實際上，7／8已經創造出來了，只是它被隱藏在海面下。

舉袁哲生送行為例，小說用字節制，情感壓抑，很多地方都留白處理，包括對話、情節……因此造成閱讀上的斷裂。尤其是「情感」的留白，小說家不讓人物顯露他的情緒，於是長期依賴人物的喜怒哀樂，而跟著歡喜悲傷的讀者，瞬間慌了，他不知道閱讀的當下，自己該有怎麼樣的一張臉。

一個好的留白，不只會從「無」到「有」，還會從「有」到「多」。因為作者一旦寫了，就只有一種可能；不寫，反倒有了無限可能。讀者會用自己的想像，把缺少的那一塊自動填補起來。

小說家的書架——許榮哲

1. 海明威海明威短篇傑作選，志文。2. 瑞蒙・卡佛能不能請你安靜點？，寶瓶文化。

18 竹叢中

電影羅生門：「哪裡有軟弱，哪裡就有謊言。」

芥川龍之介

受檢察官審訊的樵夫供詞

是的，的確是我發現那具屍體。今天早上，我跟平常一樣到後山砍伐杉樹。就在那時候，我在後山的竹叢中發現了那具屍體。你是說陳屍的地方嗎？大概離山科的驛站①道路四、五百公尺，一處竹林中夾雜著細瘦杉樹，沒有人煙的地方。

屍體身穿淺藍色武士服，頭戴黑帽，仰臥在地。雖說是一刀斃命，但因那一刀直刺胸口，所以屍體周圍的竹葉都染上了暗紅色的血。不！那時血已不再流了，傷口似乎也早就乾了。傷口處停了一隻馬蠅，好像沒有發現我的到來，緊緊的叮在傷口的肌肉上。

您問我有沒有看到刀劍一類的東西是嗎？不！我什麼也沒看到。只看見一旁的杉樹根頭，留

①驛站　古時為傳遞文書而設供人馬休息的處所。

下了一條繩索。另外呢——對了，除了繩索外，還有一支梳子。掉在屍體旁的只有這二件東西。不過，周圍的草叢和竹葉被踐踏得很凌亂，可見那個男的在被殺之前必定有過激烈的反抗。什麼？您問我有沒有看見馬匹是嗎？那地方馬兒根本進不去，那地方和馬走的大路隔了一道竹叢。

受檢察官審訊的旅行中的僧侶供詞

貧僧昨天確實遇到過那被殺害的施主。是昨天的——大概晌午時分吧，地點是貧僧從關山往山科的途中。那施主和一位騎在馬上的女施主，朝著關山的方向走來。由於女施主戴著面紗，因此貧僧沒有看見她的容貌，只看見她身上穿著暗紅色的衣裳。那匹馬是桃紅色的，我記得那是匹沒有鬃毛的馬沒錯。您是說馬的高度嗎？高度大約有四尺四寸吧——貧僧乃是一介沙門②，對於這類事並不清楚。那位男施主腰上佩著刀，帶著弓箭，那黑漆的箭囊裡大約有二十支戰箭，我到現在還是記得很清楚。

貧僧做夢也沒想到那位男施主會有如此的下場，真是命如朝露。唉！這該怎麼說呢？真可憐啊。

受檢察官審訊的捕快供詞

您是說我所逮捕的那漢子嗎？他的確是名叫多襄丸的知名盜寇。不過我抓到他的當時，或許他剛從馬背上跌下來吧，正在粟田口的石橋上呻吟著。您問什麼時刻嗎？應當是昨晚初更時分。上一次被他脫逃時，他也穿著這藍色衣服，佩著有凸花裝飾的刀劍，就如您現在所見，他除了佩帶刀劍，還帶著弓箭。是這樣嗎？您是說那屍體所佩帶的刀也是——，這麼說，殺人的一定是這個多襄丸無疑了。纏有皮革的弓、黑漆的箭囊、鷹羽戰箭十七支——這些都是那男人身上所帶的東西吧。是的，也有馬匹，是匹沒有鬃毛的桃花馬。那畜牲之所以被馬摔下來，必定有某種原因吧。我看到那馬匹時，牠正在石橋那頭不遠的地方，拖著長長的馬轠，啃食著路旁的青芒。

這個多襄丸是出沒於京城的有名盜寇，性喜女色。去年秋天，在鳥部寺供奉著十六羅漢之首賓頭盧的後山，有一位前去參拜的婦女和女僕兩人被殺死，而兇手據說就是多襄丸。如果這傢伙殺死那男人的話，那騎在桃花馬上的女人不知往何處去了？我想冒昧的請求您，如您不嫌棄小的多事，敬請您一併追究此事。

受檢察官審訊的老媼的供詞

是的，那屍體正是我女兒的丈夫。他不是京城人士，而是若狹國府的武士，名叫金澤武弘，年紀二十六歲。不！他是個秉性溫良的人，不可能和別人結仇。

您是說小女嗎？小女名叫真砂，今年十九歲。她生性剛毅，是個不讓鬚眉③的女孩。但是除了武弘外，她未曾有過其他男人。她的臉微黑，在左眼眼角上有顆黑痣，是一張嬌小的瓜子臉。

武弘昨日和小女一起前往若狹，誰想得到他竟會遭此噩運呢？造了什麼孽啊！小女怎麼樣了？女婿的事猶可忍受，但是，我很擔心我女兒。這是我這個老太婆這輩子最後的請願，懇請您無論如何務必找出小女的蹤跡。最可惡的是那個叫多襄丸的盜寇，他不但殺了我的女婿，甚至連小女……（泣不成聲）

多襄丸的供詞

殺死那男人的是我。但是我並沒有殺那女人。你是問她到哪兒去了是嗎？這個我也不知道。

②沙門　胡語音譯。梵語作 sramana。在印度泛指出家修苦行、禁欲，或因宗教的理由以乞食為生的人。在中國則專指佛教的出家人。

③不讓鬚眉　形容女子處事能力不輸於男子。

請等等，即使嚴刑逼供，不知道的事還是不知道。而且事情到了這步田地，我也不打算做卑怯的隱瞞。

我在昨天晌午稍過遇見那對夫妻，由於那時恰巧刮起一陣風，那女人的面紗被風掀開一角，我才能一瞥那女人的容貌。那不過是剎那間的一眼，但也或許是因為這個緣故，我覺得那女人的容貌彷彿女菩薩一般；在那一瞬間，我下定決心，即使殺掉那男人，我也要奪走這個女人。

要殺死那男人並不像你們所想的那麼難。反正，如果想奪取女人，男人是一定要被殺的。只不過我殺人用的是腰間的刀，而你們殺人卻不需用刀，只要用權力和金錢，有時只是偽善的言辭也能殺人，不是嗎？沒錯，是不會流血，對方也會活得好好的，但是——但是，那也等於是殺人。假如要論罪孽的深淺，我真不知是你們比較惡劣，還是我比較惡劣呢？（露出諷刺般的微笑）

不過，假使能在不殺死男人的情況下奪取那女人，我也沒有什麼不滿足的。不！我當時的心情，是打算儘量在不殺死那男人的情況下搶走那個女人。但是在山科的驛路上，這種事情根本不可能。於是我就設法將那對夫妻誘進山中去。

這件事也不費吹灰之力。當時我故意和那對夫妻結伴而行，然後告訴他們，在對面山裡有古墓遺跡，我曾挖掘古墓獲得許多古鏡、刀箭等古董，神不知鬼不覺的把那些寶物埋在山後的竹叢中，如果有人要買，我想以廉價出售。那男人聽了我這番話，逐漸動心，然後——怎麼樣，人類的慾望真的很可怕不是嗎？不到半個時辰，那對夫妻已經和我一起，朝著山路騎馬前進了。

來到竹叢前面時，我告訴他們寶物埋在裡面，請他們過來看看。因為那個男的已被利慾所迷惑，所以沒有任何意見；但是那女人卻不下馬，說她要在馬上等候。不過，任何人看見那片茂密的竹叢，應該都會如此決定。老實說，她這個想法正中我的下懷，因此我便留下那女人，和男人一起走入竹叢中。

起初眼前所見全是竹子，大約再走五十公尺，便來到一處稍疏的杉木林，——想要達成我的目的，沒有比這裡更適合的地點了。我一面撥開竹叢，一面指著寶物就藏在杉樹下，這個謊聽起來還蠻像那麼一回事呢。男人經我一說，便使勁的朝著前頭那細瘦的杉樹走去。不久，竹林漸稀，幾棵杉樹並列在眼前——一來到這裡，我出其不意的壓倒對方。那男人雖然佩著刀，而且也相當有力氣，但是所謂明槍易躲，暗箭難防，他馬上就被我制伏，綑在一株杉木根頭上了。您是說繩子啊？因為我身為盜寇，隨時準備越牆翻籬，所以事先在腰上備有繩子。當然，為了不讓他出聲嚷嚷，我在他的嘴裡塞滿了落竹葉，剩下的也就沒什麼麻煩了。

當我制伏了男人後，踅身走回那女人等待的地方，告訴她那男人好像有點不舒服，要她過去看一下。不用說，這個計謀馬上成功，那女人摘下高斗笠，讓我牽著她的手一起一步步走入竹叢中。來到那裡，看見自己的丈夫被綑在杉樹根頭——她瞥了一眼，不知何時已經從懷裡拔出一把閃亮的匕首。直到現在，我敢說我從未見過如此剛烈的女人。假如當時我稍有疏忽，恐怕早已被她一刀刺進側腹了。就算閃過這一刀，她拚命接著砍殺過來的第二刀第三刀，一定也會讓我傷得不輕。但是，我是多襄丸，我始終沒有拔刀，就把她手上的匕首打落在地。個性再剛強，手上沒有武器的女人也是無能為力的。於是，我終於如自己所願，在沒有殺死男人的情況下，得到那個女人。

沒要那個男人的命——是的。我沒有進一步殺死他的意思。但是當我留下那哭倒在地的女人打算逃出竹叢時，那女人突然像發了瘋似的抓住我的胳臂，並且斷斷續續的叫喊著：「不是你死，就是我丈夫死，你們其中必須要有一人死掉。讓二個男人同時看著我受羞辱是比死更痛苦的事。」不久，她一面喘息一面說：「不管哪一個，只要活著我就嫁給他。」此時，我的內心猛然閃過一個念頭——我要殺死那男人。（陰鬱的興奮）

聽到這些話，我想你們一定認為我是個比你們更兇殘的人吧。然而，這是因為你們沒有看見那女人的臉的緣故，尤其是她那一瞬間好像要噴出火焰的眸子。當我和她的眼眸交會時，便想著即使遭天打雷劈，我也要娶這女人為妻。娶她為妻——當時我心中僅有這個念頭。這不像各位所想像的，是一種下流的色慾。如果當時我除了色慾之外別無其他願望，就算是踢倒那女人，我也必定會逃之夭夭，那個男人也就不致於死在我的刀下。但是，當我在幽暗的竹叢裡端詳那女人的臉孔時，一剎那間我告訴自己，除非殺死那漢子，否則我絕不離開。

即使要殺死他，我也不願意採取卑鄙的手段。我解開他身上的繩索，要求他拿起刀來和我打鬥。（掉在杉樹根頭的繩索就是當時從他身上鬆開的。）他臉色驟變，拔出腰間粗大的刀，一言不發、怒氣沖沖的撲了過來。——我想拚鬥的過程如何、結果如何，都不必再贅言了。我的刀在第二十三回合時刺進他的胸口——請務必記住是第二十三回。對於這場打鬥，至今我還頗感佩服，因為普天之下，能夠和我多襄丸交鋒二十回合以上的只有那男人。（發出快活的微笑）

那男人一倒地，我馬上提起染血的刀，回頭看那個女人。結果那個女人早已不知去向了。她究竟逃到哪裡去了呢？我在竹叢中搜尋了一陣子，但是飄落滿地的竹葉上沒有任何她的蹤跡。傾耳細聽，只能聽見那垂死的男人喉間傳出微弱的喘息聲。

也許那女人趁我們打鬥時穿過竹林逃跑去求助了。我想到這次事件攸關我自己的性命，因此我奪走了男人的刀和箭，立即走回原來的山路；女人的那匹馬依然在那裡靜靜的吃著青草。後來發生的事，就算我說出來，恐怕你也覺得我是在廢話。只不過，我在進城之前已經將刀變賣了。我的供詞就只有這些。反正，我想自己早晚也會被斬首示眾，所以請你將我處以極刑。（昂然的態度）

來到清水寺的女人的懺悔

——那身穿藍衣的男人對我施暴之後，凝視著我那被綑縛在杉樹根頭的丈夫，發出嘲謔的笑聲。當他對我施暴時，我丈夫不知多麼不甘心，多麼難過，然而即使他死命的掙扎，也只是被繩索愈勒愈緊而已。我情不自禁跌跌撞撞的匍匐爬到丈夫身旁。不！我想用跑的過去，但是那男人一腳把我踢到一邊去。就在這時候，我在丈夫眼中看到一股難以形容，簡直令我暈眩的光芒——即使是此時此刻，只要我想起那眼神，依然不禁渾身哆嗦。無法開口的丈夫將他所有的心意全傾注在那剎那間的眼神中。而且在那眼神中閃動的並不是悲憤或傷心憐惜，而是輕蔑[4]，陰冷的輕蔑眼神。霎時，我覺得我不是被那個男人所踢，而是被丈夫的眼神所踢倒一般，情不自禁的尖叫，隨即暈倒在地。

不久，當我甦醒時，穿著藍衣的男人已經不知去向，身旁只有被綑縛在杉樹根頭的丈夫。我勉強從滿地的竹葉上支起身來，凝視丈夫的臉龐。但是，丈夫的眼神和剛才完全相同，依舊是陰寒慑人的輕蔑，而且還加入了一層憎恨。羞辱、悲傷、氣憤——我不知該用什麼言辭來形容我當

④輕蔑　看不起、藐視。蔑，音ㄇㄧㄝˋ。

時的心情。我搖搖晃的站起身，走到丈夫身邊。

「相公。事到如今，我已無法和你繼續廝守終生，我決心一死了之。但是——但是我請你也以死來結束你曾看過我受的羞辱。我實在無法將你一個人留下來。」

我使盡全力只能說這些話。但是我丈夫仍然嫌惡的盯著我。我強忍著胸口彷彿即將迸裂的痛楚，找尋丈夫的刀，但是卻找不到，甚至連箭也沒有了，可能是被那盜寇奪走了。幸好匕首還掉在我的腳旁，我拾起匕首，再度倚近丈夫身旁。

「就讓我來取您的性命吧！我也會馬上追隨您而去。」

丈夫聽了我的話，終於動了一下嘴唇，但是他的嘴裡塞滿竹葉，因此我聽不見他的聲音。然而，當我看到他的唇動時，便立即了解他想說的話了。丈夫流露著輕蔑不屑的眼神望著我，只說了一句：「殺吧。」我幾乎是在似夢非夢的感覺中，將匕首刺進丈夫那淺藍色武士服的胸口。

這時，我可能再度昏厥過去了。在我醒來時，環顧四周，只見丈夫依然被綑縛在杉頭根頭，卻早已斷了氣。他那蒼白的臉上映著透過竹葉縫隙所照射進來的一抹夕陽。我忍住哭泣，解開他身上的繩索，然後——然後我做了什麼了呢？關於這些，我已毫無力氣再稟告，總之不論我下多大的決心尋死，卻還是沒辦法成功。我曾把匕首頂在咽喉上、跳進山腳下的池塘，試了好多方法自殺，但是仍然沒有死成。這當然不足以自誇（寂寞的微笑）。我想，像我這種沒有用的人，或許連菩薩也放棄了吧。然而，殺死丈夫，遭受盜寇強暴的我應該怎麼辦呢？我到底應該——我——

（突然一陣劇烈的啜泣）

透過女巫口中道出的亡魂供詞

——那盜寇強暴了我的妻子後，就在地上坐了下來，並且開始多方安慰我的妻子。我無法開口說話，我的身體也被牢牢的綑綁在杉樹根頭。但是，在這段時間裡，我曾好幾次向妻子使眼色，想要示意她——千萬別把那男人的話當真，無論他說什麼都是騙人的。但是我妻子卻悄然坐在竹葉上，目不轉睛的看著她的膝蓋，她的神情彷彿是在聆聽盜寇的言語。我嫉妒得渾身戰慄⑤，但是那盜寇繼續用花言巧語哄騙她，並且對她說——只要和他有一次肌膚相親，以後和丈夫再也不可能燕好，與其和這種丈夫廝守，不如委身做他的妻子，因為他喜歡她，所以才做出這種傷人的事情。——那盜寇用盡所有挑撥誘哄的言辭，終於大膽的提出這些要求。

聽到盜寇這些話之後，妻子似乎從陶醉中抬起她那張瓜子臉。我敢說，我從未見過我的妻子這麼美麗動人；但是，你們可知我那嬌美動人的妻子，竟然當著她被綑縛的丈夫，向那盜寇回答什麼嗎？即使我的靈魂飄遊在冥府，但是當我想起妻子回答的話時，仍不免內心憤恨。妻子的確這麼說過——「那麼，就任由你帶我到任何地方去吧。」（長長的沉默）

妻子的罪過不只這些。如果僅有這些，我也不會在這冥府中，繼續承受著這樣痛苦。當妻子如陷入夢境般被盜寇牽著手即將走出竹叢時，突然花容失色，指著在樹根旁的我說：「請你把他殺了。只要他活著，我便無法和你廝守。」妻子瘋狂的不斷吶喊「把他殺了」——如今，這句話仍像一陣狂風，把我倒頭栽似的吹進遙遠的黑暗深淵。試想，有這麼可怕的言辭曾經出自人類之口嗎？曾經有如此可恨的話傳進人類的耳朵嗎？曾經有過這麼——（突然迸開來的嘲笑聲）聽到這句話時，連那盜寇也不禁大吃一驚。「把他殺了」——我的妻子一面喊叫，一面抓住盜寇的胳

⑤戰慄　因恐懼、寒冷或激動而顫抖。

臂，而那盜寇凝望著妻子，沒有回答殺或不殺——剎那間，他一腳將妻子踢倒在竹葉上（再次發出突然迸開來的嘲笑聲）。那盜寇靜默的將雙手交抱在胸前，視線轉到我的臉上說：「那女人你打算怎麼辦？殺？或饒恕她？你回答時只須點頭即可。殺不殺？」——光憑這段話，我也願意饒恕盜寇的罪過。（再度陷入一陣長長的沉默）

妻子在我遲疑之際，嘴裡喊叫了一聲，突然朝著竹叢深處跑去。盜寇見狀也立即撲過去，但是卻連妻子的衣袖也沒捉到。我如身陷夢幻之境，痴痴的觀看這一幕情景。

妻子逃跑後，盜寇拾起刀和弓箭，割斷我身上綑縛的繩索一角。「現在輪到我要擔心自己的性命了。」——我記得當盜寇消失在竹叢外之前，他曾如此喃喃自嘲。當他離去之後，周遭一片沉寂。不！我聽見有人在哭泣；我邊解開繩子，邊仔細的傾聽，後來才發現：那不正是自己的哭泣聲嗎？（第三度陷入沉默）

我終於從杉樹根頭撐起疲憊的身軀。在我面前有一把妻子遺落的匕首。我低頭將匕首拾起，朝自己的胸口刺了進去。一陣血腥立刻湧進我的喉間和口裡，卻一點也不感到痛苦；只是在胸口變冷之後，我覺得周遭變得更沉寂了。啊！多麼寧靜啊。在這後山的樹叢上空，聽不到鳥的啼叫聲，只有寂寥的日影遊盪在杉木和竹林間，那日影——逐漸變淡——已看不見杉木或竹林。我倒在竹葉堆上，四周圍繞著深沉的靜謐。

這時，有人躡足⑥來到我身旁，我試圖將視線望向那足音的方向，但身旁不知何時已籠罩著一片蒼茫的暮色。誰？——那不知是何人的手，無聲的拔出我胸口的匕首；同時，我的嘴裡再度湧出一陣鮮血。從此我沉入了永恆的黑暗之中……。

⑥躡足　以腳尖著地，輕輕的走。

作家檔案

芥川龍之介，西元一八九二年生於日本東京，本姓新原，出生九個月母親發瘋，由舅父收養改姓芥川。芥川家愛好文學、戲劇與美術，培養了芥川龍之介的文學氣質。芥川龍之介自小就喜愛閱讀，如江戶時代的小說，和屠格涅夫、王爾德、易卜生、波特萊爾、尼采等人的著作。

一九一三年芥川龍之介進入東京帝國大學，與久米正雄、菊池寬等人兩次復刊新思潮。一九一四年芥川龍之介參加第三次新思潮，發表處女作小說老年，和劇本青年與死。隔年於帝國文學發表羅生門。一九一六年芥川龍之介在第四次新思潮創刊號中發表鼻子，夏目漱石看了大為激賞，使他獲得了很大的自信。其後發表了芋粥、戲作三昧和地獄變，成為名符其實的作家。

芥川龍之介的身體狀況並不是很好，不但曾罹患胃疾與心悸等病，還有失眠症和神經衰弱困擾著他，使他產生各種幻覺。一九二七年七月二十四日凌晨，芥川龍之介服用安眠藥自殺，年僅三十五歲，死因眾說紛紜，好友菊池寬說：「他的死因，一半以上或許可以歸咎於侵蝕他肉體和精神的神經衰弱，但剩下的將近一半，似應歸因於他對人生和藝術，太具良心，太神經過敏。」一

在芥川龍之介短短十三年的寫作生涯裡，共創作了一百多篇小說，內容融合日本的古典作品與歷史，關心社會醜惡的現象，深刻的探索人性，為當時社會的縮影。文字冷峻，語言簡潔有力，具有高度的藝術性。是二十世紀初期日本文壇的代表人物，與夏目漱石和森鷗外鼎足而三，後菊池寬創辦了芥川賞來紀念他。著有羅生門、煙草與魔鬼、侏儒的話等，有芥川龍之介全集傳世。

國文老師賞析

王怡芬

竹叢中是芥川龍之介在一九二二年發表於新思潮雜誌的短篇小說，取材自今昔物語。今昔物語為日本平安時代末期的民間故事集，芥川龍之介的歷史小說多取材於此。竹叢中敘述武士帶著妻子前往若狹國，在途中遇到強盜，妻子遭到強盜凌辱，武士被殺身亡。故事情節由七個人的陳述鋪展而成，每個人對事件的說法不一，只說出對自己有利的證詞，對自己不利的地方則以謊言掩飾，劇情撲朔迷離，藉此表現出人類心理的黑暗面。芥川龍之介以眾人的供詞來構成小說主體，在寫作上的創新，對文壇產生影響，如洪醒夫的小說陰錯陽差即受此影響。

由故事中主角的自白，強盜說是他殺死了武士；真砂也說丈夫是自己殺死的；武士則說是自己結束了自己的生命，但真相只有一個，武士究竟是怎麼死的，在文章中並沒有答案。事實上「軟弱何在，謊言就何在」，強盜說他把武士的繩索解開，和武士公平決鬥，是因為不管武士到底是不是他殺的，反正他身上已經背負了許多罪名，不論如何是難逃死罪了，和那些偷偷摸摸不入流的勾當相比，光明磊落和武士決鬥並將武士殺死的這種氣魄，正是強盜所缺乏的，所以強盜誇口說武士是自己殺死的。此外，在強盜的供詞中仍可見強盜處處推卸自己的罪過，例如他說一陣風撩起了真砂的面紗，真砂看起來像女菩薩似的，因此引起想要佔有她的想法，所以一切都是風和那女人的緣故，不是他的錯。再來，強盜說當權的人用權力來殺人，自己用腰邊的大刀殺人，自己的罪孽難道比殺人不見血的人深重？強盜說武士是因為貪婪所以上當，說武士是被自己的物慾所害，甚至最後說自己這一切都是為了愛情，強盜將自己的行為合理化，以表明錯不完全在己。

失身於人是非常不名譽的事，真砂被凌辱後，得不到丈夫的安慰，反而看到丈夫輕蔑的眼神，所以不論是真砂要強盜殺死自己的丈夫，或者是自己殺死了丈夫，都是真砂為了維護自己的名譽所做的選擇，無論如何這個婚姻是怎麼也無法維持下去了，只要丈夫死了，這個事件就少了目擊者，這個祕密才可能永遠只存在真砂的心裡，真砂便不必活在世人異樣的眼光中。

武士因貪財而被騙，因不知防備而被綑綁，眼見妻子受辱卻無法出手相救，但他為了維持自己的面子，便把一切的罪惡都推給她，說妻子被辱後竟被強盜的謊言所欺騙，欲和強盜一起走，並唆使強盜殺他，使得強盜也同感憤怒，於是和他站在同一條陣線上，問武士是否要殺掉妻子，武士寧可饒恕強盜也無法饒恕受害的妻子，把妻子塑造成罪不可赦的形象。武士的妻子是這個事件中的受害者，但在武士的陳述中說的卻是妻子種種的罪惡，目的即在於藉著譴責妻子掩飾自己的無用，維持自己身為武士以及一個男人的尊嚴。武士說自己是自殺死的，自殺是武士精神的展現，因為不論武士是被妻子或強盜殺死，都是一件丟臉的事。至於其他人的證詞，也不完全客觀合理，如樵夫說他發現屍體時，周遭只有繩子和梳子，卻沒有提到兇刀的下落；對照武士「那不知是何人的手，無聲的拔出我胸口的匕首」的說法，是否亦有可能是發現屍體的樵夫拿走了兇刀並據為己有呢？

文章由七段陳述拼貼成一個故事，在這個故事當中沒有一個人是客觀誠實的，他們所陳述的大多不是真正的事實，而是對自己有利的部分事實，每個人都藉著謊言來展現理想中的自己，以掩飾現實中自己的軟弱。故事曲折生動，對人物心理的描寫細膩，充滿了懸疑與張力。

小說家解謎

許榮哲

竹叢中這篇小說最離奇的地方，在於三位命案關係人：盜賊、武士妻、武士居然搶著說是自己殺死了武士。

盜賊說自己是在英勇的決鬥中（贏的人可以帶走武士妻）殺死了武士，武士妻則是因為不堪受辱而想尋短（先殺丈夫再自殺，但最後自殺沒成功），武士則說是因為妻子最後決定跟盜賊在一起而悲傷地自殺。

事實的真相究竟為何？小說直到最後都沒有告訴讀者，讀者得抽絲剝繭，自己去找出來。

有一種看似合理的說法是「陳述者，貶人褒己，去其利害關係，真相大白」，但真的是這樣嗎？有一部分說的通，然而有一部分卻說不通。通的部分是盜賊把自己形容成英勇決鬥、武士妻說自己是貞潔烈女、武士則說自己是悲壯犧牲，三個人統統是「說自己的好話」。不通的部分是為何人人都搶著說自己是殺人兇手？這有什麼好處嗎？以當時的法令，殺人者可是得償命的啊！

難道他們都不想活了？還是有什麼東西比性命更重要？

為了便於說明，且讓我們岔入一個姑且叫作「小偷與變態」的故事。故事是這樣的，男子為了給女友驚喜，於是在女友生日那天買了蛋糕闖進女友家。男子在女友房間亂逛，最後隨手撿起女友堆在牆角待洗的內褲聞呀聞的。這時女友正巧回來了，男子一時心虛，連同手上的內褲躲進衣櫥裡。女友回到家，發現不對勁，於是不動聲色報了警。警察一到，一腳踢開衣櫥，男子頭戴女友內褲滾了出來。正當警察要把男子帶回警局時，女友察覺異樣，一把攔下警察：「等等，他……好像是我的……。」沒想到男子聽了，立刻搶在女友之前，大叫：「別聽她的，我是小偷，快把我送進警局。」

小偷有罪，變態無罪（頂多被訓斥，因為兩人是情侶），但男子為何選擇「有罪」？原因很簡單，因為他不願在女友面前烙下變態之名。此時此刻，在他心中「名譽比責罰更重要」。

喔，喔，關鍵字出來了。

現在，讓我們重返竹叢中：自稱「英勇決鬥」的盜賊，其實是「以卑鄙的手段取勝」。自稱「貞潔烈女」的武妻，其實是「不甘兩邊受辱，於是挑撥盜賊和丈夫決鬥」。自稱「悲壯犧牲」的武士，其實是「瞧不起被強暴的妻子」。

武士等三人當然不可能說自己「手段卑鄙、挑撥離間、瞧不起人」，但小說還是呈現出來了，只是它們藏在別人的話語裡，你得抽絲剝繭，才能把它們一個一個揪出來。

為了讓人相信「英勇決鬥、貞潔烈女、悲壯犧牲」這些根本沒發生過的事，於是武士等三人紛紛拿出最珍貴的東西（自己的性命）來作為賭誓。一如我們常聽到的誓言：「如果我貪汙，全家死光光。」

「扭曲的名譽大於現實的責罰」，這正是芥川龍之介小說竹叢中的關鍵核心。如果現實感太強的讀者無法體會這種扭曲的心理狀態的話，可以想一想為什麼常常有人會為了流言而自殺（不甘名譽受損）。